근대계몽기 학술 잡지의 학문 분야별 자료

권2 광물·교육

이 자료집은 한국학중앙연구원 '한국학 총서' 개발 사업 '근현대 학문 형성과 계몽운동의 가치'(AKS-2014-KSS-1230003)의 지원으로 이루어졌음.

〈근현대 학문 형성과 계몽운동의 가치〉 연구진

허재영(연구 책임자, 단국대)
김경남(공동 연구원, 단국대)
김슬옹(공동 연구원, 인하대)
강미정(공동 연구원, 서울여대)
김정애(공동 연구원, 건국대)
서민정(공동 연구원, 부산대)
고경민(공동 연구원, 건국대)
김혜련(공동 연구원, 성신여대)
정대현(공동 연구원, 협성대)

근대계몽기 학술 잡지의 학문 분야별 자료
권2 광물·교육

© 허재영, 2017

1판 1쇄 인쇄_2017년 06월 20일
1판 1쇄 발행_2017년 06월 30일

엮은이_허재영
펴낸이_양정섭

펴낸곳_도서출판 경진
　　　　등록_제2010-000004호
　　　　블로그_http://kyungjinmunhwa.tistory.com
　　　　이메일_mykorea01@naver.com

공급처_(주)글로벌콘텐츠출판그룹
　　　　대표_홍정표　편집디자인_김미미 노경민
　　　　주소_서울특별시 강동구 천중로 196 정일빌딩 401호
　　　　전화_02) 488-3280　팩스_02) 488-3281
　　　　홈페이지_http://www.gcbook.co.kr

값 24,500원
ISBN 978-89-5996-541-0 94000
ISBN 978-89-5996-539-7 94000(세트)

근대계몽기 학술 잡지의 학문 분야별 자료
권2 광물·교육

허재영 엮음

경진출판

근대 학술 잡지의 학문 분야별 자료

1880년대 이후 한국의 학문은 급속도의 변화를 보인다. 황준헌의 『조선책략』, 정관응의 『이언』을 비롯하여 서양 학문과 접촉한 중국인들의 저서가 국내에 유입되고, 『한성순보』, 『한성주보』와 같은 신문 매체가 등장했으며, 각종 근대식 학교가 설립되기 시작했다.

이러한 흐름에서 1894년 갑오개혁과 1895년 근대식 학제의 도입, 재일 유학생의 출현, 독립협회 조직, 『독립신문』 발행 등 일련의 근대화 과정은 사상뿐만 아니라 각 분야별 학문 진보에도 큰 영향을 미친다. 특히 1896년 재일 관비 유학생 파견과 독립협회 조직에 따라 『대조선 재일유학생 친목회회보』와 『독립협회회보』가 발행된 것은 비록 잡지 형태이기는 하지만, 학술 담론에도 큰 변화를 가져왔다.

이로부터 일제에 의해 국권이 상실되기까지 이른바 '애국계몽시대'에 발행된 학술 잡지가 대략 40여 종에 이른다. 이는 이 시기 조직된 학술 단체의 활동과 밀접한 관련이 있는데, 『만세보』 1907년 3월 30일자 '논설'을 참고하면 이 시기 활동한 각종 학회와 단체가 대략 40개 이상에 이르는 것으로 보인다. 이들 단체의 명칭을 살펴보면 다음과 같다.

1907년 당시의 각종 단체

(…전략…) 近日 我國 民族의 智識이 漸次 開進ᄒᄂᆫ 現狀이 有ᄒ야 各般 社會를 組織홈이 雨中竹筍과 如ᄒ니 其名目을 略擧ᄒ건ᄃᆡ

自彊會, 一進會, 國民敎育會, 東亞開進敎育會, 萬國基督靑年會, 憲法會,

西友學會, 漢北學會, 同志親睦會, 法案研究會, 普仁學會, 大東學會, 天道
教會, 天主教會, 基督教會, 淨土教會, 佛宗會, 神籬敎會, 眞理敎會, 神宮敬
奉會, 婦人學會, 女子敎育會, 國債報償會(各種), 養正義塾討論會, 普專親
睦會, 實業研究會, 殖産獎勵會, 商業會議所, 手形組合, 農工銀行, 漢城銀
行, 天一銀行, 韓一銀行, 合名彰信會社, 湖南鐵道會社, 東洋用達會社, 紳
商會社, 少年韓半島社, 夜雷雜誌社, 朝陽雜誌社, 大東俱樂部, 官人俱樂部
(…하략…)

—『만세보』, 1907.3.30

한국 근현대 학문 형성과 계몽운동의 가치를 연구하는 과정에서 학
술 잡지는 매우 귀중한 자료가 된다. 〈부록 1-1〉에 제시한 바와 같이,
이 시기 학술 잡지(또는 격주 신문 형태 포함)는 대략 55종 정도로 파악된
다. 이 가운데 일부 자료는 원자료를 보기 어려운 경우도 있고, 일부
자료는 발굴되지 않은 경우도 있다. 근현대 학술 담론을 좀 더 철저히
규명하기 위해서는 이와 같은 자료를 좀 더 체계적으로 수집하고 분류
할 필요가 있다. 구장률(2012)의 『근대 초기 잡지와 분과 학문의 형성』
(케이포북스)과 같은 분류 시도가 없었던 것은 아니나, 분과 설정이나
자료에 대한 전수 조사가 이루어진 것은 아니기 때문에, 이 시기 학술
담론의 전모를 파악하는 데는 어려움이 따른다.

이 자료집은 2014년 한국학중앙연구원 '근대 총서 개발' 사업 가운데
'근현대 학문 형성과 계몽운동의 가치'(AKS-2014-KSS-1230003)를 연구
하는 과정에서 수집·분류한 자료를 모은 것이다.

작업을 처음 시작할 때에는 온라인상 자료 공개가 활발하지 않았던
데 비해, 현재 일부 자료는 '한국사데이터베이스'(db.history.go.kr) 근현
대 잡지 자료나 빅카인즈(www.bigkinds.or.kr), 네이버 뉴스라이브러리 등
에서 자료를 확인할 수도 있다. 일부 자료는 국립중앙도서관의 디지털
라이브러리에서도 전자문서 형태로 열람할 수 있다. 그렇지만 각각의
자료를 수집하고 분류하는 작업은 쉬운 일이 아니다.

처음에는 각 자료를 수집·분류하고 가급적 현대어로 번역하고자 하였으나, 분량이 방대하여 짧은 연구 기관에 번역 작업을 수행하기 어렵다는 판단 아래, 분류 작업만 진행하기로 의견을 모았다. 특히 총서 7권을 개발하는 과정에서 다수의 통계 자료가 산출되었는데, 이를 총서에 싣기 어려워 자료집의 부록 형태로 수록한다.

이 자료집이 나올 수 있도록 연구를 지원해 주신 한국학중앙연구원의 한국학진흥사업 관계자 여러분과 묵묵히 작업을 수행해 준 연구원, 그리고 수익 사업과는 전혀 무관한 자료집 출간을 결심해 주신 도서출판 경진 양정섭 대표님께 감사의 말씀을 드린다.

2017년 2월 13일
'근현대 학문 형성과 계몽운동의 가치' 연구책임자 허재영

이 자료집은 '근현대 학문 형성과 계몽운동의 가치'를 연구하는 과정에서 근대 학술지에 수록된 글을 학문 분야별로 분류하여 편집한 것이다. 1896년 『대조선독립협회회보』와 재일유학생 친목회의 『친목회회보』 이후 1910년까지 발행된 근대 학술지(잡지 형태 포함)는 55종이 발견된다. 이 자료집에서는 현재까지 발굴된 학술지를 전수 조사하고, 그 가운데 필요한 자료를 모아 분야별로 분류하고자 하였다. 자료집의 편집 원칙은 다음과 같다.

1. 학문 분야별 분류 기준은 『표준국어대사전』의 전문 용어 분류 원칙을 따르고자 하였으며, '격치(格致)', '이과(理科)', '지문(地文)', '학문일반(學問一般)', '해외 번역 자료(海外飜譯資料)'는 근대계몽기의 학술상의 특징을 고려하여 별도로 분류하였다.
2. 분류 항목은 '가정, 격치, 경제, 광물, 교육, 농업, 동물, 문학, 물리, 법, 사회, 생물, 수산, 수학, 식물, 심리, 언어, 역사, 윤리, 이과, 정치, 종교, 지리, 지문, 천문, 철학, 학문 일반, 화학, 해외 번역 자료' 등 29개로 하였다.
3. 분류 항목의 배열은 가나다순으로 하였으며, 부록의 분류표를 포함하여 총 9권으로 발행한다.
4. 각 항목마다 수록한 글의 분류표(순번, 연도, 학회보명, 필자, 제목, 수록 권호, 분야, 세분야)를 실었다.
5. 한 편의 논문이 여러 차례 연재될 경우, 한 곳에 모아 편집하였다.

일부 논문은 학술지 발행이 중단되거나 필자의 사정으로 완결되지 못한 것들도 많다.

6. 현토체의 논문과 한문체의 논문 가운데 일부는 연구 차원에서 번역을 하였으나, 완결하지 못한 상태로 첨부한 것들도 있다.

7. 권9의 부록은 근대 학회보 목록(총 55종), 학문 담론 관련 분야별 기사 목록, 일제강점기 발행된 잡지 목록, 근대 교과서 목록, 일제강점기 교과용 도서 목록, 일제강점기 신문의 서적 광고 목록 등 연구 과정에서 산출한 목록을 별도로 구성하였다.

이와 함께 근현대 학문 형성과 계몽운동의 가치를 연구하는 과정에서 살펴본 지석영의 상소문, 논학정(論學政), 박영효의 '건백서', '동문학', '원산학사', '육영공원' 관련 한문 자료와 조사시찰단 보고서인 조준영의 『문부성소할목록』을 번역하여 별도의 책으로 구성하였다.

총 7권의 학술 교양서를 집필하고 10여 권의 자료집을 발행하기까지 어려움이 많았다. 특히 방대한 자료를 체계적으로 다루는 일은 결코 쉽지 않았는데, 자료 편집상의 오류, 번역상의 오류가 적지 않을 것으로 판단된다. 이러한 잘못은 모두 편자의 책임이다.

목차

04.
광물

순번	연대	학회보명	필자	제목	수록 권호	분야	세분야
1	1906	소년한반도	최재익	鑛物學問答	제1~6호	광물	·식물?
2	1907	태극학보	박상락	광물 수정 급 석영	제7호	광물	·
3	1907	서우	박성흠	아한의 광산 개요	제4, 5호(2회)	광물	·
4	1907	공수학보	김성목	광물응용	제5호	광물	·
5	1908	기호흥학회월보	민대식	광물학	제2, 3, 4, 6, 7, 8, 9, 10, 11, 12호(10회)	광물	·
6	1907	야뢰	유완종	광학개요	제2, 3, 4호(3회)	광물	광업학

4.1. 광물 일반

◎ 植物學問答, 崔在翊(최재익)

*이 시기 식물학 교과서는 윤태영(1908)의 〈식물학〉(보성관), 현채(1908)의 〈식물학〉(현공렴), 정인호(1908)의 〈초등 식물학〉(정인호)가 발행되었다.

▲ 제1호

(問) 植物學은 何者를 謂흠이뇨.
(答) 植物의 外形과 內部의 構造와 밋 生活 模樣으로 始ㅎ야 其形體를 隨ㅎ야 此를 分類ㅎ며 其古代今世에 就ㅎ야 地球上에 番殖ㅎᄂ 狀態를 研究ㅎ야 農業, 山林, 藥材 等에 應用ㅎᄂ 學을 植物學이라 稱ㅎᄂ니 **本學은 卽 博物學의 一科ㅣ니라.**

(問) 植物學의 意義를 解示흠이 何如오.
(答) 大抵 地球上에 在흔 植物의 種類ㅣ 頗多ㅎ야 學者의 研究를 已經흔 者ㅣ 十七萬에 過ㅎ며 其形態도 亦極多ㅎ니 大者ᄂ 吾人 眼目에 觸ㅎᄂ 바 草木으로 始ㅎ야 小者ᄂ 顯微鏡의 力을 藉ㅎ야 僅히 見흠을 得ㅎᄂ 者에 至ㅎ기ᄭ지 其種別을 辨키 難ㅎ고 其性質도 亦頗多殊異ㅎ야 或은 動物을 捕食ㅎ며 或은 遊泳ㅎ며 或은 感覺이 銳敏ㅎ며 或은 昆蟲에게 花粉과 蜜을 與ㅎ야 花粉의 媒介를 行ㅎ며, 或은 果實과 種子를 散布흠에 寄巧 方法을 用ㅎᄂ 者ㅣ 有ㅎ니 人이 此等事에 留意 觀察ㅎ면 雖一枝 一片葉이라도 生存上 必要흔 理由ㅣ 有ㅎ야 具有흠을 知흘 것이오, 又吾人 衣食住의 大部分이 植物性됨과 人命을 奪ㅎᄂ 諸種 疾病도 植物이 根源된 等事를 思考ㅎ면 愈愈 研究흠이 必要흘지니, 如此히 植物 全體에 關흔 事項을 植物界라 總稱ㅎᄂ니라.

▲ 제2호

(問) 植物을 幾界에 大別ᄒᄂ뇨.
(答) 顯花植物(현화식물), 隱花植物(은화식물)의 二種으로 大別ᄒᄂ니 顯花植物者ᄂ 梨, 梅, 挑, 杏 等과 如히 花를 有ᄒ 者ㅣ 是오, 隱花植物者ᄂ 蕨, 海草 等과 如히 花를 不有ᄒ 者ㅣ 是ㅣ니라.

(問) 顯花植物에 幾種 區別이 有ᄒ뇨.
(答) 被子植物(피자식물)과 裸子植物(나자식물)에 別ᄒᄂ니 花의 中央에 子房(자방)이라 稱ᄒᄂ 部分을 有ᄒ 者를 被子植物이라 稱ᄒ고, 子房을 不有ᄒ 者를 裸子植物이라 稱ᄒᄂ니라.

(問) 雙子植物(쌍자식물)과 單子葉 植物(단자엽 식물)의 區別이 何如오.
(答) 被子植物의 種子ㅣ 萌芽ᄒ 時에 子葉 二枚를 生ᄒᄂ 者ㅣ 雙子植物이니라.

(問) 喬木者ᄂ 何오.
(答) 多年 生存ᄒ며 丈이 高ᄒ고 幹의 下部에 枝를 生ᄒᄂ 事ㅣ 稀少ᄒ 樹木을 喬木이라 稱ᄒᄂ니라.

(問) 灌木者ᄂ 何오.
(答) 喬木에 反ᄒ야 樹의 丈이 低ᄒ고 幹의 下部에 枝를 生ᄒᄂ 橫木을 灌木이라 稱ᄒᄂ니라.

(問) 植物의 根은 永久히 枯死치 아니ᄒᄂ뇨.
(答) 根은 一年에 枯死ᄒᄂ 者와 二年에 枯死ᄒᄂ 者와 多年 枯死치 아니ᄒᄂ 者ㅣ 有ᄒ니라. 故로 植物을 一年生, 二年生, 多年生 植物의 三種에 別ᄒᄂ니라.

(問) 草類와 禾類의 區別이 何如오.

(答) 草類는 軟弱혼 莖(경)을 有혼 植物이니 菜類, 雜草類를 稱후고, 禾類는 中空有節혼 植物이니 稻, 麥 等의 類를 稱후느니라.

(問) 內長類와 外長類의 區別을 問후노라.

(答) 每年 幹의 外部에 新質을 生후는 者를 外長類ㅣ라 稱후느니 松, 梅, 挑 等이 是ㅣ오, 幹의 內部에 新質을 生후는 者를 內長類라 稱후느니 稻, 麥, 玉蜀黍, 竹 等이 是ㅣ니라.

▲ 제3호

(問) 十字科 植物者는 何오.

(答) 白菜 蘿葍類(나복류)의 花는 擧皆 十字形을 成혼 故로 此를 十字科 植物이라 稱후나니라.

(問) 薔薇科 植物者는 何오.

(答) 李, 梅, 桃, 梨, 林檎, 海棠 等은 薔薇와 恰似혼 故로 此等을 薔薇科 植物이라 稱후나니라.

(問) 松柏科 植物者는 何오.

(答) 多喬木 中에 松 檜 杉木(삼목) 等은 互相 恰似혼 處ㅣ 多혼 故로 此等을 松柏科 植物이라 稱후나니라.

(問) 茄子科 植物者는 何오.

(答) 茄子, 煙草의 類를 茄子科 植物이라 稱후나니라.

(問) 大麻科 植物者는 何오.

(答) 大麻, 苧麻(저마)의 類를 大麻科 植物이라 稱후느니라.

15

(問) 禾木科 植物者ᄂ 何오.

(答) 稻 麥 蜀黍(촉서)의 類ᄅᆞᆯ 禾木科 植物이라 稱ᄒᆞᄂᆞ니라.

(問) 菊科 植物者ᄂ 何오.

(答) 蒲公英(포공영), 劍(결?), 草, 牛蒡(우방), 向日花의 類ᄅᆞᆯ 菊科 植物이라 稱ᄒᆞ나니라.

(問) 荳科 植物者ᄂ 何오.

(答) 大豆, 赤豆, 萩(추), 藤의 類ᄅᆞᆯ 荳科植物이라 稱ᄒᆞ나니라.

(問) 羊齒類ᄂ 何오.

(答) 蕨(궐, 고사리)의 類ᄂ 擧皆 無花ᄒᆞ고 葉과 鬚根(수근)과 地下의 莖을 具有ᄒᆞ고 葉의 裏面에 芽胞(아포)라 稱ᄒᆞᄂ 것을 生ᄒᆞ나니 此等의 類ᄅᆞᆯ 羊齒類라 稱ᄒᆞᄂᆞ니라.

(問) 木賊科ᄂ 何오.

(答) 木賊의 類ᄂ 無花ᄒᆞ고 莖에 節이 有ᄒᆞ며 每節에 鞘狀(초상, 칼집 모양)의 葉을 具ᄒᆞ고 又 芽胞ᄅᆞᆯ 生ᄒᆞᄂ 者ㅣ 有ᄒᆞ니 此等을 木賊科라 稱ᄒᆞ나니라.

(問) 蘚苔類(선태류)者ᄂ 何오.

(答) 蘚苔의 類ᄅᆞᆯ 蘚苔類라 稱ᄒᆞᄂᆞ니라.

(問) 藻類者ᄂ 何오.

(答) 昆布(곤포), 甘藿(감곽), 海苔(해태) 等의 類ᄅᆞᆯ 藻類라 稱ᄒᆞ나니라.

(問) 菌類者ᄂ 何오.

(答) 松茸[1]의 類ᄅᆞᆯ 菌類라 稱ᄒᆞ나니라.

(問) 雄木 及 雌木의 區別이 如何오.

(答) 樹木의 種類를 隨ᄒ야 雌雄花ㅣ 各株에 生ᄒᄂᆫ 事ㅣ 有ᄒ니 雌花만 有ᄒᆫ 樹木을 雌木이라 稱ᄒ고 雄花만 有ᄒᆫ 樹木을 雄木이라 稱ᄒᄂ니라.

(問) 落葉木者ᄂᆫ 何오.

(答) 大抵 樹葉은 每秋 凋落(조락)ᄒ얏다가 春季에 再生ᄒᄂ니 如此ᄒᆫ 樹木을 落葉木이라 稱ᄒᄂ니라.

(問) 常綠木者ᄂᆫ 何오.

(答) 松樹와 如히 葉이 四時長靑ᄒ며 數年生存ᄒᄂᆫ 樹木을 常綠木이라 稱ᄒᄂ니라.

(問) 植物의 受精作用者ᄂᆫ 何오.

(答) 昆虫은 花의 密을 吸코져 ᄒ야 花間을 飛廻ᄒᆯ 時에 一花의 花粉을 他花柱頭에 着케 ᄒ야 子房으로 ᄒ야금 結實케 ᄒᄂ니 此를 受精作用이라 稱ᄒᄂ니라.

(問) 樹木의 年輪者ᄂᆫ 何오.

(答) 幹을 橫斷ᄒ면 大小의 輪이 疊生ᄒᆷ을 見ᄒᆯ지니 此를 年輪이라 稱ᄒ고 年輪을 生ᄒᆷ은 外長類 樹木에 限ᄒᄂ니라.

(問) 髓者ᄂᆫ 何를 云ᄒᆷ이뇨.

(答) 樹木의 幹을 橫斷ᄒ면 其正中에 柔軟ᄒᆫ 部分이 有ᄒ니 此를 髓라 稱ᄒ며 此亦外長類 樹木에 限ᄒ야 生ᄒᄂ니라.

(問) 樹木의 已經 年數를 知得ᄒᄂᆫ 法이 有ᄒ뇨.

---

1) 송이(松茸): 송이(松栮). 茸의 원음은 '용'이나 '이'로 잘못 읽은 듯함.

(答) 年輪은 每年 一次式 其外方에 一輪을 增生ᄒᄂᆫ 故로 此年輪數를
計ᄒ면 其己經 年數를 知得ᄒᆯ 수 잇ᄂ니라.

▲ 제4호

(問) 葉者ᄂ 何오.
(答) 葉은 莖에 側生ᄒᄂᆫ 者ㅣ니 其種이 有二ᄒ니 一濶葉이요, 一曰 針
葉이라. 又其色도 多種ᄒ나 綠色 翠色이 居多ᄒ니라. 常例니라.

(問) 葉의 各部 名稱이 如何오.
(答) 葉은 葉片, 葉柄, 托葉, 葉脈, 葉端 等 各部로 成ᄒ니라.

(問) 葉片者ᄂ 何部分이뇨.
(答) 開張ᄒ 葉面의 部分을 葉片이라 稱ᄒ나니라.

(問) 葉柄者ᄂ 何오.
(答) 葉片을 支ᄒᄂᆫ 細線을 葉柄이라 稱ᄒ나니라.

(問) 托葉者ᄂ 葉의 何部에 在ᄒ뇨.
(答) 葉柄 下端에 在ᄒ 小葉을 托葉이라 稱ᄒ고, 葉은 其種類를 隨ᄒ야
托葉이 有ᄒ 者와 無ᄒ 者ㅣ 有ᄒ니라.

(問) 葉脉者ᄂ 何오.
(答) 葉의 正中에 一大脉이 有ᄒ고, 自此로 細脉이 分出ᄒ얏나니 此를
葉脉이라 稱ᄒ나니라.

(問) 葉端者ᄂ 何오.
(答) 葉의 最極端에 鋸齒狀을 成ᄒ 處를 葉端이라 稱ᄒᄂ니라.

(問) 葉의 形象은 各其 同一ㅎ뇨.

(答) 否라. 葉의 形狀은 各其 不同ㅎ야 針形, 線形, 披針形, 圓形, 橢圓形 (타원형), 卵形, 倒卵形, 等 數種에 區別ㅎ나니 此는 其形狀이 其物과 相似한 處ㅣ 有한 故로 如斯한 名稱을 附與홈이니라.

(問) 葉의 種類가 如何오.

(答) 單葉 及 複葉의 二種 區別이 有ㅎ니라.

(問) 單葉者는 何오.

(答) 桃, 梅 等의 葉과 如히 一個 葉身이 有한 者를 單葉이라 ㅎ나니라.

(問) 複葉者는 何오.

(答) 二個 以上의 葉身이 有홈을 複葉이라 稱ㅎ나니 藤, 漆樹 等이 是ㅣ 니라.

(問) 葉은 莖에 同一 定規로 着生ㅎ느뇨.

(答) 否ㅣ라. 其着生ㅎ는 形이 相異홈으로 互生葉(호생엽), 對生葉, 輪生 葉 等 三種으로 別ㅎ나니라.

(問) 互生葉者는 何오.

(答) 李, 梅 等과 如히 莖間 每一節에 葉이 着生홈을 互生葉이라 稱ㅎ나 니라.

(問) 對生葉者는 何오.

(答) 桐과 如히 每一節에 二葉이 相對ㅎ야 生홈을 對生葉이라 稱ㅎ나니라.

(問) 輪生葉者는 何오.

(答) 每 一節에 三葉 以上이 生홈을 輪生葉이라 稱ㅎ나니라.

(問) 葉의 生理作用이 如何오.
(答) 葉은 同化作用, 炭酸 吸收作用, 呼吸作用, 蒸發作用, 貯藏作用 等 各項 生理作用을 營ᄒ나니라.

(問) 同化作用者는 如何 作用을 稱ᄒ이뇨.
(答) 根이 吸收ᄒ 液体는 莖으로부터 葉의 綠色部에 至ᄒ야 日光을 受ᄒ야 同時에 變化되나니 此作用을 同化作用이라 謂ᄒ나니라.

▲ 제5호

(問) 炭酸 吸收作用은 何以作用ᄒ을 云ᄒ이뇨.
(答) 葉은 空氣中에 混在ᄒ 炭酸瓦斯란 것을 吸收ᄒ야 右에 說明ᄒ 同化 作用을 營ᄒ야 酸素를 排出ᄒ나니 排出量은 不多ᄒ니라.

(問) 呼吸作用을 如何히 營ᄒ느뇨.
(答) 葉은 動物과 如히 空器 中 酸素를 吸收ᄒ야 炭酸瓦斯도 亦呼出ᄒ나 니 其呼出量이 少ᄒ며 是以로 呼吸作用을 營ᄒ다 云ᄒ이니라.

(問) 葉이 蒸發作用을 營ᄒ다 ᄒ은 何謂오.
(答) 根이 吸收ᄒ 水氣의 大部分은 自莖上昇ᄒ야 葉面으로브터 連續 蒸 發ᄒ으로 因ᄒ야 蒸發作用을 營ᄒ다 稱ᄒ이니라.

(問) 葉이 貯藏作用을 營ᄒ다 ᄒ은 何謂오.
(答) 葉의 種類를 隨ᄒ야 百合, 葱 等의 地下葉과 挑 梅 等의 子葉은 肥厚ᄒ야 多量 養液을 貯藏ᄒ나니라.

(問) 炭酸瓦斯者는 何오.
(答) 炭酸瓦斯란 것은 人類 及 動物이 呼息ᄒ 時와 物이 燒火ᄒ 時에

生ᄒᆞᄂᆞᆫ 것이니 人類 及 獸에게 頗히 有害ᄒᆞ니라.

(問) 葉이 吸收 及 呼吸作用을 營ᄒᆞ다 ᄒᆞ니 葉은 口가 無ᄒᆞ거늘 何로 由ᄒᆞ야 吸收 及 呼吸을 營ᄒᆞ나뇨.
(答) 可笑로다. 君의 質問이여. 葉이 吾人과 如ᄒᆞᆫ 口ᄂᆞᆫ 不有ᄒᆞ되 植物도 君의 所謂 口ᄅᆞᆯ 持ᄒᆞ얏ᄂᆞ니 此 口ᄅᆞᆯ 氣孔이라 稱ᄒᆞ나니라.

(問) 氣孔은 葉의 何部에 在ᄒᆞ뇨.
(答) 葉面 裏部에 數多 氣孔이 有ᄒᆞ니라.

(問) 葉의 全面을 終日토록 窺視ᄒᆞ야도 一孔도 無ᄒᆞ더라.
(答者反問) 葉을 何以 窺視ᄒᆞ얏ᄂᆞ뇨. 肉眼으로 見ᄒᆞ얏ᄂᆞ뇨.
(問者所答) 然也ㅣ라. 老人이 아니어든 읏지 眼鏡을 用ᄒᆞ리오.
(答者解說) 비록 少年ᄒᆞ야 眼力이 銳ᄒᆞ드라도 眼鏡을 用ᄒᆞ야 見키 不能 ᄒᆞ거든 況且 肉眼으로 能視ᄒᆞᆷ이오. 其氣孔은 極히 細微ᄒᆞᆫ 故로 顯微鏡 을 使用ᄒᆞ여야 可히 見ᄒᆞᆯ 수 잇나니라.

(問) 顯微鏡者ᄂᆞᆫ 何오.
(答) 細微ᄒᆞᆫ 物이라도 其形을 擴大케 ᄒᆞᄂᆞᆫ 器械가 有ᄒᆞ니 此ᄅᆞᆯ 顯微鏡이 라 稱ᄒᆞ나니라.

(問) 酸素者ᄂᆞᆫ 何오.
(答) 植物이 呼出ᄒᆞᄂᆞᆫ 者ㅣ니 無色無臭 無味ᄒᆞ고 物의 燒火ᄅᆞᆯ 支保ᄒᆞ나 니라.

(問) 子葉者ᄂᆞᆫ 何오.
(答) 豆類의 種子ᄅᆞᆯ 割半ᄒᆞ야 視ᄒᆞᆯ 時ᄂᆞᆫ 其形이 葉과 如ᄒᆞ고 肉이 肥厚 ᄒᆞ니 是ㅣ 卽 最初에 生ᄒᆞᄂᆞᆫ 子葉이니라.

(問) 葉의 效用이 如何.

(答) 葉으로 食用이 되는 者ㅣ 多ㅎ고 茶 等과 如히 飲料도 되며 藍 等과 如히 染色所用도 되며 桑葉과 如히 養蚕(양잠)所用도 되며 비록 無花草 木이라도 其葉이 奇形됨으로 因ㅎ야 花草로 所用되야 人心을 娛悅케 ㅎ는 等 多大 效用이 有ㅎ야 枚舉키 不遑ㅎ니라. (未完)

▲ 제6호

(問) 植物体 各部의 名稱을 示ㅎ라

(答) 植物体는 根, 莖, 幹, 枝 葉 等의 三大部分으로 區別ㅎ나니라.

(問) 植物의 根者는 何部分이뇨.

(答) 根은 植物의 下行軸이니 決코 葉을 不生ㅎ는 部分을 稱ㅎ나니라.

(問) 根의 形態는 何如오.

(答) 根은 其形이 各其 不一ㅎ나 然이나 直根과 鬚根(수근)의 二種으로 大別ㅎ나니라.

(問) 直根者는 何오.

(答) 松樹, 蘿蔔 等과 如히 地中에 直入혼 大根은 直根이라 稱ㅎ나니라.

(問) 鬚根者는 何오.

(答) 稻, 麥 等과 如히 一處에셔 群生ㅎ는 細根을 鬚根이라 稱ㅎ나니 松樹, 蘿蔔 等의 根에 附生ㅎ는 極細根도 亦鬚根이니라.

(問) 根의 種類가 如何.

(答) 根의 種類를 隨ㅎ야 一年生根, 二年生根, 多年生根의 區別이 有ㅎ니라.

(問) 一年生根者는 何오.

(答) 根이 生흔 後 一年 內에 枯死ᄒᆞᄂᆞᆫ 者를 一年生根이라 稱ᄒᆞᄂᆞ니라.

(問) 二年生根者ᄂᆞᆫ 何오.

(答) 根이 年을 超ᄒᆞ야 生存ᄒᆞᄂᆞᆫ 者를 二年生根이라 稱하ᄂᆞ니라.

(問) 多年生根者ᄂᆞᆫ 何오.

(答) 桃, 松樹 等의 根과 如히 數年間 生存하ᄂᆞᆫ 者를 多年生根이라 稱하ᄂᆞ니라.

(問) 根은 如何 作用을 營하ᄂᆞ뇨.

(答) 根은 地中에 深入하야 植物体를 固定하며 自地中으로 養分을 吸收하며 養液을 貯藏하ᄂᆞ니라.

(問) 根의 各部ᄂᆞᆫ 擧皆 同一흔 作用을 營하ᄂᆞ뇨.

(答) 否ㅣ라. 年久 部分은 固定케 하ᄂᆞᆫ 力이 大ᄒᆞ되 殆리 吸收力을 失하고, 新部分이 吸收力이 强하야 貯藏力이 大하니 吸收力이 最强흔 者ᄂᆞᆫ 根毛ㅣ니라.

(問) 毛根者ᄂᆞᆫ 何오.

(答) 新根 周圍에 生하ᄂᆞᆫ 毛狀細根을 毛根라 稱ᄒᆞᄂᆞ니라.

(問) 植物의 莖者ᄂᆞᆫ 何오.

(答) 莖은 植物의 上行軸이니 반다시 葉을 有ᄒᆞ며 養液의 通路되ᄂᆞᆫ 者ㅣ니라.

(問) 莖이 養液의 通路됨은 何以知得ᄒᆞᄂᆞ뇨.

(答) 草類의 莖을 橫斷ᄒᆞ면 汁이 流出흠을 見흘이니 是以로 其通路됨을

知得ᄒᆞ나니라.

(問) 莖에 何許 種類가 有ᄒᆞ뇨.
(答) 地上莖과 地下莖의 二種이 有ᄒᆞ니라.

(問) 地上莖者ᄂᆞᆫ 何오.
(答) 莖이 地上에 顯出ᄒᆞᄂᆞᆫ 者를 地上莖이라 稱ᄒᆞ나니라.

(問) 地下莖者ᄂᆞᆫ 何오.
(答) 莖이 地下에 在ᄒᆞᆫ 者를 地下莖이라 稱ᄒᆞ나니라.

(問) 地下에 在ᄒᆞᆫ 者를 莖이라 稱ᄒᆞᆷ은 何故오.
(答) 根은 決코 葉을 不生ᄒᆞᄂᆞᆫ 者ㅣ나 然이나 地下莖은 地下에 在ᄒᆞᆯ지라도 葉을 生ᄒᆞᆷ으로 因ᄒᆞ야 莖이라 稱ᄒᆞᆷ이니라.

(問) 地下莖에ᄂᆞᆫ 如何 區別이 有ᄒᆞ뇨.
(答) 葡萄莖(포도경), 纏繞莖(전요경), 攀橡莖(반연경) 等의 三種 別이 有ᄒᆞ니라.

(問) 葡萄莖者ᄂᆞᆫ 何오.
(答) 莖이 地上에 伏臥하ᄂᆞᆫ 者를 葡萄莖이라 稱하ᄂᆞ니라.

(問) 纏繞莖者ᄂᆞᆫ 何오.
(答) 莖으로 他物에 纏繞하ᄂᆞᆫ 것을 纏繞莖이라 稱ᄒᆞ나니라.

(問) 攀橡莖者ᄂᆞᆫ 何오.
(答) 莖이 他物에 攀登(반등)하ᄂᆞᆫ 것을 攀橡莖이라 稱하나니라.

(問) 地下莖에ᄂᆞᆫ 何許 種類가 有하뇨.
(答) 鱗莖, 球莖, 塊莖, 根莖 等의 種類가 有하니라.

(問) 鱗莖者ᄂᆞᆫ 何오.
(答) 百合, 葱白(총백) 等과 如히 肥厚ᄒᆞᆫ 葉을 有ᄒᆞᆫ 者를 鱗莖이라 稱하나니라.

(問) 球莖者ᄂᆞᆫ 何오.
(答) 球形의 莖에 少數 薄葉을 有ᄒᆞᆫ 者를 球莖이라 稱하나니라.

(問) 塊莖者ᄂᆞᆫ 何오.
(答) 塊狀의 莖에 葉의 跟跡(근적, 흔적의 오기)이 有ᄒᆞᆫ 者를 塊莖이라 稱하나니라.

        (이하 소년한반도가 발행되지 않았음.)

◎ 鑛物 水晶 及 石英, 박상락 역, 〈태극학보〉 제7호, 1907.2.

　水晶은 印材와 玉과 及 各色 裝飾品에 多用ᄒᆞᄂᆞᆫ 者ㅣ니 外形으로 一見ᄒᆞ면 琉璃와 如ᄒᆞ나 此를 脣에 接觸ᄒᆞ면 琉璃보다 一層 더 冷感을 覺ᄒᆞ깃고 ᄯᅩ 琉璃보다 硬固ᄒᆞᆫ 故로 水晶의 角으로써 容易히 琉璃面에 傷痕을 生케 ᄒᆞᆯ지라. 水晶의 天然刑은 六角柱ㅣ니 其 端이 錐와 갓치 尖ᄒᆞ고 ᄯᅩ 多數의 水晶을 見ᄒᆞᆯ 時에ᄂᆞᆫ 其 形이 或 扁平ᄒᆞᆫ 者도 有ᄒᆞ고 或 一面이 廣ᄒᆞ고 他面이 狹ᄒᆞᆫ 者도 有ᄒᆞ며 或長 或短ᄒᆞ야 殆히 同一ᄒᆞᆫ 者이 無ᄒᆞ나 其 面과 面의 交合ᄒᆞᆫ 角度를 測ᄒᆞ면 如何ᄒᆞᆫ 樣子의 水晶이라도 少許의 差違가 無ᄒᆞ도다. 如此히 鑛物이 一定ᄒᆞᆫ 角度로 天然의 形體를 成ᄒᆞᆫ 者를 結晶體라 云ᄒᆞᄂᆞ니 琉黃, 食鹽, 明礬, (白礬) 石膏, 方解

石 等과 갓치 一定흔 形으로 成흔 者는 다ㅣ 結晶體이니라.

水晶의 成分은 純粹흔 硅酸이라 ᄒᆞ는 物質로 成흔 者ㅣ니 其 結晶은 岩石의 隙間 或 空處에셔 群生ᄒᆞ고 其 生成ᄒᆞ는 狀態는 白礬의 結晶이 其 溶液中에셔 生ᄒᆞ는 것과 갓치 水에 溶解흔 硅酸이 其 溶液에셔 分離ᄒᆞ야 結晶ᄒᆞ는 거시라. 如此히 結晶흘 際에 他物質이 此中에 混入ᄒᆞ면 種種의 色을 現出ᄒᆞᄂᆞ니 卽 紫水晶 黑水晶 等이 是요 또 他鑛物을 包含 結晶흔 者 有ᄒᆞ니, 草入水晶, 苔入水晶, 猫晴石, 虎晴石 等이 是라. 水晶의 産出地는 各處에 多ᄒᆞᄂᆞ 日本에 最有名흔 處는 甲斐, 美濃, 近江, 伯耆, 磐城, 等地니 甲斐에셔는 無色透明흔 者와 及 草入水晶 苔入水晶 等이 出ᄒᆞ고 伯耆磐城에셔는 紫水晶이 出ᄒᆞ고 近江, 美濃에셔는 黑水晶을 産ᄒᆞᄂᆞ니 此中 磐城을 除흔 外에는 水晶의 結晶이 다ㅣ 花崗石隙間에셔 成存ᄒᆞ니라.

硅酸으로 組成된 鑛物은 水晶 外에 尙多ᄒᆞᄂᆞ 此를 總稱 石英이라 ᄒᆞᄂᆞ니 水晶은 卽 石英 中에 가쟝 透明ᄒᆞ고 잘ㅣ 結晶흔 거시라. 石英은 其 色이 白, 褐, 灰, 黑 等이 有ᄒᆞ니 硬度는 水晶과 略同ᄒᆞ고 結晶은 만히 岩隙間에 生ᄒᆞ며 或 種種흔 岩石中에 包含흔 者도 有ᄒᆞ고 或 石灰石과 갓치 大岩을 成흔 者도 有ᄒᆞ며 또 河底와 海濱川邊 等地 白沙 中에 多量히 混存ᄒᆞ니라.

石英의 主用處는 琉璃製造의 原料로 供給ᄒᆞ며 또 石英의 一種에 瑪瑙라 稱ᄒᆞᄂᆞ 者 有ᄒᆞ니 色은 赤, 褐, 白, 綠, 黑 等이 有ᄒᆞ며 或 此等 諸色이 縞紋狀으로 美濃흔 光彩를 生ᄒᆞ며 裝飾品에 多用ᄒᆞ도다. 此 瑪瑙는 岩石中 穴隙에셔 生ᄒᆞ야 혼이 瘤形의 塊를 成ᄒᆞ니 此는 瑪瑙가 最初에 岩穴의 內壁에셔 沈澱ᄒᆞ야 次第로 內部로 成長ᄒᆞ며 中心은 아즉 空隙을 殘留흔 塊도 有ᄒᆞ니리.

◎ 我韓의 鑛山 槪要, 朴聖欽,〈서우〉제4호, 1907.3.

*우리나라 광업 실태

▲ 제4호

○鑛産物은 我韓의 一大 富源인디 今其各種의 産況을 通觀ᄒ면 僅히 金銅鐵二三에 不過ᄒ니 就中金은 國內全體鑛山價格中 大約百分의 九十七에 居ᄒ고 銅은 其 餘二分의 一을 保ᄒ고 鐵水晶等을 合ᄒ야 他의 一般을 有ᄒ니 然則我國鑛物의 富源이 金鑛及砂金에 專在ᄒ다 可謂ᄒ 지니라.

我韓의 面積이 大約 一萬三十方里인디 此 地域 全面에 幾百處 數多ᄒ 各種 鑛脈이 散點으로 露出ᄒ 故로 各地 鑛物의 種類가 多少差別이 有 ᄒ고 又 同種 鑛物에도 其 品質의 優劣과 存在의 饒薄의 數種 異況이 有ᄒ니 今에 其 重要ᄒ 鑛物에 就ᄒ야 其 分布ᄒ 槪況을 說ᄒ깃노라.

[一] 金鑛이니 我韓은 元來 黃金에 富ᄒ지라. 今 全國의 金鑛 及 砂金地 가 一般世人에게 見知ᄒ 者而已라도 其 數가 大凡 百三十六 多數에 及 ᄒ니 其 一個年 産出額은 六千二百餘斤됨이 無慮ᄒ대 此의 價格이 大約 四百萬圓至四百五十萬圓 巨額에 達ᄒ고 此 外에 尙未開掘ᄒ 者와 及見 聞에 未洩ᄒ 者ㅣ 又 有幾何인지 可히 知치 못ᄒ지라. 要ᄒ건된 金이 我國鑛産의 主位이고 將來 有望ᄒ 鑛業이 亦金에 在ᄒ지니라.

我韓의 産金이 岩金 與 砂金 兩種을 兼ᄒ엿ᄂᆞᆫ디 而其 岩金은 平安地方 에 最極 豊富而 其中 雲山은 富國 第一金鑛이라 鑛脈이 極히 偉大ᄒ야 其 一個年 産額이 約 一百萬圓이오 其次ᄂᆞᆫ 殷山인디 其 産額이 亦 一個 年 約 五十萬圓에 不下ᄒ고 其他 如昌城 如泰川이 皆屈指ᄒᄂᆞᆫ 鑛地인디 特 昌城은 近來 內外人이 頗爲注目ᄒᄂᆞ니라.

平安의 次ᄂᆞᆫ 咸鏡道 一圓地方인디 特其 永興定平은 南北 兩道中 鑛地 라. 但 鑛脈의 偉大ᄒᆞᆷ이 平安의 雲山殷山 等에 比ᄒ면 不及이 稍遠ᄒᄂᆞ

其 品質이 佳良ᄒ야 含金量의 豊富혼 것은 其 石에 逈出ᄒ고 本道 北部의 富寧會寧 等이 皆 有望혼 鑛地니라.

咸鏡之次는 忠淸南北 二道인틱 就中 稷山이 最 有名ᄒ고 其他 忠州公州 等에 亦 多少 鑛脈이 有ᄒ니라.

忠淸之次는 黃海道가 有ᄒ니 遂安松禾長淵豊川 等이 頗有望혼 鑛地라. 特히 遂安은 近時 內外人의 注目處인틱 其 産額이 永興定平의 良質에 不讓ᄒ리라 云ᄒᄂ니라.

黃海之次는 慶尙全部와 全羅北部 及 江原 一圓이라 稱ᄒ니 卽 江原의 金城이 主位되고 慶尙의 靑松昌原漆原安東과 全羅의 金溝 等 郡이 皆 相富혼 鑛地오 京畿난 全羅南道를 除혼 外 他道에 比ᄒ면 産金이 最少혼 地方이라. 然이나 尙히 廣州安城 二鑛地가 有ᄒ니라.

由是觀之컨틱 我韓의 金鑛脈이 北部에 富ᄒ고 南部에 貧혼지라. 卽 平安咸鏡一帶가 首位되고 漸南漸少ᄒ야 全羅南部에는 殆히 全無혼 狀況을 呈ᄒ니라.

[二] 砂金이니 我韓鑛物中에 最古 多額이오. 其 産出ᄒᄂ 場所도 金鑛보다 逈多혼지라. 我韓에셔 年年産出ᄒ난 黃金이 約 四百五十萬圓內外인틱 內에 砂金이 大凡 三百萬圓을 占ᄒᄂ니라.

砂金의 産地도 亦以 平安南北 二道로 豊富 第一이라 稱ᄒ니 今 全國 産額이 三百萬圓 內外인틱 平安 一圓에셔 産出ᄒᄂ 砂金이 約 二千五百斤 百五十萬圓에 達ᄒ니 國內 産金 全量內에 就ᄒ야 大略 其 三分의 一을 占혼 지라. 特 順安宣川 二郡은 當國無比혼 砂金地인틱 其 産額이 宣川은 五六百斤 順安은 一千斤可量에 達ᄒ고 其他 寧邊泰川朔州昌城 江界慈山安州肅川成川 等郡도 亦皆 四十餘斤至五六十斤內外를 産ᄒ고 此外 多少 産出ᄒᄂ 場所는 頗多ᄒ니라.

平安之次 可히 屈指혼 地方은 亦 咸鏡 一圓이라 其 如永興 如定平 如端川 等郡에 皆 豊富혼 砂金地가 有ᄒ고 其 産出은 大抵 各 萬圓以上 二三十萬圓額에 達치 아니홈이 無ᄒ고 此外 長津甲山三水 及 富寧會寧茂山 等郡이 亦 皆 相當혼 産地라 稱ᄒᄂ니라.

咸鏡之次는 忠淸道黃海道인딕 忠淸의 稷山天 安附近이 最盛흔 場所라. 此 地方에셔 年年産出이 大凡三四十萬圓額에 達ᄒ고 又 燕岐定山報恩 靑山黃澗及 黃海의 松禾長淵豐川谷山遂安等郡이 無非屈指ᄒᄂ 良鑛地 니라.

忠淸黃海의 次位에 可當ᄒ 地方은 慶尙江原 一帶인딕 慶尙의 靑松義城 에 品質이 最優秀ᄒ고 産出이 又 頗多ᄒ며 其他 昌原漆原咸安陜川星州 及 江原의 金城楊口華川洪川旌善 等郡이 皆 相當ᄒ 産出이 有ᄒ 場所 니라.

全羅與京畿난 砂金地의 末位인딕 京畿의 安城竹山 二個所와 全羅의 金 溝南原寶城 等郡에 多少鑛地가 有ᄒ니라.

總之砂金與金鑛이 其 存在의 場所와 分布의 狀況이 相伴ᄒ지라. 即 於 北部에 最多且豊富ᄒ고 漸次南下에 隨漸減少ᄒᄂ딕 而其中間 忠淸地 方에 特히 一頭角을 現出ᄒ니라.

[三] 銀鑛이니 我韓에 銀의 需用者난 有호딕 銀의 供給者ᄂ 殆無ᄒ니 此其土地에 銀鑛其物이 無흔 것이 不是라. 現二三個所의 開掘을 己經흔 鑛地도 有흔즉 其 鑛脈의 存在난 無疑ᄒ지라. 但 銀鑛은 其 採掘에 付흔 費用及勞力等困難이 金鑛採掘에 比ᄒ여 決코 容易흔 點을 見치 못ᄒ깃 고 若砂金採集에 比ᄒ면 其 困難이 殆遠ᄒ니 夫銀鑛이 金鑛보다 同樣의 費用勞力을 要ᄒ여도 而其所得의 報酬가 金에 不及홈이 遠흘지라. 故로 金鑛 若砂金中에 自然附着含有흔 銀分을 分析採取홈과 如홈은 勿論ᄒ 고 惟單獨銀山의 經營은 大體其鑛脈이 金鑛보다 數等偉大ᄒ고 且其 含 有量아 豊富치 아니ᄒ면 計筭을 不立ᄒᄂ니 採掘ᄒ여도 利益이 無흘 所이라. 事情이 如此흔 故로 今日ᄭ지 銀의 採掘을 殆乎不行ᄒ고 銀鑛 脈所在地의 世人에게 見知흔 場所도 極矣寥寥ᄒ고 世人이 此鑛物에 對 ᄒ야 注意ᄒᄂ 者ㅣ 少흔지라. 故로 以前十分 精探精査를 未經ᄒ야 何 地에 如何흔 良鑛脈이 存흔지 可히 知치 못흘지라. 今日 槪略 見渡흔 處난 其 産地가 先自忠淸으로 至于全羅에 保寧珍山附近에 稍良質의 鑛 脈을 見ᄒ고 又 慶尙南道昌原에 銀銅鑛 及鉛鑛이 頗히 佳良흔 者 有흔

고 同北道奉化에 銀銅鑛의 稍稍佳良ᄒᆞᆫ 者 有ᄒᆞ고 又 江原道堂峴에 年間 獨逸人의 發見ᄒᆞᆫ 者 有ᄒᆞ니라.

[四] 銅鑛이니 我韓의 北部及 南部에 多ᄒᆞ고 中部에ᄂᆞᆫ 少ᄒᆞᆫ지라. 當國 第一位 銅山은 咸鏡道의 甲山인ᄃᆡ 鑛脈이 最偉大ᄒᆞ야 其 一個年 産出이 製銅 約 二十萬斤 價格 五萬圓以上에 達ᄒᆞ고 其次 慶尙南道昌原이 亦銅 에 有名ᄒᆞ고 其他 慶尙北道奉化에도 稍佳良ᄒᆞᆫ 銀銅鑛이 有ᄒᆞ고 又 全羅 忠淸及 平安地方에도 多少 存在ᄒᆞᄂᆞ 大槩貧脈而已오. 有名ᄒᆞᆫ 者ᄂᆞᆫ 姑未 有ᄒᆞ니라.

[五] 鐵鑛及砂鐵이니 我韓의 鐵鑛及砂鐵이 産出은 黃海地方에 最多ᄒᆞ 고 其次 平安江原忠淸全羅慶尙 各道 處處에 産出ᄒᆞᄂᆞ 鐵鑛은 元來 其 採掘與精製에 多大ᄒᆞᆫ 勞力과 費用을 要ᄒᆞ기로 黃海의 載寧松禾文化殷 栗平安의 价川江原의 鐵原平海忠淸의 魯城恩津連山全羅의 光州淳昌慶 尙의 星州等地에 皆相當ᄒᆞᆫ 鑛脈이 有ᄒᆞ나 現在開掘ᄒᆞᄂᆞᆫ 者ᄂᆞᆫ 極少ᄒᆞ고 又 開掘ᄒᆞᄂᆞᆫ 者ㅣ 往往有之ᄒᆞ나 皆極細ᄒᆞᆫ 施爲로 採掘精鍊ᄒᆞᄃᆞᆫ지 或 砂鐵而已를 採集精鍊ᄒᆞ야써 鍋釜의 類를 製造ᄒᆞᄃᆞᆫ지 ᄒᆞ이 止ᄒᆞ고 其他 一二外國人의 經營ᄒᆞᄂᆞᆫ 場所가 不無ᄒᆞᄂᆞ 皆試驗的으로 採掘ᄒᆞ야 少量 의 輸出에 依ᄒᆞ야 損益의 如何를 試ᄒᆞᆷ이 不過ᄒᆞ니 要ᄒᆞ건ᄃᆡ 價格이 廉 ᄒᆞ고 數量이 多ᄒᆞᆫ 鐵鑛開掘과 如ᄒᆞᆫ것은 今日과 如히 交通이 充分치 못 ᄒᆞ고 且製鐵所를 不有ᄒᆞᆫ 時에ᄂᆞᆫ 到底히 充分ᄒᆞᆫ 利益을 見키 不能ᄒᆞᆯ지ᄂᆞ 若將來 交通事業이 發達ᄒᆞ고 運搬力이 進步ᄒᆞ며 且製鐵所를 設置ᄒᆞᆫ 以 上에ᄂᆞᆫ 其 如鐵原 如价川 如平海 如松禾 如載寧殷栗 等郡이 皆 有望ᄒᆞᆫ 鑛地가 될이니라.

[六] 石炭이니 石炭은 我國에 大有望ᄒᆞᆫ 것은 아니나 鑛脈의 存在ᄂᆞᆫ 數個 所의 見認ᄒᆞᆫ 者ㅣ 旣有ᄒᆞ니 卽 咸鏡北道鏡城 附近으로 由起ᄒᆞ야 吉州方 面에 涉ᄒᆞ고 此로 自ᄒᆞ야 永興에 現ᄒᆞ고 江原一帶에 中斷ᄒᆞ엿다가 慶 尙道 東南角蔚山에 露出ᄒᆞ고 其他 平安道에ᄂᆞᆫ 大同江 沿岸 平壤附近에 一大露出ᄒᆞ고 又 殷山北方에도 微少ᄒᆞᆫ 脈이 現ᄒᆞ엿ᄂᆞᆫᄃᆡ 此中平壤에 在 ᄒᆞᆫ 者ᄂᆞᆫ 無煙炭이오. 其他ᄂᆞᆫ 皆 有煙炭이라. 鑛脈의 頗大ᄒᆞᆫ 者ᄂᆞᆫ 有ᄒᆞᄂᆞ

其質은 大槩不良홈을 免ㅎ니라.

[七] 水晶 瑪瑙 蠟石 雲母이니 水晶은 我韓의 一名産인티 其 産出은 慶尙北道慶州에 最多ㅎ고 其 品質도 亦 佳良ㅎ고 同南道의 蔚山全羅北道의 高山 忠淸北道의 竹山黃海道의 兎山等 地方이 頗亦有名홍 産地오. 瑪瑙는 一體産出이 少ㅎ니 全國中惟 慶尙道의 蔚山平安南道의 安州에 少許 産出이 有홈이 不過ㅎ고

蠟石은 全羅와 忠淸에셔 處處産出ㅎ나 良質이 少ㅎ고 惟全羅南道의 海南郡右永營에 産出이 頗多ㅎ고 且品質이 優秀ㅎ다 稱ㅎ고

雲母는 江原道의 南部 平安道 附近의 沿岸及 京畿의 東南部 利川郡俺峴附近에 夥多히 産出ㅎ나 其 採掘에 從事ㅎ는 者는 甚稀ㅎ니라. (未完)

▲ 제5호

我韓의 鑛物 分布는 前號에 略述훈 바이어니와 我國 鑛産의 主位되는 砂金 與 金鑛에 就ㅎ야 從來로 經營ㅎ던 鑛業 方法의 大略을 左에 說ㅎ야 써 其 實況의 如何를 示ㅎ노라.

我韓産金中에 砂金이 居多ㅎ기로 今에 採集의 方法을 言홈이 當ㅎ야 몬져 砂金의 事를 言ㅎ노라.

我韓의 從來로 行ㅎ는 砂金 採集ㅎ는 方法이 大凡如左ㅎ니

[一] 産金地에 就ㅎ야 各其 場所를 見ㅎ야 井狀으로 地面을 開掘ㅎ야 深히 含金地層에 達ㅎ야써 砂土를 採掘ㅎ느니 但 其河底磐巖에 達혼즉 往往水出ㅎ는 故로 金分의 沈澱훈 良好의 含金砂土를 掬取ㅎ기 不能홈으로 採金家의 常事라 ㅎ느니라.

[二] 高處로 自ㅎ야 流水를 引用ㅎ야 其 掘採훈 含金砂土를 洗滌ㅎ야 大훈 石塊를 除去ㅎ고 小훈 砂石而己를 殘留ㅎ느니 此를 第一回 精選이라 謂ㅎ느니라.

[三] 第一回에 精選ㅎ야 得훈 小砂石을 水力에 依ㅎ야 再次 稍大훈 砂石을 除去ㅎ고 唯 其 細微훈 砂粒而已를 殘留ㅎ느니 此를 第二回 精選이

라 謂ᄒᆞᄂᆞ니라.

[四] 第二面에 精選ᄒᆞ야 得혼 細砂를 此 度에ᄂᆞᆫ 螺線木鉢[함박]에 入ᄒᆞ야 幾回洗滌ᄒᆞ야 漸漸砂粒을 溢流ᄒᆞ고 次第로 金分而已를 器底에 沈澱殘留ᄒᆞᄂᆞ니 此를 第三回 精選이라 謂ᄒᆞᄂᆞ니라.

第三回의 精選에 至ᄒᆞ야 採金ᄒᆞᄂᆞᆫ 業이 全了혼지라. 若砂金地가 水利不便ᄒᆞ야 如右所陳혼 洗滌選法을 行ᄒᆞ기 不能혼 場所에ᄂᆞᆫ 他法을 更用ᄒᆞ니 其 方法은 右法과 同樣方法으로 採掘을 行ᄒᆞ고 而其採掘ᄒᆞ야 得혼 含金砂土를 直히 螺旋木鉢에 入ᄒᆞ야 旋回 洗滌ᄒᆞ야 石塊를 去ᄒᆞ며 砂粒을 除ᄒᆞ야 遂其金分而已를 沈澱殘留ᄒᆞᄂᆞ니라.

要之컨ᄃᆡ 右二方法의 所異혼 點이 一은 流水의 自然力을 應用ᄒᆞ야 其 洗滌 精選홈이 多少의 人力을 省得ᄒᆞ고 一은 此等 應用이 無ᄒᆞ고 全是 螺線木鉢一器를 用ᄒᆞ야 始終精選ᄒᆞᄂᆞ니라.

砂金의 採集은 大凡以上의 方法으로 一般 採集ᄒᆞᄂᆞᄃᆡ 而其最初砂土를 掘採홀 時에 空然히 下底에 遺留ᄒᆞ야 採集ᄒᆞ기 不能ᄒᆞᄂᆞᆫ 金分이 決코 不少홀지라. 若 今日에 其 方法을 改良ᄒᆞ야 完全혼 採掘을 行홈이 至ᄒᆞ면 其 産金의 增加를 見홈이 蓋 莫大혼 者ㅣ 有홀지니라.

砂金採集ᄒᆞᄂᆞᆫ 期節은 地方의 南北으로 從ᄒᆞ야 多少 早晏이 有ᄒᆞ니 是 蓋 南北의 氣候가 寒暖이 有差홈으로 以홈이니라. 嚴冬에ᄂᆞᆫ 各 鑛地에서 其業을 中止ᄒᆞᄂᆞᄃᆡ 其 南部地에 在ᄒᆞ야ᄂᆞᆫ 大抵 三月初旬에 始ᄒᆞ야 十一月末頃ᄭᅡ지 採集홈을 得ᄒᆞ고 北邊에 至ᄒᆞ야ᄂᆞᆫ 恒常 四月 初旬頃브터 着手ᄒᆞ야 十月中에 終ᄒᆞᄂᆞ니 卽 南部地方과 北部地方에 其 作業 其間이 殆히 二個月間의 長短이 有ᄒᆞ니라.

又 右期節中에 間斷치 아니ᄒᆞ고 採集ᄒᆞᄂᆞᆫ 場所도 有ᄒᆞ며 農業閑散의 時期ᄲᅮᆫ 採集ᄒᆞᄂᆞᆫ 場所도 有ᄒᆞ니 前者ᄂᆞᆫ 産金이 豊富ᄒᆞ야 規模宏大혼 場所에 係혼 것이오. 後者ᄂᆞᆫ 不然ᄒᆞ야 蓋 其 産出이 不盛홈으로 惟其地方人民 等이 農業餘暇에 從事홈이니라.

至於金鑛ᄒᆞ야ᄂᆞᆫ 其 作業이 砂金採集에 比ᄒᆞ면 數等困難혼 故로 其 幼稚 迂遠홈이 亦 一層尤甚ᄒᆞ도ᄃᆞ.

我國人이 資本이 薄弱홈으로 其 於鑛山事業에苟且를 不厭ᄒ며 迂遠을 不避ᄒ고 唯其設備를 簡單히 ᄒ야 目前의 費用을 樽節홈으로 爲務ᄒ야 鑛山에 用ᄒᄂᆫ 器械도 金槌功鑿及排水桶等二三器具而已오. 火藥을 用 ᄒ야 鑛脉을 爆裂ᄒ야 採鑛ᄒᄂᆫ 術은 近自十餘年來로 外國人을 摸倣ᄒ 야 稍爲進步ᄒ고 又 鑛坑에 就ᄒ야 視察ᄒ면 何處鑛坑이던지 大抵 地面 을 掘下홈이 五六十尺乃至 七八十尺에 至홈으로 最深ᄒ 程度를 삼아 其 採掘을 大槪 停止ᄒᄂᆞ니 此 蓋 坑內가 到深ᄒ면 水의 湧出이 從多ᄒ야 作業 次第에 困難ᄒ 故ㅣ오. 又於 作爲에 目前의 勞力을 惜홈으로써 其 坑이 甚히 挾隘ᄒ야 鑛을 運ᄒ며 水를 排홈이 極히 不便ᄒ고 且 支柱를 多不用ᄒᄂᆫ 故로 或 巖質이 脆弱ᄒ 所에ᄂᆞ 其 崩落을 忽逢ᄒ야 廢鑛ᄒ ᄂᆞ 者ㅣ 往往有ᄒᄂᆞ니라.

其 精選 採金ᄒᄂᆫ 方法은 最初에 其 採掘ᄒ 鑛石을 撿ᄒ야 鑛石 中 金分 이 有홈을 可認홀 者而已를 取하고 其他ᄂᆞ 悉皆破棄ᄒ야 捨石이라 名ᄒ 고 其 撰取ᄒ 鑛石은 先以金추槌로 打碎ᄒ야 細粒을 作ᄒ고 更히 此를 石에 磨潰ᄒ야 粉末을 作ᄒ고 此를 螺線木鉢에 入ᄒ야 洗滌精撰ᄒ고 又 井形의 陶器를 用ᄒ야 洗滌精選ᄒ고 最終에 硝酸을 注ᄒ야 他金屬의 混雜ᄒ 者를 去ᄒ고 漸漸金分而已를 採得ᄒᄂᆞ니라.

如此히 苟且ᄒ 方法에 依ᄒ야 碎鑛採金홈으로써 手數와 時間上에 甚히 不利홀 쑨 不是라 最終精選에 硝酸을 注홈으로 以ᄒ야 其 含有ᄒ 銀分 이 悉皆無用에 歸홈을 不免ᄒ고 且 最初 撰鑛을 行홀 時에 捨石이라 ᄒᄂᆫ 者ㅣ 其 幼稚ᄒ 智識으로 鑑定ᄒ야 金의 有無를 判別ᄒ야 取捨홈 이 甚히 疎略홈을 不免ᄒ야 有價ᄒ 鑛石이라도 放棄ᄒ야 顧見치 아니 홈이 頗多ᄒ니 蓋此採金法에ᄂᆞ 含金量의 十萬分의 五以下되ᄂᆞ 鑛石을 採金ᄒᄂᆫ것은 到底히 困難ᄒ 事에 屬ᄒᄂᆞ니 今者各鑛山에 十萬分의 五 以下의 含金鑛石을 捨石이라. 看作ᄒ면 其 於全國鑛山에 放棄되ᄂᆞ 利益 이 實노 幾何의 巨額이 되ᄂᆞᆫ지 可히 想像치 못홀지니라.

慶尙道昌原에셔 金鑛을 採掘ᄒᄂᆫ 日本人馬木健藏이 其 實驗을 語ᄒ야 曰 自己가 일즉 韓人의 捨石三萬斤을 拾集ᄒ야 此를 日本에 持往ᄒ야

三井鑛山合名會社의 飛驒神岡精練所에 分拆試驗호니 其 成績이 金十萬分의 五 銀十萬分의 四十五 鉛 百分의 五를 得호엿다 호니 我國人이 撰鑛홈이 疎略홈을 於此에 亦可見홀지니라. 且 我國人이 砂金開採에 關흔 慣習이 新으로 鑛地를 開掘호려 호ᄂ 境遇에ᄂ 起業者가 반다시 몬져 有司의게 許可를 求호야 許可를 得흔 砂金地ᄂ 何人이던지 採金호기 不能홈은 아니로되 慣例上으로 多 其 地方德隊의게 許可홈으로 常事를 삼으니 德隊란 것은 鑛天의 棟樑을 謂홈이니 大抵 數十名 鑛夫를 牽호야 採掘에 從事호야 其 所得흔 金量의 十分의 一은 德隊가 몬져 自分의 收入으로 定호고 其 餘를 坑夫가 各自所得으로호고 又政府에 納稅호ᄂ 것은 鑛夫一名에 每一箇月 金六七分乃至 一錢지지를 納호ᄂ 디 多히 地方官이 此를 取扱호야 京城政府에 送致호ᄂ니라.

若夫我國鑛山의 行政上으로 言호면 二種 大部分의 區別이 有호니 一은 農商工部 管轄에 屬흔 者이오. 一은 官內府所轄에 屬者인디 現今 全國 有望흔 鑛山은 大槪 官內府에 見屬호엿스니 今에 官內府에 屬흔 鑛山의 所在地方을 左에 揭호니

咸鏡北道, 富寧, 端川, 吉州, 鏡城

咸鏡南道甲山, 長津, 咸興, 永興, 文川, 高原,

平安南道殷山, 平壤, 順安, 价川, 寧遠

平安北道宣川, 義州, 厚昌, 寧邊, 昌城,

黃海道松禾, 長淵, 遂安, 載寧,

京畿道安城, 通津

江原道, 金城, 春川, 三陟, 洪川,

忠淸南道稷山, 公州, 文義,

忠淸北道忠州, 淸州,

全羅北道金溝, 南原, 全州,

慶尙南道昌原, 晋州, 蔚山,

北道 靑松, 義城, 星州, 慶州,

全國 十三道三百三十一郡中에 官內府에 管轄ᄒ 鑛山區가 十二道에 跨

ᄒ야 四十一郡을 占ᄒ니 卽 全羅南道一圓을 除ᄒ 外에ᄂ 各道에 二三郡
乃至 四五郡의 所轄이 無ᄒ 處ㅣ 無ᄒ니라. 距今十有餘年前雲山金鑛이
米國人 모-루스의 手에 一落ᄒᄆ로 自ᄒ야 外人의 視線이 我韓의 鑛山
上에 集ᄒ야 其 利益線이 專一히 此業업으로 向ᄒ야 進張ᄒᄂ 지라. 國
內 槪要 有利ᄒ 鑛山이 續續히 外人의 手에 落去ᄒᄂ 者ㅣ 多有ᄒ니
今我國鑛山에 着手ᄒ 氏名과 場所가 大略 如左ᄒ니
平安北道雲山 金鑛은 距今 十二年前에 米人 무-루스의 手에 落ᄒ고
江原道金城金鑛은 距今 十年前에 德人 우오루다-의 手에 移ᄒ고
平安南道殷山 金鑛은 距今 七年前에 英人모루강의 占領ᄒ 바 되고
忠淸南道稷山 金鑛의 一部ᄂ 日本人 澁澤榮一과 淺野總一이 試掘ᄒ엿고
黃海道의 殷栗嶺南의 昌原義城狹川等地金鑛이 皆日本人 等의 着手經營
ᄒᄆ이되니
凡 此 東西 外國人이 我國 鑛山에 着手ᄒ야 一箇年 所得 利益이 數十萬
圓 或 數十千圓의 巨額에 達ᄒᄂ니라.
近日 各 新報에 揭ᄒ 바를 據ᄒ 則 外人의 鑛山 特許가 又 如左ᄒ니
平安北道龜城 英人 홀베氏
平安北道楚山 英人 할니스氏
平安北道宣川 德人 마야콩파네氏
平安北道熙川 日人 津田鍜雄氏 米人 데시유리氏 合同
嗚呼라 金鑛은 我韓의 一大 富源인ᄃ 國威不揚ᄒ고 人智未開ᄒ야 遂使
外國人으로 注着其眼線ᄒ며 發展其勢力ᄒ야 我韓의 鑛山을 無主物노
同視ᄒ야 到處早早着手ᄒ야 惟恐 或 後ᄒ니 寧非吾人之痛恨次骨者也耶
아 噫라. (完)

◎ 鑛物應用,

金聖睦,〈공수학보〉제2권 제1호(5호), 1908.2 (광물학)

現世界는 吾人 人類의 世界로서 地中 鑛物은 一一히 吾人의 幸福을
增進케 ᄒᆞ는ᄃᆡ 使用 아니되는 것이 업쓰나 就中 特殊히 應用上에 效用
이 有ᄒᆞᆷ을 有用鑛物이라 稱ᄒᆞ느니 今 左에 其用途을 依ᄒᆞ야 分別을 表
示ᄒᆞ노라.

一. 鑛石類

鑛石이란 것은 金屬을 分取ᄒᆞ는ᄃᆡ 必要ᄒᆞᆫ 鑛物을 云ᄒᆞᆷ이니 其中 普
通 金屬의 原料로서 가장 必要ᄒᆞᆫ 鑛石을 擧ᄒᆞ면 左와 如ᄒᆞ니라.

	鑛石名(數字는 金屬을 含有ᄒᆞᆫ 百分之比을 示ᄒᆞᆷ)
金	自然金 金을 含ᄒᆞᆫ 黃鐵鑛 黃銅鑛 等
白金	自然白金
銀	自然銀 硫銀鑛(87), 紅銀鑛(599), 硫安銀鑛(685), 銀含有을 方鉛鑛 及 硫銅鑛(0-33)
水銀	辰砂(862)
銅	自然鑛 黃銅鑛(344) 斑銅鑛(556) 硫銅鑛(11-54) 赤銅鑛(883) 孔雀石(573) 方鉛鑛(866)
亞鉛	方亞鉛鑛(670)
錫	錫石(786)
鐵	磁鐵鑛(724) 赤鐵鑛(704) 褐鐵鑛(599)
만강	軟만강(63) 硬만강(43-50)
닛겔	硅닛겔鑛(1-8) 닛겔을 含有ᄒᆞᆫ 磁黃鐵鑛(2-10)
알지몬	輝安鑛(71.8, 휘안광)
알미쥼	水礬土(392, 수반토) 水晶石(12.8)

二. 寶石 及 貴石類

寶石 及 貴石이란 것은 高硬度 不變으로 磨琢ᄒ야 光澤 美麗ᄒ 形紋을 呈出ᄒᄂ 고로 裝飾品에 使用ᄒᄂ 鑛物인되 其中 最高 硬度로셔 稀罕히 産出ᄒᄂ 것을 寶石이라 ᄒ고, 稍硬度로셔 稍爲多出ᄒᄂ 것을 貴石이라 ᄒ나니라. 今 左에 主要되ᄂ 者을 擧ᄒ노라.

(甲) 寶石類

金剛石, 鋼玉(강옥), 綠柱石(녹주석), 電氣石(전기석), 柘榴石(자류석), 貴蛋白石(귀단백석)

(乙) 貴石類

水晶, 玉髓(옥수), 瑪瑠(마류), 壁土(벽토), 蛋白石(단백석), 橄欖石(감람석), 蛇紋石(사문석), 軟玉(연옥) 及 硬玉(경옥), 長石, 纖維方解石(섬유방해석), 及 纖維石膏(섬유석고), 孔雀石(공작석), 螢石(형석)

三. 發熱料 及 發光料

鑛物 中 發熱料 卽 燃料로셔 第一 盛用ᄒᄂ 것은 石炭이요, 其次ᄂ 石油인되 또 石炭을 蒸焙(증배)ᄒ야 得ᄒ 副産物은 燃料 及 冶金術 還元劑(환원제)에 必要ᄒ 것이요, 發光料로 必要ᄒ 것을 石炭은 乾溜(건류)ᄒ야 得ᄒ 石炭瓦斯 及 石油에 在ᄒ고, 또 石炭瓦斯ᄂ 發熱料도 됨으로 近來ᄂ 其 需要가 大端 增加ᄒ니라.

四. 硝子 製造의 原料

硝子라 ᄒᆞᄂᆞᆫ 것은 其種類 頗多ᄒᆞ나 約言ᄒᆞ면 硅酸亞爾加里(규산아이가리), 硅酸칼슘, 硅酸鉛을 溶合ᄒᆞᆫ 것인ᄃᆡ 其 材料ᄂᆞᆫ 石英粉(석영분), 炭酸加里, 石灰石, 酸化鉛(산화연) 等을 用ᄒᆞ나니 此等 物을 爐中에 置ᄒᆞ고 强熱을 加ᄒᆞ면 溶解如飴ᄒᆞᄂᆞᆫ 고로 鐵管의 先尖에 附吹ᄒᆞ며 或은 模型에 使入ᄒᆞ야 各種 器具을 製ᄒᆞᄂᆞᆫ 것인ᄃᆡ 今硝子을 大別ᄒᆞ면 曹達硝子(조달초자) 加里硝子(가리초자) 三種(?)이 되나니라.

五. 陶磁器 及 煉瓦瓦壁의 原料

陶磁器를 것은 粘氣 有ᄒᆞᆫ 陶上을 乾和케 ᄒᆞ야 其中 混入ᄒᆞᆫ 砂石을 除去ᄒᆞᆫ 것에 長石 石英의 細粉을 加入ᄒᆞ야 各種 形狀을 作出ᄒᆞ야 善爲陰乾ᄒᆞᆫ 後 素燒窯(소소요)에 使入ᄒᆞ야 本質을 堅固케 ᄒᆞ고, 其次에 繪具을 加ᄒᆞ야 再次 本窯에 積入ᄒᆞ야 竣成을 告ᄒᆞᄂᆞ니라.

六.

(2쪽--)

◎ 鑛物學, 閔大植, 〈기호흥학회월보〉 제2호, 1908.9.
　(광물학, 11회 연재)

▲ 제2호

第一章

我等의 居生ᄒᆞᄂᆞᆫ 家屋의 建築材料와 日用汁物은 其 類가 數多ᄒᆞ나 精細히 此를 觀察ᄒᆞ면 金石의 占有ᄒᆞᆫ 部分이 最多흠을 發見흘지라. 礎

階, 屋背, 墻垣, 爐 等과 如혼 者ㅣ 各其 用處에 應호야 多小 差異가 有호
ㄴ 石의 入用됨이 尤 廣호야 花岡巖으로 礎階를 作호며 煉瓦로 屋背를
覆호며 各種의 石或煉瓦로 墻垣을 築호며 沙巖或耐火煉瓦로 爐를 造호
고 暖爐라 稱호ㄴ 一種의 爐ㄴ 鐵로 製호얏스나 此에도 石炭이라 稱호
ㄴ 一種의 石塊를 焚호며 此 外에 市街에 出호야 觀홀지라도 其 金石의
用處를 舉數키 不暇홀지니 金石의 種類의 多홈과 又 用途의 極廣홈을
推知홀지니라.

使用되ㄴ 金石의 由來 天然으로 在혼 金石이 建築 其他 各樣 供用홈에
至호기 幾多의 人工을 要호ㄴ니 例컨디 墻垣을 築호ㄴ 石은 初에 山石
을 採出호야 隨意로 方圓의 形을 造호며 煉瓦ㄴ 粘土를 水에 化호야
饒樣物을 作혼 後火에 燒호며 各 金屬은 各其 種類의 金屬을 含有혼
바 鑛石을 火熱로 鎔解호야 取出호ㄴ니라.

鑛物界 森羅萬象이 其 數가 浩多호나 一般鑛物部 間에 屬혼 者를 鑛物
界라 稱호나니 上으로 日月星辰과 下으로 山嶽原野며 空氣水等이 皆
鑛物界의 要領되ㄴ 者니라.

鑛物學 鑛物學은 鑛物界에 關혼 事理를 硏究호ㄴ 學問이니 天然의 物을
掘採利用호야 人間生活에 資호ㄴ 肝要혼 學科가 되ㄴ니, 此와 動物學과
植物學을 共히 博物學이라 호ㄴ니라.

萬物
無生物界—鑛物學
生物界—植物學, 動物學

第二章

巖石과 鑛物 世俗에 石의 大혼 者를 巖이라 稱호며 小혼 者를 石이라
稱호고 又 軟혼 者를 巖이라 稱호며 硬혼 者를 石이라 稱호ㄴ 習慣이
有호나 然호나 鑛物學上에셔ㄴ 山岳과 平地를 勿論호고 地盤을 成호야
在혼 者ㄴ 其 小片이라도 巖石이라 稱호며 巖石을 構成혼 바 物을 鑛物

이라 稱ᄒᆞᄂᆞ니라.

花崗巖 巖石 中에 我國에셔 最多히 産出ᄒᆞ야 建築工事에 廣用ᄒᆞᄂᆞ 者ᄂᆞ 花崗巖이니 花崗巖으로 成ᄒᆞ 山은 不規則으로 起立ᄒᆞ야 塊狀을 成홈이 常例니라.

今에 花崗巖一片을 採ᄒᆞ야 其 面을 檢察ᄒᆞ면 悉皆粒狀小體 卽 鑛物로 搆成ᄒᆞ얏슴을 發見ᄒᆞᆯ지라. 其中 色黑ᄒᆞ 者ᄂᆞ 雲母라 稱ᄒᆞᄂᆞ 者ㅣ오 白色 或 少히 紅色을 帶ᄒᆞ 者ᄂᆞ 長石이라 稱ᄒᆞᄂᆞ 者ㅣ오 鼠色을 帶ᄒᆞ고 多小間 透明ᄒᆞ 者ᄂᆞ 石英이라 稱ᄒᆞᄂᆞ 者ㅣ니 如斯히 結合ᄒᆞ야 巖石을 成ᄒᆞᄂᆞ 鑛物을 造巖鑛物이라 稱ᄒᆞᄂᆞ니라. 此 花崗巖은 其 造巖鑛物의 集合狀態가 十分不規則홈으로 平列홈이 少無ᄒᆞ나 極히 緻密ᄒᆞ며 堅强ᄒᆞ 故로 大ᄒᆞ 建築으로브터 小ᄒᆞ 石碑 石臼 等의 用홈이 最宜ᄒᆞ며 但 耐火力은 甚弱ᄒᆞ니라.

花崗巖의 産出 花岡巖은 我國山脉의 多數를 構成ᄒᆞ야 在ᄒᆞ니 近히 見컨ᄃᆡ 三角山이며 江華의 艾石도 此 類에 屬홈이니 艾石은 古來로 我國에 著名ᄒᆞ 石種이니라.

花崗巖 { 石英, 長石, 雲母 }

花崗巖의 得失 { 重壓을 堪홈, 凍裂이 無홈, 風雨를 耐홈. 外觀이 美홈. 火熱에 弱홈 }

▲ 제3호

第三章

水晶 花崗巖을 組成ᄒᆞ 바 石英은 一定ᄒᆞ 形狀으로 在홈이 아니나 石英 中에 一定ᄒᆞ 形像을 成ᄒᆞ야 在ᄒᆞ 者를 水晶이라 稱ᄒᆞ고 水晶이 群集ᄒᆞ야 在ᄒᆞ 者를 晶群이라 稱ᄒᆞᄂᆞ니 晶群이라 홈은 獨히 水晶에만 對ᄒᆞ야 用홈이 아니오 一般 擴物에도 屢屢히 用홈이니라.

今에 水晶 一個를 取ᄒᆞ야 見ᄒᆞ면 六角柱形이오 兩端이 尖ᄒᆞ며 透明ᄒᆞ고

堅强ᄒᆞ야 能히 硝子를 剝傷ᄒᆞ며 藥品에 變化가 不起ᄒᆞ며 烈火에 溶解치 아니ᄒᆞ며 打ᄒᆞᆫ즉 不規則形으로 破碎되ᄂᆞᆫ 者ㅣ니라. 凡 鑛物의 硬固ᄒᆞᆫ 程度를 硬度라 稱ᄒᆞ며 破面을 斷面이라 稱ᄒᆞᄂᆞ니라.

水晶에 大角柱形을 成ᄒᆞᆷ과 如히 鑛物이 一定ᄒᆞᆫ 規則에 依ᄒᆞ야 形狀을 成ᄒᆞᄂᆞᆫ 바를 結晶이라 稱ᄒᆞ나니 結晶의 形狀은 水晶에 數三種이 有ᄒᆞ나 何種의 形狀을 成ᄒᆞᄂᆞᆫ 者던지 測角器라 稱ᄒᆞᄂᆞᆫ 器械를 用ᄒᆞ야 水晶의 面과 面이 成ᄒᆞᆫ 角度를 測ᄒᆞ면 其 角度가 相同ᄒᆞᆷ이 人工으로 成者에 優勝ᄒᆞ니라.

普通 水晶은 無色이나 紫水晶이 有ᄒᆞ며 又 草八水晶이라 云ᄒᆞᄂᆞᆫ 者ᄂᆞᆫ 水晶體 內에 細線이 有ᄒᆞ야 草葉과 如히 見ᄒᆞ나 此ᄂᆞᆫ 他鑛物을 含有ᄒᆞᆷ이오 水八水晶이라 云ᄒᆞᄂᆞᆫ 者ᄂᆞᆫ 其內에 水球가 有ᄒᆞ야 振動ᄒᆞᆷ을 見ᄒᆞᄂᆞᆫ 者니라.

石英類 石英의 種類 外에 玉髓, 蛋白石, 瑪瑙 等이 有ᄒᆞ야 其 形狀은 水晶과 如히 結晶치 아니ᄒᆞᆫ 者인 故로 此를 非結晶이라 云ᄒᆞᄂᆞ니 玉髓ᄂᆞᆫ 灰白色 半透明이오 蛋白石은 淡綠色이니 透明ᄒᆞᆷ이 常例오 瑪瑙ᄂᆞᆫ 各色의 紋采를 呈ᄒᆞ야 甚히 美麗ᄒᆞ니라.

石英類의 用途 石英類ᄂᆞᆫ 一般 指環 眼鏡等 裝飾物과 印材에 用ᄒᆞ나니 慶州의 水晶은 古多有名ᄒᆞᆫ 者ㅣ니라. 蛋白石의 純精ᄒᆞᆫ 者ᄂᆞᆫ 貴重ᄒᆞᆫ 寶玉이라. 近來에 硝子로 水晶과 蛋白色을 模造ᄒᆞᆷ이 有ᄒᆞ야 一見ᄒᆞᆷ에 眞否를 別키 難ᄒᆞ나 硬度가 判異ᄒᆞᆯ 뿐 아니라 硝子ᄂᆞᆫ 其 凉ᄒᆞᆷ과 光澤이 遙히 以上 兩者에 不及ᄒᆞᄂᆞᆫ 故로 舌或唇을 觸ᄒᆞ야 其凉ᄒᆞᆷ을 試ᄒᆞ던지 或 水中에 入ᄒᆞ고 其 光澤을 比ᄒᆞ면 其 眞否를 可히 發見ᄒᆞᆯ지니라.

硝子 通常 硝子를 製造ᄒᆞᆷ에ᄂᆞᆫ 石英砂에 炭酸曹達과 石炭 等을 混合ᄒᆞ야 强히 熱케ᄒᆞ면 石英이 鎔解ᄒᆞ야 粘液狀物로 變ᄒᆞᆯ지니 此에 鐵製長管의 一端을 揷入ᄒᆞ야 鎔解ᄒᆞᆫ 石英을 付着케 ᄒᆞ고 他端으로 强히 吹ᄒᆞ면 洋燈의 燈皮와 壜, 缸 等物을 製ᄒᆞ며 又 溶液을 模型에 注入ᄒᆞ야 各種 器物을 製造ᄒᆞ나니 各樣으로 着色ᄒᆞᆷ에ᄂᆞᆫ 各種의 藥品을 配合ᄒᆞ나니라.

石英類

水晶

紫水晶

烏水晶

石英

玉髓

蛋白石

瑪琉

鑛物의 性質

形狀

硬度

明暗

斷面

▲ 제4호

第四章 (雲母) (長石)

雲母 花崗巖을 成훈 雲母는 石英과 同히 細少호나 大概 大形으로 産出호야 板狀의 結晶이니 幾枚에던지 薄히 劈호기 易호 性이 有호니 其薄片은 透明호야 光澤이 有호고 硬호지 아니호며 瓜로도 傷홈을 得호고 又屈호면 彈호야 反호는 性이 有호니 此를 彈性이라 云호느니라. 凡 結晶性의 鑛物이 劈호기 可훈 性이 有홀 時는 此를 劈開라 稱호느니라. 雲母의 種類와 用道 雲母의 銀色인 者를 白雲母 墨色인 者를 黑雲母라 云호느니 共히 火熱을 堪호는 性이 有홈으로써 西伯里亞印度 等地에셔 産호는 二三尺大片되는 白雲母는 窓硝子에 代用호고 又 煖爐의 窓에도 用호느니 硝子보다 彈性이 優호야 破碎되지는 아니호나 傷호기 易호고 又 雲母의 粉末은 壁紙及扇紙等에 塗홈에 用호느니라.

黑雲母의 一種에 蛭石이라 稱호는 者도 有호니 多數훈 六角柱杖의 粒을

42

成ᄒ고 水를 含有ᄒ얏심으로 火에 入ᄒ면 膨脹ᄒ며 延長ᄒ야 蛭의 形을 成ᄒᄂ니라.

長石 長石은 花崗巖 外에 廣히 巖石의 成分이 되야 造岩鑛物 中에 第一位를 占ᄒ얏시니 其形은 四角 或 六角의 柱狀이되야 橫으로 劈開ᄒᄂ 性質이 有ᄒ니 其色은 白 或 淡紅色이 通例니라. 長石은 風雨를 因ᄒ야 朽ᄒ야 白色의 土로 變ᄒᄂ니 此를 陶土라 云ᄒ야 多히 花崗巖 地方에 存在ᄒ고 陶土가 他物을 含ᄒ야 灰色 等으로 變ᄒ者를 粘土라 名ᄒ야 息을 吹ᄒ면 土臭를 放ᄒᄂ니 共히 粘ᄒ 性이 有ᄒ므로 粘土ᄂ 陶器鍊瓦 等을 燒成ᄒ고 陶土ᄂ 陶磁器의 原料ㅣ니라.

陶磁器의 製造 陶磁器를 製ᄒ에ᄂ 陶土의 長石과 石英의 粉末을 混ᄒ야 水로 捏ᄒ야 適當히 軟滑케 ᄒ야 此를 轆轤上에 載ᄒ고 足으로 回ᄒ면셔 手로 各種의 形을 造ᄒ도 有ᄒ고 或은 型에 依ᄒ야 形을 作ᄒ도 有ᄒ니 此를 陰乾ᄒ 後에 燒ᄒ면 素燒를 得ᄒ지니 此에 書畵를 施ᄒ고 釉藥(長石과 灰汁의 混合物)中에 浸ᄒ야 再次를 燒ᄒ 時ᄂ 長石이 溶ᄒ야 素燒上에 着ᄒ야 美麗ᄒ 器物을 成ᄒᄂ니라.

陶磁器의 區別 陶土의 精粗와 燒ᄒ 時 溫度强弱에 在ᄒ야 陶器滋器의 別을 成ᄒᄂ니 其 製品으로 言ᄒ면 磁器ᄂ 緻密ᄒ야 薄ᄒ고 陶器ᄂ 粗雜ᄒ야 厚ᄒ니라.

粘土

粘土 土器

陶土 陶器 磁器

雲母의 種類 白雲母 黑雲母

▲ 제6호

第五章 (石榴石) (黃玉) (鋼玉)

石榴石 石榴石은 粒狀結晶이오 赤色이니 石榴의 實과 如ᄒ 故로 此名

을 得ᄒ얏스며 結晶ᄒ 面은 十二面 二十四面 或 四十八面되ᄂ 者 等이 有ᄒ니라 此ᄂ 不透明ᄒ 者가 多ᄒ나 或 透明ᄒ 者도 稀少히 有ᄒ니라.

石榴石의 粉末은 硝子, 水晶, 等 研磨工事에 用ᄒᄂ니 俗에 金剛砂라 稱ᄒᄂ 者라 紙鑢 紙石盤 等을 製造홈에 用ᄒ나 現今에ᄂ 硝子粉末로 此를 代用ᄒᄂ니라.

黃玉 黃玉은 「토파스」라 稱ᄒᄂ 者라 一見ᄒ즉 水晶과 類似ᄒ니 透明柱狀結晶이오 色은 淡黃과 淡綠이 有ᄒ니라.

黃玉은 水晶보다 硬ᄒ고 先澤이 頗强ᄒ야 指環, 洋吐手釦 等를 製造ᄒᄂ니라.

鋼玉 鋼玉은 硬度가 鑛物中 第二位在에 居ᄒ 者ㅣ니 色이 赤ᄒ 者ᄂ 紅玉(루세)이요 靑ᄒ 者ᄂ 靑玉(싸뷔야)이라 稱ᄒᄂ니 共히 緬甸, 錫蘭, 英領印度 等地에 盛産ᄒᄂ니라.

鋼玉은 黃玉보다 貴重ᄒ 寶石인 故로 各 裝飾品에 用ᄒ야 價値가 頗貴ᄒ니라.

花崗岩에셔 産ᄒᄂ 鑛物 [石英, 雲母, 長石, 石榴石, 黃玉, 鋼玉]

第六章 (安山岩) (玄武岩) (黑曜石)

安山岩 安山岩은 日本에 盛産ᄒᄂ 岩石이니 色은 灰色 或 黑色이나 其中에 長石을 混合ᄒ야 在홀 時ᄂ 白色의 斑點이 有ᄒ니라.

玄武岩 玄武岩은 其質이 緻密ᄒ고 黑色柱狀의 岩石이니 多數 竹桿을 束立ᄒ 듯ᄒ 觀을 呈ᄒᄂ니라.

黑曜石 黑曜石은 黑色硝子質岩石이니 光澤이 有ᄒ고 其外觀은 恰然히 普通 麥酒瓶의 破片과 如ᄒ며 破開ᄒ 斷面에ᄂ 半圓ᄒ 條紋이 有ᄒ니라.

火成岩 我 地球의 內部ᄂ 岩石을 鎔解ᄒ야 糖飴와 如ᄒ 狀態로 在홀지니 此를 鎔岩이라 稱ᄒ고 鎔岩이 地盤에 孔突을 生ᄒ고 流出홀 時ᄂ 火山이 되ᄂ니라.

鎔岩이 地上에 冷結될 時ᄂ 安山岩, 玄武岩, 黑曜石 等을 成ᄒ되 花崗岩

과 如한 者는 鎔岩이 地上에 出ㅎ야 徐徐히 固結됨이니 此等을 火成岩이라고 稱ㅎ며 又 其 形狀을 因ㅎ야 塊狀岩이라도 稱ㅎ느니라.

火成岩
花崗岩
安山岩
玄武岩
黑曜石

▲ 제7호

第七章 蠟石 角閃石 蛇紋石

　石綿 蠟石 滑石
輝石 角閃石 輝石과 角閃石은 共히 火成岩中에 存在한 鑛物이나 角閃石은 花崗에 存在홈이 多ㅎ야 其 粒少한 者는 往往히 雲母로 誤認홈이 多ㅎ니 大概輝石은 短한 八角柱狀이오 角閃石은 長한 六角柱狀이며 其 色은 濃綠色或은 墨色이니라 淸國으로브티 來ㅎ는 玉이란 者도 輝石角閃石等과 類似한 鑛物이니 白色, 綠色及白綠斑色等이 有ㅎ고 共히 光澤이 有한 故로 諸般裝飾品을 製造ㅎ느니라.
蛇紋石 蛇紋石은 輝石, 角閃石의 變質한 者이나 或 橄欖石이 變化한 者도 有ㅎ니 深綠色地(바탕)에 黃色의 紋이 有ㅎ야 蛇皮와 似한 故로 此 名을 得ㅎ니라. 此 石은 硬한 者도 有ㅎ고 軟한 者도 有ㅎ며 光澤이 有홀 故로 我國煙草盒墨床等物을 製造홈이 多ㅎ니라.
石綿 石綿은 岩石의 罅隙中에셔 剝取ㅎ는 細長한 纖維狀鑛物이니 綿과 恰似ㅎ나 高熱과 劇藥에 變化가 無ㅎ니라.
此의 應用은 蒸氣鐵管을 此로 券ㅎ야 熱의 放散을 防ㅎ며 火浣布洋燈心等을 織造ㅎ느니라.
蠟石滑石 蠟石은 印材와 石筆等을 製造ㅎ는 鑛物이니 人의 善知ㅎ는

바ㅣ라 其 質은 軟ㅎ고 其 色은 白赤斑等各種이니라.

滑石 滑石은 蠟石의 變化ᄒ 者ㅣ니 甚히 滑ᄒ며 軟ᄒ며 色은 綠色이 多ᄒ나 白色土狀으로 變化ᄒ 者도 有ᄒ니라.

第八章 硫黃 白礬 硝石

硫黃 硫黃은 火山地方에 盛産ᄒᄂ 鑛物의 一種이니 天然으로 黃色半透明의 結晶이오 其 一塊를 火에 投ᄒ면 靑焰을 揚ᄒ며 硫黃臭卽亞硫酸ᄽᅳ를 發ᄒᆷ에 因ᄒ야 他鑛物과 區別키 易ᄒ니라.

硫黃의 實驗 火山의 在ᄒ 硫黃의 結晶은 亞硫酸ᄽᅳ로브터 生ᄒ 者이나 又硫黃을 器中에 鎔解ᄒ 後此를 冷却ᄒ면 針狀結晶을 成ᄒᄂ니 然則結晶은 ᄽᅳ 體와 鎔解體로브터 生ᄒᆷ을 知ᄒᆯ지니라.

硫黃을 消毒漂白等에 用ᄒᆷ은 亞硫酸ᄽᅳ의 作用을 因ᄒᆷ이라 其 漂白作用을 見코저 ᄒᆯ진ᄃᆡ 硫黃을 大壜內에 燃燒ᄒ고 亞硫酸ᄽᅳ 充滿ᄒᆷ을 待ᄒ야 水에 濕ᄒ 草花를 懸垂ᄒ면 不久에 其 褪色ᄒᆷ을 見ᄒᆯ지니라.

明礬 明礬은 味가 澁ᄒ 白色八面體의 結晶이니 天然明礬卽火山地方이던지 後溫泉附近에 散在ᄒ 者를 集聚ᄒ야 水에 鎔解ᄒ 後此를 精製ᄒ야 得ᄒᄂ니라.

明礬은 染料와 結合ᄒᄂ 性이 有ᄒ 故로 特히 染物工의 所用이 되고 又油脂와 混合ᄒ면 硬白히 되ᄂ 故로 蠟燭師가 使用ᄒ고 其他 製紙製革等에 缺치 못ᄒᆯ 者니라.

明礬의 結晶 明礬을 溫湯에 鎔解ᄒ얏다가 徐徐히 冷却ᄒ면 器底에 結晶이 生ᄒᆯ지니 若 其中에 絲를 垂下ᄒ야 置ᄒ면 其 周圍에 無數ᄒ 結晶이 付着ᄒᆷ을 見ᄒᆯ지디 此로 由ᄒ야 觀컨ᄃᆡ 結晶은 溶液으로브터도 生ᄒᆷ을 知ᄒᆯ지니라.

硝石 硝石은 明礬과 如ᄒ야 白色或無色透明ᄒ나 澁味나 或甘味가 無ᄒ고 但冷을 感ᄒᆷ이 有ᄒ니라 火에 投ᄒ면 燃燒ᄒ기 易ᄒ고 木炭과 共熱ᄒ면 特猛烈히 燃ᄒ 火樂의 原料를 成ᄒᆷ도 此로 由ᄒᆷ이오 硝酸도 硝石

으로 製造ᄒᆞᄂᆞ니라 硝石은 樓下等不潔ᄒᆞᆫ 上中에 生ᄒᆞ냐 又火山地方에
도 産出ᄒᆞᄂᆞ니 蓋南米智利國에서 多産ᄒᆞᄂᆞ니라.

　火由地方에 産ᄒᆞᄂᆞᆫ 鑛物

暉石　角閃石　硫黃　明礬　硝石

火藥

硝石　七五

大炭　一五

硫黃　十

結晶을 生ᄒᆞᄂᆞᆫ 境遇

氣體－例硫黃

鎔體－例硫黃

溶液－例明礬

▲ 제8호

第九章　岩石의　崩解

　風化　巖石이 空氣中에 在ᄒᆞ야 長久ᄒᆞᆫ 歲月에 瞬息間이라도 間斷이
無히 寒署를 逢ᄒᆞ며 風雨의 襲ᄒᆞᆫ 빈 되면 雖如何히 堅固ᄒᆞᆫ 者라도 何時
던지 其 組織이 弛解ᄒᆞ야 崩壞홈에 至ᄒᆞᄂᆞ니 此를 風化라 稱ᄒᆞᄂᆞ니라.
長石은 風化에 因ᄒᆞ야 粉土로 變ᄒᆞ기 易ᄒᆞᆫ 故로 此를 多含ᄒᆞᆫ 花崗巖安
山巖等은 崩解의 期가 比較的 速ᄒᆞ고 不然ᄒᆞᆫ 部分은 比較的 緩홈으로
凸凹斷崖 或 石柱石門等을 造ᄒᆞ야 一種의 風景을 生ᄒᆞᄂᆞ니라.
水蝕　巖石의 崩解ᄂᆞᆫ 獨히 空氣中에셔만 行홈이 아니오 水中에셔도 行
ᄒᆞ야 此를 水蝕이라 稱ᄒᆞᄂᆞ니 雨水가 山腹에 下홀 時와 河水가 地上에
流홀 時에 風化가 因ᄒᆞ야 生ᄒᆞᆫ 巖片을 運ᄒᆞ야 地를 削ᄒᆞ며 巖石을 碎ᄒᆞ
고 海에 在ᄒᆞ야ᄂᆞᆫ 打來ᄒᆞᄂᆞᆫ 波浪은 岸을 浸削ᄒᆞ야 漸漸崩落ᄒᆞᄂᆞᆫ 바와
如ᄒᆞᆫ 빈니 皆水의 作用이니라.

沈積 巖石이 風化의 作用으로 崩解흠이 되던지 或 水蝕의 作用으로 破碎흠이 되던지 總히 礫을 成ᄒ고 此가 流下ᄒᄂ 間에 互相磨擊ᄒ야 角을 去ᄒ야 圓케 될 뿐 아니라 更히 碎ᄒ며 又碎ᄒ야 砂粘土等을 造ᄒᄂ니 此等은 流水와 共히 湖海에 押流ᄒ되 重ᄒ 者ᄂ 近處에 輕ᄒ 者ᄂ 遠處에 至ᄒ야 水底에 沈積ᄒ야 砂ᄂ 砂層礫은 礫層粘土ᄂ 粘土層을 造ᄒᄂ니 此를 沈積이라 稱ᄒᄂ니라.

如此히 生ᄒᄂ 砂礫粘土等이 波浪에 因ᄒ야 岸上에 堆積흔 즉 砂洲을 生ᄒ고 其上에 松樹가 生ᄒ야 白砂靑松의 風景을 生흠도 有ᄒ니라.

土壤 巖石이 風化와 水蝕에 因ᄒ야 砂礫粘土를 生ᄒ며 此等은 水의 運移를 被ᄒ야 他處에 浸積ᄒ고 植物이 此에 生長ᄒ며 又 其 植物이 腐敗ᄒ야 土를 成ᄒᄂ니 此를 土壤이라 稱ᄒᄂ니라.

巖石의 崩解

空氣……風化作用

水………水蝕作用

第十章 砂巖硅 巖礫巖粘板巖凝灰巖

砂巖 水底에 沈積ᄒ야 生흔 바 砂礫粘土의 層等은 其上의 重히 壓흠을 受ᄒ야 遂固結ᄒ야 巖石을 成ᄒᄂ니 其砂로 成흔 者를 砂巖이라 稱ᄒᄂ니라.

砂巖은 刀斧를 硏ᄒᄂ 砥石도 亦其中의 一이라. 普通의 巖石이니 今에 其一片을 取ᄒ야 見ᄒ면 花崗巖과 判異흔 바를 知得흘지라. 即 水中에서 摩擦되야 圓形된 石粒으로 成ᄒ고 打ᄒ면 平板狀으로 破起ᄒᄂ 性이 有ᄒ니 是ᄂ 此巖이 水로 因ᄒ야 成흔 證이 되고 其石粒은 石英이 多占ᄒ니라.

硅巖 砂巖의 石英粒이 細少ᄒ야 肉眼으로 辨別키 難흘 者ㅣ 有ᄒ니 此ㅣ 即 硅巖이라 碁石試金石等에 用ᄒ나니라.

礫岩 礫巖은 小石과 砂가 混合ᄒ야 成흔 者ㅣ라. 或 持子石이라도 稱ᄒ나

니 應用의 道는 無ᄒ니라. 粘板巖 水底에 沈積ᄒᆫ 粘土가 固結ᄒᆫ 巖石을 粘板巖이라 稱ᄒ나니 色은 黑色或黃色이며 薄히 剝取키 能ᄒᆫ 故로 屋盖에 用ᄒ며 (我國俗稱능와) 石板硯石等을 製造홈에 廣히 用ᄒ나니라. 粘板巖의 細末을 水에 濕ᄒ면 粘氣가 生ᄒ야 普通粘土로 變ᄒᄂ니라.

凝灰石 火山이 激烈히 破裂홀 時는 鎔巖은 灰도 되며 或 小石도 되야 噴出ᄒ고 又其火口周圍의 巖石도 細小히 破碎되야 此等이 水底에 沈積ᄒ야 固結된 者를 凝灰라 稱ᄒ나니 巖質이 軟ᄒ야 工作에 易ᄒᆫ 者는 石垣等 不重ᄒᆫ 建築에 用ᄒ고 其 織組에 細ᄒ고 稍硬ᄒᆫ 者는 硯石砥石等에 用ᄒᄂ니

水成巖 砂巖礫巖粘板巖凝灰巖等과 如히 水의 作用에 因ᄒ야 成ᄒᆫ 巖石을 水成巖이라 總稱ᄒ며 又 或 層狀으로 在홈으로 層狀巖이라도 稱ᄒᄂ니 水成巖은 火成巖과 相對ᄒ야 巖石의 一大 部類가 되ᄂ니라.

巖石의 大別

火成巖……塊牀巖

水成巖……層牀巖

　(未完)

▲ 제9호

第十一章 石灰岩, 方解石

　石灰巖 石灰巖도 亦水成巖의 一種이니 原來海水中에 棲息ᄒᄂ 動物의 遺殼이 水底에 堆積ᄒ야 生ᄒᆫ 巖石이라 其色은 白, 灰, 黑等이며 品質은 軟ᄒ야 小刀로 能히 削홈을 可得홀지오 又 鹽酸을 注ᄒ면 泡沫을 起ᄒ면서 鎔解ᄒᄂ 故로 石英 或 哇巖等과 區別키 易ᄒ니라.

總히 動植의 遺體는 水成巖에만 限ᄒ고 存在ᄒᆫ 바이니 此를 化石이라 稱ᄒᄂ니라.

石灰巖中에 化石을 含有치 아니ᄒ고 結晶의 集合으로 成ᄒᆫ 大理石이라

는 者ㅣ 有ㅎ니 其色은 白砂糖塊와 如흔 者도 有ㅎ며 又 黑白이 相交
흔 者도 有ㅎ니라.

右灰巖의 用途 石灰巖 中에 大理石과 如흔 者ᄂᆞ 諸種의 器具, 裝飾, 彫刻
等에 用ㅎ고 又 其他ᄂᆞ 石灰, 炭酸씨쓰 等을 製造홈에 用ㅎᄂᆞ니 甚히
有用흔 巖石이니라.

石灰의 製造 石灰를 製造홈에ᄂᆞ 石灰巖에 石灰이던지 或 其他 焚料를
混合ㅎ야 窯에 入ㅎ고 燒ㅎ면 白色의 石塊가 窯底에 殘在ㅎ리니 此를
生石灰라 稱ㅎ며 此에 水를 注ㅎ면 粉末을 成ㅎ야 此를 消石灰라 稱ㅎ
ᄂᆞ니 卽 普痛 販賣ㅎᄂᆞ 石灰가 是니라.

今에 生石灰數塊를 器中에 實ㅎ고 水를 注ㅎ면 熱을 起ㅎ며 盛히 水蒸氣
를 飛揚ㅎ고 後에 消石灰를 殘ㅎᄂᆞ니 少量의 消石灰를 硝子瓶에 入ㅎ고
此에 多量의 水를 加ㅎ면 澄淸흔 石灰水를 得홀지니 此ᄂᆞ 炭酸씨쓰를
觸ㅎ면 白濁케 되ᄂᆞ 故로 何處이던지 炭酸씨쓰의 有無를 試驗홈에도
用ㅎ고 又濃흔 石灰水ᄂᆞ 不潔場所에 撒布ㅎ야 消毒홈에 用ᄂᆞㅎᄂᆞ니라.

炭酸씨쓰 製法 試驗으로 炭酸씨쓰를 製홈에ᄂᆞ 壜內에 大理石數片을 入
ㅎ고 漏斗로 少量의 水를 注흔 後에 强鹽酸을 加ㅎ면 一種의 氣가 發生
ㅎ리니 此ᄂᆞ 卽炭酸씨쓰라 此 氣中에셔ᄂᆞ 火도 維持치 못ㅎ고 生物도
能히 生活치 못ㅎᄂᆞ니라. 普通 建築工事에 用ㅎᄂᆞ「쎄멘트」도 石灰와
粘土와 混合ㅎ야 燒흔 者에 不過ㅎ니라.

方解石 方解石은 巖石의 定隙間에 在흔 菱方形으로 結晶흔 者ㅣ니 其質
은 甚히 劈開키 易ㅎ고 其色은 其 純良흔 者ᄂᆞ 無色 透明ㅎ고 光澤이
强ㅎ나 不純흔 者ᄂᆞ 不透明ㅎ니라 其 純良흔 者ᄂᆞ 甚히 稀貴ㅎ나 惟氷
洲에셔 産홈으로 名을 氷蘭石이라 稱ㅎᄂᆞ니 此를 文字上에 實ㅎ고 見
ㅎ면 文字가 二重으로 現ㅎ야 此를 光線의 二重屈折이라 稱ㅎ고 又此
와 同一흔 成分으로 全異흔 形狀을 成홈도 有ㅎ니 此를 同質異晶의 鑛
物이라 稱ㅎᄂᆞ니라.

石鍾乳石筍 山中에 往往히 洞穴이 有홈을 見홀지니 此等은 卽 灰洞이라
稱ㅎᄂᆞ 바ㅣ라 洞內의 上部에셔 氷條狀으로 垂下흔 石도 有ㅎ고 下部에

筍과 如히 直立흔 石도 有ᄒᆞ니 前者ᄂᆞᆫ 石鍾亂라 稱ᄒᆞ며 後者ᄂᆞᆫ 石筍이라 稱ᄒᆞᄂᆞ니라 又或 兩者가 相聯ᄒᆞ야 柱를 成ᄒᆞ야 洞穴은 恰히 一大殿宇와 如흔 觀을 呈ᄒᆞᄂᆞ니라.

石灰洞의 成因 凡地上水ᄂᆞᆫ 空氣中炭酸ᄁᆡᄊᆞ를 鎔有치 안인 者ㅣ 無ᄒᆞ니 如斯흔 水가 地中에 滲人ᄒᆞ야 石灰巖을 鎔解흠으로 遂洞穴을 生ᄒᆞ고 其後에 石灰를 含有흔 水가 洞穴上部에서 落下흘 時에 石灰가 凝結ᄒᆞ야 石鍾乳가 되고 落下者가 凝結ᄒᆞ야 石筍이 되ᄂᆞ니라.

水成巖

砂巖, 礫巖.

硅巖, 粘板巖.

凝灰巖, 石灰巖

石灰質의 巖石 及 鑛物

｛石灰巖, 大理石｝巖石

｛石鍾乳, 石筍, 方解石｝鑛物

　（未完）

▲ 제10호

第十二章 石膏, 螢石, 燐灰石

石膏 石膏ᄂᆞᆫ 菱形, Y字形 又ᄂᆞᆫ 纖維形等의 各種의 形像으로 現出ᄒᆞᄂᆞ니 淡黃色半透明體라 一見ᄒᆞ면 方解石과 如ᄒᆞ나 其質이 甚히 柔軟ᄒᆞ야 爪로도 能히 傷ᄒᆞ며 又 鹽酸에 泡가 起치 아니ᄒᆞ면셔 鎔解흠으로 區別ᄒᆞ니 易ᄒᆞ니라 此 鑛物은 水成巖外라도 火成巖地方에셔도 産出ᄒᆞᄂᆞ니라. 石膏의 用途 石膏를 火에 燒ᄒᆞ면 其 結晶 中에 含有흔 水分을 去ᄒᆞ고 白色粉末이 되ᄂᆞ니 是ᄂᆞᆫ 卽 普通燒石膏니라 此를 水에 和하야 乾ᄒᆞ여 膨脹ᄒᆞ면셔 凝固ᄒᆞᄂᆞᆫ 性이 有흔 故로 洋灯에 口金을 接着흠에와 鑄形에 用ᄒᆞ고 又 白墨肥料 等에도 用ᄒᆞᄂᆞ니라.

螢石 此를 一見혼 즉 方解石과 如호나 暗處에셔 熱케 호야 自體가 暖혼 즉 淡靑色의 光을 發호야 螢火와 如히 現호는 故로 螢石이라 名홈이니 其形이 立方體오 美麗혼 紫色을 帶혼 者는 貴호야 寶物에 供호나 普通 無色 或 黃綠色이 交集혼 塊狀인 者가 多호니라.

螢石으로 粉末을 作호고 此에 硫酸을 注호면 弗酸一名弗水素라 稱호는 一種씨쓰를 發生호느니 此씨쓰는 硝子를 腐蝕호는 性이 有홈으로 硝子面을 蠟으로 塗布호고 彫刻코즈 호는 部分만 蠟을 剝去혼 後 此를 其 「씨쓰」에 觸호면 卽 時其硝子面이 彫刻됨을 見홀지니라 又 螢石은 鑛物의 媒鎔劑가 되느니라.

燐灰石 燐灰石은 六方柱의 結晶으로 火成岩의 間隙 中에 在홈이 多호니 綦淡綠白黃褐色 等이 是니라.

燐灰石에 硫酸을 加호면 過燐酸石灰를 得호리니 其中 含有혼 燐酸은 一般植物에 缺乏치 못홀 養分이라 農業에 需用됨이 甚多호니라 燐灰石의 細粒이 粘土와 混合호야 在혼 者도 有호니 此는 卽 燐土鑛이니라.
(未完)

▲ 제11호

石炭의 性質

石炭은 單히 黑塊와 如홈을 見홀지나 其一塊를 取호야 檢査홈이 薄板을 重홈과 層理가 有호야 剝호기 易호고 此를 縱으로 燃호면 橫으로 燃홈보다 盛호고 燃혼 後에는 灰를 殘留호느니라.

又 石炭의 薄片을 作호야 顯微鏡으로 檢査홀 時는 木紋을 明見홀지라. 然홈으로 其層理라 홈과 或은 其燃호는 方向의 異혼 等이 木炭과 大似호니라.

石炭의 産出狀態

石炭의 狀態를 見코저 ㅎ면 山에 往ㅎ야 炭坑을 地中에 縱橫으로 穿ㅎ는 洞中에 下ㅎ야 坑夫의 窟出ㅎ 것을 見ㅎ지니 先히 井戶와 如ㅎ 堅坑으로붓터 籠을 乘下ㅎ면 坑底는 暗黑ㅎ고 瓦斯가 爆發ㅎ야 火災를 起ㅎ는 念慮가 有ㅎ으로 燃火에는 安全燈이라하는 金絪을 張ㅎ 油燈을 用ㅎ느니라.

石炭은 或厚或薄으로 連屬ㅎ야 層을 成ㅎ니 此를 石炭層 或은 單히 炭層이라 名ㅎ느니라.

炭層은 平坦ㅎ 것도 有ㅎ며 或은 屈曲ㅎ 것도 有ㅎ고 甚ㅎ면 切ㅎ야 斷層을 成ㅎ 것도 有ㅎ니라. 坑夫는 鶴嘴 等으로 層에 沿ㅎ야 炭塊를 窟取ㅎ느니라.

或 斷層에 窟ㅎ다가 一時는 炭脈을 失ㅎ나 更히 位置를 轉ㅎ야 再次 其 炭脈을 見出ㅎ야 窟ㅎ는 것이라.

坑의 內外에는 鐵道를 敷設ㅎ고 堅坑에도 運搬機關이 有ㅎ야 炭塊를 採ㅎ에 從ㅎ야 坑外에 運出ㅎ느니라.

次에 炭層의 上下에 當ㅎ 地를 檢査ㅎ에 下에는 泥板巖의 層이 有ㅎ야 植物의 根或枝의 形된 石炭을 渾ㅎ고 上에는 砂巖이 積生ㅎ이 常例니라.

石炭의 由來

此와 如히 石炭의 性質과 巖層의 模樣에 由ㅎ야 見ㅎ면 石炭은 植物의 變化에 不外ㅎ느니 此를 想像ㅎ이 太古沼澤의 泥土에 森林이 繁殖ㅎ다가 土地의 變遷에 由ㅎ야 其莖, 葉等이 泥土 中에 埋ㅎ고 其上에 積重 土砂의 壓ㅎ 바 되야 如斯히 長時間을 經ㅎ야 植物의 炭化ㅎ야 石炭을 成ㅎ에 至ㅎ 것이라 然ㅎ되 其 土砂는 炭上에 在ㅎ 砂巖이오 泥土는 炭下의 泥板巖이 된 것이니 然則 石炭은 植物의 化石이라 云ㅎ지니라.

石炭의 種類

如斯히 生혼 石炭은 其 生成에 新舊가 有호고 從호야 炭素의 合量에도 多寡의 差가 有호야 石炭을 四種에 分홈을 得홀지니 其名은 如左호니라.

平分中炭素合量略表

品種	炭素
木質	五0
泥炭	五九
褐炭	六九
黑炭	八二
無烟炭	九五

泥炭

泥炭 泥炭은 植物의 纖維와 泥土의 塊인딕 池沼에 生혼 草苔 等의 莖葉이 泥中에 埋호야 石炭으로 化혼 者이라.

褐炭 及 黑炭

褐炭과 黑炭은 其 炭素를 含혼 量의 差는 有호나 外觀은로는 共히 黑色이오 容易히 區分키 難호니라. 鑛業法으로 亞炭이라 稱호는 것도 亦此에 屬호고 褐炭인딕 炭化가 姑未充分호야 木紋이 明存혼 것도 有호니 埋木이 是니라.

無烟炭

質이 硬호고 光澤이 强호며 燃홀 時는 烟 及 臭氣를 發홈이 小호니 石炭中에 最上位에 点호니라.

石炭의 功用 (一)

總히 石炭은 燃料를 用흠이니 燃燒홀 時에 强흔 火力을 生흠은 其中에 含有흔 炭素의 燃燒흠이니라. 無烟炭黑炭은 汽罐에 燒ㅎ야 蒸氣를 作ㅎ여 又 暖爐에 用ㅎ야 空氣를 暖케 ㅎ고 褐炭은 柴木을 代ㅎ야 極陶器制造所에셔 此를 多用ㅎ고 又 泥炭도 亦乾케 ㅎ야 燃料에 供ㅎㄴ니라.

石炭의 功用 (二)

石炭의 功用은 以上에 止홀 샏 아니라 黑炭을 乾灸흔 즉 石炭찌쓰를 發ㅎㄴ니 此를 찌쓰 貯池의 貯ㅎ고 導管으로써 人家에 引送ㅎ야 灯火, 炊事 等에 供ㅎㄴ니라 上項과 如히 黑炭을 乾灸홀 時ㄴ 콜타라 稱ㅎㄴ 一種 臭氣가 有흔 液體를 生ㅎ고 又 꼭(骸炭)이라 稱ㅎㄴ 燃殼을 殘留ㅎ ㄴ니 꼭은 工場에 燃料도 供ㅎ며 又 一家에 柴炭에 代用도 되고 又 콜타 ㄴ 鐵材 木材 等에 塗ㅎㄴ 防腐에 供ㅎㄴ 外에도 其液으로 아니린 液(染料의 原料) 石炭酸, 싸가린糖(砂糖代用品) 等을 製造ㅎㄴ니라.
今에 黑炭細片을 硝子管에 人ㅎ고 此를 熟케 홀 時ㄴ 石炭찌쓰가 發홀 지니 此찌쓰를 水中에 導通흔 後火를 点흔 즉 善히 燒흘지오 管中에ㄴ 茶色의 콜타 液과 多孔質의 꼭을 殘留흘지니라.
石炭
泥炭 褐炭
黑炭 無煙炭
黑炭
石炭째스 石炭酸
콜타 아니린染科
꼭 싸가린柒

4.2. 광업학

◎ 鑛學槪要, 劉玩鍾, 〈야뢰〉 제1권 제2호, 1907.3.
(광물학, 광업학)

▲ 제2호

　大抵 國家의 富는 地下의 財源을 採取홈보다 莫大훈 者ㅣ 無호니 곳 各種 工業에 原料와 燃料를 供給호야 國內의 諸般 事業을 興進케 홈이 吾人 生活上에 必需훌 衣食物을 得홈과 無異훈지라. 現今 世界 各國 中에 富國 文明으로 稱道호야 世界에 *行호는 者ㅣ 다 此 鑛業이 發達호야 其國을 富케 홈으로 因然홈은 歷史上에 徵호야 瞭然훈 빈라. 然則 我國도 富國 文明을 世界 列邦과 比肩코자 홀진딕 엇지 鑛業을 輕視호야 他學術 以下에 在케 호며 엇지 投機的 事業이라 思想호야 恐懼 排斥 호리오. 從來로 我國人의 鑛山 事業을 營훈 者는 다 精密 巧妙훈 器械로 測量홈도 아니오, 學理를 應用호야 採掘홈도 아니라. 다만 山麓 溪谷間에 鑛物의 碎片을 有홈를 發見호면 此山에는 多量의 金鑛을 含有훈 쥴노 料量호야 赤手空拳으로 一擧 致富홀 目的으로 富豪를 萬端說誘호야 多數훈 資金을 討出호야 採掘에 從事훈 바 事意相反호야 (…중략…)

　現今 我國이 日就月將호고 取長補短호야 諸種 學科의 改良을 漸次 實擧호며 昔日 面目을 一變 大進코자 호는 今日에 際호야 大資本 (…중략…)

鑛物의 定義

　大抵 天地間에 存在훈 物은 此를 有機物, 無機物 兩種에 大別홀지니 有機物은 死生榮枯호는 特性이 有호되 無機物을 此를 有치 아니호며

坐 有機物은 其部分의---

鑛物의 慨性

鑛物에는 各種의 形狀, 色彩, 光澤, 硬度, 重量과- (…하략…)

▲ 제3호

鑛物의 性質 狀 及 形 所在地

自然銀의 新鮮ᄒᆞᆫ 者는

輝銀鑛
赤銅鑛
赤鐵鑛
石炭
無煙炭

鑛床

鑛床에 關ᄒᆞᆫ 名稱

走向:
傾斜:
露頭:
母巖:

岩石의 類別

成層巖과 非成層巖의
成層巖:

▲ 제4호

非成層巖
鑛區
坑道
鑛物 存在를 深究ᄒᆞᄂᆞᆫ 法
鑛碎

汚染에 依ᄒᆞ야 鑛條의 深究ᄒᆞᄂᆞᆫ 法

05.

교육

순번	연대	학회보명	필자	제목	수록 권호	분야	세분야
1	1907	공수학보	구자학	논 아국소학교 교과서	제1, 2호	교육	교과서
2	1909	대한협회회보	장지연	교과서 검정에 관한 충고	제10호	교육	교과서 문제
3	1907	태극학보	장응진	교수와 교과에 대하여	제13, 14, 15호(3회)	교육	교과학
4	1906	대한자강회월보	김성희	교사의 개념	제8, 9호(2회)	교육	교사론
5	1907	서우	유동작	정당한 교육법(롯드박사의 강연)	제5호	교육	교수법
6	1906	태극학보	장응진	아국 국민교육의 진흥책	제3호	교육	교육론
7	1907	공수학보	구자욱	제국 교육의 대가에 경고	제3호	교육	교육론
8	1907	대한유학생회 학보	편집자	인격을 양성하는 데 교육의 효과	제1호	교육	교육론
9	1906	조양보	편집국	아한의 교육 내력	제3, 4호(2회)	교육	교육사
10	1906	조양보	편집국	태서교육사	제5, 6, 7, 8, 9, 10, 11호(7회)	교육	교육사
11	1906	서우	박은식	나태는 빈궁의 모라, 미국 교육 진보의 역사	제1호	교육	교육사
12	1906	서우	박은식	학교지제_세계진화론 중 초역	제1, 2, 3, 4, 5호	교육	교육사
13	1907	대한자강회월보	김성희	교육의 종지와 정치의 관계	제11, 12, 13호	교육	교육사
14	1908	서우	일성자	아한 교육 역사	제16호	교육	교육사
15	1908	기호흥학회월보	황성자	사숙을 일체 타파	제1호	교육	교육제도
16	1909	기호흥학회월보	이응종	학전	제9, 11, 12호(3회)	교육	교육제도
17	1906	조양보	편집국	교육학 문답	제7호	교육	교육학

순번	연대	학회보명	필자	제목	수록 권호	분야	세분야
18	1906	서우	유동작	교육부	제1호	교육	교육학
19	1906	소년한반도	원영의	教育新論	1~6호	교육	교육학
20	1906	소년한반도	양재건	敎子弟新學	1~6호	교육	교육학
21	1907	공수학보	장홍식	시세의 교육론	제1호	교육	교육학
22	1907	태극학보	우경명	교육의 목적	제10호	교육	교육학
23	1908	기호흥학회월보	정영택	교육의 목적	제1호	교육	교육학
24	1906	대한자강회월보	유근	교육학원리	제6, 7, 8, 9, 10, 11, 12, 13호(8회)	교육	교육학 일반
25	1908	대한학회월보	김기환	교육계 제공의게 헌하노라	제4호	교육	교육현상
26	1897	친목회회보	윤치함	무사교육의 최급설	제5호	교육	군사교육
27	1907	동인학보	금호주인	희랍에 상무적 교육	제1호	교육	군사교육
28	1909	대한협회회보	여병현	병사교육의 개요	제12호	교육	군사교육
29	1906	조양보	편집국	개화원의	제2호	교육	문명개화
30	1906	태극학보	장응진	아국 교육계의 현상을 관하고 보통교육의 급무를 논함	제1호	교육	보통 교육론
31	1907	대한자강회월보	심의성	논 사범양성	제13호	교육	사범교육
32	1907	낙동친목회학보	문내욱	교원양성책	제3호	교육	사범교육
33	1908	호남학보	이기 (추정)	사교완급	제4호	교육	사범교육
34	1908	태극학보	호연자	소학 교원의 천직	제17호	교육	사범교육
35	1908	태극학보	권학자	소학교 교원의 주의	제18호	교육	사범교육
36	1908	대한학회월보	한흥교	아한 금일은 즉 사범시대	제3호	교육	사범교육

순번	연대	학회보명	필자	제목	수록 권호	분야	세분야
37	1906	태극학보	채규병	사회교육	제1, 2호(2회)	교육	사회교육
38	1908	태극학보	연구생	아동교육설	제22호	가정	아동교육
39	1897	친목회회보	원응상	교육에 대하여 국민의 애국상상	제5호	교육	애국론
40	1907	낙동친목회학보	문내욱	여자교육론	제1호	교육	여자교육
41	1906	조양보	편집국	반도야화	제1, 3, 4호	교육	유학담론
42	1907	낙동친목회학보	강한조	아 유학생의 의무	제3호	교육	유학생론
43	1908	대한협회회보	여병현	의무교육의 필요	제2호	교육	의무 교육론
44	1908	호남학보	강엽	의무교육	제7호	교육	의무 교육론
45	1908	대한학회월보	양대경	한국 장래에 대하여	제3호	교육	정치교육
46	1896	친목회회보	최상돈	교육론	제3호	교육	
47	1897	대조선독립협회 회보	안창선	교육의 급무	제7호	교육	
48	1906	조양보	편집국	교육의 필요	제1, 2호	교육	
49	1907	공수학보	박종식	국가의 흥체는 교육 정신에 재함	제2호	교육	
50	1907	낙동친목회학보	윤정하	교육개량의 급무	제1호	교육	

5.1. 교과서

◎ 論 我國小學校 教科書,
　具滋鶴, 〈공수학보〉 제1호, 1907.01.31. (교육론, 교과서)

　　*일본어의 세력을 확인할 수 있는 논설임

▲ 제1호

　近日 我 帝國 一般 公議가 敎育이 無흠을 因ᄒ야 國民의 知識이 闇昧ᄒ며 國勢가 萎靡라 ᄒ야 敎育을 擴張코자 ᄒ난 思想이 始發ᄒ야 京城 及 各地方의 官公私立 小學校가 四百餘處애 達ᄒ얏다 ᄒ니, 我 帝國의 實노 莫大ᄒ 慶幸이라. 二千萬 同胞와 三千里 江山이 可히 轉危爲安ᄒ며 轉禍爲福ᄒ야 文明 列强과 並驅홀 端緖라 ᄒ깃도다. 然ᄒ나 敎科書가 一定치 못ᄒ고 如干 敎科書에 充用ᄒᄂ 書冊도 其 程度가 小學校 生徒에게 適當치 못홀 ᄲᆞᆫ 不啻라. 先生 敎授法이 不良ᄒ야 將來의 進就홀 厚望이 少ᄒ니 可 勝嘆哉.

　皇朝 五百年에 文治를 崇尙ᄒ얏스나 一般 人士의 一平生 事業은 一種 漢文에 不過ᄒ며 兒童의 初程 敎科書ᄂ 千字文 童蒙先習 史略 通鑑 等이오, 所謂 華族 子弟ᄂ 特別ᄒ 一種 敎科書가 有ᄒ니 曰 八世譜 文蔭錄이라. 此等 腐敗ᄒ 書類에만 光陰을 虛送ᄒ고 有益ᄒ 新學問과 新知識은 異端이라 排擲ᄒ야 一毫도 留意치 아니ᄒ다가 竟至今日에 國權이 墮地ᄒ고 民族이 奴隷되ᄂ 慘況을 當ᄒ얏시니 悔ᄒᆫ덜 何及ᄒ리오, 頑固 野昧ᄒ 人은 尙今에도 一場昏夢을 覺悟치 못ᄒ얏거니와 稍有 知識ᄒ 者ᄂ 兒童 敎科書에 史略 通鑑이 不可흠을 知ᄒ고, 小學을 多敎ᄒ나, 小學도 史略 通鑑보다ᄂ 稍勝타 홀지라도, 亦是 小學校 生徒에게ᄂ 適當치 못ᄒ며 傾向 官公私立 學校를 勿論ᄒ고, 日本語를 第一 重要ᄒ 科

目으로 敎授ᄒᆞ야 生徒ᄂᆞᆫ 語學에만 專力ᄒᆞ고, 他 學課를 泛然(범연) 看過
ᄒᆞᄂᆞᆫ 者ㅣ 多ᄒᆞ며, 爲其父兄者ᄂᆞᆫ 子弟를 訓導ᄒᆞᄂᆞᆫ 말이 小學地理, 歷史
다 쓸ᄃᆡ업다, 外國語를 잘 ᄇᆡ와야 外國人에게 雇傭이라도 ᄒᆡ 먹고, 生活
ᄒᆞ깃다 ᄒᆞ니, 國民 思想이 此에 及ᄒᆞᄆᆡ 痛哭을 難禁이로다.

余ᄂᆞᆫ 年幼學淺ᄒᆞ며 人微言輕ᄒᆞ야 支那 聖賢이 著作ᄒᆞ시고 皇朝 五百
年 信仰ᄒᆞ던 敎科書를 曰可曰否키 不敢ᄒᆞ며 비록 所論이 近似ᄒᆞᆯ지라도
我 帝國 高明ᄒᆞ신 文學 學博士들이 보시고 可ᄒᆞ게 生覺ᄒᆞ실ᄂᆞᆫ지 師門亂
賊(사문난적)이라 ᄒᆞ실ᄂᆞᆫ지 不知ᄒᆞ나 但 所學을 因ᄒᆞ야 小學校 敎科書
中에 不適當ᄒᆞᆫ 句語를 擧ᄒᆞ야 畧論ᄒᆞ노라. (…하략…)

(이하 사략, 동몽선습, 통감, 소학 등이 교과서로 적당하지 않은 이유를 논함.)

▲ 제2호

世人이 皆曰 韓人은 合心 團體를 不成ᄒᆞ니 無可奈何라. 忠君愛國을
不知ᄒᆞ니 劣等 人種이라 ᄒᆞ나 此ᄂᆞᆫ 全國內 各學校에 敎科書를 一定ᄒᆞ고
賢良ᄒᆞᆫ 先生을 擇ᄒᆞ야 國民으로 ᄒᆞ야금 一夫一婦라도 敎育을 不受ᄒᆞᆫ
者ㅣ 無케 ᄒᆞ지 아니ᄒᆞ면 (…하략…)

5.2. 교과서문제

◎ 敎科書檢定에 關ᄒᆞᆫ 忠告,
　嵩陽山人 장지연, 〈대한협회회보〉 제10호, 1909.1. (교육, 교과서)

夫 世에 人이 無理ᄒᆞᆫ 詬罵로써 人에 加ᄒᆞ면 人이 必怒ᄒᆞ야 其의 無理
ᄒᆞᆫ 言論을 抑遏코져 홈은 正當ᄒᆞᆫ 理由라 ᄒᆞ려니와 若夫 不然ᄒᆞ야 應然

홀 公論正議에 對ᄒᆞ야도 一切 禁止케 ᄒᆞ면 엇지 過失을 得聞홀 餘地가 有ᄒᆞ리오. 余ᄂᆞᆫ 不得不 忌諱를 冒ᄒᆞ고 一言을 伸코자 ᄒᆞ노니

近日 學部에셔 敎科書檢定의 規程을 發布홈은 一般敎科書의 種類를 善良完全홈을 揀ᄒᆞ야 均一케 ᄒᆞ랴ᄂᆞᆫ 主意라. 誰가 敢히 贊頌치 아니ᄒᆞ리오. 雖然이나 此에 關ᄒᆞ야 近者 敎育界의 輿論을 聞ᄒᆞᆫ즉 缺點이 不無ᄒᆞᆫ 것은 敎科書를 著作ᄒᆞᆫ 者ㅣ 其 檢定홈을 請願ᄒᆞ면 許多ᄒᆞᆫ 歲月을 消磨ᄒᆞ고 檢定의 期限이 杳然ᄒᆞ야 畢竟 著作者로 ᄒᆞ야곰 自沮의 念이 萌케 ᄒᆞᆫ다 ᄒᆞ니 然則 是ᄂᆞᆫ 檢定의 規程으로써 著作者를 制限코져 홈이라 ᄒᆞᄂᆞᆫ 論評을 未免홀지라. 旣是規程을 頒布홀진ᄃᆡ 職務를 擔任ᄒᆞᆫ 官吏가 必有ᄒᆞ깃거ᄂᆞᆯ 一味因循ᄒᆞ야 歲月만 遷延ᄒᆞ면 溺職의 責을 亦 難免홀지니 엇지 慨歎치 아니ᄒᆞ리오.

又 一層 輿論에 激昂되ᄂᆞᆫ 것은 何種敎科書를 勿論ᄒᆞ고 愛國 二字ᄂᆞᆫ 削除케 ᄒᆞ며 凡 愛國에 關ᄒᆞᆫ 旨義ᄂᆞᆫ 痛禁으로 爲主ᄒᆞᆫ다 ᄒᆞ니 此 說이 果然인지 其 確否ᄂᆞᆫ 未詳ᄒᆞ거니와 不炊之竈에 烟不生이라 ᄒᆞ니 必 其 苗脈이 有ᄒᆞ리로다.

蓋 敎科書에 政治의 觀念을 包含ᄒᆞ야 人民의 情志를 激昂케 ᄒᆞᄂᆞᆫ 類ᄂᆞᆫ 禁止ᄒᆞᄂᆞᆫ 것도 容或無怪ᄒᆞᆫ 事이라 ᄒᆞ려니와 至於愛國의 二字를 永히 敎科의 文字에 削除케 홈은 極히 不可ᄒᆞ다 斷言ᄒᆞ노니

夫 敎師가 學徒에 對ᄒᆞ야 敎授홀 時에 國家의 觀念으로써 愛國이란 意味를 演出ᄒᆞ야 說明 或 諷諭ᄒᆞᄂᆞᆫ 것은 自是人情의 常이어ᄂᆞᆯ 今에 一切 文字에 禁홈은 猶 形式上으로 削去홀 ᄲᅮᆫ이오 毫髮도 實際 效力은 未有홀 줄노 思ᄒᆞ노니 書籍에 載ᄒᆞᆫ 文字ᄂᆞᆫ 禁홀지언정 敎師의 口도 能禁ᄒᆞ겟ᄂᆞᆫ가 如此ᄒᆞᆫ 政略은 人民의 不平ᄒᆞᆫ 感情을 反히 觸激케 ᄒᆞᄂᆞᆫ 迷見이 아니리오.

大抵 近世 西洋列强이 其 保護國이ᄂᆞ 或 領土屬地에 對ᄒᆞ야 其 人民의 敎育을 制限ᄒᆞ며 其 愛國의 精神을 抑遏ᄒᆞ야 開明의 進步를 沮敗케 ᄒᆞᄂᆞᆫ 野心이 其 例가 不無ᄒᆞ되 是ᄂᆞᆫ 猶 古代專制家의 餘習이라 謂홀지오. 且 其 器局이 狹小ᄒᆞ야 僅히 眉睫의 幾個歲月을 彌縫ᄒᆞᄂᆞᆫ 齷齪的規模라

若眞個英雄豪傑의 士로써 當호야 永遠長久의 術을 籌홀진딕 엇지 如此
흔 迫隘的 愚策을 施호리오.

況 今 韓日 兩國의 形便은 宜 其 人民으로 호야곰 不平의 感情을 融和호
며 前日의 疑點을 解釋호야 國家共同의 福利를 增進케 홈이 第一㝡要의
務오 但 急迫의 手段으로써 西洋列强의 前例를 採取호야 一向 消極的의
政略을 弄호야 人民의 感情을 衝突케 홈은 得策이라 謂홀는지 未知호
겟도다.

或 曰 是는 日本 當局者의 意見이 아니오 卽 本國官吏의 患失者의 媚附
호는 主意라 호나 余는 以爲過言이라 호노니 本國人心으로 엇지 愛國
의 說을 排斥홀 者ㅣ 有호리오 設或有라 호더라도 是輩는 不足責이어니
와 日本의 官吏가 其 責을 辭호기 不敢호다 호노라.

余의 忠告홀 바는 目下長遠의 術은 文明進步의 制限홈에 不在호고 寧此
를 獎勵호며 此를 指導호야 人民의 智識을 迅速히 啓發홈에 在호다 호
노니 感情이 融通호며 信義가 交孚호면 自然平和의 福利를 共享홀 것이
오 區區히 形式上에 言語文字로써 制限코즈 홈은 決코 幸福이 아니될
줄노 思호노니 三思를 更加홀지어다.

5.3. 교과학

◎ 敎授와 敎科에 對호야,
　　장응진, 〈태극학보〉 제13호(1907.8)~제15호

　敎授의 目的은 現世人類의 開化를 適當히 理解홀만흔 必要흔 內容을
傳授호야 兒童의 知能을 啓發호는 作用이라 盖國民敎育의 目的호는바
는 人이 此世에 生호면 一個人으로 又는 國家社會의 一員으로 相當흔
品格을 保有호야 各自의 任務를 盡케 홈이니 此目的을 達코져호면 各
個人으로 호여금 現世를 利害호며 國民의 資格으로 國家全体의 理想目

的을 覺知ᄒ고 世上에 處ᄒᄂ데 必要ᄒ 知識과 技能을 傳習ᄒ며 漸次其 主義를 陶冶ᄒ야 觀察을 穎敏히 ᄒ고 記臆想像의 作用을 增進ᄒ며 推理 判斷을 精確ᄒ게 ᄒ야 處世上에 不便이 無케ᄒ거슨 論을 不待ᄒ고 自 明ᄒ거시ᄂ 敎授上에 最必要ᄒ거슨 其時代精神에 最適合ᄒ 敎科材料 를 精選ᄒ메 在ᄒ지라 萬一 智識의 多量을 注入ᄒ음으로써 爲主ᄒ야 心 的陶冶를 不顧ᄒ고 다못 雜多ᄒ 材料를 機械的으로 蓄積ᄒ면 其人의 人格을 高尙케 못ᄒᆯ쑨만 아니라 習得ᄒ 知識도 活用키 無路ᄒ야 敎授 의 本意가 無效에 歸ᄒ리니 然則 心的 修鍊을 ᄯ한 輕視치 못ᄒᆯ거시라 然이ᄂ ᄯ 萬一心的陶冶로써 唯一의 目的을 삼고 知識의 修養을 輕視ᄒ ᄂ 端이 有ᄒ면 往往偏見挾量에 陷ᄒᆯ쑨만 아니라 世事에 疎遠ᄒ고 實 際에 迂濶ᄒ야 生活上에 實用의 效果를 收키 不能ᄒ리니 故로 敎授의 良方은 一邊으로ᄂ 知識의 材料로써 感官을 鍊磨ᄒ야 觀察을 精密히ᄒ 고 記憶豫想을 增進ᄒ며 推理判斷을 正當히ᄒ고 他邊으로ᄂ 心的鍛鍊 을 更加ᄒ야 思想을 高尙히ᄒ고 感情을 調和ᄒ며 意志를 鞏固케ᄒ야 如此히 知的陶冶와 心的修養이 不偏不倚ᄒ야 兩兩幷進ᄒ 然後에야 敎 授의 眞正ᄒ 效果를 可期ᄒᆯ지니 然則 敎科의 材料撰擇과 其順序排列과 全科結合統一方法의 良否ᄂ 以上의 敎授目的을 成ᄒ고 成치못ᄒᄂ데 最大ᄒ 關鍵이라

上古로브터 今日에 至ᄒ도록 何時代와 何地方을 勿論ᄒ고 學校에셔 敎 授ᄒᄂ 科目은 다ᅵ 當時의 理想目的을 從ᄒ야 撰擇ᄒᄂ거시니 故로 敎科의 撰擇ᄒᄂ 方法이 其時代理想의 變遷을 從ᄒ야 相異ᄒᆯ거슨 自然 ᄒ 理勢라 舊日東洋諸國中에 特히 我國에셔 擇用ᄒ든거스로 觀ᄒ면 修 身道德으로 唯一의 學問을 삼아 古代聖賢의 遺書를 通解ᄒ고 文字를 知ᄒ며 文章을 作ᄒ음으로써 唯一의 敎科를 삼앗고 其後科擧法이 行ᄒ 以後로ᄂ 敎育의 統一이 缺ᄒ야 敎授의 方法이 不一ᄒ고 敎育의 目的이 又一變ᄒ야 畢竟有名無實ᄒ 尋章摘句의 餘弊가 今日에 至ᄒ여스되 頑 冥ᄒ 腐儒와 輕薄ᄒ 開化者類ᄂ 時代를 洞察ᄒ야 此를 挽回ᄒᆯ 方策을 不究ᄒ고 迂論僻見을 主張치아니ᄒ면 榮利宦夢에 浸濕ᄒ야 四千年迷夢

을 永久히 醒覺홀 機會가 無ᄒ니 嘆惜치아니리오 西洋의 古代를 溯考ᄒ면 希臘에셔ᄂ 教育의 目的이 心身을 圓滿히 調和發達ᄒ야 人生을 高尙完美케홈으로써 主眼을 作ᄒ지라 其教科ᄂ 体操와 文藝二科에 大別ᄒ니 前者ᄂ 身体를 鍛鍊ᄒ고 後者ᄂ 精神을 陶冶ᄒ야 兩者가 相助調和ᄒ 然後에아 完全ᄒ 教育을 施ᄒᄂ다ᄒ엿고 其後文明이 漸進홈을 從ᄒ야 所謂文明的教科ᄂ 最初에ᄂ 讀法書法音樂唱歌等으로 編成ᄒ얏더니 其後에 다시 文法習字辯論算術音樂幾何天文의 七科로 基本教科를 作홈의 此制度가 中世紀ᄭ지 繼續ᄒ엿고 羅馬에셔ᄂ 希臘의 理想的見解와 反ᄒ야 實地的教科를 主張ᄒ고 直接의 必要와 共通의 利益을 爲ᄒ야 言語의 熟達과 辯論의 巧能으로써 學科의 中心을 삼고 文法으로써 重要한 教科를 作ᄒ엿더니 中世紀頃宗教의 勢力이 擴張된 後로ᄂ 宗教羅典語文法習字辯論術等으로 主要ᄒ 教科를 作ᄒ엿고 人道主義가 復興홀 時代에ᄂ 古學을 主眼ᄒ고 實科主義가 旺盛홀 時에ᄂ 自然科學과 數學으로 基本教科를 作ᄒ엿고 實業主義가 勢力을 擴張홀 時에ᄂ 實際生活에 利益이 有ᄒ 教科卽讀書算術外國語實業科等으로 主要ᄒ 科目을 作ᄒ엿고 近世에 至ᄒ야ᄂ 各科學의 發展이 著大홈을 從ᄒ야 此等科學을 專門으로도 研究ᄒ고 ᄯ 各科學을 學校教科中에 編入홀 意見을 主張홈에 至ᄒ엿스니 如此히 學校教科ᄂ 時代理想의 變遷을 從ᄒ야 相異ᄒ도다 ᄯ 教育의 如何ᄂ 國家盛衰에 直接ᄒ 大關係가 有홈으로 現時開明ᄒ 各國에셔ᄂ 國家가 大槪教育을 監督ᄒ고 此를 干涉홈으로써 一大 任務를 삼아 教科와 如히 教育上의 重要ᄒ 要素ᄂ 國家가 其理想ᄒᄂ 目的을 從ᄒ야 規定을 立ᄒ고 方針을 指導홈에 至ᄒ지라 然이ᄂ 國家의 理想ᄒᄂ 目的도 一定不變ᄒᄂ거시 아니라 時勢와 人情을 從ᄒ야 變홀거시민 此를 恒常 參酌改定치 아니치못홀거시오 ᄯ 一國內에셔라도 各地方의 人情과 土地의 狀態를 從ᄒ야 此規定을 斟酌치 아니치 못홀 거시라 然則 普通教育을 施ᄒᄂ데 教科ᄂ 如何ᄒ 標準을 因ᄒ고ᄒ면 第一教科ᄂ 國民開化의 全範圍를 包含ᄒ 總要素를 撰擇홀거시오 教授의 材料ᄂ 國民開化的 生活의 全範圍에셔 撰擇치아니ᄒ면 現在를 正當히 理解키

不能ᄒ고 敎授의 目的을 達키 不能ᄒ리니 此等要素ᄂᆫ 大槪 今日所謂科學과 技術에 包括ᄒᆷ을 得ᄒ잇스ᄂᆞ 此等科學技術도 學校에셔 直接으로 敎授ᄒᄂᆫ 敎科와 直接으로 敎授키 不能ᄒ야 各自自由로 習得ᄒᄂᆫ 科目이 不無ᄒ니 槪言ᄒ면 敎科ᄂᆫ 各國이 當時의 狀況을 顧察ᄒ야 取捨撰擇ᄒᄂᆫ 거시오 ᄯᅩᄒᆫ 敎科ᄂᆫ 開化의 全般을 包括치 아니치 못ᄒᆯ거신則 科學도 ᄯᅩᄒᆫ 心的科學과 物的科學이 適宜히 調和ᄒ야 統一ᄒᆫ 世界觀을 得케ᄒᄂᆫ거시 必要ᄒ도다 然이ᄂᆞ 各國의 狀況이 各異ᄒ야 敎科撰擇의 方法이 亦不一ᄒ되 大槪主要ᄒᆫ 科目을 次第로 擧論ᄒ면 左와 如ᄒ니라

(一) 修身科
修身科ᄂᆫ 古來我東洋先進諸國敎育上에 最必要ᄒᆫ 科目으로 各敎科의 首位ᄅᆯ 占ᄒ자라 西洋諸國에ᄂᆫ 昔日希臘羅馬時代로브터 別노히 修身科가 無ᄒ엿고 中世紀頃에 至ᄒ야 耶蘇敎가 傳播된 以後로 各國이 敎育上에 宗敎科를 特設ᄒ고 (法國과 其他數國은 除外) 神學을 敎授ᄒ야 此로써 各敎科의 數科를 삼아 今日에 至ᄒ도록 此神學이 各敎科를 統一連結ᄒᄂᆫ 基礎가 된듯ᄒ나 東洋諸國에셔ᄂᆫ 事情이 此와 異ᄒ야 古來로 修身道德이 거의 唯一의 敎科가 되엿슴으로 人民의 思想이 此間에 涵養되여 道德의 觀念이 隱然히 腦髓에 印ᄒ엿슨즉 今後로 敎育의 路에 當ᄒᄂᆫ 者가 捨短取長ᄒ야 此를 漸次改善完成케ᄒᆯ 道理ᄂᆫ 容易ᄒ거니와 此를 根本的으로 變更ᄒᆯ 必要ᄂᆫ 無ᄒ깃도다
大抵 兒童의 良心을 啓培ᄒ고 德性을 涵養코져ᄒ면 此를 몬져 智識의 方面으로 誘導ᄒ야 善惡의 區別을 眞正히 ᄒ고 善良ᄒᆫ 理想을 構成ᄒ야 行爲의 結果를 判斷케 ᄒᄂᆫ 作用을 啓發ᄒᆯ뿐만 아니라 修身科의 敎授가 適當ᄒᆷ을 得ᄒ면 道德的 要素를 培養ᄒ고 善을 行코져ᄒᄂᆫ 意思의 働作을 興奮ᄒᆯ거시라 吾人은 元來 發達ᄒᆯ만ᄒᆫ 力量이 有ᄒ야 此가 自己와 밋 他人의 經驗으로 由ᄒ야 發達ᄒ나니 故로 敎授上에 秩序를 正히ᄒ고 感化를 施ᄒ야 道德의 實踐을 主張ᄒᄂᆫ거시 必要ᄒ도다 或은 謂ᄒ되 普通敎育上에 特別히 修身科를 設ᄒᆯ 必要가 無ᄒ고 敎科ᄒᆯ 時에

各教科를 修身에 關係가 有ᄒ게 傳授ᄒᄂ거시 便利ᄒ다ᄒᄂ 此ᄂ 各教科의 固有ᄒ 目的이 아닌則 다못 如此히 ᄒ여셔ᄂ 滿足ᄒ 結果를 收키 難ᄒ리니 然則 今日東洋諸國의 大体로 觀ᄒ면 修身科로써 秩序잇ᄂ 道德的 教育을 施ᄒ야 此로써 各教科를 統一케ᄒᄂ거시 必要ᄒ 듯 ᄒ도다 (未完)

(二) 言語科(國語及外國語)

言語修養과 心的陶冶ᄂ 密接ᄒ 關係를 有ᄒ 거시니 普通教育上에 言語의 修養은 最必要ᄒ 거시라 吾人은 言語로써 意思表示와 思想發展의 重要ᄒ 手端으로만 用ᄒ 쑨이 아니라 此로 由ᄒ야 人類發展의 經路와 國民開化에 多大ᄒ 影響을 及ᄒ 許多ᄒ 記錄을 理解키 能ᄒ나니 故로 上古로브터 教育設備上에 最初에ᄂ 言語를 教授ᄒ야 書冊을 讀케ᄒ고 쏘 此義意를 理解ᄒ므로써 重要ᄒ 科目을 삼앗스니 此ᄂ 必竟 此等學習으로써 時代國民의 心的生活을 保有케ᄒ고 쏘 普通教育의 基礎를 作ᄒᆷ에 由ᄒᆷ이라

今日普通教育을 施ᄒᄂ 學校에셔 程度의 如何를 不問ᄒ고 一般自國語로 중심을 삼ᄂ 거슨 세계각국이 일반이라 古昔人道主義가 復興ᄒ 時代에ᄂ 古語를 研究ᄒ야 古人의 遺書를 利害ᄒ므로써 惟務ᄒ고 外國語를 自國語보다 도리혀 尊重히 ᄒ 弊端이 有ᄒ엿스나(我國의 從來教育이 我國國文은 卑賤ᄒ다 ᄒ야 排斥不用ᄒ고 漢文만 典尙ᄒ엿스며 漢文에도 쏘 古字篆字와 窮僻ᄒ 文字등을 多數探究ᄒ야 古書를 多解ᄒᆷ으로써 學識의 尊卑를 比較ᄒᆷ과 如ᄒᆷ) 此等謬見은 過去時代에 已屬ᄒ고 各國이 다ㅣ 그 自國語로써 教育의 中心을 삼나니 此ᄂ 卽國民으로 ᄒ여금 各自의 義務를 盡케코져ᄒ면 일즉히 國家名義에 同情을 表ᄒ야 愛國의 情을 喚起케ᄒ 거시오 쏘 國語ᄂ 其國民의 思想感情을 表出ᄒᄂ 거시미 同胞를 結合ᄒᆷ에 最有力ᄒ 方便이라 如此히 國民學校程度에셔ᄂ 다못 自國語로써 國民現時의 狀況을 了解ᄒᆷ으로써 滿足ᄒᆯ거시나 萬——層을 更進ᄒ야 此研究理解의 力을 深遠케코져ᄒ면 其由來의 沿革

을 明察ᄒ고 他國의 開化를 比較ᄒ며 他國民의 思想感情을 探究ᄒᆯ 必要가 有ᄒ도다 然則 國民學校以上程度되ᄂ 學校에셔 國語를 課ᄒ며 外國語를 課ᄒᄂ거슨 不得已ᄒ 理勢라 特히 他國의 文化를 受入ᄒ야뼈 自國의 發展을 供給ᄒᄂ 國에셔ᄂ 一層 그 必要를 見ᄒ나니 故로 現時에ᄂ 何國을 勿論ᄒ고 中學程度以上되ᄂ 學校에셔ᄂ 自國과 最密接ᄒ 關係가 有ᄒ 一二個外國語를 課케으고 此와 同時에 自國文學을 一層 더 硏究ᄒ야 自國文學의 眞髓를 翫味ᄒ며 特質과 妙味를 感得케ᄒ야 演說과 文章上에 精巧를 極ᄒ게 務圖ᄒᄂ거시라

(三) 數學科

數學은 舊日 東洋學問界에 六藝中一科로 珍重ᄒ 거시라 元來數學은 外物에 關ᄒ 智識을 硏究ᄒᄂ 者이니 此로 因ᄒ야 外界에 關ᄒ 適當ᄒ 觀念을 得ᄒ며 그 種種ᄒ 現象과 關係를 理解키 能ᄒ고 日常生活上에 人을 計ᄒ야 出을 節ᄒ며 柴少의 誤謬가 不生케ᄒ야 處身을 適宜히ᄒ며 勤儉貯蓄의 觀念을 養成ᄒ고 特히 商工業에 從事ᄒᄂ 者ᄂ 此觀念이 有ᄒ 然後에야 經濟上職業上에 正當ᄒ 位置를 制定ᄒᆯ 거시오 또 挽近以來 各種科學이 發展된 以後로 數學의 地位가 一層 緊要ᄒᆷ을 認定ᄒᄂ니 卽數學은 自然界의 現象과 法則에 對ᄒ야 精密ᄒ 認識을 吾人에게 與ᄒᄂ 者이며 數學은 卽科學發展의 重要ᄒ 原因이오 또 科學攻究의 重要ᄒ 方便이라 吾人은 數學으로 因ᄒ야 確實ᄒ 眞理를 認識ᄒ며 感官(五官)으로 得ᄒ 知覺을 正當히 ᄒ며 經驗以外의 見知를 闡開ᄒ야 因果의 法則을 的確히 ᄒ고 또 此를 嚴密히 証明ᄒ야 自然力을 制禦利用ᄒᄂ니 其他種種ᄒ 效用에 至ᄒ야ᄂ 一一히 枚擧키 未遑ᄒ도다 如此이 數學은 吾人의 日常生活上에만 必要ᄒᆯ 뿐 아니라 他學科攻究에 基礎가 됨으로 各國이 初等學校에셔ᄂ 日常卑近의 事實에 對ᄒ야 精確迅速히 計算을 爲主ᄒᄂ 算術을 敎授ᄒ고 中學程度에 至ᄒ면 數學으로써 거의 全學科의 首位를 占居케ᄒᄂ 傾向이 有ᄒ도다

(四) 歷史科

歷史는 人生의 苦心經營과 事業成敗와 行爲善惡과 國家社會의 盛衰興亡과 人類發達의 經路와 種種혼 過去의 事實을 ――히 明示ᄒ야 吾人으로 ᄒ여금 人에 對ᄒ며 國家社會에 對ᄒ야 同情을 振起ᄒ고 良心을 興奮ᄒ며 人生凡般에 對혼 知識을 給與ᄒᄂ 者이라 然則 歷史는 修身과 또 密接혼 關係가 有홈으로 昔日브터 道德的 敎訓上에 往往歷史를 採用혼 事實이 有ᄒ엿스ᄂ 歷史를 一敎科로 編入ᄒ야 普通敎育上에 課授케혼 거슨 十八世紀頃으로부터 始作ᄒ엿고 挽近에 至ᄒ야ᄂ 歷史는 人格을 陶冶ᄒ고 國家的 觀念을 養成ᄒ며 政治的 智識을 傳與ᄒᄂ데 適當혼 거스로 認定ᄒ야 普通敎育上에 重要혼 敎科가 된지라 그러ᄂ 初等敎育에ᄂ 自國歷史를 主眼ᄒ고 歷史上 關係를 示홀지라도 自國歷史로 充足홀 거신則 小學校歷史敎科ᄂ 各國이 大槪 自國歷史를 標準ᄒ도다 然이ᄂ 何國을 勿論ᄒ고 其國의 文化發展은 此와 密接關係를 有혼 他國影響을 被授홈이 不少ᄒ미 自國開化發達의 淵源을 推究코져ᄒ면 不得不 此等 關係國의 歷史를 또 參考홀 必要가 有ᄒ니 故로 中等以上 敎育을 施ᄒᄂ 學校에서ᄂ 外國歷史를 敎授ᄒᄂ거시 今日各國敎育界의 通則이라

(五) 地理科

地理學은 地球及地球의 表面狀態와 또 地球上人類生活의 狀態를 明瞭히 ᄒ고 土地와 人類의 關係를 說明ᄒᄂ 學科라 卽地球가 天体에 對혼 關係와 地球表面上에 散在혼 自然物及其現象과 地球上에 生殖ᄒᄂ 生物(動植物)과 人類生活의 狀態를 明示ᄒ고 또 此間에 存在혼 因果의 關係를 說明ᄒ야 人的敎科와 物的敎科의 兩智識을 結合ᄒᄂ 敎科라 本是 普通敎育에서ᄂ 兒童의 生活ᄒᄂ 本地方과 本國과 밋 本國과 重要혼 關係가 有혼 隣國의 地理的現象을 敎授ᄒᄂ 거시니 此等事實은 昔日交通이 未開ᄒ야 鎖國自活ᄒ든 時代에ᄂ 直接生活上에 必要를 不感홈으로 斯學의 歷史가 久遠홈을 不拘ᄒ고 幼稚혼 程度를 未免ᄒ다가 近世에 至ᄒ야 비로셔 此를 敎科에 編入ᄒ여스니 此ᄂ 近時各種의 交通機關이

大開ᄒ야 遠隔의 地를 比隣과 如히 交通홈에 至ᄒ여스며 此等地理的智識이 實際生活上에 必要를 生홈으로 由홈이라 特히 人類生活의 狀態ᄂ ──이 自然的狀態의 影響을 被치아님이 無ᄒ니 人類生活을 理解코져 ᄒ면 此等互相의 關係를 攻究치 아니치 못홀거시오 ᄯᅩ 自己의 生活ᄒ ᄂ 地方及自國의 政治經濟相의 狀態와 自國이 外國에 對ᄒ 地位等은 此를 他地方國土의 比較對稱으로 因ᄒ야 明覺홈을 得ᄒᄂ니 然則地理 敎授ᄂ 國民敎育과 處世生活上에 重要ᄒ 價値만 有홀ᄲ 아니라 理科硏 究上에 ᄯᅩ欠치 못홀 敎科니라

(六) 理科
理科의 目的은 自然物과 及自然의 現象을 說明ᄒ야 此가 總히 一定ᄒ 理法下에 支配ᄒᄂ거슬 証明ᄒ고 ᄯᅩ 自然物互相間의 關係와 自然物이 人生에 對ᄒ 關係를 理解ᄒ야 一邊으로 自然을 制禦利用ᄒ며 一邊으로 ᄂ 吾人人類의 生活狀態를 增進케ᄒᄂ 거시니 其範圍ᄂ 動物植物鑛物 三界로브터 物理的化學的 現象과 人身生理衛生에 涉ᄒ 廣大ᄒ 材料를 包括ᄒ엿도다 此等諸科를 如此히 結合ᄒ야 初等學校에셔 敎授케 ᄒᄂ 거슨 初學者로 ᄒ여금 自然을 解析홀 時에 互相間에 關連ᄒ 現象을 個 個히 分割치 아니ᄒ고 多方面으로 觀察ᄒ야ᄲ 正當ᄒ 理解를 得케 홈 이라 然이나 中等敎育以上程度에 達ᄒ면 漸次 科學的 敎授를 施치 아니 치 못홀 거신則 此等諸材料를 各히 分科로ᄡ 順을 從ᄒ야 敎授케 ᄒ도 다 盖吾人이 此世에 生活ᄒᄂ 以上에ᄂ 須臾라도 自然物과 自然의 現象 을 遭遇相關치 아님이 無ᄒ則 此等自然物의 性質을 探究ᄒ고 現象과 法理을 明察ᄒᄂ거슨 實際生活上에만 必要홀 ᄲ 아니라 此를 利用ᄒ면 自然力을 制禦ᄒ야 人生의 開化를 增進케 ᄒ며 現世開化를 理解ᄒᄂ데 欠치 못홀 敎科니 實로 實業의 發展과 物質的 進步ᄂ 全혀 國民의 理科 的 智識進步如何에 在ᄒ도다. (未完)

5.4. 교사론

◎ 敎師의 槪念, 松堂 金成喜, 〈대한자강회월보〉 제8호, 1907.02. (교육학, 교사론)

▲ 제8호

世界所謂競爭이 必自敎育界始者는 何也오. 地理之險要오 未必鞏其國이오 天産之豊饒도 未必富其國이로되 惟人群이 進化ᄒ야 達於文明高度則弱者强ᄒ고 劣者優ᄒ야 將以無敵於天下는 卽物競天演之公理也라. 社會之狀態와 國家之命運이 無一不繫于此則敎育者의 導率之責이 豈端然哉리오. 敎者는 使天下之事物로 莫不磨鍊於聰明之中이오 有者는 使其身體德性으로 陶冶共進ᄒ야 以造完全之人이 是也니 蓋人之始生에 動物中最無力最無能者라 遺傳之偏向과 外界之刺激이 易以爲感ᄒ야 一留着於腦海則終身不得脫其蔽故로 正確善良敎育이 不得不自幼少時培養也라. 雖然이ᄂ 幼少之精神이 本自虛沖則不可以自由任放ᄒ며 又不可以苛拘檢束이오 惟因其精神中天賦之萌芽而啓發之導達之ᄒ야 以臻自治之人格으로 爲究竟則敎師之於學生에 關係之綦重이 又伺如哉아 孔子曰二三子以我爲隱乎吾無隱乎剛吾無行而不與二三子라ᄒ시고 顔子曰夫子循循然善誘人이라 ᄒ니 蓋其敎人之方이 必以惻怛之誠으로 推之於身ᄒ야 盡人之性ᄒ며 量物之情ᄒ야 使之涵泳薰灸에 誘掖作成이 夫如是矣라 故로 敎授者ㅣ 不得不理會心得者有二事焉ᄒ니 卽使群弟子로 天然的親愛之心이 自生케 ᄒ며 國民的獨立之性이 自成케 홀지라 日本齋藤學士所著敎育學의 理想主義가 亦在於是故로 其數節을 摘錄于下ᄒ야 以備參考ᄒ노니 (未完)

▲ 제9호

一. 敎師는 性格과 思想에 左諸點을 要有홈

　一. 智識이 豊富ㅎ야 事物에 硏究ㅎ는 精神이 穎悟(영오)ㅎ며,
　二. 覺官이 銳敏ㅎ고 發聲器가 快壯ㅎ며
　三. 判斷力이 强ㅎ고 同情心과 愛情心이 醲厚溫暖(농후온난)ㅎ며
　四. 實行的 觀念이 堅固ㅎ야 臨事勿怠ㅎ며
　五, 自信의 志氣가 確立ㅎ고 處身이 方正ㅎ야 不撓不屈ㅎ며

二. 敎師는 權威을 含有홈

　幼少의 行爲를 整理ㅎ야 一定ㅎ 規則을 服從케 ㅎ며 道理上에 活動케 ㅎ는 故로 自家의 高尙ㅎ 價値的 敎權이 宜有ㅎ즉 威權의 生홈은 道德에 品性과 任事에 熱誠으로 自然ㅎ 結果라. 만일 表面을 修飾ㅎ야 强威를 欲仲ㅎ즉 誘導의 功이 乏ㅎ며

三. 敎師는 學生의 性質를 體認홈.

　兒童은 兒童心이 有ㅎ고 大人은 大人心이 有ㅎ니 만일 大人의 心으로 兒童의 心을 左右ㅎ즉 成功키 不能ㅎ지라. 敎師는 반다시 兒童心으로 爲心ㅎ야 煦濡感化ㅎ되 其 志意에 發達ㅎ 程度와 賦性에 差異ㅎ 强弱을 斟酌ㅎ야 適當ㅎ 處實를 行ㅎ며

四. 敎師는 自己義務를 左項에 注意홈.
　一. 課業時間을 豫爲準備ㅎ야 精確遵守ㅎ며
　二. 校務를 整理ㅎ고 學規를 練熟ㅎ며
　三. 學校에 關ㅎ 法律命令을 諳練ㅎ야 職務를 行ㅎ며

四. 校舍를 淸潔ᄒ고 病源을 預防ᄒ야 學徒衛生에 盡力홈이 可ᄒ다
ᄒ니라.

然則 敎師ᄂ 學校에 中心이오 被敎育者의 具象的 模範이라. 人類의
精神을 誘發ᄒ며 材智를 養成ᄒ야 國家를 構造ᄒᄂ 材料를 生홈이니 故
로 德意志學士 康德氏曰 人之爲人과 國之爲國이 敎育力 如何에 在ᄒ다
ᄒ니 爲敎師者ᄂ 深留意焉홀지어다.

5.5. 교수법

◎ 正當ᄒ 敎育法 - 룻드 博士의 講演,
　柳東作 譯述, 〈서우〉 제5호, 1907.4. (교육학, 교수법)

▲ 제5호

正當ᄒ 敎育法

品性과 智識의 安全瓣: 敎員의 修養ᄒ 品性 高尙ᄒ고 其準備ᄒ 知識
이 豊富ᄒ야도 此의 用ᄒᄂ 方法이 不得其當홀 時ᄂ 敎育이라 ᄒ야 成
功ᄒ기 不能홀지라. 今에 此科를 科學的으로 述ᄒ면 先에 記臆ᄒ기 可
ᄒ 二個 條의 眞理가 有ᄒ니 一은 敎育이라 ᄒ야, 善良 健全ᄒ 品性과
智識을 具備ᄒ 敎育이면 決코 誤謬에 不陷홀지라 云홈.

然ᄒ면 善良ᄒ 品性을 備ᄒ며 十分 敎育의 智德을 修養ᄒᄂ 것이 敎
育이라 ᄒ야 過誤홈에 不陷홀 것을 證明ᄒ 一 安全瓣이며 保險이라 云
홀지라. 敎育法은 非科學이라. 其 眞理의 二ᄂ 嚴格ᄒ 意味로 敎育法에
一定의 學이 無홈이라 云홈.

是ㅣ 敎育法은 科學이 아니오 一의 術이니 規則을 設ᄒ야 敎育에게
精密ᄒ 方法을 受홈이라 云홈은 到底히 不可能홈이라. 於是乎 敎育되ᄂ

者ㅣ 스스로 硏究 發明ᄒ야 此 方法을 實驗으로 索出치 아니치 못ᄒᆯ지라.

　敎育方法의 敎員 一任 以上과 如ᄒ니 其 監督의 當局者되는 政府 或 官署는 其 敎育方法에 關ᄒ야 一一히 此를 束縛 指揮ᄒᆷ은 不好ᄒᆫ 方法이라. 宜乎 自由로 敎育의게 一任ᄒ기 可ᄒᆫ 것이니 如斯ᄒ면 敎育이 스스로 新機軸을 出ᄒ야 敎育法을 進步케 ᄒ는 必要가 有ᄒᆷ이라.

敎員과 生徒의 相互關係

　全體敎育은 敎員 一人과 生徒 一人들의 相互的 人格關係의 問題라. 비록 正當ᄒᆫ 方法이 乏ᄒᆯ지라도 各 敎員이 一樣으로 此를 各 生徒의게 用ᄒ기 不可ᄒ니 一. 敎員各自의 人格에 依하며 二. 生徒各自의 年齡 性質의 差異에 依ᄒ며 三. 國家社會의 要求에 從ᄒ야 敎員이 自由로 多少의 制限을 加ᄒᆯ 必要에 依ᄒᆯ지니 是ㅣ 變通이 無ᄒ기 不可ᄒᆫ 지라 故로 敎育法이라 ᄒ는 것이 複雜ᄒ고 困難ᄒᆷ은 想見ᄒ기 非難ᄒᆷ이라. 目的物은 發達進行中 嚴密ᄒᆫ 意味로 敎育法은 非科學이오 一의 術이라 云ᄒ엿스나 普通 敎育學이라 云ᄒ는 意義用語에 從ᄒ면 從來의 經驗을 基礎ᄒᆫ 法則이 無ᄒᆷ은 아이니 其 第一은 敎育의 方法은 精神的 發達의 順序 及 其 方法에 從치 아니치 못ᄒᆯ것이니 敎育의 目的物되는 生徒는 進化發達의 進行中에 在ᄒᆫ 것을 不可忘ᄒᆯ지라 換言ᄒ면 生徒은 日日夜夜로 發達ᄒ는 것이니 其 順序에 逆行ᄒ면 成功치 못ᄒᄂ니라. 天然의 草木은 人의 手를 因ᄒ야 時로 新種을 養成ᄒ는 것이 有ᄒᆯ지라도 一히 此 自然의 法則에 從ᄒ야 是를 養成ᄒᆷ에 不外ᄒᆷ이라. (未完)

　　(미완이지만 이후에 연재되지 않음.)

5.6. 교육론

◎ 我國 國民敎育의 振興策,

　張膺震, 〈태극학보〉 제3호, 1906.10.

　今日 我國의 急務를 論ㅎ는 者 輒曰[1] 敎育 敎育ㅎ야 此 敎育 二字가 時勢를 稍通ㅎ는 人士의 常言갓치 流行ㅎ나 其 振興의 方策에 對ㅎ여는 一人도 硏究 論及홈을 未聞ㅎ니 엇지 此 界의 一大 遺憾이 아니리오. 玆에 鄙見을 陳述ㅎ야 同胞 人士의 注意를 喚起코져 ㅎ노라.

(一) 一般 國民에게 義務敎育 制度를 施行홀 事

　今日 地球上에셔 一個 完全き 獨立國을 形成自存ㅎ랴면 不可不 今日 世界에 相應き 普通 智識을 一般 國民의 腦中에 注入ㅎ야 其 實力을 養成치 아니치 못홀지니 此를 督勵 奬勵ㅎ야 開發 進就케 홈은 國家의 大任務오 國民된 者의 大義務라. 此 重大き 業務를 國民의 私營에 一任ㅎ고 國家에셔 干涉 盡力홈이 無ㅎ면 其 敎育의 精神이 一般 國民에게 平均히 普及치 못홀 뿐 아니라 此間에 種種의 階級이 有ㅎ고 色色의 弊端이 生ㅎ야 目的의 順達을 期키 不能ㅎ리니 此는 今日 開明 列國에 셔 義務敎育 制度를 一般 國民에게 施行ㅎ는 바로다.

　夫 義務敎育이라 ㅎ는 것은 國民된 者로 ㅎ여금 男女 貴賤을 不論ㅎ 고 兒童이 學齡에 達き 者면 國家가 一種 强制的 手段으로 一是 다ㅣ 小學에 入ㅎ게 ㅎ야 一定年間에 必要き 常識을 修養き 然後에는 其 進 退를 個人의 自由에 一任ㅎ되 萬一 或 專門 或 高等 業門에 進코져 ㅎ는 者에 對ㅎ여는 國家가 쏘 可及의 專力으로 援助 奬勵ㅎ야 其 發達을 完成케 홈이라. 此 小學의 制와 義務敎育 年限의 制에 至ㅎ여는 列國이

---

1) 첩왈(輒曰): 빈번히 말하기를.

各其 國情에 應호야 多少의 差別이 有호니 日本에셔 今日 施行호는 制度를 觀호면 學校는 大槪 官立, 公立, 私立의 三種으로 設立호고 義務敎育의 年限은 六年으로 定호되 貧民과 及 特別혼 事情이 有혼 者에게는 月謝金(訓料)을 免除호며 百力으로 便利혼 方法을 講究호야 四民一躰로 호여금 敎育의 雨露를 均霑(균점)케 호고 外他 列國에셔는 或 月謝金을 一般 免除호며 或 年限의 長短을 加減호야 各其 國情에 適合혼 方策을 是究홈에 汲汲호도다. 今日 我國의 情形은 海外 列國에 比호면 種種의 關係로 種種의 差異가 有호야 千百年 傳來의 舊制를 一朝一夕間에 快變一新키는 難호나 國內의 情形을 詳察호고 外國의 制度를 參酌호야 我國에 最適合혼 制度로 義務敎育制를 施行혼 然後에야 可히 써 四民一躰로 호여곰 善良혼 子弟를 培成호며 健全혼 國民을 良出호리로다.

(二) 校院[2]의 制를 廢호고 新式의 學校를 廣設홀 事

義務敎育 制度의 施行과 兼호야 敎育의 機關되는 完全혼 學校를 設備치 아니호면 學齡에 達혼 國民 女子로 호여금 無漏[3]容受[4]호야 敎化普及의 實을 遂行키 不能호리로다. 然이나 今日 我國의 情勢를 回顧호면 人民은 塗炭에 久苦호고 全國이 瀕死에 處호야 上下 擧指의 餘力이 更無혼 則 如此 重大혼 急務를 人民의 私設에 放任호든지 或 其 費用의 强行으로 人民에게 收斂호야 經營 施設혼다 홈은 吾人의 同意치 못홀 者오 쪼 到底 期成키 不能홀 바로다. 況且 牧民의 位에 居혼 者는 貪饕[5]를 惟營호야 少許의 事痕이 有호면 種種의 口實로써 法外의 收斂을 民間에 濫討호야 私服을 充홈에 未遑호리니 如此 則 一分의 實效를 未擧홀 쑨 아니라 千癈萬瘼(천폐만막)이 層層이 發生호고 害毒이 殘民에 流

---

2) 교원(校院): 향교와 서원.

3) 무루(無漏): 〈불교〉 번뇌에서 벗어나거나 번뇌가 없음. (표)

4) 용수(容受): 물건, 말, 상황 따위를 받아들임. (표)

5) 탐도(貪饕): 욕심을 부림. 원문은 '빈도(貧饕)'로 표기하였으나 '탐(貪)'의 오식으로 보임.

及ㅎ야 暴虐으로 ㅎ여곰 暴虐을 益呈ㅎ고 窮民으로 ㅎ여금 窮巷에 益陷케 ㅎ면 엇지 可憂可驚홀 結果가 아니리오. 故로 吾人으로 ㅎ여금 今日 臨時 救急의 方策을 略擧ㅎ면

(甲) 各 都會處와 其他 適當혼 處所에는 各種 學校를 官營 公營으로 專力 創立홀 事

(乙) 各道 各郡에 保存혼 바 形式的 無用의 鄕校 書院 等 制를 一切 癈止ㅎ고 此에 附屬혼 財源으로 基金을 삼아 新式 學校를 群營으로 設立케 홀 事

(丙) 民間 有志의 設立ㅎ는 바 學校를 別般 方策으로 援助 獎勵ㅎ며 改良 就完케 홀 事

(丁) 地方 各 坊村에 遺在혼 舊式 齋塾의 制를 適當혼 方法으로 漸次 改良ㅎ야 數村 或 幾村에 一校를 適宜히 設置ㅎ고 其 組織 制度와 敎授 方法 等에 至ㅎ여는 干涉 指導ㅎ되 一切 經營은 該 村坊에 一任 自治케 홀 事

以上 列擧혼 바 幾條의 實行으로써 敎育의 機關이 畢備ㅎ리라 謂홈이 아니라 如此 則 種種의 生弊를 庶杜ㅎ고 時急의 要用을 可充홀가 ㅎ노라.

(三) 師範學校를 廣設ㅎ고 善良혼 敎師를 養成홀 事

學校를 如何히 廣設ㅎ나 敎育事務의 主腦되는 善良혼 敎師를 不得ㅎ면 엇지 敎育의 實擧키 能ㅎ리오. 實을 不擧홀 쑨 아니라 其 創設의 本義가 虛名에 徒終ㅎ리니 敎育에 留意ㅎ는 者 炬眼[6]을 一擧ㅎ야 此에 注視치 아니치 못ㅎ리로다. 近來 我國이 敎育의 一大 革新時代를 當ㅎ야 公營 私營으로 各處에 設立ㅎ는 바 學校 數가 非常혼 趨勢로 增加ㅎ니 國家의 前途와 國民의 發達을 爲ㅎ야 可讚可喜홀 現象이나 一次 其

---

6) 거안(炬眼): 사물을 잘 분별하는 안목과 식견. (표)

實地 教育의 情形을 觀察ᄒ면 人으로 ᄒ여금 憂懼嘆惜의 情을 不禁ᄒ 者 有ᄒ도다. 其 組織의 完不完과 制度의 善不善은 姑置不問ᄒ고 所謂 教授ᄒᄂ 課目이 惟一 外國語에 專力을 注ᄒ고 其 餘 數三學科ᄂ 名義 에 是止ᄒ 샏이오, 뜨 學科에 依ᄒ여ᄂ 外國 教師가 通譯으로 教授ᄒ다 ᄒ니 夫 科學의 奧義ᄂ 自國語로 直接 教授ᄒ지라로 其 眞義의 所在를 十分 說明키 難ᄒ고 理解키 難ᄒ거ᄂ 엇지 外語에 稍通ᄒ다고 素養업 시 學問上 言語를 解細이 通譯키 能ᄒ며 初學者에게 如此ᄒ 教授法을 施ᄒ야 엇지 完全ᄒ 效果를 收得키 期ᄒ리오. 況 小學時代 兒童은 年齡 이 尙殘ᄒ고 思想이 未定ᄒ야 周圍의 感化를 染受키 易ᄒ 者라. 如此ᄒ 幼年의 基礎 教育이 一步를 若誤ᄒ면 國民의 精神을 失墮ᄒ고 國家의 基礎를 危케 ᄒ리니 엇지 憂懼치 아니ᄒ며 淫華奢侈의 惡風만 漸盛ᄒ 야 不美의 病風을 社會에 蔓及ᄒ며 守舊的 父兄으로 ᄒ여금 新學問의 無值를 主張ᄒ야 其 子弟로 ᄒ여금 學校에 入學을 禁遏(금알)不許에 至 케 ᄒ면 엇지 嘆惜ᄒ 者이 아니리오. 且 我國 傳來의 教育主義ᄂ 唯一 漢文에 專力ᄒ야 兒童이 學齡에 達ᄒ면 思想이 稍達ᄒ 者라도 理解키 難ᄒ 千字文을 驀地(맥지)[7]에 注入ᄒ야 機械的으로 暗誦케 ᄒ고 逐次[8] 史略, 通鑑, 經傳 等을 教授ᄒ되 楚撻 叱責으로 嚴酷 拘束ᄒ야 兒童의 純一ᄒ 頭腦를 暗誦 作書에 耗盡ᄒ고 養氣의 風이 絶無ᄒ야 其 所謂 成就에 達ᄒ 者를 觀ᄒ면 一分의 活氣가 無ᄒ고 身軆가 虛弱에 陷ᄒ야 一勞力에 勘當키 不能ᄒ며 陳腐ᄒ 思想이 頭腦에 印濕ᄒ고 世情이 全昧 ᄒ야 國家와 社會上에ᄂ 一毫의 供獻이 無ᄒ고 畢竟 無氣力 無精神의 國民을 作成홈에 不過ᄒ나니 今日 如此 不完全ᄒ 教育의 制를 一新ᄒ고 國民의 思想을 廓淸코져 ᄒ면 몬져 新時代의 活精神으로써 善良ᄒ 教師 를 多數 養出홈에 在ᄒ도다. 然이나 我國民의 思想에ᄂ 一種 特殊ᄒ 病 根이 骨髓에 潛入ᄒ야 容易히 根治키 難ᄒ 者 有ᄒ니 卽 仕宦 崇尊의

---

7) 맥지(驀地): 정확한 뜻을 알 수 없음. '맥(驀)'은 갑자기, 쏜살같이의 뜻.

8) 축차(逐次): 차례를 따라 함. (표)

觀念이 是라. 一代의 榮華가 仕宦에 過흔 者 無ᄒ고 大成功도 仕宦을 捕捉홈에 在ᄒ며 人生 大行樂이 仕宦에 及흔 者 更無흔 줄 思惟ᄒ야 如何 則 仕宦의 榮貴로 一世를 安樂 中에 經過ᄒ고 ᄒ야 靑年의 一端 思想이 仕宦을 圖得홈으로써 終極의 目的을 向ᄒ나니 國家에서 特別흔 方法을 硏究 使用치 아니ᄒ면 敎師 培養의 實은 到底 成功의 望이 決無 ᄒ리니 然則 不可不 外國制에 模倣ᄒ야 師範學校를 官立으로 廣設ᄒ고 各地方에서 聰俊 子弟를 公撰ᄒ야 各其 附屬흔 寄宿舍에 收容케 ᄒ고 一切 官費 公費로 養成ᄒ야 卒業ᄒᄂᆫ 日에ᄂᆫ 隨器 採用ᄒ야 敎育事務에 盡力 從事케 ᄒ되 相當흔 待遇와 相當흔 報酬를 給與ᄒ야 社會上에 相 當흔 品位를 保有케 ᄒ고 規定흔 年間(日本에서ᄂᆫ 十年)에ᄂᆫ 特히 義務 的으로 敎務에 服事케 ᄒ면 庶幾[9]乎 開發의 曙光이 不遠 照臨ᄒ리로다.

(四) 外國語學校를 合倂統一홀 事

今日 各國이 文明 諸國 言語를 學校 一課目 中에 添入ᄒ야 學術上 文學上 實用上으로 硏究홈은 此로 因ᄒ야 先進國의 精華를 透來(투래) ᄒ며 世界文化의 盛衰] 移動을 推究ᄒ고 商業上 交際上 種種의 方面에 活用ᄒ야 自國의 文化를 增進ᄒ며 自國의 經營을 發展코져 ᄒᄂᆫ 目的에 出홈이라. 我國도 此에 鑑흔 바 有ᄒ야 巨疑의 費用을 投ᄒ고 各種 語學 校를 設立홈이 于今 十餘載라. 此間에 如何흔 人材를 養出ᄒ야 國民 智 識 開發上에 幾何의 效力이 有ᄒ엿고, 國勢 發展上에 如何흔 影響이 及 ᄒ엿스며 今日의 制를 維持 繼續ᄒ면 將來 如何흔 程度의 發達을 見홀 ᄂᆫ지ᄂᆫ 吾人이 此에 論究홀 餘暇를 不有ᄒ나 槪觀ᄒ면 我國의 語學校ᄂᆫ 一定의 主義가 無타 謂ᄒ깃도다. 今日ᄭᆞ지의 實行흔 바로써 論ᄒ면 果 然 如何흔 目的으로 如何흔 方面에 投合흔 人物을 培養홈인지. 或 外國 의 普通學校와 類似흔 性質이 不無ᄒ나 普通科의 敎授ᄂᆫ 絶無흔 狀態오

---

9) 서기(庶幾): 거의. (표)

語學을 學習코져 ᄒᄂᆞᆫ 者ᄂᆞᆫ 單 其 一時的 勢力의 消長으로써 優劣을 判ᄒᆞ며 ᄯᅩ 各校 學徒間에ᄂᆞᆫ 一種 難言의 觀念이 有ᄒᆞ야 同校 同學의 生徒가 아니면 一是 外人視ᄒᆞ며 世人이 ᄯᅩᄒᆞᆫ 語學徒를 視ᄒᆞ되 各 其國 勢力의 多少로써 區分ᄒᆞ야 兄弟相鬩ᄒᆞ며 同胞 相裂ᄒᆞᄂᆞᆫ 傾向이 不無ᄒᆞ고 個中 尤慮ᄒᆞᆯ 者ᄂᆞᆫ 學徒가 一定ᄒᆞᆫ 主旨가 無ᄒᆞ고 半生半熟의 開化에 沈醉ᄒᆞ야 自國의 精神을 消失ᄒᆞ며 自國을 自侮ᄒᆞ고 自國을 自害ᄒᆞᄂᆞᆫ 發作이라. 今日 如此히 種種의 病痛이 生ᄒᆞᆷ은 第一 語學校에 統一이 缺ᄒᆞ고 第二 語學徒 資格의 制限이 嚴正치 못ᄒᆞ고 第三 語學徒의 常識 素養이 不足ᄒᆞᆷ에 基因ᄒᆞᆷ인 則 今日 救治의 方策은 一大 語學校를 設立ᄒᆞᆫ 後에 各 語學校를 合倂 統一ᄒᆞ고 學課에ᄂᆞᆫ 必要ᄒᆞᆫ 普通을 添加ᄒᆞ야 多少 外國 中學校의 制와 如케 ᄒᆞ며 學徒ᄂᆞᆫ 丁年 以上에 達ᄒᆞᆫ 者로 多少 本國 學問에 素養이 有ᄒᆞ고 品行이 方正ᄒᆞᆫ 者로 撰拔 入學케 ᄒᆞ면 幾分의 經費도 節減ᄒᆞ고 國民 培養의 一 重要ᄒᆞᆫ 機關이 되리로다.

(五) 外國에 留學生을 多數 派遣ᄒᆞᆯ 事

我國이 留學生을 外國에 派出ᄒᆞᆷ이 以來 十有餘年이라. 此間에 外洋에 遊覽ᄒᆞᆫ 人士도 多有ᄒᆞ엿고 外國에 遊學 歸國ᄒᆞᆫ 人士도 不少ᄒᆞ깃스나 今日ᄭᅥ지 如何 新面의 活動을 未見ᄒᆞᆯ ᄲᅮᆫ 아니라 外國 留學生의 信用이 墮地 無餘ᄒᆞ야 內地 人士의 指目을 反受ᄒᆞᆷ에 至ᄒᆞ니 此實 留學生의 無實에 因ᄒᆞᆷ인지 抑 或 內地 人士의 觀察이 不達ᄒᆞᆷ으로 緣ᄒᆞᆷ인지 엇지 慨嘆ᄒᆞᆯ 現象이 아니리오. 必也 其 由來의 原因이 不無ᄒᆞ리로다. 以來 日本 留學生의 形便을 擧言ᄒᆞᆯ지라도 學費를 自辦 渡來ᄒᆞᆫ 이가 絶無ᄒᆞ야 十分의 目的을 達ᄒᆞᆫ 者 稀有하엿고 官費로 派送ᄒᆞᆫ 事도 有ᄒᆞ엿스나 此 亦 方策이 不完ᄒᆞ고 經綸이 未及ᄒᆞ야 如許의 好結果를 未收ᄒᆞ엿고 ᄯᅩ 若干 卒業 歸國ᄒᆞᆫ 人이 有ᄒᆞ여슬지라도 採用의 道가 未開ᄒᆞ고 試手의 餘地가 不有ᄒᆞ야 自暴自棄의 端이 不無타 謂치 못ᄒᆞ깃스며 ᄯᅩ 此中에 往往 浮浪挾雜의 類가 飄風轉來ᄒᆞ여ᄂᆞᆫ 一身만 誤落ᄒᆞᆯ ᄲᅮᆫ 아니라 新來의

學生을 誘陷ㅎ며 祖國의 名譽를 毁傷ㅎ고 悖理 非行으로 專業을 營ㅎ다가 本國에 도라가셔는 鍍金的 外式과 大言 誇談言 醜行으로 世人을 瞞着ㅎ며 挾雜을 恣行ㅎ야 玉石俱焚의 嘆을 招發ㅎ는 바며 多少 新舊思想의 衝突로 因ㅎ야 幾分의 影響은 難免홀 것이오 ㅼ 內地 人士는 外國 留學生을 過度이 信ㅎ엿든 結果로 如此훈 傾向을 生훈 듯ㅎ도다. 學識은 學識이오 人物은 人物이라. 如何히 學識에 博達훈들 다ㅣ 有爲善良의 士 되기를 엇지 期키 能ㅎ며 少許의 文明 空氣를 呼吸ㅎ엿다고 本國에셔 生成훈 天質이아 엇지 脫變키 能ㅎ리오. 況 思想이 固定치 못ㅎ고 本國 事情에 貫通치 못훈 靑年이 外國에 久留ㅎ면 自國精神이 漸疎ㅎ고 外國 觀念이 感入ㅎ야 不健의 思想을 養成키 易훈 거슨 自然의 理勢라. 然則 今日 如此훈 情勢에 處ㅎ야 救治 進就의 方策을 不究ㅎ고 單其 弊點만 指摘ㅎ야 越視奏瘠(월시권척)으로 凡凡過之ㅎ면 將次 如何훈 結果를 生ㅎ깃나뇨. 今日 學問이 發達된 各國에셔도 年年 留學生을 他國으로 派遣ㅎ야 彼我의 長短을 較究ㅎ며 各國의 情形을 調査ㅎ야 政治上 學術上 其他 種種의 方面에 一定훈 平衡狀態를 保持並進ㅎ거늘 我國이 今日의 地位에 處ㅎ야 自盡自滅코져 ㅎ면 已어니와 自存自活코져 ㅎ는 精神이 小有ㅎ면 知識을 世界에 廣求ㅎ며 兼 且 各國의 情形을 詳通ㅎ야 外交思想을 養成홈은 世界의 趣勢오, 時勢의 要求니 急히 良好훈 方策을 講究ㅎ야 官費 私費로 留學生을 各國에 派遣케 ㅎ되 漢文의 素養이 有ㅎ고 丁年 以上에 達훈 聰俊 子弟를 各地方에셔 公撰ㅎ고 ㅼ 官私立 各學校에셔 優等 卒業生으로 品行이 方正훈 者를 特拔派送ㅎ야 一層의 精蘊(정온)을 究來케 ㅎ면 엇지 發達의 端緖가 아니리오.

以上 說來의 五條가 本是 振興方策의 要領을 盡擧홈도 아니오 ㅼ 所論이 다ㅣ 正鵠을 得ㅎ다 謂홈도 아니라 다못 所懷의 一分을 感筆에 任ㅎ야 大略 記述홈인 則 有志 人士에 硏究를 待ㅎ노라.

◎ 論 我國小學校 教科書,

具滋鶴,〈공수학보〉제1호, 1907.01.31. (교육론, 교과서)

*일본어의 세력을 확인할 수 있는 논설임

▲ 제1호

近日 我 帝國 一般 公議가 敎育이 無홈을 因ᄒ야 國民의 知識이 闇昧ᄒ며 國勢가 萎靡라 ᄒ야 敎育을 擴張코자 ᄒ난 思想이 始發ᄒ야 京城 及 各地方의 官公私立 小學校가 四百餘處애 達ᄒ얏다 ᄒ니, 我 帝國의 實노 莫大ᄒ 慶幸이라. 二千萬 同胞와 三千里 江山이 可히 轉危爲安ᄒ며 轉禍爲福ᄒ야 文明 列强과 並驅홀 端緖라 ᄒ깃도다. 然ᄒ나 敎科書가 一定치 못ᄒ고 如干 敎科書에 充用ᄒᄂᆫ 書冊도 其 程度가 小學校 生徒에게 適當치 못홀 쓴 不啻라. 先生 敎授法이 不良ᄒ야 將來의 進就홀 厚望이 少ᄒ니 可 勝嘆哉.

皇朝 五百年에 文治를 崇尙ᄒ얏스나 一般 人士의 一平生 事業은 一種 漢文에 不過ᄒ며 兒童의 初程 敎科書ᄂᆫ 千字文 童蒙先習 史略 通鑑 等이오, 所謂 華族 子弟ᄂᆫ 特別ᄒ 一種 敎科書가 有ᄒ니 曰 八世譜 文蔭錄이라. 此等 腐敗ᄒ 書類에만 光陰을 虛送ᄒ고 有益ᄒ 新學問과 新知識은 異端이라 排擲ᄒ야 一毫도 留意치 아니ᄒ다가 竟至今日에 國權이 墮地ᄒ고 民族이 奴隷되ᄂᆫ 慘況을 當ᄒ얏시니 悔ᄒ딜 何及ᄒ리오, 頑固野昧ᄒ 人은 尙今에도 一場昏夢을 覺悟치 못ᄒ얏거니와 稍有 知識ᄒ 者ᄂᆫ 兒童 敎科書에 史略 通鑑이 不可홈을 知ᄒ고, 小學을 多敎ᄒ나, 小學도 史略 通鑑보다ᄂᆫ 稍勝타 홀지라도, 亦是 小學校 生徒에게ᄂᆫ 適當치 못ᄒ며 傾向 官公私立 學校를 勿論ᄒ고, 日本語를 第一 重要ᄒ 科目으로 敎授ᄒ야 生徒ᄂᆫ 語學에만 專力ᄒ고, 他 學課를 泛然(범연) 看過ᄒᄂᆫ 者ㅣ 多ᄒ며, 爲其父兄者ᄂᆫ 子弟를 訓導ᄒᄂᆫ 말이 小學地理, 歷史

다 쓸듸업다, 外國語를 잘 비와야 外國人에게 雇傭이라도 히 먹고, 生活ㅎ 깃다 ㅎ니, 國民 思想이 此에 及ㅎ미 痛哭을 難禁이로다.

余ᄂᆞᆫ 年幼學淺ᄒᆞ며 人微言輕ᄒᆞ야 支那 聖賢이 著作ᄒᆞ시고 皇朝 五百年 信仰ᄒᆞ던 敎科書를 曰可曰否키 不敢ᄒᆞ며 비록 所論이 近似홀지라도 我 帝國 高明ᄒᆞ신 文學 學博士들이 보시고 可ᄒᆞ게 生覺ᄒᆞ실ᄂᆞᆫ지 師門亂賊(사문난적)이라 ᄒᆞ실ᄂᆞᆫ지 不知ᄒᆞ나 但 所學을 因ᄒᆞ야 小學校 敎科書 中에 不適當ᄒᆞᆫ 句語를 擧ᄒᆞ야 畧論ᄒᆞ노라. (…하략…)

◎ 人格을 養成ᄒᆞᄂᆞᆫ데 敎育의 效果,
〈대한유학생회학보〉 제1호, 1907.3. (교육학)

敎育은 個人의 智識을 發達케 ᄒᆞ며 人格을 養成홈이오 人格은 敎育의 涵養으로 因ᄒᆞ야 自身의 品位를 高尙케 홈이니, 吾人이 此世에 處ᄒᆞ미 雄大ᄒᆞᆫ 人格과 高尙ᄒᆞᆫ 智識을 不可不有홀터인則 學問를 修ᄒᆞ고 薰陶를 受홈은 吾人의 一種義務오. 不得不做홀 要件事로고 音樂의 眞味를 聞覺홈은 耳目의 所掌인듯 ᄒᆞᄂᆞ 其實精神의 作爲니 故로 精神이 漸次高尙雄大ᄒᆞᆫ則 智識과 趣味도 ᄯᅩᄒᆞᆫ 高尙雄大ᄒᆞᆫ 域에 進홀디라. 假令兒童이 自然의 美景을 着ᄒᆞ고 偉人의 高論을 聽ᄒᆞ여도 다만 그 耳目에 觸홀 ᄲᅮᆫ이오. 그 秘意와 眞味ᄂᆞᆫ 解得티 못ᄒᆞᄂᆞ 此ᄂᆞᆫ 그 精神이 完全發達티 못ᄒᆞᆫ 緣故라. 大蓋吾人이 是非를 分別ᄒᆞ고 善惡을 判斷홈이 何莫非精神의 作爲며 事理를 辨別ᄒᆞ야 人格을 高尙케 홈이 何莫非精神을 修養ᄒᆞᄂᆞ데셔 從來홈이리오. 然則 記誦見聞은 一手段과 一階梯에 不過ᄒᆞ고 決코 學問의 根本目的은 아니라ᄒᆞᆫ 眞正ᄒᆞᆫ 學問의 目的은 卽 事物의 理를 逐漸硏究ᄒᆞ야 品性을 陶冶ᄒᆞ며 人格을 昇進케 홈에 在ᄒᆞ니 西哲 ᄶᅦ이콘이 有言ᄒᆞ되 下士ᄂᆞᆫ 學問을 蔑視ᄒᆞ며 常人은 學問을 感嘆ᄒᆞ고 智者ᄂᆞᆫ 學問을 利用ᄒᆞᆫ다홈은 千古名言일ᄉᆞ ᄒᆞ노라.

5.7. 교육사

◎ 我韓의 敎育 來歷, 〈조양보〉 제3호, 1906.7.

▲ 제3호

> *필자는 알 수 없으나 우리나라의 교육사를 기술함: 기자 동래 이후 고구려,
> 백제, 신라, 고려 등

〈고조선의 교육〉[10]

我韓의 上世는 人文이 未開ᄒ야 榛榛否否(진진부부)ᄒ 一混沌의 世
界라. 宇內萬國이 其開闢ᄒ던 始에는 皆鴻濛(홍몽)홈이 此와 如ᄒ거니
와 及其 君長이 旣立ᄒ야 邦國의 體製를 組織ᄒ고 政治의 制度를 定홀
진ᄃᆡ 工拙은 勿論ᄒ고 皆能히 其國의 方音으로 文字를 自造ᄒ야써 其民
을 敎ᄒ며 其事를 記ᄒ거늘 我邦은 檀君의 神聖홈으로도 文字가 獨無
ᄒ야 如何ᄒ 敎化의 跡을 未聞ᄒ니 是는 朝市郊野의 生長老死ᄒ는 間에
다만 一聒然(일괄연)ᄒ 鳥音(조음)이오 蠢然(준연)ᄒ 虫行而已라. 엇지
煩鬱(번울)홈을 堪ᄒ리오.

東國遺事에 檀君이 其人民을 敎ᄒ되 編髮盖首ᄒ며 飮食居處의 制로
써 ᄒ얏다 ᄒ니 此는 敎化의 始라 可謂홀지나 學術로써 人民을 敎育ᄒ
는 眞相은 아니오 一千二百十有二年을 經ᄒ야 神聖ᄒ신 殷太師 箕子가
東來ᄒ심이 支那 堯舜禹湯의 文明을 비로소 輸入ᄒ야 東夷의 陋俗을
一洗ᄒ고 洪範의 文化로 陶鑄ᄒ니 周易의 所謂 箕子의 明夷라 홈이 是
를 稱홈이라. 東史에 云ᄒ기를 初에 箕子가 東來홀 時에 殷人의 隨ᄒ는

---

10) 입력자가 붙임.

者 五千이라, 詩書禮樂과 醫藥 卜筮(복서)와 百工技藝의 流가 皆從ᄒ야 始至에 言語가 不通ᄒ므로 文字로써 譯ᄒ 後에야 乃知ᄒ고 於是에 其民을 教ᄒ되 禮義로써 八條의 教를 設ᄒ며 田蠶을 教ᄒ므로 人民이 盜賊을 羞ᄒ며 婦人은 貞信ᄒ야 不淫ᄒ며 田野가 闢ᄒ고 飮食을 籩豆로써 ᄒ미 仁賢의 化가 有ᄒ야 至今까지 天下가 東方의 君子國이라 稱ᄒ믄 皆箕子의 遺教니라.

此ᄂ 卽 我邦의 教育의 鼻祖라. 箕子ᄂ 支那의 聖人이라. 學問이 廣博ᄒ고 道德이 崇大ᄒ야 洪範九疇를 周武王의게 陳ᄒ고 不臣之義를 遂ᄒ샤 朝鮮으로 東出ᄒ시미 文明ᄒ 教化로 人民을 教育ᄒ야 荒俗을 丕變(비변)ᄒ고 禮義를 培養ᄒ시니 其教育의 制度가 必也彬彬然可觀이 有ᄒ깃거늘 不幸히 歷代 史牒을 다 兵燹에 燼蕩(훼탕)ᄒ고 文獻을 莫徵ᄒ야 考稽키 不能ᄒ니 엇지 慨惜치 아니ᄒ리오. 歷九百二十九年而三韓이 興ᄒ니라.

〈삼국의 교육〉

三韓 以來로 史多佚文(사다일문)ᄒ야 學校의 制度가 迨寥寥無聞이오 新羅, 高句麗, 百濟의 三國이 繼興ᄒ미 쏘ᄒ 教育이 未備ᄒᆯ 쁜더러 新羅ᄂ 辰韓故地에 起ᄒ야 最荒僻ᄒ므로 梁書 新羅傳에 曰 新羅ᄂ 文字가 無ᄒ야 刻木爲信이라 ᄒ니 其昧陋ᄒᆷ을 可想ᄒᆯ지며 且其君王이 尼斯今이라, 麻立干이라 稱ᄒ 則, 其無文을 可知오, 百濟ᄂ 馬韓地에 起ᄒ니 馬韓은 原來 箕子의 後孫 箕準의 立國ᄒ 地인 故로 三國 中에 文明이 最早開ᄒ야 隣邦에 見稱ᄒ나 學校의 制ᄂ 其如何ᄒᆷ을 未見ᄒ지라. 試以 史文의 雜出者로써 採考ᄒ건되 新羅 脫解王이 始生에 棄之海濱ᄒ얏더니 有老嫗가 收養ᄒ 後 及 長ᄒᆷ이 嫗曰 君은 骨相이 殊異ᄒ니 宜力學ᄒ야 功名을 立ᄒᆯ지라 ᄒ든 脫解가 自是로 遂學問에 專精ᄒ야 地理를 兼通ᄒ얏다 ᄒ니 推此觀之ᄒ면 新羅의 初에도 學問의 科程이 有ᄒᆷ을 可

證홀지라.

百濟 古爾王 五十年에 王子 阿直岐를 日本에 遣ᄒᆞᆯᄃᆡ 阿直岐ᄂᆞᆫ 經典을 能通홈으로 日皇의 子稚郎(치랑)이 就學ᄒᆞ고 又 百濟博士 王仁은 一國의 秀士인 故로 日皇의 延聘을 被ᄒᆞ야 論語와 千字文을 齎(재)ᄒᆞ고 日本에 往赴ᄒᆞ야 皇子의 師가 되믹 日本의 文字 有홈이 此時로붓터 始ᄒᆞ얏스니 百濟의 文學이 有홈은 其來가 已久로딕 但 東史에 闕略이 多ᄒᆞ야 其敎育의 制度를 記載홈이 無ᄒᆞ더니 近肖古王 二十八年에 至ᄒᆞ야 始以 高興으로 爲博士ᄒᆞ고 書記를 掌ᄒᆞ얏다 ᄒᆞ니 百濟의 學國이 早己設有ᄒᆞᆫ 것을 此時에 始置라 홈이 엇지 闕文이 아니리오.

高句麗ᄂᆞᆫ 小獸林王 元年에 太學을 立ᄒᆞ고 國子博士와 太學博士의 官을 始置라 ᄒᆞ나 高句麗ᄂᆞᆫ 其地ㅣ 支那와 密接ᄒᆞ야 交通이 最早홈으로 其文化의 輸入이 亦久하야 瑠璃王의 黃鳥詩와 陜父(협보)의 諫章(간장)이 立國未幾에 己著ᄒᆞᆫ 則 其文學의 風敎가 肇開홈을 可卜홀지라. 엇지 數百年을 歷ᄒᆞ야 小獸林王時에 國學을 始刱ᄒᆞ리오. 此亦史氏의 闕略홈이로다.

新羅 神文王 二年에 國學을 始置ᄒᆞ고 景德王이 諸業 博士와 及 助敎를 設ᄒᆞ얏다가 尋에 大學監官이라 改ᄒᆞ고, 聖德王이 詳文司와 通文博士를 置ᄒᆞ니 新羅의 文化가 至是大闢ᄒᆞ나, 然ᄒᆞ나 其 用人의 法이 極히 野昧ᄒᆞ야 法興王 末年에 童男의 容儀端正ᄒᆞᆫ 者를 選ᄒᆞ야 風月主라 謂ᄒᆞ고, 善士로써 敎養ᄒᆞ야 選用ᄒᆞ다가 眞興王 時에ᄂᆞᆫ 又 花郎이라ᄂᆞᆫ 科名을 置ᄒᆞ고 學徒를 羣取ᄒᆞ야 裝飾을 盛히 ᄒᆞ고, 山水間에 游娛ᄒᆞ며 道義로 相磨ᄒᆞ야 邪正을 分別ᄒᆞᆫ 後 選用ᄒᆞ니 엇지 古代의 大朴의 風이 아니리오.

新羅ᄂᆞᆫ 眞德王 以後로붓터ᄂᆞᆫ 唐國의 文物에 心醉홈으로 金春秋를 遣ᄒᆞ야 唐朝 國學에 留學ᄒᆞ니 此ᄂᆞᆫ 我國 人士의 海外 留學ᄒᆞᄂᆞᆫ 嚆矢라. 自此

로 春秋가 回國함이 學校의 制度를 唐朝에 一依ᄒ며 衣冠과 官制까지 唐을 模ᄒ고 及 其 王位(卽 武烈王)에 卽홈이 又 其 子 仁問을 遣ᄒ야 唐에 留學ᄒ야 經史를 博通ᄒ고, 文章이 宏深ᄒ지라. 因此로 唐朝의 優渥(우악)을 被ᄒ야 麗濟를 統合ᄒ고, 文明을 發達ᄒᄂ 效果를 奏ᄒ니, 學問의 功이 엇지 淺鮮타 謂ᄒ리오. 又 任强首, 薛弘儒와 如ᄒ 文學의 士가 輩出ᄒ야, 薛聰은 能이 我國의 文言으로써 經傳을 解釋ᄒ야 後生을 訓導ᄒ며 且 俚讀를 作ᄒ야 文字의 未通홈을 通케 ᄒ야 我國 國文의 源流를 倡起ᄒ니 엇지 春秋 斯文의 功이 아니리오.

自是로 唐에 入ᄒ야 留學 卒業ᄒ 者ㅣ 如崔孤雲, 崔匡裕, 崔彦撝(최언휘), 金仁存 諸氏 五十餘人이 相繼苑興(상계완흥)ᄒ야 全唐의 才子를 凌駕ᄒ며 東方의 文化를 大闡ᄒ니 於是盛哉로다.

〈고려의 교육〉

高麗의 學制ᄂ 成宗이 國子監을 刱設ᄒ고 司業, 博士, 助敎 等 官을 置ᄒ며, 大學 四門을 設ᄒ야 博士와 助敎를 各置ᄒ고, 又 十二州牧에 經學博士를 各置ᄒ며 文宗 時에 四門博士 以外에 又 各科 博士를 增置ᄒ고, 忠宣王 時에 成均館을 改設ᄒ고, 明經博士를 加置ᄒ며, 恭愍王 時에 書學, 算學의 外에 律學을 增置ᄒ고, 恭讓王 三年에 各 道府牧에 敎授를 廣置ᄒ야 京外 人民을 敎育ᄒ니 此ᄂ 高麗 學校의 大槩라.

雖然이나 高麗ᄂ 科擧法을 設ᄒ고 詞章의 綺麗(기려)를 專尙ᄒ고 道德의 實理ᄂ 不講홈으로 四百年來로 眞儒가 廖廖ᄒ더니 及 其季葉에 至ᄒ야ᄂ 道學의 君子가 稍稍 挺生生(정생, 이어 출현)ᄒ야 如 金良鑑[11],

---

11) 김양감(金良鑑): 고려 중기의 문신. 생몰연대 미상. 본관은 광양(光陽). 1070년(문종 24) 상서우승 좌간의대부(尙書右丞左諫議大夫)에 이어 서북로병마부사가 되고, 이듬해 상서 좌승 지어사대사(尙書左丞知御史臺事)가 되었다. 1074년 태복경(太僕卿)으로 중서사인

安文成裕가 首倡理學ㅎ야 安文成의 道德의 敎育은 實로 東方 道學의 祖라, 平生예 興學養賢으로써 已任을 作ㅎ야 七管十二徒의 成就홈이 實로 我國에 刱有홈이니, 自是로 文學의 士가 皆其餘波에 漸染ㅎ야 文風이 大振ㅎ며, 且 其 資材를 義捐ㅎ야 贍學錢이라 禰ㅎ고 學校를 廣設ㅎ야 生徒를 敎育홈도 亦吾邦에 刱覩홈이니 第一 敎育家라 可謂홀지로다.

其後 禹倬은 易學의 理에 明邃(명수)ㅎ야 世가 易東先生이라 稱ㅎ고, 權溥12)는 程朱의 學을 尊尙ㅎ야 性理의 諸書를 刊行ㅎ며 歷代 孝行錄을 撰ㅎ야 彝倫(이륜)을 獎勵홈으로 世가 菊齋 權文正이라 稱ㅎ고, 李齊賢은 學問이 淵邃(연수, 깊음)ㅎ고 議論이 宏博ㅎ야 其文章事業이 一世에 揮赫홈으로 人皆宗師로 仰ㅎ야 號를 益齋先生이라 稱ㅎ고 李穡은 其道學 文章이 元朝의 儒士를 驚倒ㅎ며, 國民의 師範을 作ㅎ야 舉世가 牧隱先生의 名下에 風靡ㅎ야 其門人 弟子가 名碩鴻儒로 著稱ㅎ는 者 l 多ㅎ고, 鄭圃隱 夢周는 自少로 豪邁絶倫ㅎ야 好學不倦홈으로 能히 性理學問을 精硏ㅎ야 五部의 學堂을 建ㅎ고, 外方 各郡에 鄕校를 設立ㅎ야 子弟를 敎育ㅎ며, 浮華를 黜ㅎ고, 實用을 究ㅎ야 學問의 眞理를 發揮ㅎ니, 公은 實로 我東理學의 宗祖라.

(中書舍人) 노단(盧旦)과 함께 송나라에 사은사로 가서 종전의 등주(登州)를 거치는 항로를 요나라의 이목을 피하기 위하여 명주(明州: 浙江省)로 변경하는 데 합의하고 귀국하였다. 이듬해 우산기상시(右散騎常侍)가 되고, 동지중추원사·호부상서·참지정사 판상서병부사(參知政事判尙書兵部事)·권판중추원사(權判中樞院事)를 거쳐 1082년 좌복야(左僕射)에 올랐다. 선종이 즉위하자 중서시랑 평장사(中書侍郎平章事)로서 문하시랑 평장사(門下侍郎平章事) 이정공(李靖恭) 등과 함께 시정(時政)의 득실을 진술하고 이어 판상서호부사(判尙書戶部事)를 거쳐 수태위(守太尉)에 올랐다. 1090년(선종 7)에 문하시랑으로서 지공거(知貢擧)가 되어 우간의 손관(孫冠)과 함께 진사 이경필(李景泌) 등을 뽑았는데, 그 답안이 격식에 맞지 않아 주사(主司)에 밝지 못하다는 비난을 받았다. 이자겸(李資謙)과 인척이면서도 정의를 지켜 끝까지 그에게 아부하지 않았다. 〈삼국유사〉에 실려 있는 「가락국기(駕洛國記)」의 저자라고 전하기도 한다. 시호는 문안(文安)이다. 〈다음백과〉

12) 권보(權溥, 1262~1365): 고려 원종 때의 문신. 호는 국재(菊齋). 고려시대 정주학을 정착한 인물. 안동 권씨.

道學의 淵源을 其門人 吉再冶隱에게 傳ᄒ고 吉 冶隱은 金淑滋 江湖散人의게 傳ᄒ야 我國朝 五百年 文治의 化를 遂開ᄒ니 公은 體用이 兼備ᄒ 學問이라 可謂ᄒᆯ지라. 其 功名과 事業은 鼎彝(정이, 종묘제기)에 銘ᄒ고 其忠義와 烈節은 竹帛에 傳ᄒ며 又 其 文章이 渾然히 天成ᄒ야 百世에 膾炙ᄒ니 公은 身殉ᄒᄂ 日에 高麗의 宗社도 隨亡ᄒ니 嗚呼라. 公은 眞 萬世의 偉人이오, 千秋의 師表라 ᄒᆯ지로다.

恭愍王 元年에 牧隱 李 文忠公 穡이 當時 學校의 弊를 擧ᄒ야 言事를 上ᄒᆷ이 其敎育의 狀況을 槪見ᄒ깄기로 玆에 其略을 抄陳ᄒ노니, 夫 學校는 乃風化의 源이오, 人才는 卽 政務의 本이라. 若 其本을 不培ᄒ면 固치 못ᄒᆯ지오, 其源을 不濬ᄒ면 淸치 못ᄒ나니 國家ㅣ 內으로 成均 十二徒와 東西學堂을 設ᄒ고 外으로 州郡에 薄ᄒ야 ᄯ호 學校가 各有ᄒ니 祖宗의쎠 崇學重道ᄒᄂ 바 深切ᄒ거늘 今에 明徒가 解散ᄒ고, 齋舍가 傾頹ᄒᆷ은 所由然이 有ᄒᆫ지라. 古의 學者는 將ᄎ 쎠 聖을 作코져 ᄒᆷ이나 今의 學者는 將ᄎ 쎠 干祿코져 ᄒᆷ이라. 詩書를 誦讀ᄒ나 繁華의 戰이 已勝ᄒ야 雕章琢句(조장탁구)[13]에 用心大過ᄒ니 誠正의 功이 安在오. 或 變而之他ᄒ야 其投筆을 誇ᄒ며 或 老以無成ᄒ야 其誤身을 歎ᄒ니, 其中에 英邁傑出ᄒ야 儒林의 宗匠과 國家의 柱石을 作ᄒᆫ 者ㅣ 幾人이리오. 登仕者. 未必及第오 及第者ㅣ 未必由國學이면 誰가 肯히 捷徑을 棄ᄒ고 岐途에 趨ᄒ리오. 伏乞條制를 明降ᄒ야 外面鄕校와 內面學堂에 其 才를 考ᄒ야 十二徒에 陞ᄒ고, 十二徒를 摠考ᄒ야 成均에 陞ᄒ고 日月을 限ᄒ야 其德藝를 程ᄒ고, 學術을 科ᄒ야 中者는 依例히 官을 與ᄒ고, 不中者도 出身의 階梯를 給ᄒ되 學校로 由치 아니ᄒ면 試에 與치 못ᄒ게 ᄒᆫ 則 人才가 輩出ᄒ고 學術이 日明ᄒ야 作用不竭일가 ᄒ노라.

---

13) 조장탁구(雕章琢句): 문장을 지을 때 남에게 아름답게 보이려고 수식하는 일을 비유함. 조충(雕蟲).

〈우리나라 교육 내력 정리〉

盖 我國의 教育 來歷을 溯考ᄒ건딕 箕子 以來로 儒教의 化에 服從ᄒ야 洪範의 餘波를 涵漾(함양)ᄒ나 其時ᄂ 民俗이 草昧ᄒ야 聖學의 程度를 遽然히 發達키 難望ᄒᆷ으로 箕子도 다만 民俗을 隨ᄒ야 教化를 施ᄒᆯ 사람이오, 實狀 彬彬ᄒ 教育은 施치 못ᄒ얏스나 雖然이나 大朴을 未破ᄒ 人民이 神聖의 教化 中에 沐浴ᄒ야 煥然히 一變ᄒ얏고 羅 麗 濟 三國에 至ᄒ야ᄂ 支那의 佛教가 流入ᄒ야 三國의 君臣이 皆汲汲然 遵奉ᄒᆷ이 天來福音과 如히 神悅心醉ᄒᆷ으로 伊時ᄂ 佛教로써 文化를 大闢ᄒ지라. 佛教의 崇拜ᄒᆷ이 極度에 達ᄒᆷ으로 名山勝地에 大刹을 廣建ᄒ며 金銅寶貝로 佛像을 多造ᄒ야 王公將相과 后妃 夫人으로 下至閭巷 人民ᄭᅡ지 靡然風徒ᄒ야 一代의 教化를 大鑄ᄒ니 至今 全國에 山川城邑의 名號도 皆佛式의 文字로 稱述ᄒᆷ이오, 君王 諡號와 歷史 記乘도 ᄯᅩ한 皆釋迦의 文字로 從出ᄒᆷ인즉 推此觀之컨딕 當時에 純全ᄒ 佛教로써 文明을 大闢ᄒᆷ을 可證ᄒᆯ지오.

及其 太宗武烈王 以後붓터ᄂ 唐家에 留學ᄒ야 詞章의 學에 稍稍 崇拜ᄒᆷ으로 于時ᄂ 文學의 士가 始起ᄒ야 孔子의 廟를 立ᄒ고 國學을 設ᄒ야 釋尊의 禮[14]를 講ᄒ며, 經傳의 旨를 究ᄒ나 猶佛教의 濡染(유염)이 已久ᄒᆷ으로 緇衲(치납)[15]의 羈絆을 未脫ᄒ며 詞章의 浮華를 是尙ᄒ다가 高麗가 繼興ᄒᆷ이 太祖 王建이 ᄯᅩ한 國師 道詵의 術을 惑信ᄒᆷ으로 八關

---

14) 석존(釋尊)의 예(禮): 석전대제. 석전(釋奠)이란 문묘(文廟)에서 공자(孔子)를 비롯한 선성 선현(先聖先賢)에게 제사지내는 의식이다. 석(釋)은 '놓다(舍)' 또는 '두다(置)'의 뜻을 지닌 글자로서 '베풀다' 또는 '차려놓다'라는 뜻이며, 전(奠)은 추(酋)와 대(大)의 합성자로서 '酋'는 술병에 덮개를 덮어놓은 형상이며, '大'는 물건을 얹어두는 받침대를 상징한다. 따라서 석전은 생폐(牲幣)와 합악(合樂)과 헌수(獻酬)가 있는 성대한 제전으로 석전제·석채·상정(上丁)·정제(丁祭)라고도 한다. 이와 유사한 말로 석채(釋菜)가 있는데 이는 나물 종류만 차려놓고 음악이 연주되지 않는 조촐한 의식이다. 〈위키백과〉

15) 치납(緇衲): 승복. 일본어로는 시도츠라고 부름.

會를 首設ᄒ고, 大檀樹(대단월)을 施ᄒ니 其立國의 初에 刱業의 君이 임의 如此ᄒᆷ으로 遂後 嗣子孫의 模範을 貽燕ᄒ야 王氏 四百年의 佛國을 做케 ᄒ니, 嗚呼라 高麗에 學問 敎育도 ᄯᅩᄒᆫ 佛氏의 敎로써 一世 人民을 荒誕寂滅의 域에 陷케 ᄒ도다.

高麗의 末葉에 至ᄒ야ᄂᆞᆫ 我國朝의 文化를 開ᄒᆯ 兆朕(조짐)으로 突然히 釋氏 奔波 中에 一代 偉人이 出ᄒ니 卽 梅憲 先生 安 文成公 裕 氏가 是也라. 孔子의 道를 尊崇ᄒ며 六經의 奧를 硏究ᄒ야 儒敎의 一脈精神 을 喚起ᄒ니 其時 麗家의 國學, 四門學, 各府郡의 鄕校가 有ᄒ야도 但 虛位에 不過ᄒ고 實地 學理를 講究ᄒ야 儒敎에 服從ᄒᄂᆞᆫ 者ㅣ 絕無ᄒᆷ으 로 學宮 校堂이 皆荒凉頹圯(황량퇴이)ᄒ야 榛草(진초)에 沒ᄒᆫ지라. 安 公이 此를 感傷ᄒ야 一詩를 作ᄒ야 曰

香燈處處皆祈佛 簫鼓家家亦賽神 惟有數間夫子廟 滿庭秋草寂無人

此詩를 見ᄒ면 其學校의 情況을 槪想ᄒᆯ지라. 文成은 原來 慶尙道 順 興郡人이라. 家貲(가자)를 盡出ᄒ야 學校의 敎育費를 措辦ᄒ고 子弟를 募集ᄒ야 人才를 養成ᄒ니 於是에 社會上 學問家가 始皆正道를 悟ᄒ고, 眞理를 究ᄒ야 外敎를 一掃ᄒ니 禹倬 白頤正 權溥 李齊賢 李穡 鄭夢周 吉再 諸賢이 倂起ᄒ야 一代 文化를 振起ᄒ니라.

▲ 제4호

高麗 王氏의 四百五十餘年의 間은 全國 敎育의 跡이 只是 一釋氏의 風 에 不過ᄒ다가 及其 忠烈王 以後에 至ᄒ야 安裕 崔冲 禹倬 白頤正 李齊 賢 諸公이 相繼起ᄒ야 孔孟의 道를 尊崇ᄒᆷ으로써 於是 儒化가 稍稍振興 ᄒ야 我國朝 文明의 基礎를 胚胎ᄒ니 天이 豈偶然ᄒ리오.

國初에 麗代의 遺制를 仍倣ᄒ야 太學은 成均館을 設ᄒ고 漢城內에 又四 學을 設立ᄒ며 八道 各州府郡縣에 鄕校를 設ᄒ고 敎授와 訓導를 置ᄒ야

94

人才를 培養ᄒ더니 世宗朝에 至ᄒ야 東方에 神聖ᄒ신 聖主로 位에 在ᄒ심이 麗末의 陋俗을 一變ᄒ야 至今五百餘年 文化의 基本을 啓ᄒ신지라. 禮樂을 撰定ᄒ시며 典章을 明立ᄒ시며 學校의 卷을 擴張ᄒ야 敎育의 術을 實行케 ᄒ시고 以至農業 及 醫藥兵算 等의 學術ᄒ야도 亦皆編撰 講究ᄒ며 ᄯᅩᄒ 東國에 刱有ᄒ 國文을 製造ᄒ샤 萬世 文明의 利를 開ᄒ시니 實노 我國文敎의 宗祖시라. 今에 其 訓民正音의 原文을 揭左ᄒ노니

國之語音이 異乎中國ᄒ야 與文字로 不相流通 故로 愚民이 有所欲言이나 而終不得伸其情者ㅣ 多矣라. 予ㅣ 爲此憫然일ᄉᆡ 新製二十八字ᄒ야 欲使人人으로 易習ᄒ야 便於日用耳라.

ㄱ 牙音이니 如君字初發聲ᄒ고 並書如虯字初發聲ᄒ니라.
ㅋ 牙音이니 如快字初發聲이오
ㆁ 牙音이니 如業字初發聲이오

ㄷ 舌音이니 如斗字初發聲ᄒ고 並書如覃字初發聲ᄒ니라.
ㅌ 舌音이니 如呑字初發聲이오
ㄴ 舌音이니 如那字初發聲이오

ㅂ 脣音이니 如彆字初發聲ᄒ고 並書如步字初發聲ᄒ니라.
ㅍ 脣音이니 如漂字初發聲이오
ㅁ 脣音이니 如彌字初發聲이오

ㅈ 齒音이니 如卽字初發聲이오 並書如慈字初發聲ᄒ니라.
ㅊ 齒音이니 如侵字初發聲이오
ㅅ 齒音이니 如戌字初發聲이오 並書如邪字初發聲ᄒ니라.

ㆆ 喉音이니 如挹字初發聲이오

ㅎ 喉音이니 如虛字初發聲이오 並書如洪字初發聲ᄒ니라.

ㅇ 喉音이니 如欲字初發聲이오

ㄹ 半舌音이니 如閭字初發聲이오

ㅿ 半齒音이니 如穰字初發聲이오

· 如呑字中聲이오

ㅡ 如卽字中聲이오

ㅣ 如侵字中聲이오

ㅗ 如洪字中聲이오

ㅏ 如覃字中聲이오

ㅜ 如君字中聲이오

ㅓ 如業字中聲이오

ㅛ 如欲字中聲이오

ㅑ 如穰字中聲이오

ㅠ 如戌字中聲이오

ㅕ 如彆字中聲이오

終聲은 復用初聲이니 ㅇ連書脣音之下則爲脣輕音이오 初聲合用則並書ᄂ이 終聲도 同ᄒ고 · ㅡ ㅗ ㅜ ㅛ ㅠ 附書初聲之下ᄒ고 ㅣ ㅏ ㅓ ㅑ ㅕ 附書於右ᄒᄂᄂ이 凡字를 必合以成音이라 左加一点則去聲이오 二則上聲이오 無則平聲이오 入聲은 加点은 同而促急ᄒ니라.

右는 我 世宗大王이 手自撰定ᄒ신 國民正音16)의 原文이라. 後來 轉訛襲謬ᄒ야 多失其眞이로ᄃᆡ 今에 硏究詳味ᄒ면 其音聲의 正과 卷字의 妙를 可得ᄒᆯ지라. 엇지 我國의 至寶가 아니리오.

---

16) 국민정음: 훈민정음의 오식일 듯.

96

其後 中宗朝에 至호야 于時 羣賢이 輩出홈이 如 靜菴 趙 文正公 光祖 氏와 冲菴 金 文簡公 淨 氏와 金 老泉 湜 氏와 奇服齋 遵 氏와 慕齋 金 文敬公 安國 氏 等이 皆以道德儒術로 進用於朝홈이 趙 文正이 槪然히 以敎育으로 自任호야 八道 各 州郡에 鄕校를 增修호야 一切 功令의 學을 廢호고 小學 及 六經으로 敎育의 本을 作호야 各其 子弟의 學者로 호야금 皆 小學 一書에 專工케 호고, 詞章 科擧의 法을 改革호야 漢制 孝廉과 如히 各州郡에셔 文學 賢良을 擧호야 試選 登用케 홈으로 定制를 合고, 八道 方伯으로 薦聞케 홈이 當時 賢良에 入薦혼 者 凡 一百二十餘이라.

乃以 己卯 四月로 賢良科를 設호고 五十八人을 試選호야 또 金湜 等 二十八人을 課取혼 後 卽時相當職에 附호야 任用호더니 邦運이 不幸호야 同年 十一月 十五日에 神武門의 禍가 起호니 盖 南袞 沈貞 等 一種 小人의 輩가 士流에 不齒홈을 自羞호야 中傷의 討로써 排擊擠陷(배격제함)호야 一代 賢流를 網打迨盡호고 賢良科에 被選혼 人은 一併 擯斥 (빈척)호야 世途에 不容케 호며 小學을 讀호고, 經術을 講호는 者는 皆 僞學邪黨이라 指目호야 界에 抵홈으로 其時 父兄과 師友된 者ㅣ 其子弟를 相戒호야 小學의 書와 經術의 業을 盡廢호니 於是 閭巷之間에 絃誦 (현송)의 聲이 絶호고, 學校之場에 荒棘(황극)의 生이 茂호야 廖廖혼 全國에 敎育의 影響이 消滅혼지라. 從此로 各 府郡의 鄕校는 但 鄕任輩의 酒食의 場을 成홀 싸름이오, 永히 學徒의 跡이 掃地호야 歸然(규연)혼 明倫堂이 虛殼에 不過호니 엇지 國運의 關係가 아니리오.

其後 明宗朝에 至호야 周 愼齋 世鵬 氏가 順興 郡守로 在任홀시 其 境內 白雲洞에 高麗 名儒 安 文成公 裕 氏의 古宅이 有혼지라. 周 氏가 宋朝 朱子의 白鹿洞 故事를 依호야 一書院을 刱立호고 學者藏修의 所를 作호니, 此는 我國 書院의 刱始홈이라. 初에 白雲書院이라 稱호더니 朝廷이 聞之호고, 特히 始修書院의 號를 賜額호시고 內庫 書籍을 分給호야 士

林을 獎勵ᄒ며 文化를 振興케 ᄒ시니 自是로 全國 士林이 聞風繼起ᄒ야 凡前賢 往哲의 所居地마다 並皆書院을 設立ᄒ야 國內 書院의 多가 萬餘所에 達ᄒ니라.

宣祖朝 以後는 士論이 岐貳ᄒ야 朋黨이 大起홈으로 權利 爭奪에 業火가 沸騰ᄒ야 政治 敎化는 腦後에 抛寘(포치)홈으로 逐三百餘年을 經過ᄒ다가 今日의 狀態에 至ᄒ니 嗚呼라, 國家之不振이여.

甲午更張ᄒ 後로붓터 全國 學校의 制를 始乃統一케 ᄒ야 部令을 制定ᄒ고 尋常, 高等 小學校를 設ᄒ며, 中學校, 師範學校를 置하고, 又 其他 法官, 法律, 醫學, 農商工, 外國語 等의 各學校를 逐次 設立ᄒ고, 或 外國 敎師로 雇聘ᄒ며 或 本國 敎官도 試選ᄒ야 若 將振起敎育이나 然而 十餘年來로 日見 其退步而已오, 絶未聞一才一藝의 卒業以成就者ᄒ며 至于近日ᄒ야는 人民之私立學校者ㅣ 又焚然日興ᄒ야 全國 公私學校之數가 迨至百千이로딕 究其實況이면 皆虛名을 冒ᄒ야 聲譽를 要홀 ᄹᅮᆫ이오, 又不然이면 皆資本에 絀乏ᄒ야 中途以蹶者ㅣ 迨種種焉ᄒ며, 遇或措辨贏金ᄒ야 熱心敎育이라도 亦發達之望이 難矣로다.

其故 何哉오. 盖雖欲硏究於新於學問上이라도 奈無敎科之書類ᄒ며 亦勘敎師之材料ᄒ야 無以資敎育之備則雖設許多學校나 如無麵之不飩과 無質之繪畫ᄒ야 穹然空屋(궁연공옥)에 依舊是大讀天皇氏之弟子니 是는 寧不若仍貫之爲愈也라. 焉用乎學校之興立哉아. 然則 學校 設立이 雖屬時急이나 尤以敎科書之編纂과 師範學之養成으로 爲今日 第一急務也오, 至其國內의 官公立之現在學校ᄒ야는 亟宜講究其維持方便ᄒ야 免致虧簣之歎ᄒ고 不必紛紛然 以徒設學校로 爲急也니 試擧現今 我國內의 官公私立學校之數ᄒ야 臚列(여열) 如左ᄒ노니

漢城內 官立各學校表 (19교)

名號	位置	數爻	名號	位置	數爻
師範學校	中署 校洞	1	中學校	北署 紅峴	1
農商工學校	北署 壽洞	1	醫學校	中署 勳洞	1
英語學校	中署司醞洞	1	日語學校	中署 校洞, 仁川 校友會	2
法語學校	北署 礴洞	1	德語學校	北署 安洞	1
漢語學校	中署 典洞	1	高等小學校	中署 校洞	1
小學校	남서 수하동, 주동(2), 북서 재동, 안동 (2), 동서 양상동, 양현동(2)				

右合十九校

漢城內外 私立 各學校表 (34교)＝이하 한글로 입력함

명호	위치	명호	위치
중교의숙	중학교	아동학교	아동
홍화학교	수진동	정문학교	정문동
광성학교	수각교	서학현교	서학현
후동학교	후천동	보광학교	돈화문 전
순동학교	순청동	광주학교	광주
능동학교	정릉동	인천학교	인천
합동학교	합동	달성학교	달성
상사동학교	상사동	야동학교	야동
산림동교	산림동	보명의숙	청풍계
계산학교	계동	진명야학교	황토현
공덕리교	공덕리	광흥학교	약현
찬성학교		보통학교	공덕리 2
일신의숙	종로 후	보성학교	
보명학교	북서신교	양정의숙	전동 천연정 경교 서문 내

漢語夜學校	전동	우산학교	마포
광성의숙	교동		

右合 三十四 校

各府郡 公立小學校 (94교) = 실시 + 실시를 인정하지 않는 경우 포함

漢城府, 京畿觀察府, 忠南觀察府, 忠北觀察府, 全北觀察府, 全南觀察府, 慶北觀察府, 慶南觀察府, 江原觀察府, 평남관찰부, 평북관찰부, 황해관찰부, 함남관찰부, 함북관찰부, 개성부, 강화부, 인천군, 평양군, 동래군, 덕원군 又 원산항, 경흥항, 무안항. 삼화항, 옥구항, 성진항, 창원항, 양주, 홍주, 경주, 강릉, 북청, 김포, 회양, 甑山(증산), 진위, 운산, 곽산, 장진, 영흥, 문천, 홍원, 정하, 남양, 안산, 철원, 풍덕, 금성, 부평, 강서, 김해, 황간, 안성, 경주계림

右 以上 現今 實施

경주, 제주, 파주, 청주, 의주, 임천, 성천, 순천, 남원성, 장련, 과천, 용인, 용강, 포천, 삼등, 상주, 직산, 토산, 진도, 담양, 밀양, 단천, 안주, 양근, 중화, 평강, 회령, 옥천, 김화, 명천, 북간도 右 以上姑未認施

右合 九十四校

各府郡 私立學校表 (59교)

명호	위치	명호	위치
광흥학교	광주	영화학교	인천
온천학교	광주	장단군학교	장단
광진학교	광주	북청군학교	북청
대동학교	평양	회령군학교	회령

일신학교	평양	남해군학교	남해
사숭학교	평양	의주군학교	의주
안동학교	안주	상원군학교	상원
문화학교	안변	순천군학교	순천
면양학교	면천	순천군학교	순천(중복 표기)
선천군학교	선천	진보군학교	진보
고창군학교	고창	해미군학교	해미
홍주군학교	홍주	광무학교	풍천
시흥군학교	시흥	보광학교	남양
시무학교	순천	팽명학교	옥천
진명학교	회인	보명학교	괴산
보창학교	강화	전대학교	의주
찬성학교	강화	의성학교	의주
영화학교	양근	광동학교	옥천
신야의숙	포천	낙영학교	토산
영흥군학교	영흥	사범학교	강서
벽란의숙	백천	박명학교	토산
청호학교	청주	광성학교	토산
동흥학교	양주	보통학교	김해
정명학교	정산	유신학교	단천
중성학교	강화	대아학교	회덕
의성학교	남양	동명학교	정주
명화학교	공주	연의학교	재령
달성중학교	대구	구시학교	의주
광성학교	대구		

以上 共合 五十九校

◎ 泰西敎育史,〈朝陽報〉제5호, 1906.8.25.[17]

第一章 古代 希臘의 敎育

泰西 開化의 本原

希臘 羅馬 二國이 則 泰西文化의 刱始ᄒᆞᆫ 者라. 學者ㅣ 當今 開化의
本原을 慾稽(욕계)ᄒᆞᆯ진ᄃᆡ 此二國에셔 出ᄒᆞᆷ을 宜知ᄒᆞᆯ지니 如建築, 彫刻,
音樂, 詩文, 歷史, 演說, 法律, 政治, 哲學 等事로 人文을 促進케 ᄒᆞᄂᆞᆫ
諸元質이 皆此 二國으로셔 由ᄒᆞ야 其規準을 遺ᄒᆞᆫ 者니 二國의 民은 又
剛强忍耐 克己節制의 美德을 具ᄒᆞᆷ으로 能히 愛國心思로써 忠勇과 節義
와 事業에 發ᄒᆞᆫ 者도 皆此二國으로 由ᄒᆞ야 其遺徽를 傳ᄒᆞᆫ 者라. 如東洋
諸國은 夢想에도 不及ᄒᆞᆫ 代議政制도 亦皆二國으로붓터 傳ᄒᆞᆷ이 其注措
의 實利가 能히 人人의 自由를 保ᄒᆞ야 令人으로 獨立의 心을 興起케
ᄒᆞ고 身外 殘酷의 權勢에 屈服치 아니케 ᄒᆞ야 凡其所爲가 人世의 意智
를 開明케 ᄒᆞᆫ 者ㅣ 不尠ᄒᆞ도다. 又其良風美懿俗이 後世에 昭垂ᄒᆞ야 令
人持守ᄒᆞᆷ에 足ᄒᆞ니 持守란 者ᄂᆞᆫ 分定의 內에셔 自然ᄒᆞᆫ 福利의 有ᄒᆞᆷ을
俾知케 ᄒᆞᄂᆞᆫ지라.

희랍 로마 두 나라가 곧 태서문화를 창시한 자이다. 학자가 지금 개화
의 근원을 상고할진대 이 두 나라에서 나옴을 마땅히 알지니 건축, 조
각, 음악, 시문, 역사, 연설, 법률, 정치, 철학 등으로 인문을 촉진케 하는
모든 원질이 다 이 두 나라에서 비롯하여 그 기준을 전한 것이니, 두
나라의 백성은 또한 굳세고 강하며 인내하고 극기 절제의 미덕을 갖춤
으로써 능히 애국하는 마음으로 충용과 절의와 사업을 시작하는 자도
모두 이 두 나라에서 비롯하여 그 유휘(遺徽)를 전한 것이다. 마치 동양

여러 나라에서는 꿈에도 미치지 못한 대의 정치제도도 또한 이 두 나라로부터 전함에 그 의미와 실리가 능히 사람마다 자유로움을 보호하여 사람에게 독립의 마음을 일으키게 하고, 신외 잔혹한 권세에 굴복하지 않게 하여 무릇 행위가 인세의 의의와 지혜를 개명하게 한 것이 적지 아니하다. 또 그 양풍 미의의 풍속이 후세에 드리워 영인 지수함에 족하니 지수(持守)는 분정(分定: 분수를 정함)의 내에서 자연스러운 복리가 있음을 더 알게 하는 것이다.

　是故로 二國이 於敎育史上에 高等 位置를 頗占ᄒᆞ야 凡敎育에 涉ᄒᆞᆫ 思想이나 與其事業이 皆後人으로 ᄒᆞ야곰 嚮仰의 思를 惹起ᄒᆞᄂᆞᆫ지라, 今에 其大要를 左에 摘記ᄒᆞ건ᄃᆡ

이로 두 나라가 교육사상에 높은 위치를 차지하여 무릇 교육에 관한 사상이나 그 사업이 모두 후세 사람으로 하여금 인도하고 우러르는 생각을 불러일으키므로, 지금 그 대요를 가려 적고자 한다.

希臘의 國情

　希臘은 一小國이라. 南北이 僅二百五十英哩에 不過ᄒᆞ고 東西의 最廣處도 亦只百八十英哩인ᄃᆡ 古代에ᄂᆞᆫ 又分爲二十餘州ᄒᆞ야 其山脉港灣을 因ᄒᆞ야 區劃ᄒᆞ고 其風尙이 互異ᄒᆞ며 其政府의 法律도 殆甚疎陋ᄒᆞ고 民俗이 擴悍(확한)ᄒᆞ야 戰爭을 不絶ᄒᆞᆷ으로 其酋長豪傑은 聯合兼幷ᄒᆞ야 其權力으로ᄡᅥ 他州를 箝制(겸제)ᄒᆞ나 然ᄒᆞ나 敎育史上에 在ᄒᆞ야 不必以此爲論이오 只須其中에 二州 或二三都府를 揭ᄒᆞ면 其大要를 可知ᄒᆞᆯ지니 此二都府ᄂᆞᆫ 卽斯巴達과 雅典이 是也라.

　희랍의 국가 정세

그리스는 작은 나라이다. 남북이 겨우 250 영리에 불과하고 동서의 가장 넓은 곳도 다만 800영리인데, 고대에는 20여 주로 나뉘어 그 산맥과 항만을 따라 구획하고, 그 풍속이 서로 다르며 그 정부 법률도 심히 소략 누추하고 민속이 확한하여 전쟁이 끊이지 않으므로 그 추장과 호걸은 연합하여 그 권력을 아울러 가짐으로 다른 주를 억제하였다. 그러나 교육사에서는 이러한 논의가 필요하지 않고, 다만 그 가운데 두 주 또는 2~3개의 도부를 살펴보면 그 대강을 가히 알 수 있으니 이 두 도부는 곧 스파르타와 아테네이다.

斯巴達[18]의 敎育

斯巴達은 在希臘都府中에 最强忍好鬪의 族이라. 故로 其敎育이 尙武 ᄒ야 剛强의 兵士를 造養ᄒ니 紀元前 第九世紀에 當ᄒ야 此府의 立法官 來古庫 氏가 法憲을 定ᄒ니 此州 人士의 事情에 適合흔지라. 以大體로 論之ᄒ면 其制度가 甚爲嚴酷ᄒ나 然而剛强의 兵士訓練에ᄂ 其宜에 適 合흔 故로 斯巴達이 遂作常備兵式의 操練ᄒᄂ 場흔지라. 其敎育의 次序 난 如左略述ᄒ노니

스파르타는 희랍 도부 중에 가장 강인하고 전쟁을 좋아하는 종족이다. 그러므로 그 교육이 무를 숭상하여 군세고 강인한 병사를 조련 배양하니 기원전 제9세기에 이 정부의 입법관 리쿠르고스(來古庫)[19]가 법을 정하니 이 주의 사정에 적합하였다. 그 대체를 논하면 제도가 심히 엄혹하나 군세고 강한 병사 훈련에는 가장 적합한 까닭에 스파르타가 드디어 상비 병식 조련하는 장이 되었다. 그 교육의 순서는 다음 간략히 서술한 바와 같다.

---

18) 사파달(斯巴達): 스파르타.

19) 래고고(來古庫): 스파르타의 전설적인 입법자 리쿠르고스. 기원전 820년에 스파르타 헌법을 제정했다는 설이 있음.

甲. 體育

　大概 其敎育의 法은 以體育으로 爲主ᄒ니 其制가 小兒를 國家 財産으로 認做ᄒ야 凡兒가 初生ᄒ면 直視 問案官의 前에 抱出ᄒ야 其檢査를 請ᄒ면 問案官이 其兒가 强壯ᄒ야 可히 成材의 望이 有ᄒ 줄노 認明ᄒ 然後에 養케 ᄒ고 不然이면 則殺之ᄒᄂ니 小兒가 七歲 以內에ᄂ 父母親戚의 撫養을 許ᄒ되 七歲 以後붓터ᄂ 卽 公家所設ᄒ 敎育場으로 送ᄒ야 嚴酷ᄒ 訓練을 服習케 ᄒ고, 食必粗糲(조려)ᄒ며 衣必單薄(단박)ᄒ고 其臥具ᄂ 河畔野田에 自往ᄒ야 采蒲織藁(채포직고)로써 藉臥(자와)케 ᄒ며 十二歲에 至ᄒ 則 裏衣(裏衣)를 禁着ᄒ고 一年之中에 僅히 一襲衣(습의)만 許容ᄒ며 又每日에 所配定ᄒ 常食 以外ᄂ 竊盜로서 得食ᄒ을 奬勵ᄒ야 設或 敗露ᄒ거나 ᄒ면 竊盜에 拙劣ᄒ을 責ᄒ고 鞭撻을 加ᄒ며 且 身體로 ᄒ야곰 强固크져 ᄒ야 恒常 體操를 習케 ᄒ니 如高飛 高跳 競走 角力 抛鎗(포쟁) 投環의 諸技가 皆此에 始胐ᄒ 바이로다.

대개 그 교육하는 법은 체육을 중심으로 하니, 그 제도가 소아를 국가의 재산으로 인식 간주하여 무릇 아이가 처음 태어나면 곧 문안관(問案官)에게 안고 가 검사를 청하면, 문안관이 그 아이가 강장하여 가히 재목의 희망이 있다고 인식한 후에 기르게 하고, 그렇지 않으면 곧 죽인다. 소아가 7세 이내에는 부모 친척의 보호를 허락하나 7세 이후부터는 곧 공적으로 설립한 교육장으로 보내 엄혹한 훈련에 복종하며 익히도록 하고, 먹는 것은 반드시 조려(粗糲)하고 입는 것은 반드시 홑으로 감싸는 데 불과하며 누워 자는 도구는 물가와 들에 스스로 가서 직물을 채취하여 말려 누워 자게 하며, 12세에 이르면 포의(속옷)를 입지 못하게 하고, 일 년 가운데 겨우 죽은 자에게 입히는 것과 같은 옷만 허용하며, 또 매일 배정한 일상 음식 이외에는 절도하여 먹을 것을 얻도록 장려하여 설혹 실패하면 절도가 졸열함을 책망하고 채찍을 가하며, 또 신체를 강고하게 하고자 항상 체조를 익히게 하니 높이 날기, 높이뛰기, 경주, 각력, 포쟁, 투환 등의 여러 기술이 이에 창시된 것이다.

乙. 智育

斯巴達의 智育은 於文學에 用力홈은 極少ᄒ야 僅히 讀書 識者만 敎習홀 而已라. 當此 體育을 偏重히 ᄒ고 智育을 輕視ᄒᄂ 世에 欲令少年과 與老輩로 相交ᄒ야 實物 經驗의 薰陶를 受케 ᄒ야 乃於公同會食의 所의 令少年者로 長老와 互相 言談 論難케 ᄒ야 此로써 國事를 涉習ᄒ며 知識을 相資ᄒ고 又 其判斷力을 欲養ᄒ야 問題를 屢出ᄒ야 使之熟思深究ᄒ야 答案을 述케 ᄒ니 斯巴達의 智育은 是以로 硏究홈에 不過ᄒ니라.

스파르타의 지육은 문학에 힘쓴 것은 극히 적으니, 겨우 독서 식자만 가르칠 따름이다. 이에 마땅히 체육에 편중하고 지육을 경시하는 세상에서 소년과 노인들로 서로 소통하여 실물 경험의 가르침을 받게 하여, 이에 공동으로 모여 먹는 곳에서 소년들로 하여금 장년 노년과 상호 말을 하고 논란하게 하여 국사를 익히며 지식을 서로 보충하고, 또 그 판단력을 기르게 하여 문제를 여러 차례 내어 깊이 생각하고 탐구하여 답안을 기술하게 하니, 스파르타의 지육은 이에 따라 연구하는 것에 불과하다.

丙. 德育

德義上 敎育은 其感服홀 者ㅣ 甚多ᄒ니 凡少年은 其情慾을 自己가 裁抑케 ᄒ야 平居에ᄂ 謙退의 風을 崇ᄒ며 事變이 來ᄒᆫ 則 敏捷 勇敢ᄒ며 强健不屈ᄒ야 倉卒臨難ᄒ야도 不肯苟避ᄒ고 以損軀致命으로 相尙ᄒ야 摩盪浸濡(마탕침유)에 堅忍의 俗을 養成홈으로 能히 寒暑와 飢渴을 耐ᄒ며 阽危(점위)를 不順ᄒ고 其於國家에 在ᄒ야ᄂ 又順親篤故ᄒ며 敬老尊長故로 其少年이 皆能히 長者의 忠告와 責難을 順受ᄒ며 又斯

巴達에 音樂과 詩歌의 敎育이 有ᄒ니 其歌詞의 中에 猛厲ᄒᆫ 寓意가 有
ᄒᆷ으로 令人으로 武勇에 趨嚮ᄒ야 奮興의 氣를 皷激ᄒ며 義俠의 士됨
을 貴히 역이고 庸懦(용나)疲茶의 人을 賤히 역이니라.

덕의상 교육은 감복할 것이 매우 많으니 그 젊은이들은 정욕을 스스로
억제하여 평상시 거주할 때에는 겸양과 물러나는 풍토를 숭상하며 큰
일이 닥치면 곧 민첩하고 용감하여 강건하며 굴하지 않아서 갑자기 어
려움에 닥쳐도 구차히 도망하지 않으며, 몸을 상하고 목숨을 바쳐 서로
존경하며 갈고 닦고 침유(浸濡)함에 견인의 풍속을 양성하니 능히 추위
와 더위와 배고픔과 목마름을 인내하며, 어려움에 복종하지 않고, 나라
에 대해서는 또한 순종 친애 돈독한 까닭으로 경로 존장하니 젊은이들
이 모두 어른의 충고와 책난을 받아들이며, 또 스파르타에 음악과 시가
교육이 있으니 그 가사 가운데 사납고 억센 뜻이 있음으로, 사람을 부
릴 때 무용(武勇)을 따라 분발 홍기를 고취 격려하며 의협의 선비가
되는 것을 귀하게 여기고, 나약하고 초췌한 사람을 천하게 여긴다.

丁. 女子의 敎育

壯健ᄒᆫ 人材를 欲得ᄒ야 女子 待遇를 男子와 亦等視ᄒᆷ으로 敎育 獎勵
의 術이 備至ᄒ야 其優美의 德과 親愛의 情을 養ᄒ니 是以로 斯巴達의
女子도 愛國心을 皆具ᄒ야 怯懦(겁나)로써 可恥라 ᄒ며 母之於子와 妻
之於夫에 戰死者를 敢히 悲傷치 아니ᄒ고 母가 子를 送ᄒ야 戰場에 赴
ᄒᆯ 時ᄂᆫ 必戒語曰 盾을 持ᄒ야써 兵을 蔽ᄒᆷ보다 寧敵盾을 奪ᄒ야 歸國
ᄒᆷ만 不如ᄒ다 ᄒ야 此로서 相戒ᄒᄂ니라.

건장한 인재를 얻고자 하여, 여자 대우를 남자와 또한 동등시하여 교육
장려의 술이 갖추어져 있으니 우미한 덕과 친애의 정을 기르니, 이로
스파르타의 여자도 애국심을 모두 갖추어 비겁함을 수치라고 하며, 어

머니와 아내로 전사자를 감히 슬퍼하지 않으며, 어머니가 아들을 전장 터에 보낼 때에는 반드시 경계하여 말하기를 방패를 잡고 병사를 가리 기보다 차라리 적의 방패를 빼앗아 돌아옴만 같지 못하다 하여 이로써 서로 경계한다.

戊. 結果

凡斯巴達의 敎育은 一言以蔽曰 尙武敎育이니 由此를 敎育의 法ᄒ야 宜將帥를 造就ᄒ며 或褊裨(편비)의 材와 與不屈의 武士를 養成ᄒ 故로 能히 雅典을 攻敗ᄒ야 當時에 無敵ᄒ지라. 希臘을 써 諸邦의 領袖로 推崇홈이 此로 由홈이라. 森莫比拉에져 生ᄒ 바 英名無雙ᄒ 勞尼達士 氏 와 與其三百勇士를 見ᄒ면 또ᄒ 尙武의 敎育을 可知홀지니라.

무릇 스파르타의 교육은 한마디로 상무교육이니 이로 말미암아 교육을 받아 마땅히 장수를 기르며 혹은 편장 비장의 재목과 불굴의 무사를 양성한 까닭으로 능히 아테네를 공격하여 패배시키므로 당시에는 적이 없어, 희랍을 여러 나라의 우두머리로 추앙한 것이 이로 말미암은 것이 다. 살라미스(森莫比拉)[20]에서 만들어진 영명 무쌍한 레오니우스(勞尼 達士)[21]와 그 삼백 용사를 보면 또한 상무의 교육을 가히 알 것이다.[22]

雅典[23]의 敎育

雅典의 初盛時ᄂ 紀元前 六百年에 在ᄒ니 梭倫(사륜)이 爲統領時에 夙昔達賴爪(숙석달뢰조)의 苛法을 一變ᄒ고 仁義兼備의 新法을 編制ᄒ

---

20) 삼막비납(森莫比拉): 살라미스.

21) 노니달사(勞尼達土, ?~B.C.480): 레오니우스. 스파르타의 왕.

22) 스파르타의 삼백 용사: 게일의 〈유몽천자〉 권2에도 등장하는 이야기임.

23) 아전(雅典): 아테네.

야 敎育을 大奬ᄒ되 令爲父者로 其子를 不敎ᄒ면 則 日後 衰老後에 其子 의게 受養의 權利를 失케 ᄒ니 雅典의 極盛은 波斯와 戰爭 後에 在ᄒ나 然ᄒ나 紀元前 四百八十年으로 五百三十年에 至ᄒᆯ 時ᄂ 斯巴達24)의 攻 破ᄒᆫ 빗 되야 政治主權을 失ᄒᆼ얏스나 顧其文學 技術을 少衰치 아니ᄒ 고 又其哲學者ᄂ 非特希臘 全國의 首出이라. 後世의 模範을 能作ᄒ도 다. 然ᄒ나 此土의 弊俗은 以妻로 爲夫之奴隷ᄒ야 內室에 常閉室ᄒ고 夫의 役使만 供케 ᄒᄂ 故로 雅典은 開化의 元質을 缺ᄒ야 其亡이 速ᄒ 니 後世ᄂ 宜此를 深戒할지니라.

아테네의 처음 융성할 때는 기원전 600년이니 솔론25)이 통령이 되었을 때 옛적 달뢰조26)의 가혹한 법을 바꾸어 인의를 겸비한 새 법을 편제하 여 교육을 장려하되, 그 아버지되는 자로 아들을 가르치지 않으면 후일 늙어서 그 자식에게 봉양 받을 권리를 잃게 하니, 아테네의 가장 융성 함은 페르시아와 전쟁한 후이나, 기원전 480년에서 530년에 이르기까

---

24) 이 글에서는 斯巴達 대신 巴斯達로 기록한 곳이 여러 군데 있으나, 의미상 스파르타를 뜻하므로, 斯巴達로 통일하여 입력하였음.

25) 사륜(梭倫): 솔론(B.C.630경~5B.C.60경). 아테네의 시인·정치가. 그리스의 7현인(七賢人) 중 한 사람으로 알려진 그는 배타적인 귀족정치를 종식시키고 금권정치로 대체했으며 새로이 좀 더 인도적인 법을 도입했다.

26) 달뢰조(達賴爪): 그리스 아테네의 귀족 계급을 지칭한 말로 추정. 6세기 초는 아테네인들 에게 또 다른 면에서도 어려운 시기였다. 세습 귀족계급인 에우파트리다이가 사회 전반 을 지배하면서 가장 좋은 땅을 소유하고 정치를 독점하며 자신들끼리 파벌싸움에 골몰 해 있었다. 가난한 농민들은 쉽게 그들의 채무자로 전락해 빚을 갚지 못할 때는 자기 소유의 땅에서 농노 신세가 되거나 심한 경우는 노예로 팔려가기도 했다. 중간계급인 중농·수공업자·상인은 정치에서 배제된 것에 불만을 품고 있었다. 솔론이 다음과 같이 설명했듯이 아테네인은 어느 누구도 이 같은 사회적·경제적·정치적 해악에서 벗어날 수 없었다. "이러한 공중(公衆)의 해악은 어느 집에나 들이닥치기에 대문으로도 막지 못 하고 높은 담이라도 뛰어넘으며 누가 침실 한 모퉁이로 몸을 숨긴다 해도 끝내 찾아내고 만다." 솔론이 아니었더라면 공중의 해악은 다른 그리스 여러 도시에서 그랬듯이 혁명과 뒤이은 참주정치(독재)로 귀결되었을지도 모른다. 아테네인들은 어느 계급을 막론하고 모두가 전반적으로 만족할 만한 해결책을 찾으려는 희망을 품고 솔론에게 의지했다. 솔 론은 중용을 믿고, 각 계급이 고유한 지위와 역할을 갖는 질서 있는 사회를 신봉했기 때문에 그의 해결책은 혁명이라기보다는 개혁이었다. 〈위키백과〉

지는 스파르타가 공격하여 패함으로 정치 주권을 잃었으나, 문학과 기술을 돌아보건대 조금도 쇠퇴하지 않고, 철학자는 특히 희랍 전국에서 가장 두드러졌으니 후세의 모범이 될 만했다. 그러나 이 지역의 나쁜 풍속은 아내로 하여금 남편의 노예가 되게 했으니, 내실에 늘 가두어 두고 남편이 시키는 일만 하도록 한 까닭에 아테네는 개화의 원질이 부족하여 그 망함이 빨랐으니, 후세는 마땅히 이를 경계할 것이다.

甲. 兒童教育

凡雅典의 兒童은 六七歲에 至ᄒᆞᆫ 則 家庭教育法을 用ᄒᆞ야 其母와 傭保가 俗語로써 教訓ᄒᆞ다가 七歲 以後 則 母와 乳母의 手를 離ᄒᆞ고 外傳(외부)에게 移就ᄒᆞ니 此外傳ᄂᆞᆫ 稱曰培達濶克이라 ᄒᆞᄂᆞ니 小兒를 引導ᄒᆞ야 以受其教育케 ᄒᆞ되 其師傳의 所任이 甚多ᄒᆞ야 時爲從者ᄒᆞ며 時爲守護者ᄒᆞ며 時爲相談人ᄒᆞ며 時爲監督者ᄒᆞ야 兒童과 相伴ᄒᆞ야 遊戲散步홈으로 學校 中에셔 師와 弟子이 常不相離ᄒᆞ야 初等學을 通學ᄒᆞ며 凡學校ᄂᆞᆫ 均히 政府로셔 管理ᄒᆞ고 初等 學科ᄂᆞᆫ 讀書, 習字, 綴字, 算術이니 自十二歲로 至十四歲까지 貧人은 尋常工商을 學ᄒᆞ다가 或廢學者도 有ᄒᆞ나 富人은 進ᄒᆞ야 詩文 音樂 數學 哲學 神學 等의 諸高等學科를 修ᄒᆞ며 十八歲에 至ᄒᆞ면 公民의 籍에 錄ᄒᆞ야 公務에 就ᄒᆞ고, 二年之後난 任意로 學問에 從事홈을 許ᄒᆞ니 凡希臘 大學의 教法은 如是홈으로 其學問이 生計에 役ᄒᆞᄂᆞᆫ 者ᄂᆞᆫ 能히 勝任키 不得ᄒᆞ고 間暇의 人이 多講明此事ᄒᆞᆫ지라. 英語에 司廓兒(사확아) 法語에 愛廓兒(애확아) 德語에 西烏爾(서오이)로써 各學校를 名ᄒᆞᆫ 者이 盖希臘의 司廓爾 一語에셔 基本ᄒᆞᆫ 者라. 皆閑暇ᄒᆞᆫ 意味를 涵有ᄒᆞ니라.

아테네의 아동은 6~7세에 이르면 가정교육법을 써서 그 모와 보모를 고용하여 속어로 가르치다가 7세 이후에는 어미와 유모의 손을 떠나 외부(外傳)에게 옮겨지니, 이 외부는 페이다고고스(培達濶克)[27]라 불리며, 소아를 인도하여 교육을 받게 하되, 그 스승의 소임은 매우 많아서 때로 종자(從者)가 되며, 때로 수호자가 되고, 때로 상담인이 되며, 때로는 감독자가 되어 아동과 늘 함께하여 유희하고 산보함으로써 학교에서 스승과 제자가 떨어지지 않으며 초등의 학을 배우니, 무릇 학교는 똑같이 정부가 관리하고 초등의 학과는 독서, 습자, 철자, 산술이니 12세에서 14세까지 가난한 사람은 평범한 공업 상업을 배우다가 간혹 그치는 자도 있으나, 부자는 나아가 시문, 음악, 수학, 철학, 신학 등의 제반 고등 학과를 공부하며 18세에 이르면 공민의 적에 등록하고 공무에 나아가게 하며, 2년 후에는 자기의 뜻에 따라 학문에 종사하는 것을 허락하니 무릇 희랍의 가르치는 법이 이와 같아, 학문에서 생계에 종사하는 자는 능히 그 임무를 다하지 못하고, 한가한 사람이 이러한 일을 강구하여 밝히는 까닭에 영어에 사확아(司廓兒)[28], 프랑스 어에 애확아(愛廓兒)[29], 독일어에 서오이(西烏爾)[30]로 각 학교의 이름을 붙인 것은 대개 희랍의 사확이(司廓爾)[31]라는 한 단어에서 비롯된 것이다. 대개 '한가'라는 의미를 함유하고 있다.

乙. 美育

---

27) 배달활극(培達濶克, paidagogos): paidagogos는 '어린이'를 의미하는 pais 혹은 ped가 변형된 paidas와 '이끌다, 지도하다, 안내하다'라는 뜻의 agogos가 합성되어 교육 노예라는 의미로 쓰인 말이다. 영어에서 Paideia 파이데이아는 고전적 교육이념을 의미하며, 불어에서도 pédagogue[페다고그]하면 교육가, 가정교사라는 뜻으로 쓰이는데, (고대에 주인의 아이를 학교에 데려가던) 노예를 의미하기도 한다.

28) 사확아(司廓兒): 스쿨.

29) 애확아(愛廓兒): 프랑스어 스쿨.

30) 서오이(西烏爾): 독일어 스쿨.

31) 사확이(司廓爾, schole): 스콜라. 본래 '한가하다'라는 뜻을 갖고 있다. 스콜라는 고대 그리스어에서 '여유'라는 뜻을 가진 스콜레($\sigma\chi o\lambda\eta$)를 라틴어로 (schola) 소리 나는 대로 적은 낱말로서 오늘날 '학과'라는 뜻으로 이해되고 있으며, 특히 9세기에서 15세기에 걸쳐서 유럽의 정신세계를 지배하였던 신학에 바탕을 둔 철학적 사상을 일컫는 데 쓰이고 있다. 때문에 철학사에서는 이 시기의 철학을 통틀어서 흔히 스콜라 철학이라 부르고 있다. 〈위키백과〉

雅典教育의 宗旨는 美育에 在ᄒ니 與斯巴達로 異ᄒ야 以爲美麗의 精神은 美麗의 身體에 在ᄒ므로 體育과 與智育의 保合을 皆藉美育以發達之라 ᄒ야 最於音樂, 彫刻, 建築, 詩文, 戲曲에 注意ᄒ야 並臻精妙ᄒ니 凡此ㅣ 皆身體의 優美를 求ᄒ미오 又體操術을 最獎勵ᄒ고 泅水法(수수법)을 尤重히 녁여 貧民은 僅能讀書 〇水商法 三種만 知ᄒ면 自足타 ᄒ난 故로 小兒는 他事를 廢止ᄒ고도 〇水를 先習ᄒ나니 雅典人은 寧其阿爾哈培達(字母也如我國之ㄱㄴ)은 不知ᄒ지언정 泅水를 不知ᄒ 者는 無識人을 未免ᄒ고 其體操는 身體의 强壯에 不在ᄒ고 但 身體의 美觀에 在ᄒ며, 學校에도 音樂을 盛用ᄒ야 其精神을 宣發(선발)ᄒ며 其秩序를 調和ᄒ며 其情慾을 慰安케 ᄒ므로 其音樂의 用이 有三ᄒ니 一은 常施於實際ᄒ니 感其用也오, 二는 法律노 歌詩를 作ᄒ야 布告ᄒ미오, 三은 宗敎로써 ᄒ미니라.

아테네 교육의 종지는 미육에 있으니, 스파르타와 달라 미려의 정신은 미려의 신체에 있음으로 체육과 지육을 모두 합해 미육으로 발달하게 한다 하여, 음악, 조각, 건축, 시문, 희곡에 집중하여 정묘한 데 이르게 하였다. 무릇 이들은 신체의 우미를 구함이요, 또 체조술을 가장 장려하고 수영법을 더욱 중히 여겨 빈민은 겨우 글을 읽고 〇수 상법32)의 세 종류만 알면 족하다 하는 까닭에 어린이는 다른 일은 폐지하고 〇수를 먼저 익히니, 아테네인은 정녕 아이합배달(阿爾哈培達, 문자의 자모로 우리나라의 ㄱㄴ과 같다)33)은 알지 못할지언정 수영을 알지 못하는 자는 무식한 사람을 면하지 못하고, 체조는 신체의 강장을 목표로 하지 않고 단지 신체의 미관에 존재하며, 학교에도 음악을 활발히 이용하여 그 정신을 잘 발휘하며 질서를 조화롭게 하고, 정욕을 안정되게 하고자 하였다. 그 음악의 용도가 셋이니 첫째는 실제에 늘 상용하는 것으로

---

32) 원문에 〇水商法으로 기록되어 정확한 해독이 어려움. '〇水'와 '상법(商法)'으로 해석됨.
33) 아이합배달(阿爾哈培達, 문자의 자모로 우리나라의 ㄱㄴ과 같다): 알파벳.

감화가 그 용도요, 둘째는 법률로 시가를 지어 공포함이요, 셋째는 종교적인 용도이다.

丙. 哲學者

哲學者 雅典에 三個 哲學者이 有ᄒ야 各其 美才少年을 敎ᄒ니 三人은 卽 蘇格拉弟 氏, 栢拉圖 氏, 亞理斯大德 氏가 是라.

蘇格拉弟者ᄂ 其家에서 敎授ᄒ되 學校를 不立ᄒ고 栢拉圖와 阿加達米耶와 亞理斯大德의 臘伊司某ᄂ 皆最大ᄒ 學校로 一人의 管理ᄒ 비 되야 其所施ᄒ 敎授ᄂ 歷年이 頗久ᄒ나 高尙의 學科를 講求ᄒ니 其所用의 法則이 可謂 今日 實際로 辦事의 嚆矢라. 盖希臘의 敎育의 光輝가 當時에 放ᄒ고 後世에 遺ᄒ 者ᄂ 皆三氏의 餘波로다.

철학자: 아테네에 세 철학자가 있어 각기 미려하고 재주 있는 젊은이들을 가르쳤으니, 세 사람은 곧 소크라테스(蘇格拉弟)[34], 플라톤(栢拉圖)[35], 아리스토텔레스(亞理斯大德)[36] 이다.
소크라테스는 그 가정에서 가르치되 학교를 세우지 않았고, 플라톤의 아카데미아(阿加達米耶)[37]와 아리스토텔레스의 루케이온(臘伊司某)[38]은 모두 가장 큰 학교로 한 사람이 관리한 것으로 그곳에서 실시한 교육은 오랜 시간이 흘렀으나 고상한 학과를 강구하고 쓸 만한 법칙이

---

34) 소격납제(蘇格拉弟): 소크라테스. 다른 문헌에서 '소격납저(蘇格拉底)'로 차자하기도 하였음.

35) 백납도(栢拉圖): 플라톤(B.C.427~B.C.349). 소크라테스의 문하생.

36) 아리사대덕(亞理斯大德): 아리스토텔레스(B.C.384~B.C.322). '亞理斯多得里' 또는 '亞理斯多德'으로 차자하는 경우도 있음.

37) 아가달미야(阿加達米耶): 아카데미아. 플라톤이 아테네 교외의 '아카데모스(Akademos)' 체육장에 연 사숙(私塾).

38) 랍이사모(臘伊司某): 루케이온. 아리스토텔레스가 아테네 교외 있는 루케이온(Rukeion)에 세운 사숙(私塾).

가히 오늘날 실제로 웅변의 효시였으니, 모두 희랍 교육의 광휘가 당시에 빛나고 후세에 전해진 것은 모두 이 세 사람이 남긴 것이다.

蘇格拉第의 傳

蘇氏는 紀元前 四百六十九年에 雅典에셔 生ㅎ야 及 長而學成에 以教授로 終其身ㅎ니 學校를 不立홈으로 弟子도 亦鮮ㅎ나 然ㅎ나 其啓發의 力은 一世에 普被ㅎ니 氏가 疑問을 善設ㅎ야 教人에 剖析(부석)홈은 善히ㅎ는 故로 每在學校 或 市街ㅎ야 商賈 工匠 庸夫 倡夫 等을 遇ㅎ면 輒以疑問語로 問難홈이 初雖人皆笑之ㅎ나 久後는 其聲音의 妙를 漸感(점감)ㅎ야 必傾 耳仄聽 故로 終乃는 肅然 黙聽홈으로 凡巧辯家가 縱橫의 術을 擅(천)ㅎ라가 蘇氏의 議論을 聆ㅎ면 往往이 其誤謬를 自服ㅎ고 驕傲少年도 蘇氏의 言을 聞흔 則, 必其自負의 心을 裁抑ㅎ고 政治家는 其意見의 自誤홈을 認케 ㅎ며, 田夫 野人까지도 氏의 緖論을 聞흔 則, 能히 未知의 眞理를 悟케 ㅎ야 人生으로 ㅎ야곰 頓然省悟케 ㅎㄴ니,

소크라테스 전

소크라테스는 기원전 496년에 아테네에서 태어났으며 성장하여 학문을 이룸에 교수로 일생을 마감했으나 학교를 세우지 않았기 때문에 제자 또한 드물었다. 그러나 그 계발하는 힘은 일세에 보편적으로 미쳤으니, 그가 의문을 잘 제시하여 가르치는 사람들에게 분석하도록 잘 했으므로 학교에 있거나 혹은 시장 거리에서 상인, 공장인, 고용인, 광대 등을 만나면, 문득 의문어로 어려운 것을 물으니, 처음은 비록 사람들이 그것을 비웃으나 시간이 지난 뒤, 반드시 곁에서 듣는 이가 그 말의 오묘함을 느끼는 까닭에, 마침내 숙연하고 조용히 들으니, 무릇 교변가(巧辯家)가 종횡의 술로 멋대로 하다가 소크라테스의 의론을 들으면, 때때로 그 오류를 스스로 인정하고, 교만스럽게 오만한 젊은이들도 그

의 말을 들으면, 곧 반드시 그 방자한 마음을 억제하고, 정치가는 그 의연의 오류를 인식하게 하며, 밭가는 사람이나 야만인들도 그의 말을 들은즉, 능히 미지의 진리를 깨닫게 하여, 인생으로 하여금 돈연히 스스로 깨닫게 하니라.

蓋其敎授의 法이 談話로써 疑問을 設ㅎ고 就事剖析ㅎ거나 或 人의 所長을 因ㅎ야 加之以一言ㅎ야 使自觀念을 喚起케 ㅎ며 或 微妙의 疑問을 出ㅎ야 使之反省ㅎ야 其 中心에 備ㅎ 眞理를 自省케 ㅎ거나 或 令人으로 誤謬의 方向에 行케 ㅎ야 其 迷惑을 自覺케 ㅎ니, 其剖解가 詞明ㅎ고 言語가 簡略ㅎ며 且 比例를 擧홈도 切近ㅎ 故로 能히 人人으로 容易히 自明케 ㅎ며, 兒童을 敎授홈에도 文字를 不用ㅎ고 但 言語으로써 問答ㅎ야 能히 眞理를 見ㅎ고 其惑을 自解케 ㅎᄂ지라. 今에 其 一例를 擧ㅎ건딕 如左ㅎ니,

그 교수의 방법이 담화로 의문을 제시하고 사물을 취해 분석하거나 혹은 사람이 능한 바를 따라 한마디 말을 더하여, 스스로 개념을 환기하게 하며, 혹은 미묘한 의문을 제시하여 스스로 반성하게 하며, 그 중심에 들어 있는 진리를 자성하게 하거나 혹은 사람으로 하여금 오류의 방향으로 행동하게 하여 그 미혹됨을 깨닫게 하니, 그 해석한 말들이 명료하고 언어가 간략하며 또 비유나 예시를 드는 일도 매우 익숙한 까닭에 사람마다 쉽게 스스로 깨우치며, 아동을 가르칠 때에도 문자를 사용하지 않고 다만 언어로 문답하여 능히 진리를 발견하게 하고, 그 미혹됨을 스스로 이해하게 한다. 지금 그 예를 들어보면 다음과 같다.

蘇氏가 於沙上에 一綫을 畵ㅎ야 曰 兒童와 此綫(선)의 長이 幾何오
兒童曰 一尺也로라.
又畵一綫曰 此綫은 幾何오.
兒童曰 二尺也로라.

又問曰 第二綫의 平方과 與 第一綫의 平方이 其大幾倍오.
兒童曰 可二倍나 大ᄒ니라.

又於沙上所畵ᄒ 長短二綫에 各造平方曰 汝ᄂ 能知第二者가 較第一者
에 其大가 幾倍오.

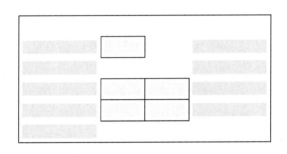

兒童曰 大 二倍也로다.
又指平方問曰 汝ㅣ 觀此ᄒ라. 實爲幾倍乎오.
兒童曰 四倍也로라.
蘇氏曰 善다. 此其大較也라.

소크라테스가 모래 위에 선 하나를 그리고 아동에게 말하기를 이 선의
길이가 얼마냐?
아동이 말하기를 일척입니다.
또 한 선을 그리고 말하기를 이 선은 얼마냐?
아동이 말하기를 이척입니다.
또 묻기를 제이선의 평방은 제일선의 평방과 비교하여 크기가 몇 배인가?
아동이 말하기를 두 배입니다.
다시 평방을 가리켜 묻기를 너는 이것을 보아라. 실제 크기가 몇 배인가?
아동이 말하기를 네 배입니다.
소크라테스가 말하기를, 잘했다. 이것이 크기를 비교한 것이다.

柏納圖[39] 氏의 敎育

39) 플라톤(B.C.428~B.C.347): 플라톤은 기원전 428년경 아테네 귀족 가문에서 태어났다. 어려서부터 시, 음악, 미술, 희곡 등 다방면에 걸쳐 교양을 쌓았으며, 아테네에서 열리는 올림픽 경기에 레슬링 선수로 출전할 정도로 스포츠에도 뛰어난 재능을 보였다. 청년 시절 플라톤에게 가장 큰 영향을 준 사람은 소크라테스였다. 그가 소크라테스를 만난 것은 20세 무렵이었는데, 그 후 소크라테스의 가르침을 받으며 지적으로 크게 성장했다. 플라톤은 한때 정치적 야망을 품기도 했다. 하지만 펠로폰네소스 전쟁 이후 들어선 과두 정권의 폭정과 그 뒤를 이은 민주 정권의 행태를 보고 현실 정치에 크게 실망했다. 기원전 399년, 존경하는 스승 소크라테스가 사형을 당하는 충격적인 사건이 발생했는데, 이 사건으로 그는 정치에 대한 꿈을 접고 철학에 헌신하기로 결심한다. 40세 되던 해에 플라톤은 2년간 남부 이탈리아와 시칠리아 지방을 여행했다. 남부 이탈리아의 타렌툼에서는 피타고라스 학파 사람들을 만났으며, 시칠리아에서는 참주 디오니시오스 1세의 처남인 21세의 청년 디온을 만났다. 디온은 플라톤의 열렬한 추종자였는데, 플라톤 역시 그를 자기가 주장하는 철인 통치의 이념을 구현해 줄 재목으로 생각했다. 그래서 그 후 두 번이나 더 시칠리아를 찾았지만, 끝내 철인 정치의 꿈을 이루지는 못했다. 기원전 387년경 아테네로 돌아온 플라톤은 철학과 과학을 교육하고 연구하는 아카데메이아를 세웠다. 아카데메이아에서는 철학뿐만 아니라 수학·수사학·생물학·법학 등 다양한 학문을 가르치고 연구했다. 원뿔곡선론과 같은 수학 이론을 비롯한 기원전 4세기의 중요한 학문적 업적들이 모두 이곳을 중심으로 전개되었다. 플라톤은 이곳에서 20여 년 동안 수많은 제자들을 길러 냈다. 티아이테토스는 입체기하학을 창시했으며, 에우독소스는 비례론과 곡면체의 면적과 부피를 찾는 방법을 고안했다. 플라톤의 친구인 아르키타스는 역학을 창안했고, 플라톤의 조카 스페우시포스와 제자 아리스토텔레스는 생물학에 관한 중요한 저서를 남겼다. 이 외에도 법학에 대한 연구와 법률의 제정과 같은 실제적인 문제에도 관심을 기울였다. 한 가지 문제에만 집중했던 이전의 철학자들과 달리 플라톤은 인간 사유의 모든 영역으로 탐구의 폭을 넓혔다. 일생 30여 편에 이르는 저서를 남겼는데, 형식은 소크라테스를 비롯한 등장인물들이 철학적 논제에 대해 이야기를 나누는 대화체로 되어 있는 것이 특징이다. 소크라테스가 재판 과정에서 한 말을 모은 〈소크라테스의 변명〉, 이상 국가에 대한 사상을 피력한 〈국가론〉, 사랑의 문제를 다룬 〈향연〉, 소피스트 학파와의 논쟁을 그린 〈프로타고라스〉, 자연철학에 대한 논의를 담은 〈티마이오스〉 등이 있다. 플라톤 철학의 근간을 이루는 것은 '이데아론'이라고 하는 극단적인 관념론이다. 플라톤은 미(美)란 시간과 공간을 초월하는 절대적인 진리로서, 이는 현실 속에 존재하는 것이 아니라 오직 이데아라고 하는 초월적인 세계에서만 존재한다고 주장했다. 그는 음악도 이런 관점에서 바라보았는데, 그에게 있어 음악은 우주의 질서를 반영한 하나의 초월적인 세계, 완벽한 이상의 세계였다. 이런 플라톤의 음악관은 피타고라스 학파의 음악관과 일맥상통한다. 피타고라스 학파의 수(數) 개념이 바로 플라톤의 이데아에 상응하는 개념인 것이다. 플라톤은 음악의 원리로 우주와 국가, 개인의 창조 과정을 설명했다. 인간과 마찬가지로 우주에도 영혼과 육체가 있다. 창조주는 피타고라스 음률 체계의 법칙과 동일한 원리로 우주의 영혼을 만든다. 우주의 육체는 행성들을 말하는데, 행성 역시 우주의 영혼과 동일한 수학적, 음악적 관계로 배열된다. 이렇게 우주를 창조한 다음 인간의 영혼과 육체를 만드는데, 이때도 우주를 만들 때와 동일한 원리가 적용된다. 한편

紀元前 四百二十九年에 氏가 生於雅典ㅎ야 學於蘇格拉弟之門을 凡十年에 埃及과 及 意大利에 游學ㅎ다가 雅典에 歸ㅎ야 阿加達米亞[40] 大 林中에셔 敎授ㅎ져, 亞理斯大德[41]과 及 質木生那士[42]가 皆其門下의 高弟라. 氏는 畢生토록 哲學에 用力ㅎ야 所述ㅎ 達奧羅克司[43]라 ㅎ는 書가 後世에 流傳ㅎ니라.

氏의 敎育法은 體操와 音樂을 最重히 ㅎ고 其於 智育에는 算術 幾何 天文 修辭 哲學 等을 習케 ㅎ야셔 高深ㅎ 智力을 磨淬(마쉬)ㅎ고 至德育 ㅎ야는 神과 親과 國法을 尊敬흠을 說明ㅎ니라.

플라톤의 교육

기원전 429년에 플라톤이 아테네에서 태어나 소크라테스의 문하에서 공부하고, 무릇 10년에 이집트와 이탈리아에 유학하다가, 아테네에 돌

음악에는 천상의 음악이 있고, 지상의 음악이 있는데, 지상의 음악은 천상의 음악을 원형으로 한다. 플라톤은 '조화로운 음'으로서 음악에 깃든 윤리적 가치를 강조했다. 그는 〈국가론〉에서 개인과 국가의 관계를 음악에 빗대어 설명했다. 음악에서 각각의 음들이 자신만의 정체성과 기능을 가지고 있는 것처럼 국가의 구성원들도 자신만의 임무를 가지고 있으며, 서로 간섭하거나 부딪치지 않고 중용과 정의로운 조화를 만들고자 협력한다는 것이다. 이처럼 플라톤에게 있어 음악은 즐거움이나 감각의 대상이 아니었다. 그에게 음악은 완벽한 조화를 이룬 이데아의 현신이자 그런 세계를 설명하는 이상적인 도구였다. 〈국가론〉에서 그는 장래의 통치자를 위한 교육에서 음악의 중요성을 역설했다. 음악교육은 일종의 정신 교육, 영혼 교육으로 감수성이 예민한 시기에 적절히 시행하면 바람직한 성격 형성에 도움이 된다고 믿었다. (…중략…) 플라톤은 아카데메이아를 중심으로 교육과 연구 활동을 하다 기원전 347년 80세를 일기로 세상을 떠났다. 그 후 플라톤의 광범위한 지식 체계는 서양 지성사에 커다란 영향을 미쳤다. 〈다음백과〉

40) 아가달미아(阿加達米亞): 아카데미.
41) 아리사대덕(亞理斯大德): 아리스토텔레스.
42) 질목생나사(質木生那士): 티마이오스. 플라톤의 제자.
43) 달오극나사(達奧羅克司): 〈티마이오스〉는 기원전 360년경에 쓰여진 플라톤의 저작이다. 플라톤의 저술들은 보통 세 시기로 구분되는데, 〈티마이오스〉는 그 중 세 번째 시기의 작품에 해당한다. 소크라테스와 대화상대자들인 티마이오스, 크리티아스, 헤르모크라테스, 그리고 익명의 한 사람 사이의 이야기가 대화체로 쓰여져 있으며 우주와 인간, 혼과 몸 등에 대해 이야기하고 있다.

아와 아카데미를 세워 가르쳤는데, 아리스토텔레스와 티마이오스(?)가 유명한 제자이다. 그는 일생동안 철학에 힘써 〈달오라극사(티마이오스)〉(?)라는 저서가 후세에 전한다.

　　그의 교육법은 체조와 음악을 가장 중시하고, 지육에는 산술, 기하, 천문, 수사, 철학 등을 익히게 하여 높고 심원한 지력을 연마하도록 하고, 덕육에 이르러서는 신과 어버이와 국법을 존경함을 설명하였다.

亞理斯大德 氏의 敎育

　　紀元前 三百八十四年에 氏가 生於馬其頓國이라가 及長에 赴雅典ᄒ야 哲學 栢拉圖의 門에 受學홈이 校中의 智者로 著稱ᄒ더니 後에 亞烈山大王의 師를 作ᄒ야 寵遇(총우)를 受ᄒ니라. 王이 亞西亞를 征伐ᄒ고 歸홈이 腦伊司44)의 學校를 設ᄒ고 十三年을 敎授홀시 恒常 樹陰에 逍遙ᄒ며 門人으로 講學ᄒ되 午前은 高弟를 集ᄒ야 哲學 科學의 深遠之旨趣를 講ᄒ고 午後는 政治 倫理 修辭 等 科로써 普通의 義을 講論ᄒ니라.

아리스토텔레스의 교육

기원전 384년 그가 마케도니아 국에 태어나 성장하여 아테네로 옮긴 뒤 철학자 플라톤의 문하에서 수학하니 그 학도 중 지혜로운 자로 저명하게 일컬어지더니 후에 알렉산더 대왕의 스승이 되어 총애를 받았다. 왕이 아세아를 정벌하고 돌아오니 리케이온을 설립하고 13년을 가르칠 때, 항상 나무 그늘에서 소요하며 문인을 가르치되 오전은 뛰어난 제자들을 모아 철학과 과학의 심원한 뜻을 강의하고, 오후는 정치 윤리 수사 등의 학과로 보통의 의미를 강론하였다.

---

44) 뇌이사: 리케이온. 아리스토텔레스가 세운 학교.

氏의 身體는 極弱ᄒ되 所成의 事業인즉 極大ᄒ니 盖 氏의 學問이 先히 當時 諸學科를 偏通ᄒ고 又 倫理學과 動物學을 新刱ᄒ야 其 著述이 甚多ᄒ니 如 政治學, 倫理學, 論理學, 修辭學, 動物學 等의 書가 皆其遺니 其動物學 硏究의 時에는 亞烈山 大王이 各地 動物을 羅致ᄒ야 其 硏究에 供ᄒ 故로, 氏가 能히 物理에 深ᄒ니라.

氏의 哲學이 後世에 被ᄒ야 重其書를 經典과 如히 흠으로 異論을 懷ᄒ 者는 以異端으로 斥ᄒ더니 及 文學이 再興ᄒ 以後로 氏의 名稱이 雖少衰ᄒ나 至今日ᄒ야는 又世에 再顯ᄒ나니 嘗日 小兒時에 體育을 施ᄒ여야 他日 智育 德育의 受ᄒ 準備를 作ᄒ다 ᄒ니라.

그의 신체는 극히 약했으나 이룬 바 사업은 극대하니 모두 그의 학문이 먼저 당시 제학과를 두루 통하고, 또 윤리학과 동물학을 새로 창시하여 그 저술이 매우 많으니, 정치학, 윤리학, 논리학, 수사학, 동물학 등의 저서가 모두 전해진다. 동물학 연구를 할 때에는 알렉산더 대왕이 각지의 동물을 두루 수집하여 그 연구에 제공했으므로 그가 능히 사물의 이치를 깊이 깨달았다.

그의 철학이 후세에 미쳐 거듭 그 서적이 경전과 같이 취급되었으므로 이론(異論)을 품은 자는 이단으로 배척하더니 문학이 재흥한 이후 그의 이름이 다소 쇠퇴했으나 지금에 이르러 다시 세상에 재현하니 일찍이 소아 때에 체육을 베풀어 타일 지육과 덕육을 받을 준비를 해야 한다고 하였다.

▲ 제6호

第二章 古代 羅馬의 敎育

羅馬國情

120

凡讀史者ㅣ 歐美諸邦의 情狀을 欲明홀진뒤 必羅馬史를 硏究홈이 可ᄒ니 盖羅馬人이 古時로붓터 地中海 近側과 與亞西亞 西方과 阿非利加 北方의 文化를 揔히 集成ᄒ야 써 後世에 灌漑(관개)홈으로 近世의 文明이 乃有ᄒ지라. 是故고 古代史者ᄂ 其文化가 旣羅馬에 萃(췌)ᄒ고 近代史者ᄂ 其文化의 源이 亦自羅馬로 流出ᄒ 者이라. 自羅馬帝國이 滅亡ᄒ 以後로 迨經千餘年而今日에 至ᄒ얏스니 其間 言語와 風俗과 習尙과 制度와 法律 等의 事情의 變態ᄂ 固甚多ᄒ나 然ᄒ나 其所變의 跡은 皆羅馬의 成勢를 因홈인즉 羅馬의 史가 於今에 關係됨이 甚大ᄒ지라. 然ᄒ나 獨其敎育史에 至ᄒ야 蕞爾(최이)ᄒ 希臘에 遠遜ᄒ니 羅馬史乘은 殆二千年을 亙(긍)ᄒ도록 事業의 暢盛(창성)홈이 能히 加尙홀 者ㅣ 莫有ᄒ지라. 其初ᄂ 不過 一小殖民으로붓터 進ᄒ야 宇內를 統轄ᄒ고 文明의 代表者가 되야 豪傑 偉人의 事蹟이 頗富ᄒ나 然而 敎育學을 專治ᄒ 者ᄂ 甚히 罕見ᄒ지라. 以此로 羅馬人은 文學 科學을 嗜好ᄒᄂ 思想而鮮ᄒ고 實用을 重히 ᄒᄂ 風이 有홈은 可知홀지라.

무릇 역사를 읽는 자가 구미 여러 나라의 사정과 형편을 밝히고자 할진대, 반드시 로마사를 연구해야 하니, 대개 로마인은 옛날로부터 지중해의 부근과 아시아 서방과 아프리카 북방의 문화를 모두 집성하여 후세에 제공함으로, 근세 문명이 이로부터 말미암았다. 그러므로 고대사는 그 문화가 로마에 모이고, 근대사는 그 문화의 근원이 또한 로마로부터 시작한 것이다. 로마제국이 멸망한 이후 천여 년이 경과하여 지금에 이르렀으나, 그간 언어와 풍속과 습상과 제도와 법률 등의 사정이 변한 모습이 심히 많으나, 오직 교육사에 이르러서는 희랍보다 적으니 로마사는 2천년을 지나도록 사업이 창성함은 가히 숭상할 것이 없지 않은데, 처음에는 불과 작은 식민지로부터 나아가 우주 내를 통합하고 문명의 대표자가 되어 호걸 위인의 사적이 매우 많다. 그러나 교육학을 오로지 한 것은 심히 적은 까닭에 이로 로마인은 문학 과학을 좋아하는 사상이 드물고, 실용을 중히 하는 풍습이 있음을 가히 알 수 있다.

今夫 教育者는 自一面으로 觀之ᄒ면 雖亦爲實事나 然히나 固其 哲學上의 原理는 人性의 知識과 人類 運命의 理論으로 根本을 숨느니 若 羅馬人은 爭戰에만 營營ᄒ고 曾히 其密切의 關係됨을 不悟ᄒ은 盖羅馬의 初에 四邊이 皆敵國으로써 盛力抵禦치 못ᄒ면 必滅亡에 自底ᄒ고 衰弱에 自歸ᄒ지니 安能 意大利半島에 雄長ᄒ을 得ᄒ리오. 旣以外敵을 拒捍ᄒ고 他國을 侵略ᄒ 主義로 其國民을 集合 蟠結(반결)ᄒ야 其愛國心과 勸業心을 興起ᄒ야써 世에 赫耀(혁요)ᄒ니 是는 羅馬 强盛의 原因이라. 夫如是ᄒ 則 羅馬人의 精神은 本國을 防禦ᄒ며 他邦을 侵略ᄒ에 專在ᄒ고 文藝 科學 等 敎育上에는 未遑ᄒ이 有ᄒ 비라.

지금 대저 교육자는 자기 일면으로 보면 또한 실사를 위주로 하나 진실로 그 철학상의 원리는 인성의 지식과 인류 운명의 이치로 근본을 삼으니, 만약 로마인이 전쟁만 힘쓰고 일찍이 그와 관계된 것들을 깨치지 못한 것은, 대개 로마의 초기에 사방이 적국으로 둘러싸여 힘껏 저항하고 방어하지 못하면 곧 멸망에 이르고 쇠약해질지니 어찌 이탈리아 반도의 웅장함을 얻을 수 있었겠는가. 그로써 외적을 막고 타국을 침략하는 주의로 그 국민을 결집하여 애국심과 권업심을 흥기하여 세상에 빛나는 바가 있으니 이는 로마가 강성한 원인이다. 곧 이와 같이 로마인의 정신은 본국을 방어하며 다른 나라를 침략함에 있고 문예 과학 등 교육상에는 허둥거림이 있었다.

羅馬는 王政으로붓터 共和政治의 末까지 所謂 學校의 敎育이 無ᄒ고 其子弟는 僅히 父母의게 受敎ᄒ 而已나 然而敎育이 쏘ᄒ 專히 體育 德育과 或 稱兵式敎育ᄒ며 或以宗敎敎育이라 ᄒ니 其所謂 道德은 種種原因에 依ᄒ야 成ᄒ 者라. 凡父의 權力이 無限ᄒ으로 爲子者가 是를 順從ᄒ야 家庭의 法律을 嚴守 恪遵(각준)ᄒ고 母는 一家以內에셔 綾提(능제)를 保護ᄒ는 敎師이오 又 宗敎의 勢力도 家內에 亦及ᄒ야 以爲 凡人이 一事一行에 必有神而司理監察ᄒ다 ᄒ으로 羅馬의 人은 少年時에 必

以十二牌로 敎ᄒ니 卽 羅馬法에 天然的 約束者라. 其主旨는 大抵 人으로 ᄒ야곰 神聖을 信服ᄒ야 可히 干犯치 못ᄒ게 홈이라.

로마는 왕정에서 공화정 말까지 학교의 교육이 없었고, 그 자제는 겨우 부모에게 교육을 받을 뿐이었다. 그러나 교육이 또한 오직 체육과 덕육 혹은 병식교육이라 일컫는 것과 종교교육이 있으니, 소위 도덕은 종종 어떤 일에 따라 이루어진 것이다. 무릇 부모의 권력이 무한하여 자녀가 된 자는 곧 순종하여 가정의 법률을 엄히 준수하고 어머니는 한 가정 내에서 능제(綾提)45)를 보호하는 교사이요, 종교의 세력도 가내에 미칠 뿐이니, 무릇 사람이 어떤 일이나 행위에 모두 신이 있어서 감찰한다고 하여 로마인은 어렸을 때부터 반드시 12개의 패(牌)로 교육하니 곧 로마법에 자연스럽게 약속된 것으로, 그 주지는 사람으로 하여금 신성을 믿고 복종하게 하여 감히 침범하지 못하게 하는 것이다.

羅馬의 古代에 敎育의 形式은 斯巴達과 大類ᄒ더니 自共和政末로 帝政時代에 至ᄒ야는 其風이 一變ᄒ야 雅典을 轉學ᄒ니 曩時는 風氣가 剛暴ᄒ고 民情이 獷悍(광한)ᄒ다가 希臘을 征服홈에 及ᄒ야 反히 其化를 受ᄒ야 其文雅를 學ᄒ며 美善의 俗을 變成ᄒ니 然則 羅馬의 文運은 實노 雅典에셔 發源홈이라. 其希臘을 滅흔 後로붓터 學者덜이 相率ᄒ야 雅典에 游學ᄒ다가 國人에게 歸傳홈으로 於是國人이 乃學術을 漸好ᄒ고 才藝를 嗜ᄒ야 學校를 始設ᄒ고 各種 敎育을 興ᄒ니라.

로마의 고대 교육의 형식은 스파르타와 비슷하더니, 공화정 말기로부터 제정시대에 이르러 그 풍속이 변하여 아테네의 학문을 따르니, 그때는 풍기가 강폭(剛暴)하고 민정이 광한(獷悍)하다가 희랍을 정복한 뒤, 도리어 그 변화를 받아 문아(文雅)를 배우며 미와 선의 풍속이 변화하

---

45) 능제(綾提): 가사를 일컫는 말로 보임. 사전 미등재어.

였다. 그런즉 로마의 문운은 실로 아테네에서 기원한 것이다. 희랍을 멸한 후 학자들이 서로 아테네에 유학한 뒤 돌아와 국내의 교사가 되니 이에 사람들이 학술을 점점 좋아하고, 재예를 사랑하며, 학교를 세우기 시작하여 각종 교육이 흥했다.

帝政時代에 其初步의 敎育은 兒童 七歲된 者의게 施흠이니 其學科는 讀書, 習字, 算法이오 且 當時 一切 習尙이 文字의 讀法과 與 其秩序를 先敎하고 次에 字形과 算法을 敎흐며, 十二歲에 至흐면 初等의 敎育을 畢흐고 高等學校에 入흐야 希臘語를 學흐며 文典을 修흐며 詩文, 演說, 史記, 哲學 等을 硏究흐며, 古今 名家의 詩文을 諳記(암기)흐고 十五六 歲에 至흔 則, 大人의 衣服을 着흐고 其職業을 各選흐야 此業과 相關되 는 學術에만 專門으로 從事케 흐니 農業, 兵事, 政治, 法律, 演說 等 學을 皆自此로 始選흐느니라.

제정시대 초기의 교육은 7세 된 아동에게 실시하였는데, 학과는 독서, 습자, 산법이며, 또 당시 일체 습속이 문자의 독법과 질서를 먼저 가르 치고, 그 다음에 자형과 산법을 가르치며, 12세에 이르면 초등 교육을 마치고, 고등학교에 입학하여 희랍어를 공부하며, 문법을 익히고 시문, 연설, 사기, 철학 등을 연구하며 고금 명가의 시문을 암기하고, 15~16 세에 이르면 성인의 의복을 입고 그 직업을 각각 선택하여 그와 관련된 학술만 전문으로 종사하게 하니, 농업, 병사, 정치, 법률, 연설 등의 학 문을 이로부터 선택하기 시작한다.

羅馬의 敎育家

已上 所術과 如히 羅馬人은 事業에 長흐고 思想에 短흠으로 大學의 敎育家는 不見흐얏스나 其敎育史에 可히 記名홀 者는 帝政時代에 僅히 郭英迭利安 氏 一人만 有흐고 其外는 寥寥흐도다.

이상 기술한 바와 같이, 로마인은 사업에 장점이 있고 사상에는 발달한 것이 없으니 큰 학업을 이룬 교육가는 보지 못했으나, 교육사에서 가히 기록할 만한 자는 제정시대에 겨우 곽영질리안(郭英迭利安)[46) 한 사람만 있고, 그밖에는 보기 어렵다.

郭英迭利安 氏는 著名흔 修辭家라. 紀元 四十年時에 西班牙에셔 生ᄒ니 其初는 法律만 偏尙ᄒ더니 後에 乃文學을 崇ᄒ야 敎師가 되고 令名을 永遺ᄒ니 其所著흔 才辨法 一書는 當時 敎育書 中에 最善美흔 者샌더러 坯흔 後世 敎育家의 權輿가 되야 其說이 今世에 敎育說과 多符合ᄒ지라. 氏가 以爲兒童이 最幼時에 受敎ᄒ기 易ᄒ니 當以施敎育으로 第一義를 合홀지라. 兒童이 外物의 感覺홈을 初受ᄒ면 印象이 生ᄒ야 卽能永留홈이 宛然 新壜內(신담내)에 液類의 臭氣를 初入홈과 如ᄒ야 容易히 消失치 아니ᄒ다 ᄒ고, 又曰 凡兒童의 精神을 擾亂케 ᄒ는 者는 務須謹避홀지라 ᄒ며, 又曰 務使兒童으로 勉力於學ᄒ디 其道를 遊戱間에 寓홈이 可ᄒ다 ᄒ고, 又曰 凡敎師의 最應 注意홀 者는 兒童의 心意와

___

46) 곽영질리안(郭英迭利安, 퀸틸리아누스, (영) Quintilian, 35경~96(?)): 로마시대의 교육가, 수사학자. 그가 쓴 수사학에 관한 책 〈웅변교수론(Institutio oratoria)〉(12권)은 교육이론과 문학평론에 중대한 공헌을 했다. 퀸틸리아누스는 스페인 북부지방에서 태어났지만, 로마에서 교육받은 것으로 여겨진다. 나중에 그곳에서 당시의 훌륭한 수사학자인 도미티우스 아페르의 지도를 받았으며 그 후로 한동안 법정에서 변론가로 활동했다. 57년 이후에 고향인 스페인으로 떠났으나, 68년에 로마로 돌아와 수사학을 가르치기 시작했으며, 동시에 법정에서 변론가로도 활동했다. 베스파시아누스 황제 치하(69~79)에서 라틴어 수사학을 가르치는 대가로 최초로 국가로부터 봉급을 받았으며, 티투스 황제와 도미티아누스 황제 치하에서는 로마에서 지도적인 교사로서의 직위를 갖게 되었다. 88년에 이 자리에서 물러난 것 같다. 도미티아누스 통치(81~96) 말엽에 황제의 두 상속자(그의 손자들)의 교육을 위임받았으며, 그 소년들의 아버지인 플라비우스의 호의로 집정관(ornamenta consularia)이라는 칭호를 받게 되었다. 아마도 그는 도미티아누스가 암살된 직후에 죽은 것 같은데, 이때 젊은 아내와 두 아들을 남겼다. (…중략…) 퀸틸리아누스의 것이라고 판단되는 2개의 웅변술 모음집이 지금도 남아 있다. 〈대변론집(Declamationes majores)〉은 대체로 가짜인 것으로 판단되었고, 〈소변론집(Declamationes minores)〉은 학생 중 한 사람이 퀸틸리아누스가 강의한 것을 기록한 판본일 가능성이 있다. 〈웅변교수론〉이라는 교재는 피렌체 사람인 포조 브라치올리니에 의해서 재발견되었다. M. L. Clarke 글, 〈브리태니커〉.

與性質과 兒童의 記憶力과 及 模倣力에 關係됨을 必察知홈이 緊要ㅎ다
ㅎ고, 又言ㅎ되 <u>爲學之人이 小成의 危險에 安홀지라</u> ㅎ며, 又道德 訓練
之法을 論ㅎ야 曰, 畏懼者는 制人壓人ㅎ는 者라, 兒童의 品行은 其天眞
을 率홀지오, 譴責(견책)을 因ㅎ야 畏懼矯正ㅎ는 事는 無ㅎ거늘 世俗은
此理를 不知홈으로 往往히 墮制力으로써 兒童에게 施ㅎ며 甚흔 者는
鞭撻을 常施ㅎ야 其怒心을 激홈으로 更히 其惡을 加長ㅎㄴ니 故로 敎育
의 正例는 勤勉으로써 爲主ㅎ고 加體의 罰責을 無取홀지니라.

퀸틸리아누스는 저명한 교육가이다. 기원 40년에 스페인에서 태어나니
처음에는 법률만 배우다가 후에 문학을 숭상하여 교사가 되어 그 이름
을 영원히 전하니, 그가 저술한 〈재변법(웅변교수법)〉은 당시의 교육서
중에 가장 뛰어난 것이자 후세 교육가의 기준이 되었으며, 그 학설이
지금 교육설과도 부합한 점이 많다. 그는 아동이 어렸을 때 교육을 받
기가 쉬우니 마땅히 교육을 실시하는 것이 제일 중요한 일이므로, 아동
이 외물을 처음 감각하면 인상이 생겨나서 오래 남음이 뚜렷하니, 새로
운 술병 안에 액체류를 처음 넣어 그 향기를 맡는 것과 같아 쉽게 잃지
않는다고 하였다. 또한 아동의 정신을 요란하게 하는 것은 힘써 삼가고
피해야 한다고 하며, 아동으로 하여금 배움에 힘쓰게 하되, 그 도를 놀
이하는 가운데 하도록 하는 것이 좋다고 하였다. 또 말하기를 교사가
가장 주의할 것은 아동의 심의와 성질과 아동의 기억력 및 모방력에
관계됨을 반드시 관찰하여 아는 것이 긴요하다 하고, 또 말하되 (공부
하는 사람을 위해 작은 성공이 위험함을 즐기지 말지며?), 또 그 도덕
훈련법을 논하여 말하기를, 두려움을 갖는 자는 타인을 제압하는 자라,
아동의 품행은 천진함을 바탕으로 할 것이며 두려움으로 교정되는 일
은 없으나 세속은 이 이치를 알지 못하여 왕왕 아동에게 강제하며 심할
때에는 늘 채찍을 가하여 성내는 마음을 격하게 하여 다시 그 악함을
키우니 이로 교육의 바른 예는 근면을 중심으로 하고 신체에 벌책을
가함은 취하지 말아야 한다고 하였다.

第三章 中古 歐洲 情狀

羅馬帝國 滅亡: 歐洲 中古史乘에 自第五世紀 西羅馬帝國의 滅亡으로
第十五世紀 東羅馬帝國의 滅亡에 至ᄒ기ᄭ지 一千年間은 卽 上古文學
이 滅絶ᄒ고 近世文學이 興起홀 關鍵이 되ᄂ 然ᄒ나 其時歐洲 諸國이
擧皆蒙昧無知의 域에 陷함으로 史家ㅣ 名曰 暗世라 ᄒ니 其幽暗不明홈
을 謂홈이라. 至若羅馬帝國 滅亡의 原因인즉 內外 二種이 有ᄒ니 其內
因의 亡國者ᄂ 國民 道德의 腐敗홈이오, 其外因의 亡國者ᄂ 北狄人의
侵掠홈이라. 羅馬의 亡國이 此二因이 有홈을 不自覺悟ᄒ고 政學을 改良
ᄒ야 其失을 不救홈으로써 滅亡에 遂至ᄒ니라.

로마 제국의 멸망: 구주 중세사에서 5세기 서로마제국의 멸망으로부터
15세기 동로마제국의 멸망에 이르기까지 일천 년 간은 곧 상고의 학문
이 절멸하고 근세 학문이 흥기한 관건이 되나, 그 시기 구주 여러 나라
가 모두 몽매 무지하여 멸망에 빠짐으로써, 역사가들이 일컬어 암흑기
라고 하니, 그 암흑 불명함을 일컫는 것이다. 로마제국이 멸망한 원인
은 내외 두 가지가 있으나, 그 내적 망국 요인은 국민 도덕이 부패함이
요, 그 외부 요인은 북적인의 침략 때문이다. 로마의 망국이 이 두 요인
이 있음을 깨닫지 못하고 정치를 개량하여 그 실패를 구하지 못했기
때문에 멸망에 이른 것이다.

所謂 北狄人은 卽 德意志의 人種이니 奧古斯丁帝時로붓터 己爲羅馬
의 强敵이더니 其後에 侵掠이 不絶홈이 羅馬人이 苦히 넉여 支那의 匈
奴와 蒙古의 患홈과 頗如ᄒ니, 盖自第四世紀之末로 第五世紀의 始에 至
ᄒ도록 德意志種과 喀斯族과 尼斯達爾土族과 並 匈奴等族의 蠻民이 歐
洲의 北과 亞洲의 西로셔 羅馬에 侵入ᄒ야 羅馬帝國의 領土에 割據ᄒ니
於是에 當時 所稱혼 世界의 都府와 文明의 樞極과 文學의 淵藪가 喀司
族에게 殘毁摧滅혼 비 되니 自此로 第十一世紀에 至ᄒ도록 暗昧홈이

殊極ᄒ야 文化가 慘憺ᄒ고 敎育이 衰替ᄒ고 書紀가 散失ᄒ야 貴顯의 紳士도 讀書ᄒ기 不能흔지라. 況學政의 振興乎아.

소위 북적인은 곧 덕의지(德意志)[47]의 인종이니 오고사정(奧古斯丁) 제[48] 때로부터 이미 로마의 강적이 되었는데, 그 후 침략이 끊이지 않아 로마인이 괴롭게 여기는 것이, 중국의 흉노와 몽고의 우환과 대략 비슷하니 제4세기 말부터 제5세기 초에 이르도록 독일 민족과 객사족(喀斯族)과 니사달이사(尼斯達爾士族)과 흉노족 등의 야만 민족이 구주의 북방과 아시아 서쪽으로부터 로마에 침입하여 로마 제국의 영토에 할거하니 이때 당시 세계의 도부, 문명의 추극, 학문의 연못이라 하던 곳이 객사족(喀司族)에게 잔혹히 훼손 절멸하였으니 이로부터 제11세기에 이르기까지 암매함이 극히 심하여 문화가 참담해지고 교육이 쇠퇴하고 서책 기록이 산실하여 귀한 사람도 글 읽기가 어려우니 하물며

---

47) 덕의지(德意志): 도이치. 독일. 게르만.

48) 오고사정(奧古斯丁) 제: 오도아케르(433~493). 그가 권력을 잡은 476년은 서로마 제국이 멸망한 해로 여겨진다. 게르만족 전사(戰士)인 그는 스키리 부족 혹은 루기 부족인 이디코(에데코)의 아들이었다. 470년경에 스키리인들과 함께 이탈리아로 들어가 로마의 용병이 되었다. 로마의 장군 오레스테스가 서로마 제국 황제 율리우스 네포스를 전복시킨 (475) 후 오도아케르는 자기 부족 지도자들에게 이탈리아의 땅을 주기로 한 약속을 어긴 오레스테스에 대항해 반란을 일으켰다. 476년 8월 23일 오도아케르는 자신의 군대에 의해 왕으로 선포되었고 그로부터 5일 후 오레스테스는 이탈리아 플라켄티아(지금의 피아첸차)에서 체포되어 처형당했다. 오도아케르는 그후 오레스테스의 어린 아들인 로물루스 아우구스툴루스 황제를 폐위했다. (…중략…) 480년 그는 달마치야(지금의 크로아티아에 있음)를 침략해 2년이 채 못 되어 그 지역을 정복했다. 동로마 제국의 장군 일루스가 제노를 폐위시키기 위해 오도아케르에게 도움을 청하자(484) 그는 제노의 영토 서쪽 끝 지방을 공격했다. 제노 황제는 이에 맞서 루기족을 끌어들여 이탈리아를 공격하도록 했다. 487~488년 겨울 오도아케르는 도나우 강을 건너 루기족의 영토를 공격해 격파했다. 이탈리아 북서부로 쳐들어온 서고트족 왕 유리크에게 일부 영토를 빼앗겼지만 오도아케르는 반달족으로부터 시칠리아(릴리바에움 제외)를 되찾았다. 그러나 그는 동고트족의 동로마 제국 약탈을 방지하기 위해 488년 제노가 이탈리아의 왕으로 임명한 동고트족 왕 테오도리크(테오도리쿠스)에게는 적수가 되지 못했다. 테오도리크는 489년 이탈리아에 쳐들어와 490년 8월경 이탈리아 반도의 대부분을 점령하고 오도아케르를 라벤나로 몰아넣었다. 라벤나는 493년 3월 5일 테오도리크에게 점령되었다. 테오도리크는 오도아케르를 연회장으로 초청해 살해했다. 〈브리태니커〉

학정 진흥이 어떻겠는가.

　歐洲 北部 野蠻人의 情態: 希臘 羅馬 古代 開化의 成勢를 破壞ᄒ고 更히 近世文明의 種을 蒔(모종낼 시)ᄒᄂ 者ᄂ 卽 歐洲 北部의 野蠻 民族이라. 故로 中古의 敎史를 欲述ᄒ진딘 此種 蠻民의 性質을 略言ᄒ야 其源流를 考ᄒᆯ지니

구주 북부 야만인의 정태: 희랍 로마 고대 개화이 성세를 파괴하고 다시 근세문명의 씨를 뿌린 자는 곧 구주 북부의 야만 민족이다. 그러므로 중고의 교육사를 서술하고자 하면 이들 야만 민족의 성질을 간략히 언급하여 그 원류를 고찰해야 한다.

　當時 所稱ᄒᆫ 日耳曼의 地方이 今德意志, 奧地利, 比利時, 荷蘭, 諸地라. 羅馬의 屬地와 比較ᄒᆫ 則 氣候 寒冽ᄒ고 土地 不毛ᄒ야 長林沼澤이 多ᄒ고, 猛獸가 繁息ᄒᆫ데 德意志人이 此中에 棲息ᄒ야 淡泊(담박)의 生計를 做ᄒ니, 其男子ᄂ 田獵과 戰爭으로써 爲事ᄒ고 婦人은 家庭을 理ᄒ며 田畝(전무)를 耕흠으로써 爲事ᄒ고 男子ᄂ 少時에 父兄을 從ᄒ야 畋獵(전렵)에 服ᄒᆯ시 山川을 跋涉ᄒ며 兵事에 嫻習(한습)ᄒ고 平居游戲에도 亦擊刺(격자) 劍舞(검무)를 好ᄒ야 以此로 自由 生活의 運動을 作흠으로 能히 筋骸(저해)가 强健ᄒ고 體力이 壯大ᄒ야 百難을 支柱ᄒᆯ 만ᄒ지라. 羅馬人이 其强矯흠을 震恐ᄒ야 與抗키 不敢흠이 德意志人이 愈益恣橫ᄒ며 且德意志의 風俗은 男子가 壯年에 及ᄒᆫ 則 公會에 擧出ᄒᄂ 大禮가 有ᄒ야 自由男子가 되ᄂ 神符와 兵器를 領受ᄒ야 自此 以後ᄂ 恒常 携帶ᄒ야 身邊에 不離ᄒ고 或 單身으로 戰鬪에 赴ᄒ고 將帥를 從ᄒ야 戰陣에 臨ᄒ거나 ᄒ니라.

당시 일이만이라고 일컫는 지방이 지금 독일, 오스트리아, 폴란드, 네덜란드 등의 지방이다. 로마의 속지와 비교하면 기후가 한열(寒冽)하고

토지가 황량하여 긴 삼림 연못이 많고 맹수가 번식하였는데, 독일인이 이 가운데 서식하여 담박하게 생계를 꾸리니, 남자는 전렵과 전쟁을 주로 하고 부인은 가정을 다스리며 농작을 행하니, 남자는 어렸을 때 부모를 따라 전렵에 종사하며 산천을 두루 돌아다녀 병무를 능히 익히고, 평상시 유희에서도 격자와 검무를 좋아하여 이로 자유롭게 생활의 운동을 삼으니 능히 골격이 강건하고 체력이 장대하여 어떤 어려움도 능히 지탱할 만했다. 로마인이 그 강교함을 두려워하여 더불어 감히 대항하지 못하니 독일인이 더욱 방자히 횡행하였다. 또 독일의 풍속은 남자가 성년이 되면 공회에 나아가는 큰 예식이 있어 완전한 남자가 되는 신부와 병기를 받는데, 그 이후는 항상 이를 휴대하여 몸에서 떼지 않고 혹은 단신으로 전투에 참가하고 장수를 따라 전진에 임하기도 하였다.

德意志人의 最重ᄒᄂᆫ 宗旨ᄂᆫ 自由의 精神과 及 獨立不羈(독립불기)의 志操와 氣力의 剛强홈과 決斷의 勇敢홈이라. 故로 其人이 朋友나 仇敵에게 皆信實의 道를 盡ᄒ며 又 重意氣ᄒ며 廣結客ᄒᄂᆫ 風이 有ᄒ고 天性이 慈悲ᄒ야 耶蘇敎 博愛主義에 最宜홈 故로 其羅馬를 滅ᄒ고 文明을 受홈에 更히 改蘇敎를 改善ᄒ야써 近世에 布ᄒ니 此人種이 其初 開化의 程度ᄂᆫ 最淺ᄒ나 唯體力이 羅馬人보다 勝홈으로 羅馬人과 交通ᄒ야 其宿習을 大改ᄒ고 一切 事物을 皆羅馬에 取範ᄒ야 智力이 大暢홈으로써 世界 文明의 最高度에 造ᄒ야 近世 哲學 科學 政治 宗敎가 皆 此種人에셔 由出홈이니라.

독일인이 가장 중시하는 주의는 자유의 정신과 독립하여 구속되지 않는 지조와 기력의 군세고 강함과 결단의 용감함이다. 그러므로 사람들이 붕우나 적에게 모두 신실의 도를 다하며 또 의기를 중시하고 널리 사람을 사귀는 풍습이 있으며 천성이 자비하여 예수교의 박애주의에 가장 적당하였다. 그러므로 로마를 멸망하고 그 문명을 수용하여 다시 예수교를 개량하여 근세에 전파하니 이 인종이 처음 개화의 정도는 낮았으나 오직 체력이 로마인보다 나음으로 로마인과 교통하여 그 풍습과 학문을 고치고 일체의 사물을 모두 로마에서 취하여 모범을 삼아 지력을 크게 떨쳐 가장 높은 세계 문명을 이루어 근세 철학, 과학, 정치, 종교가 모두 이 인종으로부터 나온 것이다.

▲ 제7호

第三章 耶蘇敎와 與敎育의 關係

耶蘇敎는 自第二世紀의 末로 歐洲에 大行ᄒ야 其舊來의 結習을 一變ᄒ고 因以羅馬人의 思想을 改良케 ᄒ니 蓋能히 人의 良知에 就ᄒ야 誘進케 ᄒ야써 元質을 新케 ᄒᄂ 故로 所以 政治의 橫戾(횡려)홈을 敵抗ᄒ야 其反抗力을 增케 ᄒᄂ지라. 其所敎者ᄂ 於人間에 其一部를 除ᄒ 外는 社會에 羈志치 아니코 肉體에 戀情치 아니ᄒ야 萬若 利害의 形이 有혼즉 應히 國家에 盡忠홀지오 其君政의 下에 在ᄒ야ᄂ 應히 其君主에게 服從홀지오, 共和의 國民이 된즉 應히 力을 致ᄒ야 共和政治의 事를 成홀지오, 應히 其生命을 不惜홀지나 至於人의 靈魂ᄒ야ᄂ 진실노 自由로 活潑ᄒ야 世의 用이 되지 아니코 祗應(지응)히 上帝의 盡忠홀지라.

예수교는 제2세기 말 구주에 크게 유행하여 그 구래의 습관이 일변하고 이로 인해 로마인의 사상을 개량하게 하니 모두 능히 사람의 좋은 지식을 취하여 진보를 유도하게 하여 원질을 새롭게 하는 까닭에, 정치의 횡려(橫戾)함에 원수처럼 저항하지 않고, 그 반항력을 증진케 하였다. 그 가르침은 사람의 일부를 제한 외에는 사회에 구속되지 아니하고, 육체에 연연하지 아니하여 만약 이해의 형상이 있으면 응당 국가에 충성을 다할 것이며, 군정 하에서는 응당 그 군주에게 복종하며, 공화정의 국민이 된즉 응당 힘을 다해 공화정치의 사업을 성취할 것이며,

응당 그 생명을 아끼지 않으나 사람의 영혼에 이르러는 진실로 자유로이 활발하여 세계의 쓸모가 되지 않고 지응(祗應)하여 하느님께 충성을 다한다.

故로 耶蘇敎의 主義는 希臘 羅馬人의 所思와 如치 안코 또흔 才를 修흐야셔 國用에 供치 안코 肉身을 脫離흐야 靈魂으로 흐야곰 乘虛周游흐야 天國에 以登케 홈에 在흐고 又謂 人生이 皆同一의 命으로 上帝의 眷注中에 咸在흐야 富貴貧賤의 殊가 絶無흔 故로 於貧民이나 賤흔 男女의 奴隷라도 皆一視同仁홀 敎育이 有흐야 其自由의 觀念으로써 加之以平等의 觀흐니 公義와 正道로 人의 應有흔 理想을 盡케 흐는 者ㅣ 耶蘇氏 敎義의 最善最美흔 者이로다.

그러므로 예수교의 주의는 희랍, 로마인이 생각하는 것과 같지 않고, 또 재주를 닦아 국용에 제공하지 않고, 육신을 벗어나 영혼으로 하여금 빈 배를 타고 천국에 오르게 하는 데 있다. 또 인생이 모두 동일한 목숨으로 하느님이 장악하는 데 있으니 부귀빈천이 다름이 전혀 없는 까닭에 빈민이나 천한 남녀의 노예라도 일시동인(一視同仁)할 교육이 있으니, 자유로운 관념으로 평등을 더하는 관점이니 공의와 정도로 사람이 마땅히 있어야 할 이상을 다하게 하는 것이 예수교의 가르침에서 가장 선하고 아름다운 것이다.

耶蘇敎는 又 現在를 蔑視흐고 未來의 幸福을 專祈흐야 或 人身을 視흐되 罪藪(죄수)와 如히 흐야 謂曰 肉體를 加苦흔 則 靈魂이 可히 神靈의 靈에 抵흐리라 흐야 神秘의 法에 傾向흐야 來世에 誇耀(과요)코져 홈으로 一心이 天國에 期入흐야 遂難辛苦홈을 能耐흐며 人世의 一切 快樂을 斷棄흐니 盖當世에 甚히 不德의 人을 欲推홀진되 不得不 人에 較흐야 甚히 尊高흔 上帝를 擧흐야 其模範을 示홀지니 以上帝로써 神聖 完全흐다 흐며 人類로써 微薄孱劣(미박잔열)흐다 흐야 人의 思想 行事

가 皆 上帝의 知識에 關홈이라 홈이 其敎에 信從ᄒᆞᄂᆞᆫ 者ᄂᆞᆫ 乃至 僧侶에 依賴ᄒᆞ야 未來의 幸福을 祈ᄒᆞ며 未來의 宿因을 做홈으로 僧侶의 權勢가 漸漸 增大ᄒᆞ야 哲學과 文學이 皆新學의 域에 罹(매)ᄒᆞ고 學問의 思想이 掃地(소지)홈에 至ᄒᆞ도다.

예수교는 또 현재를 멸시하고 미래의 행복을 오로지 기도하여 혹 사람의 몸을 죄수와 같이 보아, 육체에 고통을 가한즉 영혼이 가히 신령의 영에 이르리라 하여 신비의 법에 치우쳐, 내세에 과요(誇耀)하고자 함으로써 마음이 천국에 들어갈 것을 기약하니, 어려운 신고를 능히 인내하여 인세의 일체 쾌락을 단호히 포기하니, 현재 세계에 심히 부덕한 사람을 추론하고자 하면 부득불 사람에 비교하여 심히 존엄하고 고상한 하나님을 들어 그 모범을 보일 것이니, 상제가 신성 완전하다 하며, 인류는 미약하고 보잘 것 없이 열등하다고 하여, 사람의 사상이나 행동이 모두 하나님의 지식과 관련된 것이라고 하였다. 따라서 이 종교를 믿는 사람은 승려(목사나 신부)에게 의지하여 미래의 행복을 기도하며, 미래에 평안함을 추구하니 목회자(승려)의 권세가 점점 증대하여 철학과 문학이 모두 신학의 영역에 매몰되고 학문의 사상이 없어지기에 이르렀다.

盖 人類의 進化의 狀이 川流의 紆回溪谷ᄒᆞ며 曲折原野ᄒᆞ야 以達於海홈과 如ᄒᆞ고 決코 直行者ᄂᆞᆫ 아니라. 或流於左ᄒᆞ며 或瀉於右(혹사어우)ᄒᆞ야 著著進步ᄒᆞᆫ 者이니 然則 耶蘇敎의 流傳 以前은 希臘 羅馬人이 現世의 幸福에 專注ᄒᆞ야 身體의 極盡ᄒᆞᆫ 快樂으로써 認做(인주)홈으로 禍害가 相踵(상종)ᄒᆞ야 其 慘狀이 不忍見에 至ᄒᆞᆫ지라.

대개 인류의 진화의 모습이 하천이 계곡을 돌아 흐르며 들판을 에둘러 흘러 바다에 도달하는 것과 같아 결코 곧바로 흐르는 것은 아니다. 혹은 왼편으로 흐르며 혹은 오른편으로 흘러 진보하는 것이니 그러므로 예수교가 전해지기 이전 희랍, 로마인이 현세의 행복에 오로지 관심을 기울여 신체의 극진한 쾌락을 추구하더니 그 해가 함께 미쳐 그 참상이 차마 보기 어려운 상황에 도달하였다.

故로 耶蘇敎의 說敎는 未來의 幸福을 論ᄒ야 曰 凡人者는 皆 神의 子오, 其本性이 ᄯ흔 神과 同一흔 故로 身體는 雖死ᄒ나 靈魂은 不滅ᄒ야 來世ᄭ지 涉ᄒ며 今世의 富貴와 榮譽는 足히 貴重치 못흔 것이 歷觀 自古컨딕 人이 或 榮貴를 得ᄒ야도 能히 永久安樂치 못ᄒᄂ니 是는 快意者가 禍害를 反蒙흠이라.

그러므로 예수교의 설교는 미래의 행복을 논하여 이르기를, 무릇 사람이란 자는 모두 신의 아들이요, 그 본성이 또한 신과 같은 까닭에 신체는 비록 죽으나 영혼은 불멸하여 내세까지 이른다고 하며 지금 세상의 부귀와 영예는 족히 귀중한 것이 못된다고 하니 자고로 보건대 사람이 혹 영귀를 얻어도 능히 영구히 누리지 못하니 이는 쾌의라는 것이 화와 해를 입음을 반증한다고 하였다.

當希臘 羅馬의 衰ᄒ야 人人마다 澆季(요계)의 慘禍를 見ᄒ고 現世는 旣已 失望ᄒ야 皆恒痛ᄒᄂ 餘인 故로 未來를 希望ᄒᄂ 想像力이 日大ᄒ야 遂至天國을 深信ᄒ고 敎義에 信仰이 過甚흔 者는 以謂 宗敎界에만 眞理가 有ᄒ고 萬物界는 敝履(창리)와 皆如ᄒ다 ᄒ야 畢生의 實趣가 此 萬物界를 避흠에 在ᄒ니 因其時에 社會의 道德이 腐敗흠을 憎惡ᄒ야 浸浸히 哲學 文學ᄭ지도 惡흠에 至ᄒ니 矯枉過直이라 흠이 固人情의 所不免흠이로다.

당시 희랍 로마가 쇠퇴하여 사람마다 그 끝의 참화를 보고, 현세는 이미 실망하여 모두 항상 아픔이 남는 까닭에 미래를 희망하는 상상력이 날로 증대하여 드디어 천국을 깊이 믿고, 교의에 신앙이 더 심한 자는 이른바 종교계에만 진리가 있고 만물계는 창 속과 같다 하여 삶이 끝나는 의미가 이 만물계를 피하는 데 있으니, 그로 인해 사회의 도덕이 부패함을 증오하여 철학과 문학까지도 악한 데 이르니, 교왕과직이라고 하는 비판을 면하기 어렵다.

耶蘇敎의 源委는 上의 述혼 바와 如ᄒ야 信守에 篤홈으로 猜忌 固執의 念이 起ᄒ야 乃以 硏究 哲學으로 爲界案ᄒ며 以文學으로 爲異論ᄒ니라.

예수교의 근원과 시듦은 위에 서술한 것과 같이 믿음을 지키는 데 독실하므로 시기 고집의 관념이 일어나 이로 철학을 연구하여 그 안을 삼고 문학으로 다른 의견을 삼는다.

如 喀爾達西의 僧 達倫利安 者ㅣ 第三世紀의 初에 異宗의 敎育을 致惡ᄒ야 以謂哲學焉 文學은 不當硏究니 硏究者는 甚히 謬誤혼지라. 此는 驕慢을 增長ᄒᄂ 道니 當然히 賤히 視홀지오, 又 古文學을 修ᄒᄂ 者로써 上帝의 目을 盜ᄒ얏다 ᄒ야 亦以賤業으로 斥之ᄒ며 如聖 奧古宗은 牧使의 異宗讀書홈을 禁ᄒ야 凡從前 希臘人의 言혼 바 身體强壯이 精神을 磨鍊혼다ᄂ 說을 一切 摧抑(최억)ᄒ야 其迹을 絶케 ᄒ고 至曰宜飮食을 戒ᄒ며 情慾을 制ᄒ며 肉身을 殺ᄒ야 此靈魂의 仇敵을 克케 혼다ᄒ며 人의 精神도 ᄯ혼 嚴肅으로 爲主ᄒ야 如聖 吉羅倚姆 者ᄂ 音樂을 禁ᄒ며 美衣美食을 禁ᄒ고 日夜로 但 祈念誦經으로써 爲事ᄒ며 雖此僞世界에 在ᄒ야도 ᄯ혼 隱遁幽居의 生計를 多爲ᄒ니라.

객이달서(喀爾達西)[49]의 수도사 달투리안(達倫利安)[50] 같은 자는 제3세기 초 다른 종교를 극히 싫어하여 철학이나 문학은 연구하기 마땅하

---

49) 객이달서(喀爾達西): 카타르?
50) 달투리안(達倫利安): 미상

지 않으니 연구하는 것은 심히 잘못된 것이어서, 교만을 증장하는 길이
니 당연히 천히 여겨야 할 것이요, 또 고문학을 공부하는 자로 하나님
의 눈을 도둑질하였다고 하여 또한 천업으로 배척하였다. 성 오고종(奧
古宗)51)은 목사가 다른 종교의 책을 읽는 것을 금하여 희랍인이 말한
신체 강장이 정신을 연마한다는 설을 일체 억제하고 그 자취가 끊어지
게 하였으며, 음식을 경계하고 욕정을 억제하여 육신을 죽여 영혼의
적을 극복하도록 해야 한다고 하였으며, 사람의 정신도 또한 엄숙함을
위주로 하여 성 길라의모(吉羅倚姆)는 음악을 금지하고 잘 입고 52)잘
먹는 것을 금했으며 밤낮으로 단지 기도하고 성경을 암송하는 것으로
일을 삼았으며 이 거짓된 세상에 존재해도 또한 은둔 유거의 생활을
하는 것이라 하였다.

　是時 希臘 羅馬의 文學이 闇荒塵晦ᄒ야 學校가 均度ᄒ니 由第五世紀
로 至第十一世紀히 凡諸侯伯이 皆以己之無識으로 自誇ᄒ야 以爲常人
의 行敎育者ㅣ 敎人奢侈ᄒ이라 ᄒ되, 惟僧侶ᄂ 能히 眞理를 修ᄒ야 敎
育의 特權을 操ᄒ고 世人에게 布敎ᄒ다 ᄒ나 然ᄒ나 是時 僧侶가 能히
識字作文ᄒ 者ㅣ 甚少ᄒ니 夫 中古의 時代에 人이 蒙昧無識에 陷ᄒ 者
ᄂ 固宗敎의 徒가 世務를 輕視ᄒ고 哲學과 文學을 排斥ᄒ이 由ᄒ이라.

이때 희랍 로마의 학문이 대개 어둡고 거칠어 학교가 널리 퍼져 있으나
제5세기부터 제10세기까지 모든 후백이 대개 무식함을 과시하여 일반
인이 교육을 행하는 자가 사람에게 사치함을 가르치는 것이라 하되,
오직 승려만 진리를 닦아 교육의 특권을 갖고 세인에게 포교한다고 하
나, 이때 승려가 능히 글을 알고 짓는 것이 몹시 적으니, 대저 중고시대
에 사람이 몽매무식에 빠진 것은 진실로 종교의 무리들이 세무(世務)를

---

51) 성 오고종(奧古宗): 미상.
52) 성 길라의모(吉羅倚姆): 미상.

경시하고 철학과 학문을 배척한 데서 비롯된 것이다.

然이나 亦不可敎徒에게 專咎홀지니 凡 **學問을 研究홈에는 安心閒暇** **치 아니ᄒ면 不能**ᄒᄂ니 當時 歐洲 全部의 大封建 諸侯가 日로 戰爭을 事ᄒ야 人民이 其居廬를 喪ᄒ며 其田園을 荒ᄒ고 婦女 小兒의 無辜히 慘戮(참륙)혼 者ㅣ 不可勝數라. 擧陷於水火塗炭ᄒ얏슨 則 奚暇에 安心 閒暇ᄒ야 學問을 研究ᄒ며 敎育의 事를 依ᄒ리오. 其稍히 安心閒暇를 得혼 者ᄂ 惟僧侶라. 然則 敎育이 不亡ᄒ야 上古文學의 遺跡이 一二留 存홈을 猶得혼 者ᄂ 或 僧侶의 功이 不無ᄒ다 謂홀지라. 雖然이나 史籍 을 試繙ᄒ건딕 哲學과 文學을 排斥ᄒ고 人民으로 ᄒ야곰 無知者에 陷 혼 者ᄂ 誰의 咎인고. 區區히 遺籍을 保存혼 功이 엇지 足히 其責을 償 홀가.

그러나 또한 교도에게 그 허물을 오로지 전가할 수는 없으니 무릇 학문 을 연구함에는 안심한가가 아니면 불가하니 당시 구주 전부의 봉건 제 후들이 날로 전쟁을 하여, 인민이 그 삶의 터전을 잃고 전원이 황폐하 고 부녀 소아가 무고히 살해되는 자가 헤아릴 수 없었다. 대개 전쟁의 도탄에 빠져 있었으니 어느 겨를에 마음을 진정하고 겨를을 얻어 학문 을 연구하고 교육에 종사하겠는가. 오직 안심 한가를 얻는 자는 승려뿐 이라 그런즉 교육이 없어지지 않고 상고의 학문 자취가 남아 한둘이라 도 존재하는 것은 승려의 공이 없다고 할 수 없다. 그러나 사적을 살펴 보건대 철학과 학문을 배척하고 인민으로 하여금 무지자에 빠지게 한 것은 누구의 허물인가. 구구히 남은 서적을 보존한 공이 어찌 그 책임 을 보상할 수 있겠는가.

第四章 中古 歐洲의 敎育

寺院學校

希臘 羅馬의 敎育을 受亨 學人은 老而死亨야 繼續이 無亨니 哲學 文
學의 學校가 亦漸次消滅亨야 泥泥棼棼에 流於戰鬪亨 則 敎育의 任이
僧侶에게 自歸亨지라. 一切 敎法을 其掌握之內에 收亨야 細微亨 正僞의
事도 亦皆敎門에 歸亨니 當時 耶蘇敎 寺院의 學校에 敎授亨는 學科가
大凡 七藝에 二類로 分亨니 一類는 三科라 稱亨는디 羅甸(卽 拉丁)文法,
論理學, 修辭學也오, 一類는 稱爲四科亨니 算術, 幾何, 天文, 音樂也라.
至 讀書 習字 則在文典科中亨니 大率 七年而卒業이라. 此 學科之期는
以羅甸語로 爲敎育之根本亨고 自餘諸學科는 亦皆以理會耶蘇經典으로
爲主 故로 論理學, 修辭學이 皆用攻辨異宗之議論也오, 算術 幾何學은
則爲經典中에 有數 度量 與殿堂之事也오, 音樂學은 則爲禮拜也오, 至於
發人之思想과 社會之事業과 實在之知識은 如地理, 史志, 物理, 博物 諸
科 則均無之亨으로 雖盡受七科敎育之人이라도 不過爲偏狹隘陋之論理
家耳오 神學家耳로다.

희랍 로마의 교육을 받은 사람들은 늙고 죽어 계속 없으니 철학, 문학
의 학교가 점차 소멸하여 분분히 전투에 흘러간즉 교육의 책임이 저절
로 승려에게 돌아가니, 모든 교수법을 장악한 가운데 미세한 바르고
거짓된 일도 모두 종교에 돌아가니, 당시 예수교 사원의 학교에서 교수
하는 학과가 무릇 7예의 두 종류로 나뉜다. 하나는 3과라 칭하는데 라
틴(나전, 납정)문법, 논리학, 수사학이며, 다른 하나는 4과라 칭하는데
산술, 기하, 천문, 음악이다. 독서와 습자는 문전과 가운데 들어 있으니
대개 7년만에 졸업한다. 이 학과의 시기는 라틴어를 교육의 근본으로
삼고, 기타 다른 학과는 대개 예수교 경전을 이해하고 깨우치는 것을
위주하기 때문에 논리학, 수사학은 모두 이종교와 공변하는 의론에 쓰

이며, 산술, 기하학은 경전 가운데 전당의 수와 도량에 관한 것이며, 음악학은 예배를 위한 것이다. 지리, 사지, 물리, 박물 등의 사람의 사상 발달과 사회사업에 관한 실재 지식과 관련된 학과는 모두 없으므로 비록 7과의 교육을 받은 사람일지라도 편협하고 고루한 논리가에 불과하며, 단지 신학가가 될 따름이다.

寺院學校之教授法이 其開發心性ᄒ며 磨練智力이 皆虛而無著ᄒ야 甚或使專信一人ᄒ야 有時教師가 朗誦其一時意見而令生徒로 悉心聽之ᄒ고 且其規罰이 甚加嚴酷ᄒ야 楚撻이 戲行ᄒ니라.

사원학교의 교수법이 심성을 개발하고 지력을 연마하는 데 모두 공허하고 두드러진 것이 없어, 혹 사람으로 하여금 믿게 하여 교사가 그것을 낭송하고 생도로 하여금 듣게 하며, 또 규칙과 벌을 엄격하게 가하여 채찍을 즐겨 행한다.

僧庵學校

寺院學校도 本自僧庵學校로 起ᄒ니 耶蘇之有僧庵學校가 久矣라. 然이나 眞具學校之規模則起於第六世紀의 培那第克達派之僧庵學校ᄒ니 培那第克達派氏ᄂ 生於紀元四百八十年ᄒ야 在羅馬에 受教育爲名僧ᄒ야 於諸處에 開設僧庵學校ᄒ니 僧庵學校ᄂ 爲委身上帝者의 營生之教育所也라, 庵規嚴肅ᄒ야 不與外界로 接ᄒ고 絶交際ᄒ며 遠女色ᄒ며 安貧困ᄒ야 以從順으로 爲貴ᄒ고 祈禱誦經ᄒ며 損食而强行ᄒ야 凡入學者ㅣ 五歲 以上으로 七歲 以下則奉身於僧庵ᄒ야 僅以願爲僧者로 爲限ᄒ야 一入學校면 不問貴賤 及 尊卑ᄒ고 其教育이 專以嚴爲的ᄒ니라.

사원학교도 본래 승암학교에서 시작되었으니 예수의 승암학교가 있어 오래된 것이다. 그러나 진실로 학교의 규모가 갖추어진 것은 6세기의 배나제극달파의 승암학교가 시작이니 배나제극달파는 기원 480년에 태어나 로마에서 교육을 받은 유명한 승려로, 여러 지방에 승암학교를 개설하니, 승암학교는 하느님을 위해 봉사하는 교육 장소이다. 학교의 규율이 엄숙하여 외부와 접촉을 금하고, 교제를 끊으며, 여색을 멀리하고 안빈하여 순종함을 가장 귀하게 여기고 기도하고 경전을 암송하며 절식하고 강행하여 무릇 5세 이상 7세 이하의 입학자들이 승암학교에 몸을 바쳐 삼가 승려가 되기를 원하는 자로 한정하여 학교에 입학하면 귀천과 존비를 묻지 않고 오로지 엄숙하고 바르게 교육한다.

其後世人이 漸知敎育之要領則入學者ㅣ 不獨限僧侶라. 平人도 亦許入學ᄒ야 生徒之數가 益增ᄒ더니 自第八世紀時로 遂分僧俗爲二種ᄒ야 僧은 寄宿庵內ᄒ야 專修宗敎之事ᄒ고 俗은 自外通學而修普通之學科ᄒ니, 故로 僧庵學校ᄂ 但敎僧侶之流ᄒ고 寺院學校ᄂ 僧與民을 倂敎之矣라.

그 후 세상 사람들이 점차 교육이 필요함을 알고 입학하는 자가 승려로 한정되지 않으니 평민도 입학을 허가받아 생도의 수가 점차 증가하더니, 8세기 이후 드디어 승속 두 종으로 나뉘어, 승려는 암내에서 기숙하며 오로지 종교 사무를 공부하고, 속은 외부로부터 통학하여 보통의 학과를 공부하니 이로 승암학교는 단지 승려가 공부하고, 사원학교는 승려와 일반 백성을 아울러 가르치게 되었다.

至十二世紀ᄒ야 僧庵學校와 與寺院學校가 始衰弊ᄒ다가 及 武士敎育과 平民敎育이 興則 漸衰滅ᄒ야 所謂 中古 暗世에 耶蘇敎徒之特存敎育者ㅣ 卽在此僧庵學校와 及 寺院學校의 中ᄒ얏ᄂ니라.

12세기에 이르러 승암학교와 사원학교가 시들해지다가 무사교육과 평민교육이 흥한 즉, 점차 쇠멸하였다. 이른바 중고 암흑시대의 예수교도의 특별한 교육은 곧 승암학교와 사원학교 가운데에 있었다.

武士教育

十字軍未興 以前에 有教育之權者ㅣ 在僧侶ᄒ고 而其所教는 非耶蘇之
教義라. 卽 羅馬之古文學也니 自十字軍之興으로 僧侶가 不能閒居寺內
ᄒ야 或携兵入隊ᄒ고 或與世人交際에 漸棄教育之專權而武士平民이 爲
當世彊場所必需홈이 旣以戰鬪로 增其聲勢ᄒ야 遂得執教育之權ᄒ니 於
是武士之教育이 教乘馬 泗水 弓術 擊劍 鷹狩 象棊(상기) 與 詩句요 且
以敬待貴婦人으로 爲武士教育之主目ᄒ니 此教育者는 專行於高貴武門
王侯之城中也라. 教育高貴武士子弟之法이 尋常有三階級ᄒ니

십자군이 일어나기 전에 교육의 권한이 승려에게 있고 그 장소는 예수
교의 교의가 아니었으니 곧 로마의 고문학이었다. 십자군이 일어나고
승려가 교회 내에 한거하게 기거하지 못하고 혹은 병사로 입대하고 혹
은 세인과 교제하여 점차 교육의 전권을 포기하고, 무사와 평민이 마땅
히 이 세상에 필요하게 됨에 따라 전투로 그 세력이 증대하여 드디어
교육의 권한을 잡게 되니 이에 무사교육은 승마, 사수, 궁술, 격검, 응수
(鷹狩: 매사냥), 상기(코끼리 몰기?) 및 시구요, 귀부인을 존경하는 것
으로 무사 교육의 주요 과목을 삼으니 이 교육은 고귀한 무사 귀족이나
왕후의 성중에서 행해진다. 고귀한 무사 자제를 교육하는 방법에서는
일반적으로 세 단계가 있다.

第一 侍童: 男子至七歲에 在母之膝下ᄒ야 受其教育호되 爰是就近地
城中之諸侯와 或武士家ᄒ야 供役於其夫人與其主人ᄒ니 稱之曰侍童이
라. 必愼動作ᄒ며 習言語ᄒ며 接賓客ᄒ며 侍食ᄒ며 侍夫人 與 主人之出
外ᄒ야 任種種役使ᄒ니 如日本 封建時代 幕府諸侯의 扈從者焉이라. 體
操則有教師ᄒ야 日日教之호되 如學術之教授는 任兒童所欲云이러라.

제일 시동: 남자는 7세에 이르기까지 부모의 슬하에서 그 교육을 받되, 근처의 성중 제후를 따르거나 혹은 무사의 집안을 따라 그 부인과 주인에게 봉사하니 이를 일컬어 시동이라고 한다. 반드시 행동에 삼가고 언어를 익히며 빈객을 접하며 시식하고 부인과 주인이 외출할 때 시종하며 종종 맡겨진 일을 담당하니, 일본 봉건시대 막부 제후의 호종자와 같다. 체조는 교사가 있어 매일 그것을 가르치되, 학술의 교수 같은 것은 아동이 하고자 하는 바에 맡긴다고 한다.

第二 壯士: 男子 十四歲에 得入壯士之列ᄒ야 初得携帶兵器之權ᄒ고 於游獵戰爭之時에 實心으로 隨侍主人ᄒ야 常敬尊貴婦人ᄒ야 悉力服事之ᄒ고 久則證明其人之宜爲武士ᄒᄂ니라.

제이 장사: 남자는 14세에 장사의 반열을 얻어 처음으로 병기를 휴대할 권리를 가지며, 사냥과 전쟁을 할 때 진심으로 주인을 모셔 항상 귀부인(貴婦人)을 공경 존중하여 온 힘을 다해 그에게 복종하고, 오랜 즉 그 사람의 의로써 무사가 됨을 증명한다.

第三 武士: 得前所事者ᄒ야 爲之證明이니 至二十一歲에 備莊嚴之儀式而入武士行列ᄒ야 此時에 齋戒沐浴ᄒ고 通宵祈禱ᄒ야 自白其罪ᄒ고 跪神席前ᄒ야 受聖餐ᄒ고 宣誓詞曰,
余自今으로 吐忠信之言ᄒ고 棄邪惡ᄒ고 依正當之權利ᄒ고 崇宗敎ᄒ고 保護僧侶ᄒ고 守衛寺院ᄒ고 懲暴助弱ᄒ고 常庇護婦女ᄒ고 自不犯罪ᄒ고 不爲惡事ᄒ고 又盡力保貴婦人之榮譽ᄒ고 且見爲基督敎之敵者ᄒ야 必須以死戰與敵ᄒ리라
誓ᄒ고 詞終則由貴婦人手ᄒ야 授甲冑焉ᄒᄂ니

제삼 무사: 앞의 섬기는 자 앞에서 증명하니 21세에 이르러 장엄한 의식을 준비하고 무사 반열에 드니, 이때 목욕재계하고 통히 기도하여

그 죄를 고백하고 신석(神席) 앞에 꿇어앉아 성찬을 받고 맹세하여 말하기를,

"나는 지금부터 충실하고 믿음 있는 말을 하며, 사악함을 버리고 정당한 권리에 의하며, 종교를 숭배하고, 승려를 보호하며, 사원을 지키고, 약자에게 횡포함을 징계하며 항상 부녀자를 보호하고 범죄를 저지르지 않으며, 나쁜 일을 하지 않고 또 진력하여 귀부인의 영예를 보호하며 또 기독교의 적을 보면 죽음으로써 그 적과 싸울 것이다." 라고
맹세하고 말을 마치매 귀부인의 손에서 갑주를 받는다.

波羅因客[53] 氏 曰 生徒 身體가 在寺院則纖弱(섬약)ᄒ고 在城中則强壯ᄒ니 於寺院則不見婦人之面ᄒ고 於城中則盡以婦人之事로 爲敎育之主目ᄒ며 於寺院則有僧徒詠羅甸之詩ᄒ고 於城中則詠寄情婦人之詩ᄒ며 又其詩도 必和以樂器焉ᄒ니라.

파라인객이 말하기를 생도의 신체가 사원에 있을 때는 섬약하고, 성중에 있을 때는 강장하니 사원에서는 곧 부인의 얼굴을 보지 못하고, 성중에서는 부인의 일을 다하며, 교육의 중심 항목을 삼는다. 사원에서는 승도의 라틴어 시를 읊고, 성중에서는 부인의 시의 정서에 의지하며, 그 시도 또한 악기로 조화롭게 한다.

當武士極盛時ᄒ야 苟欲爲才德兼備之武士 則身體를 宜壯麗輕矯요, 又宜嫺於武藝ᄒ고 敬神, 仁慈, 節義, 禮, 謙讓, 忠君, 制欲의 諸德을 修ᄒ야 以養不屈撓之誠과 與不可犯之氣ᄒ고, 以立雄豪之功業ᄒ야 兼任庇護貴婦에 得其歡心이라.

당시 무사가 극성할 때 진실로 재덕을 겸비한 무사는 곧 신체를 마땅히

---

53) 파라인객(波羅因客): 미상. 중국음 보러인커(?).

건장 미려하고 경쾌히 바로잡고자 하며, 또 마땅히 무예를 닦고, 경신 (敬神), 인자(仁慈_, 예, 겸양, 충군, 제욕의 모든 덕을 닦아 불굴의 진실한 마음을 기르고, 범죄를 저지르지 않으며, 웅호한 공업을 확립하며 더불어 귀부인을 비호함에 임하여 환심을 사고자 하였다.

武士敎育之立制가 雖多可笑而在草昧榛狂之世ᄒ야 社會頹疲ᄒ 風俗을 改善ᄒ야 歸於强俠ᄒ니 其功이 亦不細라. 卽如擧世가 以戰鬪로 爲本職時則臨陳而加以仁心ᄒ고 上下人情이 粗暴而愚闇時則致謙讓之風ᄒ고 民俗이 浮薄ᄒ야 詐僞日作則養信義之心ᄒ고 又如優待婦人홈이 均爲武士敎育之結果也러라.

무사교육의 제도를 확립하는 것이, 비록 여러 가지 비웃고 진비(榛狂) 한 세상에서 극히 우매한 것이 있으나 사회의 퇴락하고 피폐한 풍속을 개선하여 강협한 데로 돌아가게 하니 그 공이 또한 작지 않다. 곧 세상에 처하매 전투로 본직을 삼을 때 어진 마음을 더하게 하고, 상하 인정이 조악하고 폭력적이며 우매하고 어두울 때 곧 겸양의 풍속에 이르게 하며, 민속이 부박하여 거짓과 속임이 날로 생겨날 때 신의의 마음을 기르고, 또 부인을 우대함이 모두 무사교육의 결과였다.

武士敎育時代之女子가 至七八歲則在家庭ᄒ야 依保姆之敎育ᄒ고 其後ᄂ 學裁縫ᄒ고 或與男子로 共習讀書唱歌ᄒ며 其高貴女子ᄂ 學羅甸語ᄒ고 學音樂詩ᄒ고 又修動作禮儀ᄒ니 然則武士敎育之制가 通男女而均受感化也라. 蓋男子欲得婦人之歡心ᄒ고 婦人이 亦不可不修其德ᄒ야 以保持之니 能修其身則可得雄毅武士之眷戀也라. 當時歐洲諸國에 皆有武士敎育之編制나 然이나 其中最盛者ᄂ 日耳曼 法蘭西 及 西班牙 而英國이 爲稍遜이니라.

무사교육 시대의 여자는 칠팔 세에 이르기까지 가정에서 보모의 교육을 받고, 그 다음에는 재봉을 배우며, 혹은 남자와 더불어 함께 독서 창가를 배우고, 고귀한 여자는 라틴어를 배우고, 음악과 시를 공부하며, 또 예의 동작을 배우니, 그러므로 무사교육 제도가 남녀 모두 균등한 감화를 받게 하였다. 대개 남자는 부인의 환심을 사고자 하고, 부인이 또한 불가불 덕을 닦아 그것을 지키니 기 신체를 수양함은 가히 웅의한 무사의 권련(眷戀)이다. 당시 구주제국에 모두 무사교육의 편제가 있었으나 그 중 가장 융성한 곳은 일이만, 법란서 및 서반아이며, 영국이 그 다음이다.

抑武士教育之制가 與封建之制로 同其興廢ᄒ니 盖自火藥之制造로 武戰法이 一變ᄒ야 活版之術이 起ᄒ야 知識이 普及於遠近矣요, 通商之道가 開ᄒ야 殖産生財가 得其宜라. 故로 封建이 敗壞에 武士教育이 亦廢絶ᄒ니라.

생각건대 무사교육 제도가 봉건제도와 더불어 흥폐함이 같으니, 대개 화약의 제조로부터 싸움하는 방법이 크게 변화하고, 활판 기술이 발달하여 지식이 원근에 보급되었으며, 통상하는 도가 열려 식산과 생재를 필요한 대로 얻을 수 있었다. 그러므로 봉건이 붕괴함에 따라 무사교육이 또한 폐절되었다.

平民教育

因寺院 武士之勢力衰廢ㅎ야 工商勢力이 日增ㅎ고 平民之狀態가 漸
臻隆盛(점진융성)ㅎ야 知慮開關에 乃悟日用實際의 最有關係者를 不可
無敎育이라 ㅎ야 於是 以國語로 敎讀書 算術 習字之學校가 更建迭起ㅎ
고 因之卯有適宜敎師ㅎ야 敎地理 國史 博物 與 社會之情狀과 貿易之關
係 等 一切 實用之學ㅎ니

사원 무사 교육이 쇠폐하고 공상 세력이 일증하여 평민의 상태가 개벽
할 만한 지식과 사유가 점차 융성함에 이르러, 이에 일용 실제와 가장
관계가 깊은 것을 가르치지 않을 수 없을 것이라고 하여, 이에 자국어
로 독서, 산술, 습자의 학교가 다시 계속 흥기하고 마땅한 교사를 찾아
지리, 국사, 박물 및 사회 상황과 무역과 관계된 일체의 실용 학문을
가르쳤다.

平民學校는 其初에 亦有惟僧侶ㅎ야 任敎師러니 其後에 平民이 多嚮
學ㅎ야 非役於官吏則雇下等學生ㅎ야 以爲師나 然이나 學識이 旣淺ㅎ
야 報酬亦薄ㅎ고 束修所入은 祗足供日用而已요 其敎授法은 以諳誦與體
罰로 爲主나 然이나 爲敎師者ㅣ 以敎求食於人ㅎ야 居處가 漂寄無定ㅎ
야 其所爲가 無少異於商賈之業ㅎ야 熱心으로 以此自任者가 無ㅎ고, 校
舍도 亦借居寺院이나 或都市之房屋ㅎ니 由是로 生徒가 逐染游惰ㅎ야
浮佻無行ㅎ니 其甚者는 爲丐爲盜ㅎ니라.

평민학교는 처음에 오직 승려만이 교사로 임용되더니 그 후에 평민이
다수 배우고자 하여 관의 통제를 받지 않는, 곳 하등 학생으로 교사를
삼으나 학식이 얕고 보수 또한 박하여 수입이 다만 일용에 불과할 뿐이

며, 그 교수법은 암송과 체벌을 중심으로 하나 교사가 된 사람이 타인으로부터 먹을 것만 구하고, 거처가 일정하지 않아서 그 하는 바가 상인들의 생업과 조금도 다르지 않으니 열심히 이를 담당하고자 하는 자가 없고, 교사도 또한 사원을 빌리거나 도시의 방을 빌려 이로부터 생도가 유희와 게으름에 물들어 부조(浮佻)하여 행하는 바 없으니, 더욱 심한 자는 도적질을 가릴 뿐이었다.

煩瑣理學(번쇄이학)은 自第十二世紀로 至第十三世紀之間ᄒ야 有煩瑣理學이 起ᄒ니 此學派之骨髓ᄂ 只在於爲淺薄無用之辯論ᄒ야 論理學의 防禦를 巧構홈이니 例如說針之尖端이 可得幾何之角乎아. 靈魂者ᄂ 無中立之媒ᄒ고 可得由甲通乙乎아. 以此로 設爲問難ᄒ니 是ᄂ 近戲無益之辨論也라.

번쇄이학은 12세기부터 13세기에 이르기까지 번쇄한 이학이 일어났으니, 이 학파의 핵심은 다만 천박한 쓸데없는 변론에 있어 논리학의 방어를 구축하고자 하는 것인, 예를 들어 바늘의 뾰족함이 가히 기하의 각도를 구할 수 있는가, 영혼이라는 것은 중립의 매개가 없이 가히 갑과 을이 통하게 할 수 있는가, 이로써 어려운 질문을 제기하니 이는 놀이에 가까워 무익한 변론일 뿐이었다.

當時 學者가 凡二百年間을 費心力ᄒ야써 講求하야 大學校를 起홈이 二十有餘라. 布於諸地하야 學徒 數千을 聚하고 孜孜히 以免此學하야 稱曰 司咯兒蠻54)이라 하니 其學이 不觀察於物ᄒ고 但就言語思想하야 以推究홈으로 於物質에ᄂ 毫無所發明하고 惟以詭辯으로 炫俗耳니라.

당시 학자가 무릇 200년간 힘을 쏟아 강구하여 대학교를 세운 곳이 20

---

54) 사객아만(司咯兒蠻): '스콜라'를 의미하는 것으로 추정됨.

여 곳이다. 여러 지방에 학교를 두어 학도 수천을 모으고 힘써 학문을 하도록 하여 일컫기를 '사객아만(스콜라?)'이라고 하니 그 학문이 사물을 관찰하지 않고, 다만 언어와 사상을 추구하여 물질에는 조금도 발명하는 바가 없고 궤변으로 자랑하는 풍속을 삼을 따름이었다.

然이나 煩瑣理學은 於學問進步에 雖無功하나 惟僧侶之徒는 能籍是하야써 狹隘(협애)흔 宗敎에 束縛을 脫하고 哲學에 思想을 起케 하야 折衷於亞理斯大德之哲學과 與耶蘇敎之敎하야 務使道理로 與敎法幷行하야 起沈思熟察之念ᄒ고 有不能明解면 不滿之意가 生ᄒ고 或 又人間의 夢寐를 喚醒(환성)ᄒ야 使之於宗敎에 起欲學之心ᄒ야 爲近世文學再興의 導其先路ᄒ니 亦可謂有功也로다.

그러나 번쇄이학은 학문 진보에 비록 공이 없으나, 오직 승려의 무리는 이에 적을 두어 협애한 종교의 속박을 벗어나 철학에 사상을 일어나게 하여, 아리스토텔레스의 철학과 기독교의 종교를 절충하여 도리에 힘서 교법을 아울러 행하여, 심사하며 깊이 관찰하는 마음을 일으켜 명확히 해명하지 못하는 것에 대해서는 불만이 생겨나고 혹은 인간의 몽매를 깨우쳐 종교로 하여금 심리를 배우고자 하는 마음을 일으켜 근세의 문학 재흥의 앞선 길을 인도하였으니, 그것이 또한 공이라고 할 것이다.

然이나 此論理學은 發明新事之功이 少ᄒ고 惟用以說明已知之事耳라. 在知識狹隘ᄒ고 心意不暢盛之時ᄒ야 無可爲科學之根本者 故로 徒硏論理ᄒ고 曾無寸效也라. 顧當時之號爲哲學者가 偏爲宗敎之奴隸ᄒ야 才辨術과 論理學도 亦只解釋經典으로 爲亞理斯大德의 敎義를 解明홀 而已니라.

그러나 이 논리학은 새로운 사물을 발명한 공이 적고 오직 이미 알고 있는 바를 설명하고자 할 따름이니, 지식이 협애하고 심의가 널리 피어나지 못한 때여서 과학의 근본이 될 수 있는 것이 없으니, 그러므로 학도가 논리를 연구해도 조금도 효험이 없었다. 당시 철학자라고 일컫던 사람을 돌아보건대 종교의 노예가 되어 재변술과 논리학도 역시 다만 경전을 해석하여 아리스트텔레스의 교의를 밝히고자 했을 따름이다.

回敎의 學問

回敎의 祖穆罕默德[55]이 自紀元六百二十九年으로 阿拉比亞를 戡定(감정)ᄒ고 其後에 復以兵力으로 亞細亞 西部와 阿比利加 北部와 歐羅巴 東部를 呑倂ᄒ니 不出百年에 其版圖의 大가 勝於羅馬末世ᄒ고 回敎君長이 兼宗敎與政治ᄒ고 又事保護學問ᄒ야 競起學校ᄒ며 獎勵學業故로 第十世紀時에 其屬이 內有太學校 十七ᄒ야 養生學徒數千ᄒ고 就中 小亞細亞의 巴達[56]과 及西班牙의 科爾豆法[57] 一學校가 最爲盛大 故

---

55) 목한묵덕(穆罕默德): 마호메트. 이슬람교의 창시자.

56) 파달(巴達): 바그다드.

57) 과이두법(科爾豆法): 코르도바(콜도바). 스페인 남부의 이슬람 도시 또는 코르도바 대학교. 세비야 북동쪽, 과달키비르 강 유역에 있다. 카르타고인들에 의해 세워졌다고 짐작되며 성서에 나오는 다시시 시(市)라는 주장도 있다. 로마 제국하에서 번성했으나 서고트족의 지배시절인 6~8세기 초에 쇠퇴했다. 711년 이슬람교도들에게 점령되면서 큰 피해를 입었다. 그 후 이슬람교 부족들 간의 분쟁으로 복구가 지체되다가 우마이야 왕조의 아브드 알 라흐만 1세가 스페인 이슬람교 세력의 최고 지도자가 되고, 756년 이 도시를 수도로 삼은 후 회복되기 시작했다. 아브드 아르 라흐만 1세가 이 도시에 세운 대사원(Great Mosque)은 후계자들에 의해 계속 확장되다가 아부 아미르 알 만수르에 의해 완공되었다. 가끔씩 일어나는 반란으로 어려움도 겪었지만 이 도시는 우마이야 왕조의 지배하에서 급속히 성장해갔다. 특히 929년에 아브드 알 라흐만 3세가 스스로를 서양의 칼리프라고 선언한 후 이곳은 유럽 최대의 도시가 되었으며, 유럽에서 가장 앞선 문화를 꽃피웠다. 이곳에서 생산되는 견직물, 정교한 브로케이드, 가죽제품, 보석들은 유럽과 동양 전역에서 찬사를 받았으며, 종교 관련 서적을 생산하는 데 있어서 이곳의 여성 필경자들은 그리스도교 수도사들에 필적했다. 11세기 초 내전이 발생하여 칼리프 통치구역이 해체되자 스페인 이슬람교도들의 군소왕국들은 이 도시를 두고 힘을 겨루었다. 1236년 카스티아의 왕 페르난도 3세에게 정복되어 그리스도교 국가인 스페인에 합병되었다. 이슬람교도들의 교두보인 그라나다와의 전선에서 군사기지가 되었다가 1492년 그라나다가 함락된 후에는 교회, 수도원, 귀족들의 저택이 있는 조용한 도시가 되었으며, 고품질의 포도주, 훌륭한 말, 아름다운 여성 등으로 유명해졌다. 17세기에 이국적인 시(詩)들을 쓴

로 此時에 歐洲 各部의 耶蘇敎 少年이 科爾豆法에 游學者ㅣ 多ㅎ야 其理學을 學ㅎ고 本國에 歸ㅎ야 以增耶蘇敎人之知識ㅎ니라.

회교의 학문

회교의 교주 마호메트가 기원 629년부터 아라비아를 평정하고 그 후에 다시 병력으로 아세아 서부와 아프리카 북부, 구라파 동부를 병탄하니 태어난 지 100년이 안 되어 그 판도의 크기가 로마 말기보다 나았다. 회교의 군장이 종교와 정치를 겸하고 학문을 보호하여 경쟁적으로 학교가 세워졌으며 학업을 장려한 까닭에 제10세기에 그 지역에 큰 학교가 17개나 되어 학도 수천 명을 양성하였다. 그 중 소아시아의 바그다드와 스페인의 코르도바에 한학교가 가장 성대한 까닭에 이 시기 구주 각부의 기독교 소년들이 코르도바에 유학한 자가 많아서 그 이학을 공부하고 본국에 돌아가 기독교인의 지식을 증장시켰다.

科爾豆法의 學校 附屬에 書籍舘이 有ㅎ니 藏書가 六十萬卷이오 又專敎數學, 天文, 化學, 醫學, 哲學 等ㅎ야 功效大著ㅎ니 化學은 本亞拉比亞人의 所臆刱이니 亞兒格保兒[58], 硫酸[59], 硝酸의 類가 皆其發明흔 바이라. 又 代數, 三角, 及 計時用 撓鍾과 星宿表가 亦皆因於其力이니 然則 亞拉比亞人이 於歐人의 長夜漫漫흔 時에 能히 科學을 硏究ㅎ며 技藝를 練習ㅎ니 其智力이 可謂 歐洲諸國의 先導者로다.

루이스 데 공고라 이 아르코테(1561~1627)를 통해 이 도시의 시에 관한 명성이 이어졌다. 독립운동의 중심지였던 관계로 1808년 프랑스군에 의해 맹공을 받고 약탈당했으며, 스페인 내란(1936~39) 중 프랑코 측 군대에 의해 가장 먼저 점령되었던 도시들 가운데 하나였다. 코르도바는 대사원을 비롯한 아름다운 건물들과 교회들, 그리고 무어식 분위기로 인해 인기 있는 관광 명소가 되었다. 섬유제조업·양조업·증류업으로도 유명하다. 인구 321,164(2005년 추계). 〈다음백과사전〉

58) 아아격보아(亞兒格保兒): 알카리 성분을 표현한 것으로 추정됨.

59) 유산(硫酸): 황산.

코르도바의 학교 부속으로 서적관이 있으니 장서가 60만 권이요, 또 수학, 천문, 화학, 의학, 철학 등을 전문적으로 가르쳐 그 공효가 크게 나타나니, 화학은 아라비아인이 창조해 낸 것으로 알칼리, 황산, 초산 등이 모두 그 발명한 바이다. 또 대수, 삼각 및 시간을 측정하는 요종, 성수표가 모두 그 힘으로부터 나왔으니, 서구인에게 긴긴 밤 어지러운 때에 능히 과학을 연구하며 기예를 연습하게 하여, 지력이 가히 구주 여러 나라의 선도자였다.

大學校 設立

亞拉比亞人이 於西班牙 科爾豆法에 研究科學ᄒ야 建大學校하니 乃 歐洲各國 大學校의 嚆矢라. 自餘諸地에도 亦設大學하나 但最初之大學 校ᄂ 與今之編制者로 其宗旨大異하야 無關於政府寺院及君主하고 乃敎 師與生徒가 相集하야 敎授 學術ᄒ고 無校舍之定立者러니 至第十二世 紀ᄒ야 於保羅客那[60]에 起神學與哲學之大學ᄒ니 皆不過專門之大學校 而科學完全之大學校ᄂ 則自德王維廉 第二[61]가 立於尼阿培羅者[62]로 始

---

60) 보라객나(保羅客那): 볼로냐. 볼로냐 대학교(Università di Bologna)는 이탈리아 볼로냐에 있는 유일한 대학이다. 세계에서 가장 오래된 대학인 이 대학은 1088년에 설립되었다. 원래는 신성 로마 제국의 프리드리히 1세가 이 대학의 상징을 기증하였으나, 19세기의 역사학자인 조수에 카르두치에 의해, 실제로 이 대학의 역사가 1088년까지 거슬러 올라 간다는 것이 밝혀졌고 공식인정을 받았다. 최근 1988년에는 개교 900주년 기념식을 열기 도 했다. 최초 이 대학의 설립 당시에는 교회법(Canon)과 민법을 강의하였다. 〈위키백 과〉

61) 덕왕유렴제이(德王維廉第二): 신성로마제국의 프리드리히 2세. 프리드리히 2세(Friedrich II, 1194년 12월 26일~1250년 12월 13일)는 신성 로마 제국 호엔슈타우펜가의 황제(재위 1220~1250년 12월 13일)이자 시칠리아 왕(페데리코 1세, 재위 1197~1250). 이탈리아 역 사계에서는 이탈리아 이름인 페데리코 2세(Federico II)로 부르는 경우가 많다. 학문과 예술을 좋아했으며, 시대에 앞장선 근대적인 군주 같은 행동 때문에 스위스의 역사가인 야코프 부르크하르트는 프리드리히 2세를 「왕좌에 있는 사람 중 최초의 근대인」이라고 평가했다. 중세에서는 가장 진보적인 군주로 평가되어, 같은 시대에 쓰여진 연대기에서 는 「세계의 경이」라며 극찬을 했다. 평소에 식사는 검소적이며, 음주도 하지 않았지만, 그가 열었던 연회는 호사스러울 정도였으며, 르네상스 시대를 먼저 살았다고 생각할 정

나 然니나 其萌芽는 在千二百二十四年時 巴黎之大學63) 僧侶와 餘他敎
師爭論ᄒ야 遂設一神學分科也오 其在德意志ᄒ야는 以千三百四十八年
嘎羅 第四64)가 刱立栢拉克65)으로 爲嚆矢者也니

도의 궁정생활을 보냈다. 프리드리히의 용모에 대해서는 같은 시대의 유럽 사람들은 전
부 칭찬했다고 하지만, 이슬람의 연대기 작자는 그를 「벗겨진 붉은 머리에 아는 것도
없어서 노예였다면 절대 가격이 높지는 않을 것이다」라며 풍채가 좋지 않는 인물로 기록
했다. 〈위키백과〉

62) 니아배라(尼亞培羅): 뉘른베르크.

63) 파려지대학(巴黎之大學): 파리대학. 파리에서의 대학교 발전은 볼로냐에서와는 상당히
다른 조건에서 이루어졌다. 파리 대학교의 중심을 이룬 문학부 학생들은 볼로냐 대학교
의 학생들처럼 부유하지도 않았고 사회 경험도 적었다. 이 때문에 교원과 학생간의 갈등
은 거의 없었고, 대학 기관과 시 당국 간의 갈등도 적었다. 파리 대학교의 체제가 확립되
는 데 중대한 영향을 미친 것은 13세기 내내 계속된 교원조합과 노트르담 사원장 간의
갈등이었다. 원래 노트르담 사원장은 노트르담대성당부설학교의 교장을 겸하면서 파리
교육계의 최고 권위자였으며, 파리의 모든 교원들은 그 사원장이 발급해 주는 교원 자격
증을 반드시 소지해야 했다. 노트르담 사원장은 임의대로 교원 자격증을 수여하고 박탈
할 권리를 갖고 있었을 뿐만 아니라 파리 내의 교원과 학생에 관련된 모든 일을 관장할
수 있었다. 교원들은 노트르담 사원장이 교원 자격증을 수여하고 박탈할 권리를 가진다
는 데는 동의했지만, 교원이 될 수 있는 조건을 정하는 것은 교원들에게 위임되어야 한다
고 주장했다. 이러한 주장에 따라 교원들은 자신들이 내세우는 조건에 부합하지 않는
자가 노트르담 사원장의 자격증을 소지하고 있다 하여도 교원조합의 가입을 승인하지
않았다. 이러한 주장에 따라 교원들은 자신들이 내세우는 조건에 부합하지 않는 자가
노트르담 사원장의 자격증을 소지하고 있다 하여도 교원조합의 가입을 승인하지 않았
다. 교원들의 이러한 행동은 교회 간부들에게 공인된 권위에 대한 반란으로 간주되었으
며, 그러한 움직임을 봉쇄하기 위해 총력을 기울였다. 13세기 초반의 10여 년간, 노트르
담 사원장은 모든 교원에게 교회 기관에 대한 복종 서약을 강요하며 첫 포문을 열었다.
이 공격에 대항하여 파리 교원조합은 교황 인노첸시오 3세에게 노트르담 사원장이 제시
하는 복종 서약이 타당한 것인지를 질의하였다. 이에 교황 인노첸시오 3세는 복종 서약
이 타당하지 아니하다고 판정했으며, 1212년에는 정식 교지를 내려 노트르담 사원장은
교원과 교원조합에 복종 서약을 강요할 수 없고 노트르담 사원장은 교원조합에서 제출
하는 명부의 모든 신규 교원에게 자격증을 발부해야 한다고 확정하였다. 〈위키백과〉'중
세대학'에서 발췌.

64) 갈라 제사(嘎羅第四): 카렐 4세.

65) 백납극(栢拉克): 프라하. 프라하 카렐 대학교(체코어: Univerzita Karlova v Praze, 라틴어:
Universitas Carolina Pragensis)는 체코의 수도인 프라하에 있는 국립 종합대학교이다.
1348년 설립되어 중앙유럽에서 가장 오래 된 대학교이다. 1348년 4월 7일 보헤미아의
왕이자 신성 로마 제국의 황제인 카렐 4세에 의해 이탈리아의 볼로냐 대학교(1088)와
프랑스의 파리 대학교(1150)를 본보기로 하여 설립되었다. 현재의 중앙유럽에 속하는

대학교 설립

아라비아인이 서반아 코르도바에서 과학을 연구하여 대학교를 설립하니 이에 구주 각국 대학교의 효시이다. 이로부터 여러 지방에 또한 대학이 설립되니 다만 그 최초의 대학교는 지금과 편제 방식과 취지가 크게 다르니 정부와 사원 및 군주와 무관하고 교사와 생도가 서로 모여 교수하고 학술을 배우며 교사를 설립하지 않았는데, 12세기에 이르러 볼로냐에 신학과 철학 대학이 설립되니 모두 전문 대학교에 불과하며 학과가 완전한 대학교는 곧 독일(당시 신성로마제국)의 프리드리히 2세가 뉘른베르크에 설립한 대학을 시작으로 하나 그 맹아는 1224년 경 파리 대학의 승려와 여타 교사의 쟁론으로 신학의 한 분과가 설립되었으니, 독일에서는 카알 4세가 프라하에 설립한 것으로 효시를 삼는다.

諸大學이 漸漸向盛흠이 昔之私立者가 亦寺院與官府의 關係가 生ᄒ야 特許를 受ᄒ니 盖智力의 所輯에 各種의 人事와도 關涉되야 寺院과 政府와 君主와 庶民이 均各保護ᄒ야 競欲籍其力也로다.

모든 대학이 점차 융성하여 예전에 사립으로 설립한 것 또한 사원과 관부와 관계가 생겨나 특허를 받으니, 대개 지력이 모이는 곳에 각종의 인사와도 관계가 생겨나 사원과 정부, 군주, 서민이 고루 각각 보호하

지역에서 최초로 설립된 대학이었다. 15세기에 얀 후스 등의 종교개혁 운동의 중심지가 되었으나, 17세기 페르디난트 3세 때 예수회의 영향으로 다시 보수적인 가톨릭 대학이 되었고, 카를 페르디난트 대학교(라틴어: Universitas Carolo-Ferdinandea, 독일어: Karl-Ferdinands-Universität)로 개칭되었다. 그로 인하여 가톨릭 신자만 입학이 허락되었으나, 18세기 말부터 다시 개신교 신자의 입학도 가능해졌고, 이후 라틴어 대신 독일어가 학사의 주된 언어가 되었다. 이후 프라하 지역의 다수를 차지하는 체코어 사용자들의 반발이 계속되자, 1882년 대학은 독일어 대학과 체코어 대학으로 분리되었다. 1918년 체코슬로바키아가 건국된 후 체코어 대학의 명칭은 카렐 대학교로 환원되었고, 독일어 대학은 1945년까지 존속했다. 제2차 세계대전으로 히틀러가 침공하자 체코어 대학이 폐쇄되었다. 1945년 체코어 대학은 재개교하고, 독일어 대학은 폐교하였다. 〈위키백과〉

여 경쟁적으로 적을 두고자 하였다.

第五章 文學再興의 近代

意大利 文學之再興

近世文物之開明과 敎育之昌盛이 其源이 發於十六世紀 文學再興之時 故로 欲述 近世 敎育史인딕 須先述 文學再興之情狀也니,

當中古暗世之末에 幽微之光이 点点發生於歐洲諸地ᄒ니 如何 阿拉比 亞人의 學問은 在黑闇歐洲之邊疆ᄒ야 發光이 頗明이나 然이나 爲歐洲 文學再興의 近因者는 則在阿拉比亞而在君士坦 丁諾泊兒之亡滅하니 卽 第四紀 君士坦丁帝의 所立흔 東羅馬帝國이 至千四百十三年하야 爲土耳 其人所滅也라. 其時 留居帝國하는 希臘學者가 其文學을 抱하고 遠遁(원 둔)하니 是爲古代文學이 再移於意大利之原因하니 歐洲文學의 再興之 端이 此에서 肇하니라.

제5장 문학 재흥의 시대

이탈리아 문학의 재흥

근대 문물의 개명과 교육의 창성은 그 기원이 16세기 문학 재흥의 시기 에서 발생한 까닭에 근세 교육사를 서술하고자 하면 먼저 문학 재흥의 상황을 서술해야 한다.

당시 중고 암흑시대 말에 작은 빛이 비추어 점점 구주 여러 나라에 발 생하니 아라비아 인의 학문은 흑암기 구주의 변방에서 빛을 발하여 비 추었으나, 구주 문학의 재흥의 가장 밀접한 요인은 아라비아와 군사탄 (콘스탄티노플)66) 정약박아(丁諾泊兒)67)의 멸망에 있으니, 곧 4세기 군 사단정제(콘스탄티누스 황제)가 세운 동로마제국이 1413년에 이르러

토이기에게 멸망되었다. 이때 제국에 거주하던 희랍학자가 그 문학을 안고 멀리 달아나니 이로 고대 문학이 이탈리아에 다시 이식되는 원인이 되었으니, 구주 문학의 재흥의 발달이 이로부터 시작되었다.

當時 意大利의 國体가 甚類 古代之希臘ᄒ니 非全部一統之國이오 又有無數都府가 獨立各處ᄒ야 都府ㅣ 互競ᄒ야 自詡(후)其邑居之壯麗와 與其居民寓客之才智 故로 有自希臘으로 遁至學校者면 豪貴가 皆樂迎之而保護ᄒ고 其所携來ᄒᆫ 古文을 遂乃蒐集圖書ᄒ며 設置學校ᄒ며 開藏書館ᄒ니 如瓦的耕68)의 圖書舘이 其名이 最著ᄒ니 是時에 教皇 尼哥拉第五69)의 所立也라.

당시 이탈리아의 국체가 심히 고대 희랍의 유에 속해 전부 통일하여 한 나라가 되지 못했으며, 또 무수한 도시가 각자 독립하여 서로 경쟁하여 스스로 그 읍의 거주의 장려함과 그 거주민과 손님의 재주와 지혜를 자랑하는 까닭에 희랍으로부터 학교에 가면 부호 귀족이 모두 즐겨 맞이하고 보호하며, 그 휴대하고 온 고문의 도서를 수집하며 학교를 세우고, 장서관을 여니, 와적경(瓦的耕: 미상)의 도서관이 가장 유명하니 이때 교황 니콜라이 5세가 세운 곳이다.

盖當時 意大利國은 旣非如今之統一而有國家之思想者오, 徒其都府를 裝飾ᄒ며 宮殿을 建築ᄒ며 書籍을 蒐集ᄒ며 文學을 硏修ᄒ야 欲圖興復古羅馬의 烜耀榮華 故로 意大利의 文學再興은 其因果가 殊甚閴命ᄒ야 非如歐洲他國의 錯綜ᄒᆫ 宗敎를 含有ᄒ며, 與國家主義의 諸元質을 包홈

---

66) 군사탄(君士坦): 콘스탄티노플.
67) 정약박아(丁諾泊兒): 1453년 오스만 투르크의 메호메트2세가 콘스탄티노플을 공격하고, 콘스탄티누스 11세가 전사함에 따라 동로마 제국이 멸망하였다.
68) 와적경(瓦的耕): 바티칸으로 추정. 로마 교황청 소재지.
69) 니가납 제5(尼哥拉 第五): 교황 니콜라이 5세.

이라. 其先後顯出ᄒᆞᆫ 學人이 大抵ᄂᆞᆫ 非宗敎家오, 亦非愛國家오, 乃詩人 畵工 彫刻師 文學士의 類라.

대개 당시 이탈리아국은 지금과 달리 통일된 한 국가의 사상이 없고, 여러 도시를 장식하며 궁전을 건축하며 서적을 수집하며 문학을 연수하여 로마의 메마른 영화를 복고하고자 한 까닭에 이탈리아의 문학 재흥은 그 인과가 특히 심히 한가하고 짧아, 구주의 다른 나라처럼 착종한 종교를 함유하고 국가주의의 제반 원질을 포함하지 않았다. 그 선후에 현출한 학인은 대저 비종교가요, 이에 시인, 화공, 조각사, 문학사 등이었다.

時時로 宏大之詩를 著ᄒᆞᄂᆞᆫ 者ᄂᆞᆫ 有達泰[70] 氏ᄒᆞ고 美麗之詩를 作ᄒᆞ난 者ᄂᆞᆫ 有拉達培克[71] 氏하며 其流暢ᄒᆞᆫ 文章을 綴ᄒᆞᄂᆞᆫ 者ᄂᆞᆫ 有保克西奧[72]

---

70) 달태(達泰): Dante, Alighieri(1265~1321). 이탈리아 최대의 시인. 피렌체 태생. 9세 때 미소녀 베아트리체(Beatrice, 1266~1290)와 처음 만나 플라토닉한 사랑을 느끼고, 평생 변함이 없었다. 그 애정이 그의 정신생활에 결정적으로 영향을 주었다. 베아트리체는 천상적(天上的)인 사랑의 상징으로 아름답게 형상화되어 〈신생(La vita nuova)〉, 〈신곡(Divina Commedia)〉에서 읊어지고 있다. 베아트리체가 젊은 나이로 요절하자, 그는 그 죽음을 깊이 애도하고, 정열을 학문연구에 기울이고, 철학·신학에 침잠(沈潛)하여 거기서 위안을 찾아냈다. 피렌체대학, 볼로냐대학에서 수사학을 공부하고 상류사회에 출입, 1295년경 피렌체시의 여러 요직에 취임하면서, 귀족의 딸과 결혼하여 4자녀를 얻었다. 피렌체의 행정장관으로 활약, 시의 자주독립을 꾀하고 정치 불안을 일소한 듯이 보였으나, 반대당에 의한 정변으로 실각, 추방의 몸이 되고, 한때는 사형판결까지 받았다(1302). 그 후는 이탈리아 각지의 궁정과 프랑스에서 방랑생활을 했고, 만년에는 라벤나의 영주(領主)에게 몸을 기탁하다가 그곳에서 병사하였다. 〈신생〉은 31편의 연애시를 모은 이탈리아어 작품으로, 이탈리아어 문학을 세계수준에까지 끌어올린 것이다. 그의 최대 걸작인 종교적 서사시 〈신곡〉은 방랑 중에 집필하기 시작, 〈지옥편〉, 〈속죄편〉을 완성하고, 만년에 〈천국편〉을 완성하였다. 그리스도교적 세계상을 장대한 상징의 형태로 예술화하여, 사상적인 깊이, 창조적 상상력, 고뇌와 정열의 강렬함, 언어의 아름다움으로 해서 비할 데 없는 명작으로 손꼽힌다. 〈가톨릭사전〉

71) 납달배극(拉達培克): 페트라르카. 후에 나오는 배달납극(培達拉克)을 잘못 적은 것으로 판단됨.

72) 보극서오(保克西奧): 보카치오.

氏ᄒ며 古今 無雙之畵伯은 有納比爾[73) 氏ᄒ며 丁西恩[74) 氏ᄒ고 彫刻
及 建築家ᄂᆞ 有米基耶爾恩顯路[75) 氏ᄒ며 皆當時意大利之人物也라. 至
李珂 第十世[76) 時ᄒ야 羅馬가 成爲歐洲文藝之樞極ᄒ니 凡英法德人이
欲得新知識者ᄂᆞ 皆逾阿耳魄士山[77)하야 游等於意大利하ᄂᆞ니,

때로 굉대한 시를 쓴 사람은 단테가 있고, 미려한 시를 쓴 사람은 페트
라르카가 있으며, 유창한 문장을 지은 사람은 보카치오가 있고, 고금

---

73) 비납이(比拉爾): 보티첼리로 추정. 보티첼리(1445~1510). 그의 작품에서 3차원적인 회화
기법은 없지만 장식적인 선 스타일로 인체를 자유롭게 표현했다. 신화 내용을 인간의
모습과 조화롭게 결합했다. 대표작으로는 〈비너스의 탄생〉(피렌체 우피치 미술관), 〈봄
의 우의〉(피렌체 우피치 미술관) 등이 있다. 진중권, 〈서양미술사〉(휴머니스트).

74) 정서은(丁西恩): 레오나르도 다빈치(1452~1519). 레오나르도 다빈치는 동시대인들에게
조차도 거장으로 대접받았다. 레오나르도는 다방면에서 뛰어난 천재성을 발휘하여 늘
유명세를 탔다. 그는 위대한 미술가들의 시대에 가장 위대한 미술가였을 뿐만 아니라
세계에서 가장 뛰어난 해부학자이자 식물학, 지질학, 심지어 항공학의 태동에 이르는
방대한 영역에서 타의 추종을 불허한 자연과학자이다. 그렇지만 수천 장의 노트와 드로
잉이 재발견되어 평가된 덕은 비교적 최근의 일이다. 대표작으로는 〈최후의 만찬〉. 〈모
나리자〉 등이 있다. 진중권, 〈서양미술사〉(휴머니스트).

75) 미기야이은현로(米基耶爾恩顯路): 미켈란젤로.

76) 이가 십세(李珂十世): 레오10세. 교황 레오 10세(라틴어: Leo PP. X, 이탈리아어: Papa
Leone X)는 제217대 교황(재위 1513년 3월 9일~1521년 12월 1일)이다. 본명은 조반니
디 로렌초 데 메디치(이탈리아어: Giovanni di Lorenzo de' Medici)이다. 재위기간 중에
성 베드로 대성전의 건축 기금을 마련하기 위하여 전대사 반포를 승인했으며, 이로 인하
여 마르틴 루터가 95개조 반박문을 게시하여 종교개혁이 촉발되었다. 피렌체 공화국의
실질적인 통치자인 로렌초 데 메디치의 차남으로 태어났으며, 조카 줄리오 디 줄리아노
데 메디치는 나중에 교황 클레멘스 7세(재위 1523~1534)로 등극하게 된다. 〈위키백과〉
레오 10세는 로마를 유럽 문화의 중심지로 만들고, 교황권을 유럽의 중요한 정치권력으
로 끌어올렸던 인물이다. 르네상스 시대 교황들 가운데 가장 사치스러웠던 것으로 손꼽
히는 그는 교황청 재산을 탕진하고, 당시 진전되고 있던 종교개혁에 맞서 통일된 서방
교회를 분열시키는 데 기여했으며 마르틴 루터를 파문했다. 1513년 2월 21일 율리우스
2세가 죽자 후임 교황으로 선출되었다. 율리우스 2세가 시작해놓은 성베드로 성당 건축
에 큰 관심을 보였고, 이 건축기금을 마련하기 위해 전임 교황 때의 모금방법이었던 면죄
부를 재승인했다. 이에 대해 마르틴 루터는 공개적으로 교황에 반대했고, 1521년 그는
파문을 선포했다. 그는 후대의 역사에 의해 정당성이 입증된 루터파 운동을 진지하게
받아들이지 않았던 것이다. 〈다음백과〉

77) 아이백사산(阿耳魄士山): 지명 미상. 알프스를 지칭한 것으로 추정됨.

무쌍의 화백은 보티첼로, 다빈치가 있으며, 조각 및 건축가는 미켈란젤로가 있으니, 모두 상시 이탈리아의 인물이다. 레오 10세에 이르러 로마가 구주 문예의 중심 축을 이루니 영국 프랑스 독일인이 신지식을 얻고자 하는 자는 모두 알프스(아이백사산)를 넘어 이탈리아에 유학하였다.

　自土耳其人之亡東羅馬帝國으로　破壞希臘羅馬之文學技術을　歐洲人이　再修繕之하야　其間意大利人이　實有保存文學之功하니　可謂　古今文學之續絶者라. 如川谷之懸橋然하야　其美術이　亦多出大家하니　他國之所遠不及이로다.
　意大利文學焉　美術이　極其隆盛은　在第十五　第十六世紀之間하야　實爲諸國之先導也　而在意大利하야　爲文學之先導者는　則又爲達泰氏로다.

터키가 동로마 제국을 멸망시킨 이후 희랍과 로마의 문학 기술을 파괴한 것을 구주인이 다시 수선하여 그간 이탈리아에서 실제 문학을 보존한 공이 있으니, 가위 고금 문학의 단절을 이은 것이다. 마치 강과 계곡에 다리를 놓은 것처럼 그 미술이 또한 다수의 대가를 산출하니 다른 나라에서 멀리 미칠 바가 아니다.
이탈리아의 문학에서 미술이 극히 융성한 것은 15세기 16세기의 사이의 일이니 실제 다른 여러 나라의 선도자였다. 이탈리아에서 문학의 선도자는 곧 단테였다.

　達泰氏는　生於千二百六十五年하야　沒於千三百二十一年하니　然則在歐洲에　爲介於中古之末과　與近世之始흔　大學人이라. 當是時하야　歐洲之文言이　惟羅甸文이니　不習羅甸文이면　不得稱爲有學하느니　氏　以本國文言이　曾未見用於文學으로　乃以粗鄙之俗語로　作高壯說話體之詩하니　然則　若氏者는　謂之刱造意大利文字人이라도　可也라.

단테는 1265년에 태어나 1321년에 죽었으며 구주에서 중고의 말기와 근세의 시작을 알린 대 문학자이다. 당시 구주의 언문(言文)이 오직 라틴문뿐이니 라틴문을 배우지 않으면 학문이 있다고 칭하지 못했다. 그는 본국의 문언이 일찍이 문학에 사용되지 않았음으로 이에 조잡하고 비루한 속어로 고상하고 장엄한 설화체의 시를 창작하니 그러므로 그는 가히 이탈리아 문자의 창시자라고 일컬을 수 있다.

▲ 제10호

盖歐洲 中古의 文學之致頹廢者는 原於文言之拘束ᄒ야 不能以本國之語言으로 爲學ᄒ야 或誦經典ᄒ며 或講學問에 皆不得不依羅甸文이어늘 達泰 氏ㅣ 始以本國語로 著書ᄒ야 俾國民之精神으로 因之暢達ᄒ니 其功이 可謂偉矣로다. 又如 培達拉克 氏, 保極西奧 氏가 繼達泰氏而興ᄒ야 亦以意大利語로 作詩與散文ᄒ야 排斥宗敎哲學而盡力以修古學ᄒ야 使意大利人으로 出宗敎之枯軛(출종교지고액) 而發揮自由ᄒ야 硏究學問케 ᄒ 者는 三氏의 力이 爲大ᄒ니라.

대개 구주 중고의 문학이 퇴폐에 이른 것은 본래 문자 언어에 구속되어 본국의 언어를 사용하지 못하게 하여 학문을 하니 혹 경전을 암송하고 혹 학문을 강의함에 모두 부득불 라틴문으로 하거늘 단테는 본국어로 저술을 시작하고 국민정신을 북돋워 창달하게 하니 그 공이 과연 크다. 또 페트라르카, 보카치오가 단테를 이어 또한 이탈리아 어로 시와 산문을 지어, 종교와 철학을 배척하고 고문학을 닦는데 진력하여 이탈리아인으로 하여금 종교의 굴레에서 벗어나 자유로운 정신을 발휘하게 하니, 학문을 연구하게 한 자는 이 세 사람이 위대하다.

近世 文明之元質

自意大利人이 爲文學再興之先導로 開近世文明之端緖ᄒ야 歐洲人이 始覺其千餘年 長夜之眠ᄒ야 以有今日之曉者ㅣ 又有故焉ᄒ니, 非僅此一事가 遂足爲近世文明之原因也라. 盖當時에 有數事ㅣ 皆可稱爲今日文明之準備助力焉일ᄉᆡ 今擧大略如左ᄒ니,

근세 문명의 본바탕

이탈리아인이 문학 재흥을 선도한 것으로부터 근세 문명의 단서가 열려, 구주인이 천여년 동안 긴 밤의 잠을 깨어나 금일의 깨침이 또한 이로 말미암았으니, 겨우 이 한 사건뿐만 아니라 드디어 족히 근세 문명의 원인이 되었다. 대개 이 시기 몇 가지 일이 모두 금일 문명의 조력자라고 일컬어지니 이를 열거하면 대략 다음과 같다.

一. 自學希臘羅馬之古學으로 人之思想이 不役淺近ᄒ고 遂能奮起ᄒ야 皆欲蝸液於學問ᄒ야 硏究事物之動力ᄒ며
二. 從事於十字軍者ㅣ 齎來東方之文物ᄒ야 其知識機能을 增益케 ᄒ며
三. 發明羅針之用ᄒ야 印度와 與亞美利에 向ᄒ야 航行ᄒ야 新世界를 得ᄒ야 海路를 交通홈이 其知識의 境域을 大擴ᄒ며
四. 有火器而行軍이며 又有發明社會의 組織ᄒ며 起重大變故ᄒ야 削武士之權力ᄒ며 高農業者之位階ᄒ야 可以平均權力而大減戰爭之數ᄒ야 得永平和之福케 ᄒ며

일. 희랍 로마의 옛 학문을 배워 사람의 사상이 천근한 데 머물지 않고, 드디어 분발 흥기한 데 이르러 모두 학문을 융합하여 사물 연구의 동력이 되게 하며,
이. 십자군에 종사했던 사람들이 동방의 문물을 가져와 지식과 기능을 증장했으며,
삼. 나침반을 발명하여 인도와 아메리카로 항해하여 신세계를 얻고 해

로를 교통하여 그 지식의 영역을 널리 확대했으며,

사. 화기와 행군이며 사회 조직의 발명이며 중대 변화가 일어나게 하여
무사의 권력을 삭탈하고 농업의 지위를 높여 가히 권력을 평준화하
고 전쟁의 수를 줄여 영원한 평화의 복을 얻게 했으며,

五. 印刷器械發明이니 省煩勞之抄寫ᄒ고 學士ㅣ得書甚易ᄒ며 又麻布
造紙法이 亦同時發見ᄒ야 與印刷器로 均能速知識之編及ᄒ며, 印
刷器ᄂ 和蘭人 洛稜司檻斯脫78)에 刱ᄒ니 時ᄂ 一千四百四十五年
으로브터 一千四百五十年頃이라. 與其弟子 葛登培格79)으로 共携
此器ᄒ고 入德意志ᄒ니 業書家가 大便利之라. 爾後 二十年間에
其器가 遂通行全歐ᄒ니라.

六. 通貿易之衢途ᄒ며 開商業之都府ᄒ야 增富厚之程度니 爲此者ㅣ
可得獎勵文藝之資本ᄒ며,

七. 以用於普通言語之國語로 爲文章書籍이니 學問之道가 大爲簡便이
오,

八. 破封建之制度ᄒ고 戢貴族之暴橫ᄒ고 斂武士之跋扈ᄒ야 平民이
亦得受平均之權利함으로 人事의 敎育을 能盡케 홈이오,

九. 歐洲 諸國 中央政府의 權力이 日盛ᄒ 故로 人民의 身家財産을 可
以保護無虞케 홈이오,

十. 宗敎의 改革이니 從來로 宗敎의 束縛에 蒙蔽홈을 脫ᄒ고 不倚賴
於僧侶 而自由任便의 信敎를 得ᄒ야 硏究眞理홀 意志를 起ᄒ며
智力의 秘要를 啓發홈을 悟케 ᄒ니 於是에 敎門之事를 不要ᄒ고

---

78) 낙릉사함사탈(洛稜司檻斯脫): 미상.

79) 갈등배격(葛登培格): 구텐베르크. 구텐베르크는 마인츠의 귀족의 아들로 태어났다. 그가
금세공사조합에 가입해서 금속세공기술을 익혔다는 사실 이외에 그에 대하여 얻을 수
있는 자료는 자금거래 서류에서 나온 것이 전부이다. 구텐베르크는 1436년부터 1446년
사이에 그의 인쇄술을 발명했으며, 걸작인 42행 성서를 1455년 이전에 완성한 것으로
보인다. 복잡한 재판 기록에 의하면 그는 권리를 확보하지 못하고 파산했으며, 말년에는
거의 실명에 이르기도 했다. 〈다음백과〉

能히 學生을 造就ᄒ야 人生의 敎育法을 求ᄒ케 홈이라.

오. 인쇄 기계 발명이니 번로한 초록과 베끼기를 생략하고 학사들이 책을 쉽게 얻으며, 마포로 종이를 만드는 법이 또한 동시에 발견되어 인쇄기와 함께 능히 빠른 속도로 지식을 보급하게 했다. 인쇄기는 네덜란드 인 낙릉사함사탈(洛稜司檻斯脫: 미상)이 만든 것으로 이 때는 1445년부터 1450년 경이다. 그 제자 구텐베르크가 이 기계를 휴대하고 독일에 들어가니 서적 사업가의 큰 편리함이 되었다. 이후 20년간 그 기계가 드디어 전 유럽에 퍼졌다.

육. 무역 통상이 열리고 각 도부의 상업을 열며, 부를 증대한 정도가 증장하니 이로 가히 문예를 장려할 자본을 얻을 수 있었다.

칠. 보통의 언어와 국어를 사용하여 문장 서적을 지으니, 학문의 방법이 매우 간편해졌다.

팔. 봉건제도를 타파하고 귀족의 횡포를 멈추게 했으며, 무사의 발호를 막아 평민이 또한 균등한 권리를 얻어 사람들의 교육을 다할 수 있도록 하였다.

구. 구주 제국의 중앙정부의 권력이 날로 성한 까닭에 인민의 신체 재산을 가히 보호하여 걱정을 덜게 하였다.

십. 종교 개혁이니 종래 종교의 속박에 따른 몽매함을 벗어나 승려에 의지하지 않고 자유로 편의를 맡는 신교를 지녀 진리를 연구할 의지를 불러일으키며 지력의 비요(秘要)를 계발함을 깨닫게 하니 이에 교회의 간섭을 받지 않고 능히 학생을 모아 인간사의 교육 방법을 구하게 하였다.

文學이 及於歐北

發生於意大利之文學이 漸越阿爾魄士山[80]ᄒ야 行乎歐洲北部ᄒ야 入英法德荷 諸國ᄒ야 大變其宿昔敎育之法ᄒ야 歷無數變遷ᄒ고 曲折變騰

而成今時所行ᄒᄂᄂ 理論方法ᄒ니 若能考其源委ᄒ면 誠最要而最增樂趣者라.

當意大利 文學再興時ᄒ야 其人이 皆具慕故之情ᄒ야 於希臘羅馬文學에 醉心ᄒ야 至欲復見紀元前에 希臘 佩爾克賴士[81](雅典 豪傑)의 盛時景象ᄒ며 又其時에 僧侶 平民이 亦皆熱心於古代文學而減其向宗敎之心力ᄒ고 或至不奉耶蘇敎而拜希臘之神ᄒ고 或爲不歸依宗敎之人 而是時에 羅馬敎皇이 又習於華奢ᄒ야 瓦의 耕[82]之王宮이 爲恣其醜行之場ᄒ고 僧侶ᄂ 皆放蕩無行ᄒ며 志趣鄙陋ᄒ야 競爲褻薄之事(경위설박지사)ᄒ니 爲平民之所不齒오 平民도 亦滅其往日의 敬神重僧之心ᄒ지라.

문학이 북구에 미침

이탈리아에서 발생한 문학이 점점 알프스 산을 넘어 구주 북부에 행해져, 영국 프랑스 독일 네덜란드 등 여러 나라에서 예전의 교육법이 크게 변화하여 그 내력이 무수히 변천하고, 변화한 곡절과 시세의 행하는 바 이론과 방법이 널리 퍼지니 만약 그 기원을 고찰하면 진실로 가장 필요하고 즐김을 높이고자 하는 뜻이다.
당시 이탈리아의 문학 재흥 시에 그 사람들이 옛날의 정서를 그리워하여 희랍 로마의 문학에 심취하여 기원전 희랍의 페리클레스(아테네의 호걸)의 전성시대 모습과 같으며, 그 때 승려와 평민이 모두 고대문학에 열중하고 종교적인 심력이 감퇴했으며 혹은 기독교를 신봉하지 않고 희랍의 신을 숭배하며, 혹은 종교인에게 의뢰하지 않아 이때 로마 교황이 화려하고 사치함을 배워 바티칸 왕궁이 임의로 추행하는 장소가 되니 승려는 모두 방탕무행하고 그 취지가 비루하여 설박(褻薄)한

---

80) 아이백사산: 알프스.
81) 패이극뢰사: 페리클레스.
82) 와적경: 바티칸.

일을 다투어 하니, 평민이 참을 수 없게 되었으며, 평민도 또한 옛날의
신을 숭배하고 승려를 존중하는 마음이 줄어들었다.

耶蘇教의 中心에 羅馬敎皇의 現住ᄒ 意大利ᄂ 其人이 率皆不願束縛
於宗敎가 旣如是홈으로 於是尊信敎皇ᄒ며 服從彼敎ᄒᄂ 別種歐洲人도
其心이 亦爲大變ᄒ야 阿爾魄士山 以北에 如德意志人도 見敎皇放恣ᄒ
며 僧侶無行ᄒ고 心生不悅ᄒ야 乃欲不賴僧侶而自誦經典ᄒ며 不黙從敎
權而自硏宗敎眞理ᄒ야 遂知自學希伯來語[83)ᄒ야 讀舊約書ᄒ고 學希臘
語ᄒ야 讀新約語홈이 爲硏求之最要ᄒ고 更修習古文學ᄒ야 以硏究經典
ᄒ며 或譯而傳之ᄒ야 使人民으로 不待僧侶講釋而能解耶蘇敎旨ᄒ며 其
後에 乃有改革宗敎一事ᄒ니 當時 碩學이 輩出이라. 其最初出者ᄂ 古文
學家인뒤 於宗敎改革에 爲助力爲先導者오 其後繼出者ᄂ 宗敎改革家而
能盡力於敎育者가 又續出而盡力於敎育之改良ᄒ니 故로 意大利 文學再
興之結果ᄂ 爲替敎皇之權力ᄒ야 貶抑僧侶ᄒ야 衰頹其宗敎者也라.

기독교의 중심으로 로마 교황이 현주한 이탈리아는 사람들이 모두 종
교의 속박을 원하지 않음이 이와 같아 교황을 존경하고 믿으며 그 종교
에 복종하니 다른 종의 구주인도 그 마음이 크게 변화하여 알프스 산
이북에 독일인도 교황의 방자함을 보고 승려의 무행을 보아 마음이 기
쁘지 아니하여 이에 승려에게 의지하지 않고 스스로 경전을 암송하며,
종교의 권위를 따르지 않고 스스로 그 진리를 연구하여 드디어 스스로
히브리어를 배워 구약성서를 읽고 희랍어를 배워 신약성서를 읽음을
연구의 가장 중요한 것으로 삼고, 그 뒤 종교를 개혁하는 큰 사건이
있었으니, 이때 석학이 배출되었다. 그 최초는 고문학가인데 종교개혁
을 조력하여 선도자가 되고, 그 후 이어 배출된 자는 종교 개혁가이니
능히 교육에 진력한 사람들이 계속 배출되어 교육 개량에 힘썼다. 그러

---

83) 희백래어(希伯來語): 히브리어.

므로 이탈리아의 문학 재흥의 결과는 교황의 권력만을 대신한 것이 아니라 승려를 억눌러 그 종교의 쇠퇴를 가져왔다.

德意志人이 實當改革宗敎ᄒ며 並硏究文學之任ᄒ야 遂令敎育改良ᄒ고 文明益進ᄒ야 馴致十九世紀之盛ᄒ니, 然이나 在歐洲之北部ᄒ야 其文學再興ᄒ며 宗敎改革이 行之大不易而卒有效者ᄂ 可以見其人之堅强矣로다. 盖其間에 有僧侶與學者之競爭ᄒ고 又有煩瑣理學과 與新學之爭ᄒ야 生激烈之抵抗而僧侶도 覺得新學之危已ᄒ고 其抵抗이 尤力ᄒ야 至目爲邪敎에 欲禁人學古文ᄒ니 皆自希柏來與希臘起之니라.

今試擧盡力於古文學ᄒ고 且於宗敎改革에 開其道路者ᄂ 則阿固利廓拉[84]氏와 路徹英[85]氏와 哀拉司馬[86]氏가 爲最善著名者라. 至十六世紀後에 又有路德[87]氏, 嘉爾文[88]氏, 美蘭其松[89]氏ᄒ니라.

독일인이 실제 종교개혁을 담당하며 또 문학 연구의 임무를 맡아 드디어 교육을 개량하고 문명을 더욱 발전시키니 19세기에 융성함에 이르렀다. 그러나 구주 북부에서 문학이 재흥하며 종교개혁이 행해진 것은 쉽지 않았으나 그 효과는 가히 사람으로 하여금 더욱 건강하게 하였다. 대개 이 기간에 승려와 학자가 경쟁하고 또 번쇄이학과 새로운 학문이 쟁투하여 격렬하게 저항하던 승려도 새로운 학문의 위험을 깨닫고, 그

---

84) 아고리확랍(阿固利廓拉): 위클리프. 16세기 종교개혁은 그 이전에도 이미 선례가 있었다. 성 프란키스쿠스, 페터 발도, 얀 후스, 존 위클리프 같은 중세 교회 내의 개혁자들은 이미 1517년 이전에 수세기에 걸친 교회생활의 악습을 폭로했다. 16세기의 위대한 인문주의 학자인 로테르담의 에라스무스는 교회에 만연된 미신과 도덕적 악습을 공격하고 최고의 교사인 그리스도를 모방하라고 촉구한 자유주의 가톨릭 개혁의 주요 주창자였다. 〈다음 백과〉

85) 노철영(路徹英): 얀 후스로 추정.

86) 애랍사마(哀拉司馬): 에라스무스.

87) 로덕(路德): 마정로덕(馬丁路德). 마틴 루터.

88) 가이문(嘉爾文): 칼뱅.

89) 미란기송(美蘭其松): 츠빙글리(?).

저항이 더욱 심해져 사교로 지목하고 사람들에게 고문을 배우지 못하게 하니 대개 히브리와 희랍에서 이런 일이 일어났다.
지금 시행하는 고문학에 진력하고 또 종교 개혁의 길을 연 자는 곧 아고리확랍(위클리프로 추정), 노철영(얀 후스로 추정), 에라스무스가 가장 저명한 자이다. 16세기 후에 루터와 칼뱅, 츠빙글 리가 있다.

▲ 제11호

馬丁路德氏는 生於千四百八十三年ᄒ야 殘於千五百四十六年ᄒ니 氏가 於宗敎改革에 厥功이 偉矣라. 然이나 於敎育의 改良에도 其功이 亦不細ᄒ니 盖氏가 抗羅馬敎皇ᄒ고 與德意志政府로 爭ᄒ야 辛苦艱難에 終獲改革之效ᄒᆷ이 因建人民政敎의 自由ᄒ야 以助敎育之事業ᄒ니 其擧動이 皆關係於百事百物이라. 使無敎育이면 宗敎의 改革도 莫寸其成이오, 人民의 一切生計도 終難改良也니 路德이 殫心瘁力ᄒ야 自爲己任ᄒ고 或呈書政府ᄒ며 或陳說於議員ᄒ며 或勸僧侶ᄒ며 或諭人民ᄒ며 或著書ᄒ며 或演說ᄒ며 或作報ᄒ며 或編敎則而踐行之ᄒ야 無遠近無親疎無險易ᄒ고 奮其熱力ᄒ야 以救民爲急務而歸本於敎育ᄒ고 倡言初等敎育之切要ᄒ야 以施普通敎育으로 爲政府之責成ᄒ니 若夫初等敎育과 及强迫敎育의 原起가 皆路德氏로 因ᄒ야 始明ᄒ얏다 可謂ᄒᆯ진져.

마틴 루터는 1483년에 태어나 1546년에 졸하니 그가 종교개혁에 미친 공이 매우 크다. 그러나 교육 개량에도 그 공이 또한 적지 않으니 대개 그가 로마 교황에 저항하고 독일 정부와 다투어 신고 끝에 개혁의 효과를 얻음에 인민의 정부와 종교를 자유롭게 건설하여 교육을 돕고자 하는 사업을 하니, 모든 사물과 관계된 것이었다. 곧 교육을 하지 않으면 종교 개혁도 조그만 성과도 이룰 수 없으며 인민의 모든 생계도 끝내 개량할 수 없으니, 루터가 온 힘을 다해 자신의 책임으로 알고 혹은 정부에 글을 올리고, 혹은 의원들에게 연설하며, 혹은 승려를 권유하고,

166

혹은 인민을 깨우치며, 혹은 책을 짓고, 혹은 연설하며, 혹은 신문을 내고 혹은 교칙을 편성하여 그것을 실천하여 원근, 친소, 험난하고 쉬움이 없이 열렬히 분투하여 백성을 구제하는 것을 급선무로 하고 교육의 본질에 귀의하며 초등교육의 중요성을 주장하여 보통교육을 실시하는 것이 정부의 책임으로 알게 하니, 대저 초등교육과 강박교육의 기원은 모두 루터로 인하여 시작되었다고 말할 수 있다.

氏之言에 曰 維持學校之費는 應由國庫任之而使小兒로 入學ᄒᆞ야 以受教育은 乃父對其子之責也오, 亦一切人民之責也라. 故로 氏가 自立學校ᄒᆞ고 致力於種種助教育事業之法ᄒᆞ야 千五百二十五年에 氏가 受孟司腓立達[90] 公命ᄒᆞ야 於其鄕里 奧司納本[91]에 立一小學校 及 一中學校ᄒᆞ니 其所定學科와 課程과 與授業法을 他學校가 多倣而行之ᄒᆞᄂᆞ니

그는 학교 유지 비용은 국고로 담당해야 하며 아동으로 하여금 입학하게 하여 교육을 받게 하는 것은 부모의 자식에 대한 책임이요, 일체 인민의 책임이라고 하였다. 그러므로 그가 학교를 세움에 종종 교육 사업을 보조하는데 주력하였으며, 1525년에 막데부르크 공의 명을 받아 향리인 아이스레벤에 한 소학교와 중학교를 설립하니 그때 정한 학과와 과정, 수업 방법을 다른 학교가 다수 모방하여 행했다.

氏의 所新設ᄒᆞᆫ 教는 分生徒爲三級ᄒᆞ니 第一級은 令讀自己所著之讀書, 入門, 習字, 暗誦古人格言이오, 第二級은 令讀文法ᄒᆞ야 伊曾布喩言과 古人美歌를 讀케 ᄒᆞ며, 第三級은 令讀羅馬文學書호ᄃᆡ 每日에 自正午로 至一時는 使習音樂ᄒᆞ고 水曜日則教以宗教之旨而學科中에 以宗教로 爲最要ᄒᆞ야 嘗謂一切人民이 須勉讀經典譯本ᄒᆞ야 以明教旨라 ᄒᆞ고, 因

---

90) 맹사비립달: 미상. 막데부르크(?).

91) 오사납본: 아이스레벤. 독일의 지명.

選摭經典而作宜於學校之教科書ᄒ니 人民이 爭購讀之ᄒ고, 又以歷史로 爲敎科書中最必要而不可缺者라 ᄒ며, 又貴音樂曰 敎師不能敎音樂則不足置於學校라 ᄒ며, 又於體育에 亦極致意曰 運動於淸新空氣中ᄒ야 行合宜之体操者ᄂ 爲兒童之急務라 ᄒ고, 此外則奬勵數學, 理學ᄒ야 爲他日에 擴充學科之用ᄒ고, 並望後人於敎育法中에 誘起受敎者之精神ᄒ야 使人以學堂으로 爲欣樂之地케 ᄒ니, 氏의 刱立普通敎育이 雖非如後世의 完全結搆者나 然이나 可稱普通小學校 刱立之人이오, 亦可謂現今普通敎育의 基礎倡立之人也니라.

그가 새로 설립한 학교는 생도를 삼등급으로 나누어, 제1급은 자신이 지은 저서를 읽게 하고, 입문, 습자, 고인의 격언 암송을 하게 하며, 제2급은 문법을 읽고 일찍이 포유된 말과 고인의 아름다운 노래를 읽게 하며, 제3급은 로마 문학서를 읽게 하되 매일 정오부터 1시간은 음악을 익히게 하고, 수요일은 곧 종교의 본지로 학과 중에 종교를 가장 중시하여 일찍이 모든 인민이 모름지기 경전 역본을 힘써 읽도록 하여 종교의 취지를 밝혀야 한다고 하였다. 이로 인해 경전에서 선별하여 학교의 교과서를 만드니 인민이 다투어 그것을 구독하였다. 또 역사를 교과서 가운데 가장 중요하며 빠뜨릴 수 없는 것이라고 하였으며, 음악을 중시하여 말하기를 교사가 음악을 가르칠 수 없다면 학교에 두기에 마땅하지 않다고 하였다. 또 체육에 극히 유의하여 말하기를 청신한 공기 중에 운동하여 마땅히 체조를 하게 하는 것은 아동에게 매우 급한 일이라고 하였고, 또 이외에 수학과 이학을 장려하여 타일에 학과에 필요한 것을 확충하게 하고, 아울러 후세 사람이 교육 방법 중에 바라는 바 교육을 받는 사람의 정신을 환기하여 사람으로 하여금 학당이 즐거운 곳이 되게 해야 한다고 하니, 그가 창립한 보통교육은 비록 후세의 완전한 상태는 아니나 가히 보통 소학교를 창립한 사람으로 칭할 수 있으며, 또한 지금의 보통교육의 기초를 세운 사람이라고 할 만하다.

第六章 教育改良之近代

當時所行教育之缺典

如上篇所述ᄒᆞ야 文學이 再興於意大利라가 漸次侵入歐洲ᄒᆞ야 變其從來教育之舊法ᄒᆞ고 擴張其區域ᄒᆞ야 使人之身으로 不爲嚴酷監督의 所幽人ᄒᆞ고 其心으로 又不爲狹隘教規의 所繁絏(번설)ᄒᆞ며 向之煩瑣理學派ᄂᆞᆫ 唯發達於推理力者라. 僅局促於機變之才辯ᄒᆞ더니 至此에ᄂᆞᆫ 亦不爲其拘囿役使ᄒᆞ고 注意於衛生體育二者ᄒᆞ야 專主於心意自由之發育故로 教育理法이 漸暢達於世ᄒᆞ니라.

당시 행하던 교육의 결점

상편에 기술한 바와 같이 문학이 이탈리아에 재흥하다가 점차 구주에 퍼져 그 변화를 따라 종래의 옛날 교육법이 변하고, 구역이 확장되어 사람으로 하여금 갇혀 있던 사람에게 엄혹한 감독을 하지 않고, 협애한 교육 규칙이 번설(繁絏, 번잡하고 얽매임)하지 않고 번쇄이학파는 오직 추리력을 발달하고자 한 자들이므로, 겨우 임기응변의 재변(才辯)을 촉진하고자 하더니, 이에 이르러 부역에 얽매이지 않고 위생과 체육 두 가지에 주의하여 오직 자유로 심의 발달을 주력한 까닭에 교육 방법이 점차 세상에 널리 퍼졌다.

然이나 教育之改革은 固由古文學之再興而起者也니 故로 當時 學者ㅣ 多講希臘羅馬之古語ᄒᆞ야 愛華麗之文章ᄒᆞ며 止於量慕古人ᄒᆞ야 硏求古人之思想ᄒᆞ고 不知以已之思想으로 鎔化之ᄒᆞ며 且愛玩古代之死語而耻修便於當時之活語ᄒᆞ고 又其時에 有非常美術家出ᄒᆞ야 於美術에 得非常進步ᄒᆞ니 爲此로 擴人世生計之地平線ᄒᆞ야 造高尙優美之感情이나 然而於日用所需之材物則猶未見進步焉이라.

그러나 교육 개혁은 고문학 재흥에서 비롯되어 일어난 것이니 당시 학자는 다수가 희랍과 로마의 고어를 배워 화려한 문장을 사랑하며, 다만 고인의 사모하여 고인의 사상을 구하고자 하고, 자기의 사상으로 그것을 용해하는 것을 알지 못하며, 또 고대의 사어를 좋아하고 당시의 살아 있는 언어를 배우는 것을 부끄러워 하니, 또 그때 비상한 미술가가 출현하여 미술에서 획기적인 진보를 이루니, 이로부터 세상 사람들의 생계의 지평선을 넓혀 고상하고 우미한 감정을 만들어 냈으나, 일용에 필요한 재물은 오직 진보를 보지 못했다.

及有敎蘇之改革홈이 於人身之思想에 發自由探討之精神ᄒ고 因之於敎育에도 亦有此精神焉ᄒ니 盖宗敎改革良家ㅣ 於敎育改良에도 雖亦盡力이로ᄃᆡ 其思ㅣ 未密ᄒ야 流於理論ᄒ며 加之以見誇於時尙홈으로 於學古文及古語外에ᄂᆞᆫ 未能有發明完全之敎育法也로다.

교육을 소생하는 교육에 미처 사람의 사상에 자유롭게 탐구하고 토론하는 정신이 발달하여 이로 인해 교육에도 또한 이 정신이 있었으니, 대개 종교개혁을 잘 한 사람들이 교육 개량에도 또한 진력하되 그 사상이 정밀하지 못해, 이론에 흐르며 더하여 시세를 숭상하고 과시함으로 고문과 고어를 배우는 것 이외에 완전한 교육법을 발명하지 못했다.

今學當時所行ᄒᆞ 敎育之缺典컨ᄃᆡ 一則偏於文學ᄒ고 其餘學科ᄂᆞᆫ 付之忽略ᄒ며 二則於長年之人에 知敎以文學호ᄃᆡ 於敎育兒童에ᄂᆞᆫ 則不可意ᄒ며 三則拘泥於書籍之文字而忘自然之文字ᄒ고, 又書籍은 僅有大人之讀本而不知爲兒童編書ᄒ며 四則僅汲汲然嘗古人之糟粕ᄒ야 譯古人之書ᄒ며 蹈古人之影ᄒ야 不爲自運思想에 發見知識ᄒ며 探求眞理ᄒ고, 五則文學도 亦只一人이 硏究之ᄒ고, 不敎之於學校ᄒ며 卽或敎之라도 亦僅誦古人之文章ᄒ야 以解釋文体로 爲事ᄒ니 因此로 以本國通行之語로 作文者ㅣ 無ᄒ고, 自文學再興於意大利時로 迄歐洲北部宗敎改革時ᄒ

야 敎育方法이 在於敎古文古語而不敎授事物國語ㅎ고 徒費日力於難供
實用之古書而於可助日用之業務에는 則置之不顧ㅎ는 故로 學校가 只爲
古文講學之所而已오, 敎育이 不外乎養成其篤信古學之人才ㅎ야 終於十
六世紀토록 其形態가 大抵 如斯而矣니라.

당시 널리 행해진 교육의 결점은 하나는 문학에 편중하여 그 이외의
학과는 대부분 소략하게 대했으며, 둘은 장년에게 문학으로만 교육하
고 아동에게는 뜻을 두지 않았으며, 셋째는 서적의 문자에 구애되어
자연의 문자를 망각하고, 또 서적은 겨우 성인의 독본만 있으며 아동을
위한 편저를 알지 못하고, 넷째는 겨우 고인의 조박함만 맛보게 하여
고인의 서적을 번역하고 고인의 영향만을 답습하며 스스로 사상을 운
위하여 지식을 발견하고 진리를 탐구하는 방법을 알지 못했으며, 다섯
째는 단지 한 사람만이 연구하여 학교에서 가르치지 않고 혹 가르치더
라도 겨우 고인의 문장만을 문체에 맞게 번역하는 것을 중심으로 하였
으니 이로 인해 본국에 통행하는 말로 작문한 것이 없고, 이탈리아 문
학재흥 시대로부터 구주 북부의 종교개혁 시에 이르기까지 교육 방법
이 고문 고어를 가르치고 사물을 국어로 가르치지 않았으며, 실용에
제공하는 일이 어렵고 일용 사업을 보조하는 일은 돌아보지 않는 까닭
에 학교가 단지 고문 강학의 장소일 뿐이요, 교육이 옛 학문의 인재를
양성하는 데 불과하여 16세기까 끝나도록 그 형태가 대저 이와 같았다.

(이하 연재가 중단됨. 11호 이후 발행되지 않음.)

◎ 懶怠는 貧窮의 母라. 美國 敎育 進步의 歷史,

박은식 역술, 〈서우〉 제1호, 1906.10. (미국 교육사)

*支那 寧波郡의 '益智學堂' 監院 費佩德[92]은 稿, 監學 '陳華章'은 演說, 大韓
西友學員 朴殷植은 譯述
*익지학당: 중국 광학회 회원들이 설립한 학교. 비패덕(조지 페리 피치)의 원고
를 중국인 진화장이 연설하고 서우학회 회원 박은식이 역술한 글임

古史를 研究ᄒ건딕 亞洲 敎育의 源流ᄂ 發于印度ᄒ고, 世界 敎育의
起點은 創於埃及이라. 孔子 降世 前 五千餘年에 埃及에서 敎民識字之法
이 己有ᄒ니 雖無專處ᄒ나 村師가 鄕黨子弟 數十輩를 聚集ᄒ야 樹陰下
와 或 僻野處에 環坐ᄒ고 以沙鋪地ᄒ며 以木筆로 獸形鳥迹(수형조적)
을 畵以示之러니

고사를 연구하니 아시아 교육의 원류는 인도에서 시작되었고, 세계 교
육의 기점은 이집트에서 창시되었다. 공자가 태어나기 전 5천여 년에
이집트에서 백성들에게 글자를 아는 법을 이미 가르쳤으니 모름지기
그것만 가르치는 곳(학교)은 없었으나 마을의 선생이 향당의 자제 수십
명을 모아놓고, 나무 그늘 아래 또는 들판에 둘러 앉아 모래로 땅을
펼치고 나뭇가지로 붓을 삼아 짐승의 모양과 새의 흔적을 그림으로 그
려 보여주었다.

後 此思想이 漸開ᄒ고 文明이 漸進ᄒ야 筆墨이 始有ᄒ다 以色列史[93]

---

92) 비패덕(費佩德): 로버트 페리 피치(Robert Ferris Fitch, 1873~1954) 항주대학(之江大學)
제4대 교장(第四任校長, 1922~1931). 1873년 중국 상해 출생. 북미 장로회 선교사 조지
필드 피치(費啟鴻, George Field Fitch, 1845~1923)의 아들로 태어남. 소주(蘇州)、영파(寧
波)、항주(杭州) 和上海長大, 後來回美國接受敎育, 又回到中國, 參與創建育英書院和之江大
學. 1922年, 費佩德成為之江大學第四任校長, 也是最後一任外籍校長.
93) 이색열사(以色列史): 장청홍이 지은 이스라엘의 역사서. 자세한 사항은 2008년판 서적을

를(埃及의 望族) 讀ㅎ건딕 上古의 敎育은 實成於家庭이라. 西曆 紀元後 六百年에 大祭司(埃及 神敎의 大祭司ᄂᆞᆫ 敎中之最尊者) 格麥臘94)이 通諭全國ㅎ야 遍設學校홀식 每村에 有子弟二十五 以下ᄂᆞᆫ 敎師 一員을 聘ㅎ고 二十五 以上으로 四十 以下ᄂᆞᆫ 正副 敎師 二員을 置ㅎ고, 四十 以上者ᄂᆞᆫ 正敎師 兩員을 聘ㅎ니라. 此外 西利尼와 羅馬 兩國의 敎育 發起ᄒᆞᆫ 歷史를 各書에 言之甚詳ㅎ니라.

후에 이 사상이 점차 개명하고 문명이 점차 진화하여 필묵이 생겨났다. 〈이색열사(以色列史)〉를 읽으니 상고의 교육은 실제로 가정에서 이루어졌다. 기원 후 600백년에 대제사(이집트 신교의 대제사는 교회 중 가장 존귀한 자) 격맥랍(格麥臘)이 전국을 통하여 가르치며 학교를 설립할 때 마을마다 자제 25명 이하는 교사 한 사람을 초빙하고, 25명 이상 40명 이하는 정교사와 부교사 2인을 두고, 40인 이상은 정교사 2인을 초빙하였다. 이외 서리니(西利尼)와 로마 두 나라의 교육이 시작된 역사를 각 책에 상세히 기록하였다.

美國의 敎育은 新英蘭의 哈佛特 大學堂95)으로 始起ㅎ니, 時ᄂᆞᆫ 一千六百三十六年이오, 地ᄂᆞᆫ 瑪撒利色96)이라. 前乎此ㅎ야 一千六百三十三年에 紐育97)의 第一公共學校의 試辦이 有ㅎ고, 後乎此ㅎ야 一千六百五

참고해야 할 듯.

94) 격맥랍: 미상.

95) 신영란(新英蘭)의 합불특 대학당(哈佛特 大學堂): 매사추세츠의 하버드 대학교. 하버드 대학교는 1636년에 매사추세츠 식민지 일반의회가 설립하였다. 미국에서 가장 오래된 대학교며, 처음에는 '새로운 대학(New College)' 또는 '새 도시 대학(The college at New Towne)'으로 불렸으나, 1639년 3월 13일에 '하버드 칼리지(Harvard College)'라는 이름을 지었다. 젊은 청교도 성직자 존 하버드의 성을 따서 지은 것이다. 그는 유언을 남겨서 4백여 권의 책과 재산의 절반인 현금 779파운드를 학교에 기부하였다. [3] 훗날에 여러 학과와 전문대학원들이 통합되면서 하버드 대학교가 되었다. 지금도 학부는 하버드 칼리지라고 부른다.

96) 마살리색(瑪撒利色): 매사추세츠.

十二年에 第二公共學校의 繼立이 有ᄒ니 此三學의 宗旨가 個人의 教道와 德行과 學問을 造就흠이 在흔지라. 一千七百八十七年에 政府에서 提倡ᄒ야 各省의 鄕鎭이 佔地 三六 英 方里者는 一 英 方里를 公提ᄒ야 尋常學校를 建設ᄒ고 鄕鎭 毗連에 佔地 七二 英 方里者는 二 英 方里를 公提ᄒ야 大學을 建設ᄒ다. 一千八百四十一年에 至ᄒ야 美國 十六 行省에 學校 所有地가 民田 三兆畝에 達ᄒ얏고 從此로 逐歲推廣ᄒ야 有加無已라. 一千八百六十二年에 至ᄒ야 上下 議院에셔 酌脫ᄒ야 各省의 民田 一八十 畝를 加提ᄒ야 學務를 供辦ᄒ니 迄今 美國 學校의 建設地가 九百兆 畝에 達ᄒ얏스니 可謂 極一時之盛이러라.

미국의 교육은 신영란의 하버드 대학당으로부터 시작하니 1636년이며, 지역은 매사추세츠이다. 이보다 앞서 1633년에 뉴욕 제1공공학교가 시작되고 이후 1652년에 제2공공학교가 이어 설립되니, 이 세 학교의 종지는 개인의 교도와 학문을 성취하는 데 있다. 1787년 정부에서 각 주의 마을마다 36영방리는 1영방리를 공제하여 심상학교를 세우고, 마을이 이어져 72영방리에 이르면 2영방리를 공제하여 대학을 건설하였다. 1841년에 이르러 미국 16주의 학교 소유지가 민전 3조묘에 이르렀고, 이로부터 시간이 지남에 따라 더 넓어져 더함이 있었다. 1862년에 이르러 상하 의원에서 각 주의 민전 180묘를 더 공제하여 학무를 제공하니 지금 미국 학교의 건설지가 900조묘에 달하니 가위 지극히 융성한 시대라 할 만하다.

且 美國 每省에 學務 督辦 一員을 設ᄒ야 教育의 推廣創設ᄒᄂ 事宜를 責成ᄒ고 又 學務總理 一員을 置ᄒ야 教育의 調査 研究 改良ᄒᄂ 事 宜를 責成ᄒ니 其 經費ᄂ 統由每省擔任이라. 辦法은 有二ᄒ니 一은 每省 學生 數目의 多寡를 按ᄒ야 捐金의 正比例差를 삼고, 二ᄂ 學生

---

97) 뉴육(紐育): 뉴욕.

遞升의 多寡를 按ᄒ야 捐金의 正比例差를 삼으니 至于今日ᄒ야는 美國 學生의 總數가 公共學校의 肄業者(이업자)는 十六兆오, 敎會의 建設學校에 在흔 者는 一兆有奇요, 私立學校의 在흔 者는 約近一兆흔지라. 通國 戶口統計를 由ᄒ야 論ᄒ건ᄃᆡ 大約 百分之二十에 在ᄒ니 全球諸國의 冠이 되니라.

또한 미국 매 주에 학무를 담당하는 독판 1인을 설치하고 교육의 확장 창설을 추산하는 일의 책임을 맡기며, 또 학무총리 1인을 두어 교육의 조사, 연구, 개량하는 일의 책임을 맡기니, 그 경비는 모두 매 주에서 담당한다. 관리하는 방법은 두 가지가 있는데 하나는 매 주 학생의 수의 많고 적음을 살펴 보조금의 정비례를 차등하고, 다른 하나는 학생들이 들고나는 수의 많고 적음을 살펴 보조금의 차이를 두니, 지금에 이르러 미국 학생의 총수는 공공학교 재학자가 16조며, 교회에서 세운 학교에 재학자는 1조, 사립학교 재학자가 약 1조에 이른다. 이는 전국 호수의 통계를 고려할 때 약 100분의 20에 해당하니, 전세계에서 가장 으뜸이라고 할 수 있다.

公共學校

公共學校는 大約 三類에 分ᄒ니 曰 蒙學이오. 曰 尋常이오 曰 高等이라 其 年齡은 起六歲ᄒ야 訖十八歲ᄒ니 凡 學生이 高等卒業劵을 得흔 者는 大學에 升ᄒ야 四歲에 畢業이라 尋常과 高等의 學課는 大約 四門에 分ᄒ니 曰 文學館이오 曰 臘丁科學館이오 曰 近世 方言館이오 曰 英文科學館이니 學者의 自擇을 聽ᄒ는ᄃᆡ 文學館 科程은 上古 文字 二種이오 近世 方言 一種이오 代數 史事와 地質形勢와 物理化學等 科目이며 臘丁 科學館은 學生이 古今 文學之外에 天文과 物質 解剖 等學을 認흠이오 近世 方言館은 上古 文字外에 兩國 方言을 認習흠이오 英文科學館은 他國文字一科를 認習ᄒ되 或今 或古ᄒ야 學生의 自便을 聽ᄒ야 英國

文詞와 詞章과 讀法 等類를 硏究홈이라.

師範學校

師範學校는 專히 敎授의 人才를 培植ᄒ기 爲ᄒ야 起見홈이니 敎授法과 管理法의 兩科를 注重ᄒ고 諸生이 또흔 附屬흔 蒙學校等의 實驗을 得ᄒᄂ니 學生者는 國家之基礎로 蒙學者는 學生之基礎라. 完全흔 蒙學이 無ᄒ면 完全흔 學生이 無홀 것이오 完全흔 學生이 無ᄒ면 엇지 完全흔 國家가 有ᄒ리오 惟 是 完全흔 蒙學을 建設코져 홀진듸 必先 完全흔 師範을 得홀지니 美國은 迄今에 師範學校가 一百六十所러라.

宣敎師範學校

美國의 專門 宗敎는 先히 著名 大學 或 公學에 在ᄒ야 卒業券이 有ᄒ여야 宣敎 師範學校에 入ᄒ여 三載 畢業ᄒᄂ니 其 課程內容은 深邃흔 希伯來文과 希利尼文과 敎會史事와 敎會法律과 敎會政治와 演說學과 宣道學과 歌唱學과 及 種種히 有益靈身等의 實用이니 今日 美洲에 一百八十所宣敎 師範學校가 有ᄒ니라.

醫學校

醫學校가 在 美國ᄒ야 一百所에 達ᄒ니 學生이 二萬人이라. 醫學校 課程의 精奧는 非 可與 他學으로 同日而語라. 入此者는 雖 他 大學의 卒業卷憑을 不必ᄒ나 然이나 非 學有根柢면 無從問津이라. 其 學期는 約需四載요 科目은 解剖學과 胚胎學과 性理學과 動植物學과 臨症學과 藥材等이요 其 實驗은 支那 藥材料와 接産 保産 等事가 有ᄒ니라

法律學校

法律科는 國家의 最所 器重者라. 凡 入 此等 學校者는 各科 學業의 專長과 卓著한 名譽가 有한 者ㅣ 아니면 不可하니 其 學期는 二歲 或 三歲를 不等이오, 且 美國은 社會에 最有 勢力者는 法律家와 如한 者 無한지라. 往往히 卒業을 纔經하면 歲入十萬을 便能하니 其 名譽의 價値를 可知라. 美國은 近日에 法律學校가 九十所인디 學生은 九千人을 容한다.

工藝學校

工藝學校의 程度는 前後 凡 四載니 年在十六歲 以下와 不識 他國 方言者면 不得入이라. 其 課程은 除簡 明物理외에 史事와 算術과 理財等을 亦必兼及하는디 最所 注重者는 格致니 力學과 瀦學과 電學과 化學等이 是也오. 修理機關과 營造 建築이 亦列乎 其中한다.

商業學校

美國은 商業專門學校가 有하니 但히 經商法律과 簿記 學術等으로만 授홈이 아니라 製造成貨에 木工泥作鎔銅鑄鐵等事를 竝課하느니 使學生으로 出而用世하면 不徒能貿遷有無라. 且能 以新 智識으로 新器皿을 造하야 謀益世界하느니라.

大學 與 公學

美國大學의 建設者는 政府가 居少數하고 國民이 居多數라. 國民中 最先者는 首推敎會하니 由今 計之컨디 美國의 大學 或 公學이 共히 八百所인디 其 生徒는 自二千而至三千이오 敎師는 自二百而至三百이라 敎師中 自本邦 大學出身者 固多하고 卒業于歐洲 各國者가 亦不乏人이라. 又 美國 各 大學의 財産을 統計하면 其 均中數가十二兆元에 不下하니

其 規模之 宏大는 無待贅述이라 每 學校의 講堂 數十所를 分호고 各學
에 有專科호며 各科에 有專地호야 物理所 化學所 天文所 輿地所 算術所
史學所 等이 是라. 美國 人民은 設所 于 學界者가 較 歐洲 各國에 實二倍
之오. 美國財力이 貢納于 學界者가 較他邦에 亦 有過之오 近에 格尼基
先生이 有호야 獨力으로 藏書樓一千三百五十二所를 建設호얏는디 美
國에셔 佔多數호고 他洲에도 亦 遍及호니 其 均中 價値는 每所에 美金
四兆元 左右라더라.

◎ 學校之制 – 世界進化論 中 抄譯,
　박은식, 〈서우〉 제1호, 1906.10. (교육사, 세계의 교육제도)

▲ 제1호

　　*이 호에서는 세계진화론이 누구의 글인지 밝히지 않았으나, 제2호에서 음빙
　　실주인(양계초)이 지은 것을 역술하였음을 밝혔음

　泰西人이 有言호되 將來 世界가 落在敎育者 手中이라 호니 盖 學校는
敎育 人才의 根本이오, 政治의 從出되는 바를 深知홈이라. 昔에 普國이
大敗於法國호야 將次 臣妾이 될지라. 普國賢相은 曰湏太[98] 氏라. 因謂

---

98) 회태(湏太): 미상. 프로이센의 수상. 카를 아우구스트 퓌르스트 폰 하르덴베르크(Karl
　　August Fürst von Hardenberg, 1750년 5월 31일~1822년 11월 26일)로 추정됨. 그는 프로
　　이센의 정치가로 나폴옹 전쟁 시기에 재상의 자리에 올라 무기력했던 군주 프리드리히
　　빌헬름 3세를 보좌하여 프로이센 왕국을 지켜냈다. 1770년 하노버 선제후령에서 하노버
　　선제후이자 영국의 군주였던 조지 3세 막하에서 법무부 고문관으로 관료생활을 시작했
　　다. 그러나 간통 사건 등으로 사생활에 대한 추문이 일어 출세의 전망이 흐려지자 1790년
　　프로이센 왕국으로 옮겨갔다. 곧 프로이센의 국왕 프리드리히 빌헬름 3세의 신임을 얻은
　　하르덴베르크는 카를 폰 슈타인과 손을 잡고 왕국의 행정개혁을 이루기 위해 노력했다.
　　1807년 4월, 마침내 프로이센 정부의 고문 제도가 철폐되고 각 부의 장관들이 직접 국왕
　　과 국정 전반을 논의하는 내각 제도가 자리잡게 되었다. 내정개혁을 이룰 때까지 대프랑

호딕 吾國이 此 大恥를 雪코져 홀진딕 必先國民을 敎育ᄒ야 忠君親上之
心을 啓發ᄒ리라 ᄒ딕 普王이 其 言을 用ᄒ야 屹立於國步之際ᄒ야 上下
一心으로 敎育을 勉勵ᄒ지 六十餘年에 맛참닉 法國과 開戰ᄒ야 城下之
盟을 受ᄒ야 巨萬償金을 納ᄒ게 ᄒ며 二州之地를 割取ᄒ니 是以로 普將
軍 蒙兒杜計[99) 氏曰 今日 吾國이 法國을 勝ᄒ 거슨 其 功이 맛당히 小學
校에 歸ᄒ리라 ᄒ니라. 於是에 法國이 비로소 國民敎育이 不及 普國ᄒ
야 敗衄의 辱을 取ᄒ 거슬 悟ᄒ고 成盟之後에 學校를 振興ᄒ며 人才를
作育ᄒ야 强盛을 克復ᄒ니 自是로 歐美 各國이 愈益注意敎育ᄒ야 蒸進
文化ᄒ다.

스 동맹에 가담하지 않고 중립을 지켜야 한다고 생각했던 하르덴베르크는 개혁이 이루
어지자 대프랑스 동맹에 가담하여 나폴레옹 전쟁에 개입하는 것을 지지했으나, 전쟁은
뜻대로 이루어지지 않아 프로이센은 예나 전투에서 대패하고 나폴레옹에 평화를 구걸해
야 하는 처지로 전락했다. 나폴레옹이 반프랑스파인 하르덴베르크의 실각을 요구하자,
그는 자리를 내놓고 물러나는 수밖에 없게 되었다. 1810년, 프로이센 왕국은 파산하여
더 이상 나폴레옹에게 전쟁 배상금을 지급할 수 없게 되었다. 이에 하르덴베르크는 스스
로 재정 문제 해결의 적임자임을 자처하며 나섰다. 계속되는 전쟁 속에서 무엇보다도
전쟁 배상금 문제 해결을 중히 여겼던 나폴레옹도 생각을 바꾸어 하르덴베르크의 등용
을 허락하였다. 하르덴베르크는 재상의 지위에 올랐으며 내무와 재무 전반을 통제하게
되었다. 하르덴베르크는 귀족에게도 재산세(그때까지는 면세였음)를 부과함으로써 재정
상의 돌파구를 찾으려 시도했다. 융커 계급은 결사적으로 국왕에게 영향을 끼쳐 이러한
개혁을 무위로 돌리려 노력하였으며 행정관료와 이들 지주 귀족층의 대립으로 개혁은
지지부진했다. 1812년을 지나면서부터 개혁 문제로 하염없이 대립하고 있을 정도로 국
제정세가 한가롭지 않다는 것이 분명해지기 시작했다. 그 해 초에 프로이센은 러시아
원정을 단행하려는 프랑스와 동맹을 강제당했다. 러시아 원정이 비참한 결말로 마무리
되자, 1813년 2월, 하르덴베르크는 프로이센과 러시아 사이의 칼리시 동맹의 체결을 주
도하고, 공공연히 반프랑스의 입장으로 선회했다. 나폴레옹 전쟁에서 프로이센이 최후
의 승리를 거두게 되자, 하르덴베르크는 빈 회의에 왕국을 대표하여 참석했다. 바르샤바
대공국과 작센의 귀속을 둘러싸고 영국-오스트리아-프랑스와 프로이센-러시아 사이에
전운이 감돌자, 그는 마지막 순간에 작센 전부를 영유해야겠다는 입장을 포기함으로써
회의 타결의 물꼬를 텄다. 〈위키백과〉

99) 몽아두계(蒙兒杜計): 헬므트 폰 몰트케. 헬무트 카를 베른하르트 폰 몰트케 백작(Helmuth
Karl Bernhard Graf von Moltke, 1800년 10월 26일~1891년 4월 24일) 또는 대(大)몰트케
(Moltke the Elder)는 프로이센 및 독일 제국의 군인이자 근대적 참모제도의 창시자, 프로
이센 참모본부의 참모총장으로서 오토 폰 비스마르크와 함께 1871년의 독일 통일과 독
일 제국 수립에 공헌한 독일의 군인이다. 훗날 제1차 세계대전 당시 참모총장이었던 소
몰트케의 삼촌으로서 '대 몰트케'란 별명은 조카와 구분하기 위해 붙은 것이다.

普國은 男女의 學齡이 自六歲로 至十四ᄒ고 法國은 男女의 學齡이 自五歲로 至十三ᄒ고 諸威와 丁抹國은 男女의 學齡이 自五歲로 至十四ᄒᄂ디 若其不從者가 有ᄒ면 其 父母와 親戚을 嚴罰ᄒᄂ 故로 强制敎育이라 謂ᄒᄂ니라.

德國은 興學이 最先ᄒ야 其 制가 四等에 分ᄒ니 國家에서 特設ᄒ 者ᄂ 曰 國學이오 其 經費가 半由國帑ᄒ고 半由民損者ᄂ 曰 公學이오 民間이 自行設立者ᄂ 曰 民學이오 敎士가 經理ᄒ 者ᄂ 曰 敎學이라 四等之外에 쏘ᄒ 一事가 有ᄒ면 반다시 學院이 有ᄒ야 以專 其 責成ᄒ니 文則有文學院ᄒ며 武則有武學院ᄒ며 農則有農學院ᄒ며 工則有技藝院ᄒ며 商則有通商院ᄒ야 四民之中에 無不有學ᄒ고 其他 船政院과 鑛學院과 律學院과 醫學院이 有ᄒ야 皆按時考其優劣에 第其甲乙ᄒ야 功名으로 獎ᄒ야 國家의 用을 需ᄂ 故로 能히 西으로 法의 仇를 復ᄒ며 南으로 墺의 師를 敗ᄒ고 德意志諸邦을 統合ᄒ야 歐洲의 牛耳를 執ᄒ니라.

英國은 學制가 三等에 分ᄒ니 曰大學院과 曰學堂과 曰書塾이라. 其民이 初學은 書塾에 入ᄒ고 繼ᄒ야 學堂에 入ᄒ야 學成ᄒ면 大學院에 入ᄒ니 所學은 各國 文字와 興圖와 性理와 律法과 測算과 格化等學이니라.

俄國은 百年前에ᄂ 文敎가 未興ᄒ야 蒙蔽固陋ᄒ더니 尼哥拉士皇帝에 至ᄒ야 文學이 大明ᄒ니 通國을 計ᄒ야 十三道에 分ᄒ엿ᄂ디 每道에 學官一員을 設ᄒ야 以司 敎化ᄒ니 小書院이 三萬餘所오 大書院이 數千餘所인디 小書院은 大書院에 隸ᄒ고 大書院은 京師에 隸ᄒ니라.

美國은 學制가 大中小三等에 分ᄒ야 考選之法이 此諸 各國에 尤嚴ᄒ지라. 初入小學院ᄒ야 肄業四年에 學有成效ᄒ면 考入中書院ᄒ야 四年爲期로 再學有成效ᄒ면 考入大書院ᄒᄂ디 所試ᄂ 策論과 各國 史論과 希臘 文字와 測算과 格化와 天文과 地輿와 文章과 詩歌라. 入大書院 後

에 學習도 四年爲期라 學成ㅎ면 或 筮仕本國ㅎ며 或 給予文憑ㅎ야 遊歷 他邦ㅎ야 增長識見ㅎ고 返國ㅎ면 大書院과 師範學堂의 敎習을 得充ㅎ ᄂ니라.

日本은 自維新以後로 通國士民이 皆 受普通敎育之益ㅎ니 國中公私 學校가 多二萬數千餘區라. 其 帝國大學校ᄂ 專門之學을 習ㅎ야 法科와 文科와 理科와 農科와 醫科의 六門을 分ㅎ고 近又商科一門을 增置ㅎ니 此ᄂ 有志上進之士를 待ㅎᄂ 바오. 其 普通學校ᄂ 府縣村市에 遍設ㅎ니 其 課程은 倫理와 本國文과 外國文과 歷史와 地理와 化學과 習字와 圖 畵와 唱歌와 體操等科니 一切 小學校ᄂ 皆 依此爲準則이라. 蓋 普通學 校에서 卒業ㅎ 然後에야 可ㅎ되 專門學校에 上進ㅎᄂ 故로 普通學校가 全國 必受홀 完全敎育이 되ᄂ니 卽是歐美諸國의 己行ㅎ 成法이라. 然이 나 日本의 府縣 設學이 雖多ㅎ나 尤致重於師範學校라. 校中의 豫科와 本科와 硏究科等門이 有ㅎ니 必在小中學科卒業者라야 方準入師範學校 ㅎ고 尋常專門의 師範學校章程이 有ㅎ야 必需十年之久라. 凡敎育方法 과 編繹敎科書籍의 各事가 無不精益求精ㅎ니 學科가 旣有餘而不紊ㅎ 고 又 廣收敎育之才故로 學術이 日新月盛ㅎ더라.

西國의 其 立學敎士之要義가 有三ㅎ니 一曰 道藝兼通이오 二曰文 武 兼通이오 三曰 內外兼通이라. 其 敎法之善이 有四ㅎ니 一曰 求講解ㅎ고 不責記誦ㅎ며 一曰有定程ㅎ되 亦 有餘暇ㅎ며 一曰 循序不躐 等이오 一 曰 敎科之書ᄂ 官定頒發ㅎ야 通國一律이라. 大小各學에 功有淺深ㅎ나 意無岐異ㅎ고 才能優絀이 切實有據ㅎ야 試官衡鑑이 不致謬誤ㅎᄂ 故 로 人才日多ㅎ고 國勢日盛ㅎ더라.

學校總論 支那飮氷室 主人 著 朴殷植 譯述

吾聞之호니 春秋三世之義에 據亂世에는 以力勝ᄒ고 升平世에는 智力이 互相勝ᄒ고 太平世에는 以智勝이라. 草昧伊始에 蹄迹이 交於中國ᄒ야 鳥獸之害ㅣ 未消ᄒ니 營窟懸巢라야 乃克相保는 力之强也오. 人雖文弱ᄒ야 羽毛之餙과 瓜牙之衛가 無ᄒ나 卒能檻縶兕虎ᄒ고 駕役駝象은 智之强也라. 數千年內에 蒙古之種과 回國之裔가 以虜掠爲功ᄒ며 以屠殺爲樂ᄒ야 屢踩各國ᄒ야 幾一寰宇는 力之强也오. 近百年間에 歐羅巴之衆과 高加索之族이 藉製器ᄒ야 以滅國ᄒ며 借通商ᄒ야 以闢地ᄒ니 於是에 全球十九가 歸其統轄은 智之强也라 世界之運은 由亂而進於平ᄒ고 勝敗之原은 由力而趨於智ᄒᄂ니 故로 言自强於今日者는 開民智로써 第一義를 삼을지로다.

智는 惡乎開오 開於學이며 學은 惡乎立고 立於敎니 學校之制는 惟吾三代가 爲最備라. 家有塾ᄒ며 黨有庠ᄒ며 術有序ᄒ며 國有學은 立學之等也오 八歲에 入小學ᄒ고 十五而就大學은 入學之年也오. 六年에 敎之數與方名ᄒ고 九年에 敎之數日ᄒ고 十年에 學書計ᄒ고 十有三年에 學樂誦詩ᄒ고 成童에 學射御ᄒ고 二十에 學禮는 受學之序也오. 比年 入學ᄒ고 中年 考校ᄒ야 以離經辨志로 爲始事ᄒ고 以知類通達로 爲大成은 課學之程也오. 大學一篇은 言大學之事也오. 弟子職一篇은 言小學之事也오. 內則 一篇은 言女學堂之事也오. 學記一篇은 言師範學堂之事也오. 管子ㅣ言農工商이 群萃而州處ᄒ야 相語以事ᄒ며 相示以功ᄒ는 故로 其 父兄之敎ㅣ不肅而成ᄒ고 子弟之學이 不勞而能이라ᄒ니 是는 農學 工學 商學이 皆 有學堂也오. 孔子ㅣ言以不敎民戰이면 是謂棄民이라ᄒ시고 晋文이 始入而敎其民ᄒ야 三年而後 用之ᄒ고 越王이 捿於會稽ᄒ야 敎訓十年ᄒ엿스니 是는 兵學이 有學堂也라. 其 有專務他業ᄒ야 不

能就學者는 猶以十月事訖에 使父老로 敎於校室케 ᄒ고 有不率敎者면 鄕官이 簡而以告ᄒ니 其 視之重而 督之嚴也ㅣ 如此라.

故로 使一國之內에 無一人不受敎ᄒ고 無一人不知學ᄒ야 置兎之野人이 可以備干城이오. 小戎之女子가 可以敵王愾오 販牛之鄭商이 可以退敵師오 斲輪之齊工이 可以語治道오 聽輿人之誦에 可以定霸오 采鄕校之議에 可以聞政이라. 擧國之人이 與國爲體ᄒ야 盈城溢野가 無非人才라. 所謂以天下之目으로 視ᄒ며 以天下之耳로 聽ᄒ며 以天下之慮로 慮ᄒ니 三代盛强이 蓋以此也라.

馬貴與 曰 古者엔 戶口少而才智之民이 多ᄒ고 今엔 戶口多而才智之民이 少라ᄒ니 余悲其言이나 蓋有由也라. 先王은 欲其民智ᄒ고 後世는 欲其民愚ᄒ니 天下旣定ᄒ고 敵國外患이 旣息이면 其所慮者는 草澤之豪傑이 乘時而起ᄒ야 與議論之士로 援古義ᄒ야 以非時政也라. 於是乎 爲道以鈐制之ᄒ니 國에 有太學ᄒ며 省에 有學院ᄒ며 郡縣에 有學官ᄒ니 考其名에 猶夫古人也오. 視其法에 猶夫古人也로ᄃ 問其所以爲敎ᄒ면 曰制義也며 詩賦也며 楷法也니 不必讀書通古今이라도 亦可能之일ᄉ 則中材以下는 求讀書ᄒ며 求通古今者ㅣ 希矣오 非此一塗면 不能自進일ᄉ 則奇才異能之士가 不得不輟其所學ᄒ야 以俛焉而從事矣오 其取之也無定ᄒ고 其得之也甚難일ᄉ 則倜儻之才라도 必有十年不第ᄒ야 窮愁感歎으로 銷磨其才氣ᄒ고 無復餘力以成其學矣니 如是則豪傑議論之士가 必少ᄒ야 於馴治天下也에 甚易ᄒ지라.

故로 秦始皇之燔詩書와 明太祖之設制藝가 遙遙兩心이 千載同規라 皆所以愚黔首ᄒ며 重君體ᄒ야 馭一統之天下에 弭內亂之道가 未有善於此者라. 譬之居室컨ᄃ 慮其僮僕이 竊其寶貨ᄒ야 束而縛之ᄒ야 置彼巖室ᄒ고 加扃鐍焉이면 可以高枕而臥ᄒ야 無損其秋毫矣라ᄒ나 獨惜强寇가 忽至에 入門無門ᄒ고 入閨無閨라 悉索所有ᄒ야 席卷以行호ᄃ 而受

183

縛之人이 徒相對咋舌호야 見其主之難호고 無以爲救로다. 未完

▲ 제3호＝학교총론

凡 國之 民은 吾等이 有호니 曰士와 曰農과 曰工과 曰商과 曰兵이라. 士者는 學者之稱이라홈은 人皆知之나 然이나 農有農之士호며 工有工之士호며 商有商之士호며 兵有兵之士이거늘 中國은 農而不士라. 故로 美國은 每年 農産이 銀三千一百兆兩에 値호며 俄國은 二千二百兆兩에 値호며 法國은 一千八百兆兩에 値호거늘 中國은 다만 三百兆兩에 値호고 中國은 工而不士라. 故로 美國은 每新器를 自創호야 報官領照者가 二萬二百十事오. 法國은 七千三百事오 英國은 六千九百事인딕 中國은 無聞호고 中國은 商而不士라. 故로 英國은 商務價値가 二千七百四十兆兩이요 德國은 一千二百九十六兆兩이요 法國은 一千一百七十六兆兩인딕 中國은 僅히 二百十七兆兩이오. 中國은 兵而不士라. 故로 去歲之役에 水師軍船이 九十六艘로딕 一船도 無홈과 如호고 檢閱防守兵이 幾三百營이로딕 一兵도 無홈과 如호지라. 今에 四者의 名이 有호되 士의 實이 無호 則 其 害가 且至於此커든 矧又士而不士호야 幾千百의 帖括卷摺과 考據詞章之輩가 歷代掌故에도 瞠然의 未有所見이고 萬國 形勢에도 瞢然의 未有所聞호 者로 더브러 天下를 共히 호야 庶官을 任호며 新政을 行호며 外侮를 禦코저 흔들 其可得乎아. 今에 治國을 言호는 者는 必曰 西法을 倣效호야 富强을 力圖호리라 호니 斯則然也나 非其人이면 莫能擧也라. 今에 有約之國이 十有六이라. 彼西人의 例는 每國에 一使를 命호거늘 今에 周知四國호야 能任使才者ㅣ 幾何人이며 歐美와 澳洲와 日과 印과 緬과 越과 南洋群島에 中國人民의 僑寓之地가 四百所에 不下호거를 今에 商務를 熟悉호고 土宜를 明察호야 才任領事者가 幾何人이며 敎案과 界務가 紛紜屢起호는딕 今에 外情에 達호며 公法에 明호며 約章에 熟호야 能히 總署章程과 各省洋務局을 任홀 者ㅣ 幾何人이며 泰西大國의 常兵은 皆數十萬이라. 戰時에는 可히 調호야 數十萬에 至호

184

거늘 中國之大로 亦當及五千萬ᄒ야 千營이 될지니 每營에 營哨官이 六
員이라. 今에 習於地圖ᄒ고 曉暢軍事ᄒ야 才任偏裨者ㅣ 幾何人이며 兵
法에 嫺鍊ᄒ며 營制에 諳習ᄒ야 能히 大衆을 總ᄒ며 大敵을 遇ᄒ야 才
任將帥者ㅣ 幾何人이며 中國이 萬若 海軍을 整頓ᄒ야 外國과 相敵을
求ᄒᆯ진ᄃᆡ 今에 海戰을 深諳ᄒ야 能히 兵弁을 任ᄒᆯ 者ㅣ 幾何人이며 久歷
風濤ᄒ고 熟悉沙線ᄒ야 船主의 大副二副를 堪勝ᄒᆯ 者ㅣ 幾何人이며 陸
軍의 每營과 水師每船에 醫師 二 三人을 皆需ᄒᆯ지라. 今에 醫理에 練習
ᄒ고 傷科에 情達ᄒ야 才任軍醫者ㅣ 幾何人이며 每造鐵路에 十英里의
需用ᄒᆯ 上等工匠이 二員이오 次等이 六十員이라. 今에 明於機器ᄒ고 習
於工程學ᄒ야 才任工師者ㅣ 幾何人이며 中國鑛産이 封鐍千年에 得旨開
采ᄒ야 設局이 漸多ᄒ니 今에 鑛苗를 能察ᄒ며 鑛質을 化分ᄒ야 才任鑛
師者ㅣ 幾何人이며 各省의 商務局을 議設ᄒ야 以保利權ᄒᆯ지니 今에 商
理에 明ᄒ며 商程에 習ᄒ야 才任商董者ㅣ 幾何人이며 能製造器機라야
乃能致强ᄒ고 能製造貨物이라야 乃能致富어늘 今에 新法을 創ᄒ며 新
制를 出ᄒ야 足히 彼族을 方駕ᄒ고 天下를 衣被ᄒᆯ 者ㅣ 幾何人고 坐是
之故로 往往히 一切 新法의 盡美盡善이 有ᄒᆷ은 人人皆知ᄒ나 議論數十
年에 不能擧行者는 苟漫然擧之ᄒ면 곳 債輾을 立見ᄒᆷ으로 맛ᄎᆞᆷᄂᆡ 沮抑
新法者의 詬罵ᄒᄂᆞᆫ 바 되고 其 稍有成效의 一 二事는 곳 任用洋員ᄒᆫ
者라. 輪船招商局과 開平鑛局과 漢陽鐵廠之類는 每年開銷之數에 洋人
薪水가 幾及其半ᄒ고 海關釐稅는 歲入이 三十萬이라. 爲國餉源이거늘
彼族의 盤踞를 聽ᄒ야 數十年에 不能取代ᄒ니 任用洋員ᄒᆫ 明效를 大略
可觀라. 然이나 猶幸而藉此ᄒ야 以成就一二事라. 若決然舍旃이면 竝此
一二事ᄭᅵ지 亦無ᄒᆯ지로다. 嗚呼라 同是圓顱方趾로 戴天履地ᄒ고 事事
를 俯首拱手ᄒ야 待命他人이 엇지 長太息者가 아닌가. 若夫四海之大의
學者之衆으로 其一 二識時之彦과 有志之士가 矢心獨學ᄒ야 求中外之故
ᄒ야 成一家之言者ㅣ 盖有人矣라. 然이나 不通西文ᄒᆷ으로 非卽譯之書
면 不能讀ᄒ니 其難成이 一也오. 格致諸學은 皆藉儀器라. 苟非素封이면
末由購置니 其難成이 二也오. 增廣學識은 尤藉遊歷인ᄃᆡ 尋常寒士가 安

能遠遊리오. 其 難成이 三也요. 一切實學이 如水師는 必出海操鍊ᄒ고 鑛學은 必入山察勘인되 非藉官力이면 不能獨行이니 其 難成이 四也요. 國家가 卽不以此 取士ᄒ 則 學成이라도 亦無所用ᄒ야 不足以贍妻子免 飢寒으로 每至半塗에 廢然而返ᄒ니 其 難成이 五也라. 此 所以 通商數 十年에 士가 無所

憑藉ᄒ고 能히 卓然成異材ᄒ야 爲國家用者가 殆히 幾絶ᄒ지라. 此는 馬貴興의 謂흔바 姑選其 能者ᄒ매 無能之人은 其 自爲不肖를 聽之而己 요 姑進其用者ᄒ매 未用之人은 其自爲不遇를 聽之而己라 흠이로다. 豚 蹄滿篝之視은 傍觀이 猶以爲笑커든 況復束縛之ᄒ며 馳驟之ᄒ며 銷磨 而鈐制之ᄒ고 一朝有事에 乃欲以多才로 望天下ᄒ니 安可得耶며 安可 得耶아. (未完)

▲ 제4호＝학교총론

若夫內外各官은 天子의 所以共天下也니 今日 之士는 他日之官이라. 國의 太學과 省의 學院과 郡縣의 學官과 及其所至의 書院을 問ᄒ면 歷 代政術로써 爲敎ᄒ는 者 有흔가 無有ᄒ고 天下郡國의 利病으로써 爲敎 ᄒ는 者有흔가 無有ᄒ지라. 當其學也에 嘗히 居官之地를 爲치 아니흠으 로 其 得官也엔 昔者의 所學을 盡棄ᄒ고 所未學者의 從事ᄒ는지라. 傳 에 曰 吾聞學而後入政이오. 未聞以政學者라 ᄒ니 政學도 猶且不可온 況 今에 旣入官而仍讀書者가 能有幾人고 以故로 一切公事를 胥吏之手에 受成ᄒ고 六部書辦과 督撫幕客과 州縣房科과 上下其手ᄒ야 持其 短長 호되 長官은 無如之何ᄒ니 何故오. 胥吏는 學ᄒ고 官은 未學흠이라. 遂 히 全局으로 ᄒ여곰 一吏例利之天下를 成ᄒ얏스니 禍가 腹心에 中ᄒ야 疾를 可治치 못흘지라. 是故로 西學의 學校不興은 其害가 小ᄒ고 中學 의 學校不興은 其 害가 大라. 西學이 不興ᄒ면 其一二淺末之新法은 오 히려 洋員을 任ᄒ야써 擧ᄒ려 이와 中學이 不興ᄒ면 엇지 能히 各部의 堂司와 各 省의 長屬을 倂ᄒ야써 其 乏를 承ᄒ리오. 此則 可히 流涕흘

者라. 不寧惟是라. 中國은 孔子之敎가 歷數千載ᄒᆞ야 受敎之人이 號稱四百兆ᄒᆞ니 未爲少也나 然이나 婦女가 不讀書ᄒᆞ니 去其半矣오. 農工商兵이 不知學ᄒᆞ니 去其十之八九矣라. 其 餘一二에 佔畢呫唏ᄒᆞ야써 四書五經에 從事ᄒᆞᄂᆞᆫ 者는 彼其 用心이 考試의 題目과 制藝의 取材를 爲ᄒᆞ고 於經에 無與ᄒᆞ고 於敎에 無與라. 通人志士가 有ᄒᆞ면 或 箋注校勘ᄒᆞ야 效忠於許鄭ᄒᆞ고 或 束身自愛ᄒᆞ야 歸命於程朱ᄒᆞ나 然이나 古人의 微言과 大義에 所謂 誦詩三百에 可以授政과 春秋經世先王之志者는 能히 留意ᄒᆞᄂᆞᆫ 者ㅣ 寡ᄒᆞ야 不過學其所學이니 ᄯᅩᄒᆞᆫ 於經에 無與ᄒᆞ고 於敎에 無與ᄒᆞ지라. 故로 號爲受敎가 四萬萬人이나 究其實에 能有幾人가 故로 吾는 嘗謂ᄒᆞ되 今日之天下가 幸히 經義로써 取士ᄒᆞᄂᆞᆫ지 否則吾敎의 經을 讀ᄒᆞᆯ 者가 殆히 幾絶ᄒᆞ리로다. 此言이 似過ᄒᆞ나 然이나 鐵證이 有ᄒᆞ니 彼禮經十七篇은 孔子의 雅言이라. 今에 試問ᄒᆞ건ᄃᆡ 綴學之子가 能히 其文을 誦ᄒᆞ고 其 義를 言ᄒᆞᆯ 者가 幾何人고 何也오 科擧의 所不用이라. 然則 堂堂大敎가 反히 此 疲弊ᄒᆞᆫ 科擧를 藉ᄒᆞ야써 圖存ᄒᆞ니 科擧를 藉ᄒᆞ야 存ᄒᆞᄂᆞᆫ 것이 其 亡也로 더부려 相去幾何오 況今日之科擧는 其勢가 必不能久라 吾ㅣ 向者 所謂 變이라도 亦變이오 不變이라도 亦變이니 他人이 變ᄒᆞ기를 待ᄒᆞ야 一切漸滅ᄒᆞ야 以至於盡ᄒᆞᆯ진ᄃᆡ 吾가 自變ᄒᆞ야 其 一二를 尙可以存홈과 何如ᄒᆞ리오. 吾가 通商各岸의 商買와 西文學堂의 人士를 見ᄒᆞ니 攘臂弄舌ᄒᆞ야 動曰四書六經은 無用之物이라 ᄒᆞ고 敎士의 著書發論이 ᄯᅩᄒᆞᆫ 侃侃히 言ᄒᆞ야 曰 中國의 衰弱은 敎之未盡善에 由ᄒᆞ다ᄒᆞ니 今日 帖括字의 所謂 經과 考據家의 所謂 經으로 以ᄒᆞ면 비록 聖人이 復起사도 能히 其 無用이 아니라 謂치 못ᄒᆞᆯ지니 엇지 能히 人의 輕薄之ᄒᆞ며 遺棄之홈을 禁ᄒᆞ리오. 故로 準此不變ᄒᆞ면 吾는 恐ᄒᆞ건ᄃᆡ 二十年 以後에 孔子之敎가 殆將絶於天壤일가 ᄒᆞ노니 此則 可히 痛哭ᄒᆞᆯ 者라. 亡을 存케 ᄒᆞ며 廢를 擧케ᄒᆞ며 愚를 智케 ᄒᆞ며 弱을 强케 ᄒᆞᄂᆞᆫ 條理萬端이 皆歸本於學校ᄒᆞᄂᆞ니 西人學校의 等差와 各號와 章程의 功課는 彼西土의 所著德國學校와 七國新學備要와 文學 興國策 等 書가 類能言之ᄒᆞ얏스니 吾言無取ᄒᆞᆯ지라. 吾所欲言者는 西人의 意를 采ᄒᆞ야

中國의 法을 行ᄒ며 西人의 法을 采ᄒ야 中國의 法을 行홀지니 其 總領이 三이니 一曰 敎요 二曰 政이요 三曰藝라. 其 分目이 十有八이니 一曰 學堂이요 二曰 科擧오 三曰 師範이요 四曰 專門이요 五曰 幼學이요 六曰 女學이요 七曰 藏書요 八曰 纂書오 九曰 譯書요 十曰 文字요 十一曰 藏器요 十二曰 報舘이요 十三曰 學會요 十四曰 敎會요 十五曰 遊歷이요 十六曰 義塾이요 十七曰 訓廢疾이요 十八曰 訓罪人이라. (未完)

▲ 제5호 = 학교총론

今之同文館과 廣方言館과 水師學堂과 武備學堂과 自强學堂과 實學館之類가 其 不能得異才는 何也오. 言藝之事가 多ᄒ고 言政與敎之事가 少홈인듸 其 所謂 藝者도 又 語言文字之淺과 兵學之末에 不過ᄒ야 不務其大ᄒ고 不揣其本ᄒ니 卽 盡其道라도 所成이 已無幾矣라. 又 其受病之根이 有三ᄒ니 一曰 科擧之制가 不改ᄒ야 就學이 乏才也오 二曰 師範學堂이 不立ᄒ야 敎習이 非人也오 三曰 專門之業이 不分ᄒ야 致精이 無自也라. 故로 此 中人士는 六經을 閣束ᄒ고 羣籍을 吐棄ᄒ야 於中國舊學에 旣一切不問ᄒ고 西人의 富强之本과 制作之精으로써 叩ᄒ면 또ᄒ 能言之ᄒ며 能效之者가 罕有ᄒ니 推其成就之所至ᄒ면 能任象鞮之事가 已爲上才矣오. 其 次者는 適足히 洋行買辦의 必達之用이 되고 其 有一二卓然成就ᄒ야 達於中外之故ᄒ야 可備國家之任者는 必其人之聰才力이 能藉他端ᄒ야 以自精進이오. 非此該館諸學堂之爲功也라.

夫國家之設學은 欲養人才ᄒ야 以共天下어늘 其 上才者가 僅如此ᄒ고 次下者가 乃如彼ᄒ니 此는 必非朝廷作人之初意也라. 今朝士之言論이 汲汲然ᄒ야 以儲才爲急者ㅣ 蓋不乏人ᄒ니 學校萌芽가 殆自玆矣라. 其 亦有洞澈病根之所在ᄒ야 於此三端에 少爲留意也乎아. 抑今 學校之議가 不行홈이 又 有由也라. 經費가 甚鉅ᄒ고 籌措가 頗難ᄒ야 雖知其急이나 莫克任也라. 今夫農之治疇也에 逾春涉夏ᄒ야 以糞以漑ᄒ며 積

188

貧苦辛을 無或辭者는 以爲非如是면 秋成이 無望也라. 中人之家도 猶且
節衣縮으로 以敎子弟ᄒ야 冀其成就ᄒ야 光大門閭어를 今國家而不欲自
强則已어니와 苟欲自强이면 悠悠萬事에 惟此爲大ᄒ니 雖百擧未遑이라
도 宜先圖之라.

聞泰西諸大國의 學校之費가 其 多者는 八千七百餘萬이오. 其 少者가
亦八百萬이라(小學堂費가 英國은 每年 三千三百萬元이오 法國은 一千
四百萬元이오 德國은 三千四百萬元이오 俄國은 五百萬元이오 美國은
八千四百萬元이오 中學大學의 共費가 英國은 每年 八百六十萬元이오
法國은 三千萬元이오 德國은 二百萬元이오 俄國은 四百餘萬元이오 美
國은 三百餘萬元이라) 日本은 區區三島로 每年 所費가 亦 至八九百萬ᄒ
니 人之謀國者ㅣ 豈其不思樽節之義ᄒ야 甘擲黃金於虛牝乎아. 彼日人의
興學之費가 取償於吾之一戰而有餘矣라. 使吾로 向者에 擧其所謂二萬萬
而百分之ᄒ야 取其一二ᄒ야 以興彙學이면 二十年間에 人才大成ᄒ야
去年之後에 寧有是乎아 嗚呼라. 前事不忘은 後事之師니 及今不圖ᄒ면
恐他日之患이 其 數가 倍於今之 所謂 二萬萬者ㅣ 未有已時ᄒ지라. 迨痛
創復至ᄒ야 始悔今之爲誤면 又奚及乎아 今에 不惜糜重費ᄒ야 以治海
軍호ᄃ 不肯舍薄費ᄒ야 以營學校ᄒᄂ 것은 重其所輕이오 輕其所重이
라. 譬之孺子컨ᄃ 懷果與金以示之에 棄金而取果홈이오. 譬之野人컨ᄃ
持寸珠與百錢以示之에 遺珠而攫錢홈이라. 敵人의 勝我之具를 徒知ᄒ
고 所以勝之之具를 不知ᄒ야 曠日窮力으로 從事於目前之所未見ᄒ고
蔽於其所未見ᄒ야 究其歸宿에 一無所成ᄒ니 此 其智가 視孺予野人의
何如矣오.

西人이 策中國者ㅣ 西國의 人數와 中國의 人數로써 比例를 삼아 其
應有ᄒᆯ 學生과 與其學校之費를 籌ᄒ면 小學之生이 宜有四千萬人이며
每年에 宜費二萬二千六百萬元이오. 中學之生이 宜有一百十八萬四千餘
人이며 每年에 宜費五萬九百餘萬元이오. 大學之生이 宜有十六萬五千餘

人이며 每年에 宜費七千一百餘萬元이라 ᄒ니 今不敢爲大言이어니와 請如西人百分之一이라도 또ᄒ 맛당히 小學生四萬人과 中學生一萬一千八百四十人과 大學生一千八百五十餘人은 有ᄒᆯ 것이오. 每年에 맛당히 三百五十六萬元을 費ᄒᆯ터인딕 中國은 房屋衣食之費가 西人의게 視ᄒ면 僅히 三分之一이니 每年 一百餘萬元에 不過ᄒ지라. 中國科第之榮이 奔走天下가 久矣라. 制藝와 楷法은 人의 策勵와 驅策이 未嘗有之ᄒ되 利祿의 路가 使然홈이라. 今創辦之始에 或 經費가 未充이면 但 使科擧를 能改ᄒ야 歸於學校ᄒ야 天下를 號召ᄒ고 學中에서 功課만 定ᄒ고 膏火를 不給ᄒᆯ지라도 天下豪傑之士가 群集ᄒ야 偎焉從事者가 必不乏人이니 如是則經費가 又 可省三之一이니 歲費七十餘萬에 足矣오. 學中所成之人材는 卽 以拔十得五로 計之라도 十年之後에 大學生之成就者가 已可得八千人이니 用以布列上下ᄒ야 更新百度ᄒ면 沛然有餘矣라. 夫以日本之小로도 每年 此費가 尙至八九百萬커든 堂堂中國이 欲得如日本十二分一之費에 憂其無所出耶아 必不然矣로다.

◎ 敎育의 宗旨와 政治의 關係, 송당 김성희, 〈대한자강회월보〉
　　제11호, 1907.5. (교육학, 교육사)

　　　*교육사 관련 진술

▲ 제11호

凡人之異於禽獸者는 有思想焉ᄒ며 有能力焉ᄒ야 期達其所向之目的이 敎育也라. 然이ᄂ 敎育而無宗旨면 無異於使爲箕者學治ᄒ고 使爲矢者學函이니 豈有成功之目也리오. 然則 宗旨ᄂ 何오 以適合於國體者로 敎之而養成特質之人ᄒ야 用之爲幹國之材故로 古今 各國에 敎育之形質은 雖同而宗旨之趨向은 必自不同ᄒ니 如儒敎國佛敎國基督敎國回回敎國曁

他各種宗教國이 皆不得不以其所尙之敎育으로 各脩其形質而宗旨之所歸則常界限於政治之關轄也라. 何以其然고 以憲法國者는 不得不以民政敎育으로 行之ᄒ고 以專制立國者는 不得不以君政敎育으로 行之ᄒᄂ니 總言其宗旨則有道德主義幸福主義尙武主義三者而已라. 何謂道德고 常依天下之定法ᄒ야 可以爲格言者로 行之ᄒ며 確立天下之人道ᄒ야 共鑄完美之品性者是也오 何謂幸福고 必使磨礪而有健康之身體ᄒ며 必使思慮而有豊富之智識ᄒ야 助其天然之力에 共同生活於團體中者是也오. 何謂尙武오 化民國爲軍國ᄒ며 視乘楯如挾楯ᄒ야 獨立之氣가 磅薄于中而發爲曠絶之事業者是也라 此三者之孰優孰劣은 固無一定而必因政治之歹良ᄒ야 有盛衰之數耳라 雖然이ᄂ 民政國之民은 高尙品性이 與道德幷進ᄒ며 自由之權이 不勉而自强ᄒ야 與國家共享無窮之福利而君政國之民은 不然ᄒ야 知有壓制之可馴而授之以奴隷之學故로 志乏自主ᄒ야 諂諛成風ᄒ고 人不團體ᄒ야 鄰强環伺ᄒ니 如今優勝劣敗之場에 欲以一君主而鉗萬目之注矢ᄒ며 欲以一政府而障百川之逆潮면 其可得乎아 擧鼎絶脰之慘을 可立而俟니 敎育界에 政治之關係가 固何如哉아.

嗚呼라 我韓之倡新敎育論者始萌蘖於甲午更張之後而不究實際ᄒ고 徒存名義ᄒ야 不免爲種瓜得瓜種豆得豆之蔑效而僅自三數年來로 借鄰壁之餘光ᄒ고 廣時務之學制ᄒ야 朝野上下가 皆知敎育之不得不新ᄒ니 此實漸進之初階而今日에 學一種語ᄒ고 明日에 設一專門ᄒ야 纔窺一斑에 苟且敷衍이 惟皮毛是刮ᄒ니 何宗旨之暇究리오. 苟如是也則大韓世界는 將不免爲蝦目之水母니 寧不悲哉아 自古代設敎育以來之宗旨와 近世之結果를 玆譯于下ᄒ야 以備敎育家之參考而自擇焉ᄒ노라.

一. 雅典敎育 雅典은 古希臘市府之國而民政之鼻祖也라. 其 學業은 群學哲學等課程이오 其 敎育은 養成市民之資格ᄒ야 獎勵自由之性質 故로其人이 重名譽貴道德而以立法으로 爲己任ᄒ야 皆有參政之權ᄒ니 民政國敎育宗旨는 固如是며

二. 斯巴達敎育 斯巴達은 今希臘一國而專制君政之名邦이라 敎育之制ㅣ先使全國人으로 爲軍而一國之子弟는 一國의 所共有라 ᄒ야 父母가 不

得以私之ᄒ고 七歲에 入學校則自政府로 養育之敎誨之ᄒ야 務其束縛之嚴ᄒ며 養其服從之性ᄒ야 非至四十歲以上이면 不得自由生活ᄒ나니 故로 國民全體의 精神이 惟尙武是耳라. 君政國敎育宗旨ᄂᆞ 固如是며

三. 英吉利敎育 英吉利ᄂᆞ 近日 地球上 最繁榮ᄒᆫ 憲政國이라 學校之制가 注重於德育體育而智育이 居其後也라. 故로 自由自治之性이 最優ᄒ고 道德幸禍之論이 愈盛ᄒ야 成年之後에 卽 令自主而斷絶依賴ᄒ니 憲政國敎育宗旨ᄂᆞ 固如是며

四. 德意志敎育 德意志ᄂᆞ 歷史上 新造雄國이라 敎育之制가 始於民族主意而有報法之效果 故로 大將毛奇以爲師丹之役에 勝法之功이 在小學校라 ᄒ니 學制之善이 甲於歐陸은 有由來矣오. 更進爲帝國主義而有聯邦之大權 故로 今皇이 亦曰 敎養一國之少年ᄒ야 輔朕爲全世界主人翁이라 ᄒ니 其 氣像之雄偉가 果何如오. 蓋民族敎育之宗旨ᄂᆞ 愛同胞也오 帝國敎育之宗旨ᄂᆞ 愛祖國也而其活潑進就之精神은 一也라. 敎育政治의 同時進步가 亦固如是也며

五. 日本敎育 日本이 開國以來二千年에 未嘗易姓ᄒ야 國統旣尊ᄒ고 降自封建時代로 一種武士道之稱ᄒ니 所謂 大和魂이 是也라. 故로 其民이 以尊王爲大義ᄒ고 以尙武爲精神ᄒ야 維新之後에도 亦以此二者로 爲敎育之宗旨而愛國之想이 以之驟發ᄒ고 自强之策이 以之益固ᄒ니 憲政眞相과 道德敎育은 雖若未備나 體育智育이 日有進步ᄒ야 駈虎師於北滿ᄒ고 執牛耳於東亞ᄒ니 吸收文明之結果가 何其偉也오.

以上 五國은 皆有敎育上特著之功而不可誣者ᄂᆞ 宗旨之所趨向이오 不可掩者ᄂᆞ 宗旨之所歸結이니 蓋我韓爲國家者ᄂᆞ 爲有宗旨乎아 爲無宗旨乎아 曰 無也면 雖百年敎育이라도 終歸乎奴隷敎育而不能動彈於生存界矣니 苟使二千萬人으로 欲延天界之命而啓其自主之智則確立敎育之宗旨而敎育之어다.

日本人이 專求新智識之輸入ᄒ야 破壞一千年來所受儒敎之精神而西人倫理道德之精華ᄂᆞ 有所未盡故로 今憂時學者가 咸孜孜於德育硏究矣라. 敎育先進之國도 猶復如此ᄒ니 我韓之爲敎育家者ᄂᆞ 憂當如何오 必究宗

旨中道德幸福之義ᄒ야 以爲政治改善之本源則可以免胥溺之患이니 此ᄂᆞᆫ 莫大之問題也라. 第又思之어다.

今一敎育而編於東西大陸者ᄂᆞᆫ 耶穌家敎育也라. 無固有之敎育法ᄒ고 無固有之學校制ᄒ고 無固有之敎授材料而以理想ᄋᆞ로 爲特色ᄒ고 以道德幸福ᄋᆞ로 爲宗旨ᄒ야 自尊其自由ᄒ고 又尊人之自由ᄒ야 嚴守法律而堅忍誠信者是也라. 西儒雖以耶穌敎會ᄂᆞᆫ 卽 人民敎育이오 非國民敎育이라ᄒ나 其 範圍之大ᄂᆞᆫ 能合天下無量數之人種ᄒ야 結爲一千古未有之大團體則有政體頑頑之權ᄒ며 有民智發展之益云爾라.

▲ 제12호

敎育宗旨續說

松堂 金成喜

夫 宗敎者ᄂᆞᆫ 何오 欲以敎全國之民而使篤信其道하야 一其志而團其體者也라 故로 有國則必有敎하니 儒敎佛敎道敎神敎基督 等이 是也라 然이나 爲國敎者一而佛敎道敎神敎基督敎國民은 崇其敎曰 宗敎라 하야 人人尸之에 家家祝之하고 儒敎國之民은 知有先聖先師之敎而不知所以宗之之義故宗敎二字를 史不能書之하고 人不能名之者久矣라 譬猶菽粟布帛이 莫切於身之日用而富貴之子ᄂᆞᆫ 不知所以何種植而出이며 何織組而成也니 蓋其信之也有淺深而敎之本이 亦異矣로다.

夫 自上古之世에 如日月星辰可逼之光과 如風雨雷霆可驚之事와 如洪水烈火可懾之勢와 怪禽毒獸可袄之物이 必有絶大之勢力이 居中而主宰之라하야 恐怖之念이 始生而信奉之意가 漸緊하야 以之祭祀焉하며 崇拜焉하야 以爲一定之習俗하니 此ᄂᆞᆫ 歐西宗敎之所由起也오 降至中古하야 人群이 進化하고 事物이 相交하야 非敎면 無以定共公之要法이오 非法이면 無以繫人心之趨向일ᄉᆡ 於是에 有曠前絶後爲聖爲神特質之人이 起하야 開導衆民之智力하고 誘說天人之直接하야 使知有求福免殃之路하니 此ᄂᆞᆫ 歐西宗敎之所以立也오 理想而敎育之하며 習慣而法律之하야

次第發明에 遂得生界上樂利故로 希望於無聲無臭冥漠之天하고 思想於
爲聖爲神特質之人하야 去因來果을 一以依歸하며 溺信迷茫에 入於至誠
하야 現世에 或不能達其目的則來世에 必遂其期望之念이 日盛而莫之能
禦하야 至於死而無悔하니 此乃無所謂死無所謂生者也라 死者는 死吾體
魄之中에 若金若鐵木類炭類粉糖鹽水雜質而己오 不死者는 靈魂이라 旣
有常常不死者存則何有乎生吾며 何有乎死吾리요 此는 宗敎家之所以發
達其宗旨也라.

儒敎則 不然하야 首重倫理에 眞認血祖하고 次及修身에 謹愼寡過로 爲
大主義也니 何也오 蓋自黃帝로 始有人類之孳息而其道가 虛靜無爲하며
任天弱人하야 有獨性不具之弊故로 唐堯虞舜이 以人代天工之學으로 倡
明人類最貴之倫理하야 使契敬敷하니 此는 東洋儒敎之所由起라 故로
孔子撰詩書에 斷自唐虞而不及於黃帝하고 祖述堯舜而闡明倫理하야 爲
萬世法하니 此는 東洋儒敎之所以立也오 孔子沒에 楊朱墨翟自愛兼愛之
說이 大行一世故로 孟子力排之如驅猛獸導洪水然하야 以扶護儒敎로 爲
己任하니 其 敎之行于世也에 定其君臣父子夫婦之義하야 使老有所歸하
며 壯有所用하며 幼有所長而率以修齊治平으로 爲大同之敎하니 此는
儒敎家之所以發達其宗旨也라.

夫國人이 宗之則曰 宗敎라 宗儒敎之國者豈不以儒敎爲宗敎可耶아 苟宗
之則斯祭祀之하며 民祖祀堯舜하며 有祀孔孟而亦未聞中流以下之民이
能護瞻拜於大聖亞聖之位하니 民級이 於是焉分矣오 國敎가 於是焉離矣
라 最多數之民衆이 苟不得以自由宗之則儒敎之不能爲團體宗敎가 抑以
是歟닌져. (未完)

▲ 제13호=교육종계설

敎育宗旨續說(承前)

松堂 金成喜

儒敎者는 天敍有典民族自治之本이라 國家之刑政禮樂이 莫不以是爲要

素則驅西所謂宗教之渺不可知者가 豈得以比倫哉아 雖然이ᄂ 以敎育界
로 論之면 儒敎敎育은 以訟이오 驅西宗敎敎育은 以信이니

何謂訟고 春秋之精義ᄂ 全在於公羊傳而據三世開太平進化之法典이 有
百世不惑之本旨어늘 自東漢以後로 無人講解其旨者ᄒ니 孔敎之眞面目
을 遂不可復觀矣라 重之荀子之學이 自出於孔門派流而有治人無治法等
說로 以欺當時ᄒ고 李斯輩가 從而煽之ᄒ야 尊君權於無上而流其毒於後
世ᄒ니 不寧惟是라 曲學阿世之徒가 夤緣傅會ᄒ야 取媚於人主則歷代君
相率以利已者로 著爲法令ᄒ야 壓抑專裁에 因以爲常ᄒ야 鉗其民而愚其
俗을 如狙飼之ᄒ니 卽 恐豪傑之人과 議論之士가 相連以爲亂也라 故로
民愈愚則國愈安이라ᄒ야 敎民之學이 遂廢不講ᄒ고 重民之義湮而不傳
ᄒ니 後世學者豈知孔敎宗旨之所在耶아 但 嘐呶呶에 莫之底定曰 某也正
論某也橫議某也僞學某也眞學之辨이 迭出而支那之國敎已紊矣오 文學
則各以黨派而立幟ᄒ고 義理則各擁私乘而分歧ᄒ야 曰 忠曰 逆之論이 不
以公法爲歸則我韓之國敎又墜於地矣라 儒敎之學이 昔莫盛於東洋二國
而紛議雜出ᄒ야 各以私意相襲이 乃至如此ᄒ니 卽 自秦漢二千年來未決
之案是也라 誰速之訟고 束躬寡過에 牢拘小節ᄒ고 率身歛退에 忘其國家
而誤了宗敎ᄒ야 使民不敢倡自由者ᄂ 荀子也니 有國敎裁判者면 彼何逃
焉 이리오.

何謂誠고 毆西宗敎之本體甚微ᄒ야 不可以摸捉일ᄉ 始以迷信에 終入於
純一之誠則誠之所在에 莅事無疑ᄒ고 臨難不懼ᄂ 卽其自守之義也라 故
로 歷史上 傑人達士之能成大業者莫不以信宗敎之力也니 克林威爾ᄂ 再
适英國而犯大不韙에 無所避ᄒ고 歷大苦難에 亦不渝者ᄂ 信宗敎之誠之
爲也오 女傑貞德은 再造法國而他無所長ᄒ고 惟以無心倡自由ᄒ야 感動
國人에 卒摧强敵者도 信宗敎之誠之爲也오 維廉濱은 新開美洲而以自由
로 爲性命ᄒ고 視一身爲犧牲者도 信宗敎之誠之爲也오 瑪志尼ᄂ 先倡新
宗敎ᄒ야 築少年意國之基礎에 百折不撓者도 信宗敎之誠之爲也오 加富
爾ᄂ 首抑敎權而實扶敎旨者也라 嘗不治産而以國爲産ᄒ고 不娶妻而以
國爲妻者도 信宗敎之誠之爲也오 格蘭斯頓은 十九世紀傑物이라 鼓吹興

論에 革新國是ᄒ야 使英國奠安者도 信宗教之誠之爲也라 然則其篤信之 誠力을 何以致之오 皆由於教育이 有素也니 卽 自小學至大學히 必以實 事에 身履之ᄒ고 實物에 手攻之을 如學山必登山ᄒ며 學海에 必入海之 類也則與儒敎教育에 以言以訟之爲로 固不同矣라.

使全國民으로 思想於是ᄒ며 希望於是ᄒ며 親愛於是ᄒ야 結合惟一無二 之大團體를 曰 國敎教育이니 豈文字之所可組成이며 言語之所可構造리 오 惟一自由權者ㅣ 爲之主ᄒ고 平等權者ㅣ 爲之佐然後에 可以達其國之 宗敎ᄒᄂ니 爲儒敎教育家者ᄂ 盍圖是焉고.

◎ 我韓 教育歷史, 一惺子, 〈서북학회월보〉 제16호(서우 속간), 1908.3. (교육사, 한국 교육사)

　　*한국 교육사를 5기로 나누어 설명

　　제1기: 기자 동출

　　제2기: 신라 태종, 문무왕 당에 유학생 파견

　　제3기: 충선 충숙왕 – 원에 유학생 파견

　　제4기: 세종대왕 – 국문 창조 등

　　제5기: 20세기 신문화 수입기

　　檀君이 首出ᄒ사 教民編髮盖首ᄒ시고 飮食 居處의 制가 始有ᄒ얏스 니 此ᄂ 天造草昧에 立敎之初오, 太子 扶婁를 塗山에 送ᄒ야 萬國 玉帛 會(옥백회)에 往參케 ᄒ셧스니, 此ᄂ 我邦 外交의 最初라. 然이나 檀氏 朝鮮 一千年間은 風氣가 淳厖(순방)ᄒ야 無爲以治ᄒᄂ 時代니, 學術로 써 人民 敎育홈이 無聞ᄒ 것은 地球 – 歷史에 無論 何國ᄒ고 邃古時代에 同然ᄒ 例라. 是以로 孔子ㅣ 著書에 斷自唐虞ᄒ셧스니 我邦의 教育 歷 史도 箕子世紀로브터 始홈이 固宜ᄒ도다.

　　上下 三千年間 文化 程度에 關ᄒ 世級을 論ᄒ면 箕子東出ᄒ사 教民

八條ᄒ신 時代가 第一紀오, 新羅 太宗王 文武王朝에 子弟를 唐에 派遣遊學ᄒ야 支那의 文物 制度를 採用홈이 第二紀오, 高麗 忠宣 忠肅王朝에 安文成 李益齊 諸賢이 文章 學術로 元朝를 交涉ᄒ미 洙泗濂洛(수사염락)의 道學淵源이 渡來于我ᄒ야 本朝 五百年 右文之治를 基ᄒ얏스니 此ᄂ 第三紀오, 我 世宗大王ᄭᅴ서 國家의 典章과 五禮儀와 音樂器와 測候器를 親製ᄒ시고 國文을 創造ᄒ사 便利易曉ᄒ 文學으로 一般 국萬을 普通 教育ᄒ셧스니 此ᄂ 我邦 文明의 曠絶古今ᄒ 第四紀 時代오, 現今에 至ᄒ야ᄂ 海外 各國과 交際 殷繁ᄒ야 西曆二十世紀에 新文化를 輸入ᄒ니 此ᄂ 第五紀 時代라 謂홀지로다. 玆에 其 古今의 歷史를 概述ᄒ야 教育家의 典故를 供ᄒ노라.

盖檀君後 一千二百十有二年을 經ᄒ야 神聖ᄒ신 殷太師 箕子ᄭᅥ셔 殷周革命의 際를 當ᄒ사 自靖의 義를 抱ᄒ시고 白馬東渡ᄒ사 洪範九疇(홍범구주)의 廣大淵奧(광대연오)ᄒ 學問으로 教化를 施ᄒ사 荒俗을――

5.8. 교육제도

◎ 私塾을 一切 打破,
　私城子, 〈기호흥학회월보〉 제1호, 1908.8. (교육)

> *이 시기 사숙의 폐단을 논설함 / 신구 대립
> *사숙＝구습

現今 教育界에 最大 障碍物이 되ᄂ 者ᄂ 舊習의 私塾이 存在ᄒ 故로 凡爲人父兄者가 孰不欲教其子弟리요마ᄂ 學校 設立을 不肯ᄒ며 海外 留學을 不勸ᄒᄂ 者ᄂ 私塾의 教導를 尙悖(상패)홈이니 私塾이 避止ᄒᄂ 境遇이면 全國內 靑年 子弟가 不得不 歸於公私學校 及 海外留學矣

오, 私塾이 存在ᄒᆞᄂᆞᆫ 境遇이면 學校 設立이 終始 零星ᄒᆞ고 海外 遊學이 終是 寡少矣리니 此實 今日에 重要ᄒᆞᆫ 問題라. 不得不 私塾의 弊害를 擧論ᄒᆞ야 全國內 人父兄者의게 一致勸告ᄒᆞ노라.

一. 私塾은 人家 父兄이 各其 子弟를 爲ᄒᆞ야 單獨히 敎育을 受케 ᄒᆞ면 精美ᄒᆞᆯ 듯ᄒᆞ나 麗澤相資의 利益이 無ᄒᆞ야 知識이 固陋ᄒᆞ고 工夫上 競爭 心이 無ᄒᆞ야 前進을 不圖ᄒᆞ고 獨處則驕傲自足(교오자족)ᄒᆞ다가 對衆則 羞澁退縮(수삽퇴축)ᄒᆞᄂᆞ니 如此ᄒᆞᆫ 敎育으로 今日 社會 競爭之場에 立 脚ᄒᆞ면 能히 辭氣를 吐出ᄒᆞ고 事業을 做得ᄒᆞ겟ᄂᆞᆫ가. 此ᄂᆞᆫ 誤其子弟의 一이오,

一. 私塾은 一切 地誌 歷史 筭術 物理 化學 法律 實業 等 學은 姑捨ᄒᆞ고 五大州 八遊星의 名稱도 不知ᄒᆞᄂᆞᆫ 村學究에게 薰炙를 受케 ᄒᆞ니 設使 其學力이 優勝於師라도 村學究의 聞見과 知識에 不過ᄒᆞᆯ지니 此ᄂᆞᆫ 誤其 子弟의 一이오,

一. 私塾은 支那 文字의 史略 通鑑 等書와 古時 腐儒의 長篇絶句 咳唾之 餘로 課程을 作ᄒᆞ고 精神을 費了케 ᄒᆞ니 設使 記誦이 瞻富ᄒᆞ고 著作이 精妙ᄒᆞᆯ지라도 究竟所就가 腐儒武勇을 養成ᄒᆞᆷ에 不過ᄒᆞ니 此ᄂᆞᆫ 誤其子 弟의 一이오,

一. 私塾은 體抛運動(체포운동, 신체 운동을 포기함)으로 兒童의 身體 를 健康케 ᄒᆞᄂᆞᆫ 課程을 且置ᄒᆞ고 頑迷ᄒᆞᆫ 村學究가 呵叱(가질, 꾸짖음)과 鞭扑(편복)을 輕加ᄒᆞ야 兒童의 頭腦를 損傷케 ᄒᆞ며 坐必壁ᄒᆞ고 咿唔不 輟(이오불철)케 ᄒᆞ야 兒童의 慧竇(혜두)를 錮塞(고색)ᄒᆞ니 束縛의 困苦 만 有ᄒᆞ고 活潑의 興味가 無ᄒᆞ야 厭倦의 意가 自生케 ᄒᆞᄂᆞ니 如此 敎育 의 靑年時節에 志氣를 壓屈ᄒᆞ야 健全ᄒᆞᆫ 人格을 不成케 ᄒᆞᆷ이니 此ᄂᆞᆫ 誤 其子弟의 一이오,

一. 私塾은 士民間 生活이 裕足흔 人의 事力으로 設置흔 者니 彼等이 皆私塾에 注力홈으로 學校가 興旺치 못ᄒᄂ니 此ᄂ 敎育界에 關ᄒ야 一大 障碍가 되ᄂ 者니라.

嗚呼라. 我 全國內 人士여. 誰가 不爲其子弟ᄒ야 望其爲賢俊ᄒ며 冀 --

*기호흥학회 교육부장＝유길준, 윤치호, 남궁억 평의원
*기호흥학회 사범학교 중등학과 설치 / 제1호 본회기사 참고.

◎ **學典, 이응종,〈기호흥학회월보〉제9호, 1909.4.**
   (교육학 자료집)

[해제] '학전'이란 학문의 규범이 되는 지식을 의미한다. 기호흥학회에서는 이 시기 신학문 소개에 많은 노력을 기울였는데, 이응종의 '학전'은 교육과 관련된 이론을 정리한 논문이다. 제10호, 제11호에 연재되었으며 '교육의 개념', '교육 제도', '학교 제도'를 소개하였다. 미완의 논문이어서 이후 더 연재할 분량이 있었음을 짐작할 수 있으나 이 학회보가 더 이상 발행되지 않았으므로 이어지는 글을 찾을 수 없다.

▲ 제9호

一. 敎育

敎育이라 홈은 人類로 ᄒ야곰 完全흔 人格을 修養ᄒ야 理想上 充實 及 生活上 運命을 爲ᄒ야 其 身體 知識 德性 等 諸能力을 發育케 ᄒᄂ 事業이니 此 事業을 行ᄒᄂ 者를 敎育者라 ᄒ고 其此를 受ᄒᄂ 者 卽

其 事業에 因ᄒ야 養成되는 者를 被敎育者라 云ᄒᄂ니라.

敎育의 要件은 自然과 人爲의 區別이 有ᄒ니 彼 宇宙間 天然의 狀態 動作과 社會의 人文 卽 人情 風俗 制度 歷史 習慣 等이 不知不識間에 人을 大히 發育케 ᄒ고 且 感化 鎔鑄ᄒᄂ니 此를 自然敎育이라 ᄒ고 一定ᄒ 人格을 完成ᄒ 者ㅣ 一定ᄒ 目的으로 他人에게 敎訓을 施ᄒ야 感化를 與ᄒᄂ 者를 人爲敎育이라 云ᄒ고

又 此等 敎育이 家庭에 在ᄒ야 行ᄒ 時ᄂ 此를 家庭敎育이라 稱ᄒ고 學校에서 行ᄒ 時ᄂ 此를 學校敎育이라 稱ᄒ고 夏進ᄒ야 社會上에 立ᄒ 야 社會上 自然의 感化와 萬般 文物 見聞으로브터 成ᄒᄂ 者를 社會敎 育이라 云ᄒᄂ니 吾人이 幼時에 家庭에 在ᄒ야 父母 家長의 保育을 受 ᄒ다가 此 家庭敎育 時期로브터 漸次 長成ᄒ야 學齡에 達ᄒ야 學校敎育 에 入ᄒ고 此 學校敎育 時期를 經ᄒ야 社會上 人物로 社會敎育을 受ᄒ 이 普通의 順序라. 此 三者ㅣ 互相 聯絡ᄒ야 始終을 成ᄒ이나 通常의 敎育事業 卽 人爲敎育은 家庭으로브터 始ᄒ야 學校敎育의 終局에 至ᄒ 야 其業을 完成ᄒᄂ 者ㅣ라. 然而 此 人爲敎育은 其 部門과 改階가 不一 ᄒ니 其 目的으로 區別ᄒ면 普通敎育 高等敎育, 專門敎育과 實業敎育, 武儀敎育 及 此外 特殊ᄒ 事情을 因ᄒ 敎育 卽 盲啞, 孤兒 等 敎育이 有ᄒ여 其 階級的 系統으로 言ᄒ면 小學, 中學, 大學 等 數種 敎育이 有ᄒ니 此 說明은 次의 學校論에 讓ᄒ노라.

二. 敎育의 制度

事物이 有ᄒ면 法則이 必有ᄒᄂ니 此 敎育事業에도 其 活用ᄒᄂ 制度 가 必有ᄒ 바라. 然而 此ᄂ 自來 各 時代와 列國의 情形에 因ᄒ야 其揆 가 不一ᄒ얏스나 今日 大槪 各國이 同一히 採用ᄒᄂ 者ᄂ 强制 敎育制 度가 是니 國家가 其 國民을 敎育ᄒ기 爲ᄒ야 一定ᄒ 法令을 發布ᄒ고 總히 國民은 一定ᄒ 年限(學齡)에 普通敎育을 必服ᄒ으로써 人民이 國 家에 對ᄒ 義務(卽 責任)로 ᄒ야 其 學齡에 達ᄒ 者ㅣ 學校에 不入ᄒ면

곳 其 父兄을 責罰ᄒ고 其 教育費ᄂ 各其 地方의 公費로 支出ᄒ야 其 地方의 住民이 貧富共之ᄒ야 國稅와 갓치 此를 負擔ᄒᄂ 制度니 此로써 國民의 當行ᄒ 義務로 ᄒᄂ 故로 曰 義務教育이라 稱ᄒᄂ니 盖 此 制度ᄂ 往昔 支那 唐虞의 時에 旣已略行ᄒ야 人生 八歲에 皆入 小學흠으로 三代에 隆盛이 歷史에 冠絶되얏거니와 其 確實히 制度的으로 完成흠은 實노 近來의 事니 往時(西曆 一千七百六十三年) 厚禮斗益[100) 王의 强迫 就學令 德國에서 實行ᄒ야 一時 創癒를 回復ᄒ고 因ᄒ야 威光을 大揚ᄒ 얏슴으로 伊來로 國病을 醫ᄒᄂ 者ㅣ 皆此로써 粱肉(양육)의 味로 認ᄒ 야 次第로 其國民에게 實行ᄒ야 現今宇內에 雄飛ᄒᄂ 列强이 其 實力이 此에 依ᄒ야 確立되지 아니ᄒ 者ㅣ 殆無ᄒ며 尙此 高等教育은 此를 반 다시 强制로 必行케ᄂ 아니ᄒ고 人民의 自由에 放任ᄒ나 盛히 此를 獎 勸ᄒ야 百方으로 其 發達을 援助 振行ᄒ야 互相히 其 學術 程度로 文化 의 進步를 競爭ᄒ기에 至ᄒ니라.

▲ 學典, 李膺鐘, 〈기호흥학회월보〉 제11호, 융희 3년(1909) 6월 25일

三. 教育의 主義

教育의 主義ᄂ 教育事業의 主張되ᄂ 意義를 謂흠이니 卽 教育의 精神 이 是라. 教育者ᄂ 此主義를 確定흠이 極히 必要ᄒᄂ니 其 精神의 惟一 重要ᄒ 者ᄂ 曰 國民主義라. 大抵 國家ᄂ 特性이 固有ᄒᄂ니 此ᄂ 國家 內의 土地와 民族과 歷史와 運命이 相同ᄒ며 政體와 風俗과 言語와 思 想과 感情이 相同ᄒ야 自然히 國民의 精神上에서 結合 成立ᄒ 者ㅣ니 所謂 國粹가 是라. 國粹ᄂ 一國의 生命이오 其 獨立 體面이 此에 因ᄒ야 保存되ᄂ 者ㅣ라. 吾人은 此韓에 住ᄒ야 韓人의 子孫으로 韓國民의 一 員이라. 吾人의 一身은 韓國을 組成ᄒ 一分子니 卽 吾人이 此 韓國으로

---

100) 후레두익 왕(厚禮斗益王): 프리드리히 왕.

더브러 利害 休戚을 共히 ᄒᆞᄂᆞᆫ 者ㅣ라. 故로 人이 自己를 愛코져 ᄒᆞ면 必先 國家를 愛ᄒᆞᄂᆞ니 此 國家를 愛ᄒᆞᆷ은 畢竟 自己를 愛ᄒᆞᆷ이 되ᄂᆞᆫ 所以라. 此 愛國心의 本意ᄂᆞᆫ 此로써 國粹를 維持ᄒᆞ야 國民된 本分을 能盡케 ᄒᆞ도록 敎育ᄒᆞᆷ이 卽 國民主義의 本旨라. 使 其 敎育으로 此 精神이 若無ᄒᆞᆯ진ᄃᆡ 雖 家家에 絃誦의 聲이 聒耳ᄒᆞ고 人人이 算筆의 業이 滿腹ᄒᆞᆯ지라도 其 人類로써 此 國家에 生活ᄒᆞ야 可行ᄒᆞᆯ 職務의 最 重要ᄒᆞᆫ 者를 失ᄒᆞ야 畢竟 無用에 歸ᄒᆞᆯ지니 엇지 愼重치 아니ᄒᆞ리오.

然이나 此 主義ᄂᆞᆫ 政治上 主義가 아님을 忘却ᄒᆞᆷ이 不可ᄒᆞ니 다만 被敎育의 愛國心의 根源을 培達ᄒᆞ야 忠義의 德性을 涵養ᄒᆞᆯ 쑨이오 現代의 政治上 問題에 容喙케 ᄒᆞᆷ은 愼避ᄒᆞᆯ지니 是ᄂᆞᆫ 被敎育者로 ᄒᆞ야금 心身을 徒然 攪亂(교란)ᄒᆞ야 未熟ᄒᆞᆫ 慷慨心을 無用에 激發케 ᄒᆞᆷ에 不過ᄒᆞᆫ 所以며

此 愛國心의 培養은 着實ᄒᆞᆫ 實際的됨을 要ᄒᆞᄂᆞ니 自來 我邦 學問界에셔ᄂᆞᆫ 恆常 單純ᄒᆞᆫ 理論으로만 高尙이라 ᄒᆞ고 實地 事物은 淺近이라 ᄒᆞ야 此를 等閒에 付ᄒᆞ고 高遠 虛荒에 驚馳(무치)ᄒᆞᆷ으로 其所 筆舌의 言論은 醺雲懸河ᄒᆞᆷ과 如ᄒᆞ되 眞實ᄒᆞᆫ 事物에ᄂᆞᆫ 空空如也ᄒᆞ야 迂闊 怠慢으로써 自好ᄒᆞ야 實學을 捨ᄒᆞ고 虛理를 探ᄒᆞ며 實行을 忘ᄒᆞ고 虛榮을 樂ᄒᆞ며 實利를 失ᄒᆞ고 虛福을 求ᄒᆞ며 實力을 消ᄒᆞ고 虛式을 擁ᄒᆞ야 與之全國 上下가 同受其毒ᄒᆞ야 恬然不覺(염연불각)ᄒᆞᄂᆞ니 是以 世人은 此를 嘲評ᄒᆞ야 曰 構虛(구허)ᄂᆞᆫ 韓人之長技라 ᄒᆞ며 韓國의 學者ᄂᆞᆫ 漢學을 輸入ᄒᆞ야 形殼만 留ᄒᆞ고 精神 骨子ᄂᆞᆫ 他에 讓送ᄒᆞ얏다 ᄒᆞ니 此ㅣ 엇지 過言이리오. 故로 最近에 各 學校令의 頒布ᄒᆞᆫ 者를 讀ᄒᆞ건ᄃᆡ 官部ᄂᆞᆫ 此 獘를 拯救(증구)코져 ᄒᆞ야 其 各 敎科目 敎授要旨 等 說明에 曰 '躬行實踐' 曰 '言論만 虛尙ᄒᆞᄂᆞᆫ 偏習이 無케' 曰 '高遠에만 馳驚치 아니ᄒᆞ게' 云云ᄒᆞ야 再三 辯說ᄒᆞ엿ᄂᆞ니 然而 現今에 新式의 學校와 敎育의 本旨를 稍解ᄒᆞᆫ다 稱ᄒᆞᄂᆞᆫ 者도 아즉 此 從來 痼癖의 勢力에 牽泥되야 皮想空論에서 彷徨ᄒᆞ고 深切ᄒᆞᆫ 實理에 適行ᄒᆞᆷ을 不得ᄒᆞ니 此ㅣ 余의 慨歎ᄒᆞᄂᆞᆫ 바ㅣ라. 今에 此 弊害를 匡救ᄒᆞ고 實效를 收得코져ᄒᆞᆯ진ᄃᆡ 決코 依然히

高尙ᄒᆞᆫ 理論으로만 以ᄒᆞ야 可能ᄒᆞᆯ 바ㅣ 아니라 眞的히 實際에 就ᄒᆞ야 淺近ᄒᆞᆫ 一事一物이라도 被敎育者의 最易解되도록 果然 愛國思想이 如何ᄒᆞᆷ을 切切히 感覺 契着ᄒᆞ야 不知中에 一種 德性을 成ᄒᆞ게 ᄒᆞᆷ이 誠實ᄒᆞᆫ 培養 方法이 될지오.

且 此 愛國心 培養은 決코 偏向的되지 아니ᄒᆞ게 ᄒᆞᆷ이 必要ᄒᆞ니 敎育主義ᄂᆞᆫ 絶對的 永久的으로 誠實ᄒᆞᆫ 愛國心을 培養ᄒᆞᆷ이 極히 必要ᄒᆞ거니와 若 過度히 偏向的으로만 主ᄒᆞ면 往往히 自尊 排他ᄒᆞᄂᆞᆫ 頑陋ᄒᆞᆫ 國民될 結果를 釀出ᄒᆞᆷ이 不無ᄒᆞᄂᆞ니 故로 其 自國에 對ᄒᆞ야 忠愛를 盡ᄒᆞᆷ은 夐히 一國이 世界에 對ᄒᆞ야 存立됨을 覺悟ᄒᆞ야 廣히 四海의 同胞와 相愛ᄒᆞ야 此 世界文化에 共進ᄒᆞᄂᆞᆫ 人道를 ᄯᅩᄒᆞᆫ 不失케 ᄒᆞᆯ지니라.

▲ 學典, 李膺鐘, 〈기호흥학회월보〉 제12호, 융희 3년(1909) 7월 25일

四. 學校

學校ᄂᆞᆫ 敎育을 施行ᄒᆞᄂᆞᆫ 機關이니 卽 國力의 由生ᄒᆞᄂᆞᆫ 根源이오 文化의 産出場이라. 故로 其 制度 組織과 設立 維持의 多少 完否ᄂᆞᆫ 其國 程度를 占ᄒᆞᄂᆞᆫ 標準이라. 是以로 列國이 此에 非常히 用力ᄒᆞ야 各其 發達을 圖ᄒᆞᄂᆞ니 盖 其 設備 及 組織에 就ᄒᆞ야ᄂᆞᆫ 國民 社會 程度에 因ᄒᆞ야 各其 相議ᄒᆞᆷ이 各殊ᄒᆞᆯ지나 今에 各國 現行 制度와 最 普通인 者를 先述ᄒᆞ고 次에 我帝國의 現行 制度를 繼說ᄒᆞ노라.

列國의 現行 制度로ᄂᆞᆫ 學校를 數種 段階에 分ᄒᆞ니 一은 小學校니 國民 一般이 義務로 必受ᄒᆞᆯ 初等 普通敎育을 施行ᄒᆞᄂᆞᆫ 處라. 其 目的은 國民主義와 道德 宗敎主義와 兒童의 身體發育을 主ᄒᆞ고 且 其 民間 生活에 必要ᄒᆞᆫ 知識과 技能을 敎授ᄒᆞᆷ에 在ᄒᆞ며 入學 年齡은 大槪 六七歲며 敎科ᄂᆞᆫ 簡易ᄒᆞᆫ 國語, 筭法, 習字, 體操, 唱歌, 修身, 歷史, 地誌, 理科 等이오 修業年限은 六個年이 普通이니 然而 此를 尋常과 高等 二級에 夐分ᄒᆞ야 各 三年으로 ᄒᆞ되 尋常小學 三年間은 敎科도 最其 淺近簡單ᄒᆞᆫ

者 四五科만 敎授하고 次는 高等 三年間에 補充 敎授하며 又 尋常 三年
間만 義務服으로 하는 國도 有하고 且 小學 六年은 男女 兒童을 合同
敎授함을 得하며 且 此에 補修科를 溫習코져 하는 者와 其 小學만 卒業
하고 更히 上級學校에 不入하는 者로 入學을 許하야 其 學科를 修케
하느니 年限은 大槪 二年이나 一年 或 半年의 短期로 함이라.

第二. 中學校니 社會 中流 以上 人物을 養成하는 高等普通敎育場이
라. 故로 此에 入學할 者는 小學校를 修了한 者와 又는 此와 同等 以上
되는 學力이 有한 者라야 可하고 且 入學도 列國이 皆 此 中學으로붓터
以上은 此를 强制로 入學케 아니하며 年限은 大槪 五年 或 四年이니
其 敎授하는 科程은 其 入學者의 目的에 因하야 二種의 區別이 有하니
一은 中學을 畢하고 實地 業務에 就코져 하는 者는 此를 實修 中學이라
하고 其 中學을 畢하고 更히 高等한 專門 學業을 修코저 하는 者는 此를
豫備 中學으로 하야 前者는 實地 生活에 必要한 高等 普通學科로 하야
此에 自國文化에 最重要된 學科를 最多케 加入하고 後者는 其 目的者의
志願에 從하야 該專門科의 預備되는 學科를 爲主하야 少少히 他學科의
一斑을 添入하느니 此에 卒業한 者는 各其 目的하는 專門學校로 入去하
는 者라. 然而 中學에서브터는 男女를 分하야 敎授하며 且 中學은 男子
에게만 施行하고 女子는 特히 高等女學校를 設하야 敎授하느니 其 目的
은 國民의 賢母良妻되야 家庭의 高等 人格과 生活上 必要한 知識을 養
成함이오 大略 三四年으로 修了하느니라.

第三. 專門學校니 此는 單一한 科學 或 技術을 敎授함이 目的이니 其
種類와 程度가 不一한지라. 今에 其 種類를 數하건디 實業을 主하는 者
는 實業學校와 商業, 工手, 織工 等 學校가 有하니 其 程度는 小學을
畢한 者에게 此等 技能을 敎授함이오 又 此와 同等으로 女子에게 裁縫
料理 家庭 等 專門으로 敎授하는 學校가 有하고 中學을 畢한 者에게
稍高되는 專門으로 敎授함에는 文學, 政治, 法律, 經濟, 數理, 醫學, 藥學,
農林, 工, 商, 航海, 商船, 郵船 等 專門學校가 有하며 又 武儀敎育에는
陸海軍 士官 及 海軍兵學校, 砲工學校가 有하며 師範敎育으로는 尋常師

範과 高等師範學校가 有ᄒᆞ니 前者ᄂᆞᆫ 小學을 畢ᄒᆞᆫ 者에게 小學敎員될 資格을 養成ᄒᆞ고 後者ᄂᆞᆫ 尋常師範이나 中學을 畢ᄒᆞᆫ 者에게 中學敎員되 ᄂᆞᆫ 資格을 養成ᄒᆞᄂᆞᆫ 者오, 又 尋常師範에ᄂᆞᆫ 女子에게 此를 敎授ᄒᆞᄂᆞᆫ 者 와 又 高等師範 同等의 女子大學校가 有ᄒᆞ야 女子의 最高等되ᄂᆞᆫ 敎育과 師範되ᄂᆞᆫ 敎授를 施ᄒᆞᄂᆞᆫ 者오 又 外國語를 專門으로 敎授ᄒᆞᄂᆞᆫ 學校가 有ᄒᆞ니 其 程度ᄂᆞᆫ 小學을 畢ᄒᆞᆫ 者로써 此에 許入ᄒᆞ며 其 修業年限은 其 語學의 難易를 因ᄒᆞ야 二年 或 三四年ᄭᆞ지에 至ᄒᆞᄂᆞ니라.

第四. 大學校니 一國 學術의 淵藪오 敎化의 本源이니 其 程度ᄂᆞᆫ 專門 學校 上位에 在ᄒᆞ야 最高等 學術을 專攻 精修ᄒᆞ야 國家에 有用ᄒᆞᆫ 高等 人物을 養成ᄒᆞᆷ이라. 此를 大學 預備 高等科와 分科大學과 大學院으로 分ᄒᆞ야 預備 高等科에셔 中學 卒業者를 許入ᄒᆞ야 分科大學에 入ᄒᆞᆯ 準備 로 其所 目的ᄒᆞᄂᆞᆫ 學科를 爲主ᄒᆞ야 兼ᄒᆞ야 最高等 普通學識을 敎授ᄒᆞ고 分科大學은 此等 預備 高等科의 卒業者와 專門學校의 卒業者를 許入ᄒᆞ 야 此를 其 目的ᄒᆞᄂᆞᆫ 바에 從ᄒᆞ야 何科던지 自由 選擇ᄒᆞ야 修業케 ᄒᆞᄂᆞ 니 其 區分된 學科ᄂᆞᆫ 一. 法科니 此를 法律, 政治, 經濟, 行政 等 科로 細分ᄒᆞ고 二. 醫科니 醫學 藥學으로 分ᄒᆞ고 三. 工科니 土木學 機械工學, 造船學, 造兵學, 電氣工學, 建築工學, 應用化學, 火藥學, 採鑛 及 冶金學 等 科로 細分ᄒᆞ고 三. 文科니 哲學, 國文學, 史學, 言學, 各 外國文學 等 科로 細分ᄒᆞ고 四. 農科니 農學, 林學, 禽獸 牧畜學, 農藝化學, 獸醫學 等 科로 細分ᄒᆞ고 五. 理科니 星學, 地質學, 數學, 物理學, 化學, 動物學, 植物學 等 科로 細分ᄒᆞ며 又 此等 分科의 一科 或 數科가 合ᄒᆞ야 一大學 을 構成ᄒᆞᆷ이 有ᄒᆞ며 又 此外에 神學科를 加ᄒᆞ야 大學을 成ᄒᆞᆷ도 有ᄒᆞ고 且 武儀敎育으로 陸海軍 兵學大學과 士官 及 軍醫大學 等이 有ᄒᆞ니 大 槪 此 分科 中 一科學를 修得ᄒᆞᆯ 時ᄂᆞᆫ 學士됨을 得ᄒᆞᆷ이오 大學院은 此等 分科大學 修了者로 ᄒᆞ야곰 此에 入ᄒᆞ야 其 科學의 愈益溫奧ᄒᆞᆷ을 講究케 ᄒᆞᄂᆞ니 其 學科의 分類ᄂᆞᆫ 分科大學과 略同ᄒᆞ고 其 修學年限은 三年 以 上 乃至 十數年에 達ᄒᆞᄂᆞᆫ 者라.

尙且 此에 附設ᄒᆞᆯ 者ᄂᆞᆫ 幼稚園이니 此ᄂᆞᆫ 三四歲 乃至 五六歲되ᄂᆞᆫ 幼

兒를 集合ᄒ야 同一 監護下에셔 活動ᄒ야 家庭敎育의 補充 及 兒童의 身體와 覺官을 鍊習ᄒ야 他日 小學에 入ᄒᄂ 准備를 作흠이니 其 課業은 遊戲와 作業이니 其 作業도 遊戲的이오 耳目의 覺官을 天然으로 鍊習케 흠으로 目的ᄒᄂ니 其 次第 長年되야 學齡에 近흠에 圖畵, 唱歌, 古史談을 課흠도 有ᄒ니라.

5.9. 교육학

◎ 敎育學 問答, 〈조양보〉 제7호, 1906.8.

*이 자료는 교육학 관련 자료집에 편집함

◎ (교육부) 靑雀子 柳東作, 〈서우〉 제1호, 1906.10. (교육학)

*교육의 목적과 종류: 체육, 덕육, 지육의 3육

健全흔 身體에 健全흔 心意가 宿흔다 ᄒ니 此 言이 簡單ᄒ야도 能히 人生幸福의 狀況을 逑盡이로다. 若 健全흔 身體와 健全흔 精神(智德을 包含흠)을 兼有치 못ᄒ면 完全흔 人이라 謂키 不可ᄒ리니 敎育은 畢竟 此로써 其 終極의 目的ᄒᄂ바ㅣ며 廣意로 此를 解釋ᄒ면 人生 塑作ᄒᄂ 力이라 云흠을 得흘지라. 殊히 幼兒 最初의 境遇 幷其 感化ᄂ 後來를 可卜흘 것이니 其 敎育의 如何흠으로 由ᄒ야 人物의 如何흠을 作成흠에 注意치 아니치 못흘지라.
幼兒ᄂ 身體精神이 共히 柔弱ᄒ야 恰히 草木의 萌芽흠과 如ᄒ야 此 時機에 受ᄒ 細微흔 感化ᄂ 後來에 動키 不可흔 非常의 結果를 生ᄒ나니 家庭敎育의 必要와 兒童敎育에 貴重흠은 囃嘈의 言論을 待치 아니ᄒ고

知홀바ㅣ어니와 其他 學校敎育 敎堂敎育을 勿論ᄒ고 徒然히 讀書쑨으로써 敎育의 本務라 아니 ᄒ고 實際에 適ᄒ 人物을 造出홈으로 目的ᄒᄂ니 其 目的을 貫徹ᄒ려 ᄒ면 體育과 德育과 智育의 三要件을 兼備ᄒ 敎育을 必須홀지라.

△一 體育

有力ᄒ 勝利를 常占ᄒᄂ 人은 常히 體力强健ᄒ 人이라. 盖人으로 健全ᄒ 體力을 持保ᄒ고 强壯 活潑케 홈은 國家 隆盛의 要素오. 實로 敎育의 要務라 盖 體力의 不完全홈은 衣食의 欠乏及 心身 過度의 使用에 出ᄒᄂ 것이니 完全ᄒ 敎育은 人으로 ᄒ야금 其 智力上 競爭에 適홀 쑨 아니라 身體上 非常의 疲勞에 打勝케홀 目的으로써 其 方針을 삼ᄂ니라 此 目的을 達홈에ᄂ 適當 且 新鮮ᄒ 食物을 供與ᄒ며 衣服은 淸潔을 要호되 寒暑의 變에 應ᄒ며 適當ᄒ 運動과 四肢의 使用으로써 全身 血液의 循環을 調整ᄒ며 情神의 使用과 其 休息의 時間을 適宜히 ᄒ며 體操와 如ᄒ 것은 兒童의 愃樂으로 ᄒ기 可ᄒ 自然의 運動을 撰케 홀지라.

△二 德育

特히 德育으로써 敎育의 初期에 必要타 ᄒᄂ니 溫厚 謹愼及 善良ᄒ 動作을 涵養케 ᄒ기 爲ᄒ야 高尙ᄒ 性情과 優善ᄒ 行爲等의 美德을 具備케 홀지라. 故로 幼少홈으로 부터 兒童의 良心에 照ᄒ야 名譽를 重히 ᄒ고 恥辱을 嫌ᄒ기 可ᄒ 所以를 說諭ᄒ야 其 德性을 養홀지요 敎師 或 兩親되ᄂ 者ᄂ 嚴威를 主로 ᄒ야 壓制를 用ᄒ며 鞭撻을 加ᄒ야 此를 屈服케 아니ᄒ고 師父의 慈愛와 道理의 示敎로 訓導홀지라.

△三 智育

智育은 全히 實利主義라. 社會의 表面에 立ᄒ야 自己의 利益을 計畫ᄒ며 財産을 處理ᄒ며 職業을 務圖ᄒ며 又 個人及 國家와 良民으로 其 義務를 盡ᄒ기 可ᄒ 智識을 與ᄒ야 社會의 事務에 慣熟ᄒ 人物을 養成

흄으로 目的ㅎ고 虛文의 練習 卽 浮華흔 修辭學과 閑雅흔 詩歌를 棄ㅎ고 處世上에 有益흔 學科를 授ㅎ되 初에 讀書 習字及 算術을 敎ㅎ며 後에 圖畵를 授ㅎ며 次에 自國語를 敎ㅎ야 此를 活用케 ㅎ고 最後에ᄂ 地理 歷史 倫理 幾何學 代數學 天文學 法律學 物理 簿記 等의 學科를 授ㅎ지라.

懶怠ᄂ 貧窮의 母라

◎ 敎育新論, 元泳義, 〈소년 한반도〉, 1906.

*이 시기 교육학 교과서: 木村知治(1896)의 〈신찬교육학〉, 유옥겸(1908)의 〈간명교육학〉(우문관), 최광옥(1907)의 〈교육학〉(면학회), 윤태영(1907)의 〈사범교육학〉(보성관), 학부 편집국(1910)의 〈보통교육학〉(학부), 임경재(1908) 의 〈소아교육〉(휘문관), 김상연(1908)의 〈신찬 보통교육학〉(이대 중앙도서관 소장), 진희성(1908)의 〈신편 소학 교수법〉(의진사), 장지연(연대 미상)의 〈교육학〉 등 7종 이상이 발행되었음

*〈대한자강회월보〉에 수록된 유근의 '교육학원리'와 같은 텍스트를 대상으로 역술한 것으로 판단됨.

▲ 제1호—교육학의 원칙 / 교육의 가능성
▲ 제2호—교육의 성질(성격) / 사상발달의 시기 및 원리(지정의 / 관념연합-일치율-비례율-근사율)
▲ 제3호—흥미의 종류, 교육의 한계, 교육의 방법
▲ 제4호—(신교육론)=교사의 자격
▲ 제5호—주입주의 / 개발주의(분해교수법, 총합교수법) / 5단 교수법(예비, 수여, 연합, 결합, 응용)
▲ 제6호—교과의 종류와 취지를 상세히 설명함

▲ 제1호(1906.11.1)

新教育의 原則은 勝言키 不可ᄒ나 兒童 實際에 對ᄒ야 其方法을 論ᄒ면 其義趣가 古時代와 大相不同ᄒ니 現今 普通教育을 善修ᄒ야 專門教育에 推及ᄒᆫ 後에 完全ᄒᆫ 人格을 成就ᄒᆷ이 文明 各國의 顯著ᄒᆫ 實效라. 其根因을 研究ᄒ면 幼稚붓허 家庭教育이 有ᄒ니 易에 所謂 蒙養以正이 是라. 盖 人類的 動物이 虛靈不昧ᄒᆫ 心地가 有ᄒ야 先入의 見聞이 邪正間 根柢를 始着ᄒ나니 萌芽가 滋蔓(자만)ᄒ면 改圖키 難ᄒᆷ으로 植物的 發育과 如ᄒᆫ 正道로 培養ᄒᆯ 方法과 目的을 論究ᄒᆯ진뎌.

兒童이 教育의 可能이 不無ᄒ니 幼時에 軟弱ᄒᆫ 機關이 外界 感化를 易受ᄒ야 人格에 可達ᄒᆯ 機關이 皆有ᄒᆷ으로 騎馬者를 見ᄒ면 騎馬키를 思ᄒ고, 讀書者를 見ᄒ면 讀書키를 思ᄒ야 隨見隨感ᄒ나니 孟母의 三遷之教가 是라. 雖然이나 兒童이 必成ᄒᆯ 立志가 本無ᄒ며 品行의 感情이 又無ᄒ야 外界上에 感化를 被ᄒᄂ 力이 甚大ᄒ니 教育이 不有ᄒ면 他動物과 同ᄒᆫ 故로 懲惡入善ᄒ기 爲ᄒ야 學校와 家庭의 教育으로 有意的 感化를 與ᄒ되 門外에 一出ᄒ면 前習을 復蹈(복도)ᄒᆷ은 初入의 見聞이 爲主ᄒᆫ 故이라. 其外貌를 觀ᄒ면 其被教 與否를 可知니 喜色이 有ᄒ면 家中에 好事가 必有ᄒᆷ이오, 慍色(온색)이 有ᄒ면 家中에 乖事가 必有ᄒᆷ이라. 是以로 街路上에 赤身露立ᄒ되 羞愧色이 無ᄒᆷ은 家庭教育이 無ᄒᆷ을 可知니 人類的 動物이 他動物과 異ᄒᆫ 原位에 指導ᄒᆷ은 엇지 教育이 必要되지 아니리오. (未完)

▲ 제2호

教育의 性質이 醫學과 如ᄒ니 醫學은 人身의 健全을 要ᄒᆷ이오, 教育은 人心의 健全을 講ᄒᆷ이니 倫理와 會社로셔 目的을 立ᄒ며 心理와 生理로 方法을 定ᄒ야 此四種學으로 混合 補助의 規範을 構成ᄒ나니 其形

式으로 觀ᄒ면 軀殼僅具흔 內容에 耳目口鼻와 腦髓臟腑의 形體를 付與
흔 後에 完全흔 具體를 始成흠인뎌.

人의 思想이 簡單으로 由ᄒ야 複雜흠에 潮趨ᄒ면 鐵案이 如山ᄒ야
變易키 不可흠으로 一個人의 思想發達ᄒᄂ 時代를 左에 區分ᄒ노라.

一歲ᄂ 嬰兒期니 感覺 直覺의 時代오, 自二歲 至八歲ᄂ 幼兒期니 知
覺 及 槪念의 時代라, 幼稚園에 在흘 時오, 自九歲 至十五歲ᄂ 成童期니
槪念 及 判定時代라, 小學校에 在흘 時오, 自十六 至十八歲ᄂ 靑年期니
推論의 時代라, 中學校 或 高等學校에 在흘 時오, 自十九歲 至二十四歲
ᄂ 成人期니 新理想 發達의 時代라, 大學校의 在흘 時니 凡此 五期의
時代를 從ᄒ야 敎育의 秩序를 循循 聯絡흔 然後에 完全흔 人格의 位置
에 升居흘진뎌.

思想 一般의 性質을 論ᄒ건듸 智情意 三者로 知識을 發達ᄒᄂ니 辨明
事物은 智라 ᄒ고, 感觸 境遇를 情이라 ᄒ고, 希望 一切를 意라 ᄒ니,
科學 實際에 對ᄒ야 一端을 特擧ᄒ면, 智가 要素될지라. 智의 性質은
明眞而已니 明眞은 何오. 一則五官을 從ᄒ야 事物을 感動ᄒᄂ 者ㅣ니
曰感覺 曰直覺이오, 二則心으로 事物에 感動을 受ᄒᄂ 者ㅣ니 曰知覺이
오, 三則知覺으로 由ᄒ야 其普通의 性質을 抽繹ᄒ난 者ㅣ니 曰槪念이
오, 四則 其槪念으로써 一名數를 構成ᄒᄂ 者ㅣ니 曰判定이오, 五則判
定의 關係로붓허 一新論을 別演ᄒᄂ 者니 曰推論이라. 此 五者의 作用
이 人의 心意로 ᄒ야곰 貫通鍊達ᄒ면 事事物物의 眞相을 可得흘지니
此로 由ᄒ야 前人의 未發을 擴張ᄒ야 新理想發達이 될진뎌.

思想은 簡單흠으로붓허 複雜흠에 趨進ᄒᄂ니 人의 心意가 先天과 總
合과 活動과 統一의 諸性質은 智識의 原理니 形而上ᄒᄂ 形式이 될지
오, 積分析과 受動과 判斷의 諸階級은 觀念의 聯合이니 自然흔 內容이

될지라.

觀念 同化의 根底는 智識 原理에 在ㅎ고 其次序는 觀念聯合法에 在ㅎ니 <u>觀念聯合法</u> 一曰 <u>一致律</u>이니 我가 吾의 親을 思ㅎ야 人의 親에 及홈이오, 二曰 <u>比律例</u>(비례율의 오식)니 黑白과 善惡의 性質이 相反ㅎ야 人으로 ㅎ야곰 兩兩 比較의 念을 生케 홈이오, 三曰 <u>近似律</u>이니 拿破倫을 追憶ㅎ는 者가 因ㅎ야 亞歷山得과 秦始皇과 漢武帝에 旁及홈이니 此 三律을 因ㅎ야 思想의 發達이 됨인뎌.

舊觀念이 新觀念과 同化ㅎ는 狀態가 有ㅎ니 今에 一群의 觀念이 腦中에 注入호듸 若舊者의 力이 新者보다 强ㅎ면 必互相 衝突ㅎ다가 衝突이 已極ㅎ면 遂混ㅎ야 俱化爲新ㅎ는 故로 同化ㅎ야 融會를 成ㅎ고 旣融會에 興高采烈ㅎ야 非常히 愉快흔 種種의 興味를 遞生ㅎ는 故로 敎育의 秘訣은 其興味를 啓發홀 쭌이니 敎育者ㅣ 此에 注意홀진뎌.

考驗의 興味와 交際의 興味가 有ㅎ니 考驗의 興味를 論ㅎ건듸 事物과 及 其關係를 論ㅎ는 者는 實驗과 推理의 興味오, 事物의 善惡과 美醜를 判斷ㅎ는 者는 審美의 興味라. (未完)

▲ 제3호: 흥미의 종류, 교육의 한계, 교육의 방법

實驗이 興味는 理化學을 窮究호듸 形式의 的見이 無흔 疑点이 生ㅎ다가 機械의 實驗을 經ㅎ야 怳然大覺(황연대각)ㅎ는 類오, 推理의 興味는 多少數의 問題를 運算ㅎ야 結果에 適合ㅎ며 此法을 推ㅎ야 他數에 應用호듸 亦然히 結合됨이 心內에 神奇히 自悅ㅎ는 類요, 審美의 興味는 文句를 敲推ㅎ다가 佳字를 得ㅎ야 全句가 活動됨을 得ㅎ면 擊節詠嘆ㅎ는 類라.

交際의 **興味를** 論ᄒ건딕 人에 對ᄒ 者ᄂ 同情과 社會의 興味오, 神에 對ᄒ 者ᄂ 宗敎의 興味니 同情의 興味ᄂ 志同意合ᄒ 人을 遇ᄒ야 如兄若弟히 談笑 欣悅홈과 佳耦(가우)를 得ᄒ야 琴瑟의 樂을 形言키 難ᄒ 類요, 社會의 興味ᄂ 多數人의 團體를 組成ᄒ야 公益上 福利와 生活上 方法을 相議相資ᄒ야 一身의 孤寂을 忘却ᄒ고 追逐의 歡情을 結合ᄒ 類요, 宗敎의 興味ᄂ 或 孔孟을 尊ᄒ거나 耶蘇를 信ᄒ거나 各其 眞理를 自得ᄒ야 他樂이 無斷ᄒ 心服이 自己키 不能ᄒ 類라.

以上 觀念 聯合의 三律과 六種 興味ᄂ 其苗脈을 從ᄒ야 思想의 發達를 助長ᄒ기로 注意홀진져

一人의 思想 發達을 區分ᄒ 五時代ᄂ 第一號에 論ᄒ얏거니와 又三限界가 有ᄒ니 其才가 銳鈍과 善惡의 不同이 有홀 샏 不是라. 其成就 與否ᄂ 實노 限界를 超越키 不能홀지라.

一은 **自然限界**니 聾啞와 盲瞽(맹고)와 門疾(문질)이 有ᄒ 者ᄂ 可能의 限界에 如意히 得達키 未能홈이오, 一은 **人爲限界**니 全體機關이 稟賦의 美善이 有ᄒ나 家中에 不得已ᄒ 事由를 因ᄒ야 如意히 進就키 未能홈이오, 一은 **學校 限界**니 其才質의 可能이 學界上 初点으로 極点ᄭ지 得達홈을 思惟ᄒ야 壓制 拘束ᄒ며 感化 歸正ᄒ야 所定ᄒ 限界에 得達케 홈을 果實이 初結漸肥ᄒ고 光線을 多受ᄒ야 其成熟에 及홈이 黃色을 現出홈과 如히 學業이 成就홈이 英華가 外面에 發達홀지라. 然ᄒ나 卒業은 但 其學校의 所定ᄒ 限界에 能達홀 샏인즉 不可不 繼續 硏究ᄒ야 人格 極度에 達ᄒ 然後에 完全人을 可成홀진져.

敎授의 原理를 論ᄒ건딕 **一은 觀念聯合法을 從**홀지니 彼此의 近似홈을 因ᄒ야 其原因을 直覺홀 者ᄂ **近似律**을 利用ᄒ고 彼此의 一致됨을 因ᄒ야 普通의 性質을 槪念홀 者ᄂ **一致律**을 利用ᄒ고, 彼此의 對照 比較로 差異를 知得홀 者ᄂ **對比律**을 利用홀지며, **二ᄂ 其興味를 啓發홀**

지니 敎授時에 恒常 愉快ᄒ야 困苦를 不覺케 ᄒ고, 興味가 無ᄒ 事物은 一切 回避ᄒ고 如何한 事物이던지 興味가 有ᄒᆯ지라도 一偏에 局束(국 속)키 不可ᄒ고 退而自省ᄒ야 餘興을 勃發케 ᄒᆯ지며, 三은 心意發達의 次序를 從ᄒᆯ지니 名物을 先示ᄒ 後에 言語로써 敎ᄒ고, 旣知ᄒᆷ을 由ᄒ 야 未知에 及ᄒ고 一物이 未明ᄒ거든 他物을 更示ᄒᆷ이 不可ᄒ고, 實物 의 具體와 意義의 簡單을 先擧ᄒ 後에 虛象과 複雜에 及ᄒ고, 凡事를 感覺ᄒᆯ 時에 眞理를 明示ᄒ야 其知覺을 敏活히 發動케 ᄒ고, 凡物의 全 體와 一部를 示ᄒ야 其關係를 專論ᄒ고, 彼此 比較的 特異ᄒ 點을 示ᄒ 야 精確ᄒ 槪念을 惹起ᄒ고, 許多 現象을 推論ᄒ야 要旨를 辦得ᄒᄂ 意 識에 歸納ᄒ야 反覆 演繹ᄒ 後에 根因과 結果를 思考ᄒ야 自己의 新思 想을 發揮ᄒᆯ진져. (未完)

▲ 제4호 : (신교육론)＝교사의 자격

以上 諸原則의 綱領은 一言으로 蔽ᄒ니 曰 心意同化라. 冬烘學究(동 홍학구)ᄂ 此理를 不知ᄒ고, 艱澁斷爛(간삽단란)ᄒ 古籍文字를 死讀ᄒ 야 前進의 新思想을 杜絶ᄒ고, 腐敗ᄒ 舊陳迹을 踏襲ᄒ야 暴秦時代에 結繩의 政을 尙論ᄒ며 平城重圍(평성중위)에 干戚의 無ᄒᆷ 擬議(의의)ᄒ 니 其拘束 壓迫의 結果ᄂ 無數ᄒ 木偶 人材를 養成ᄒᆯ ᄲᆞᆫ이라. 其生活의 氣魄이 千古 鬼簿(귀부) 中에 優遊ᄒ고 當世 陽明界에 夢死(몽사)ᄒ니 엇지 哀憐치 아니리오. 法國 文豪 福祿特異(복록특이)[101]가 有言호ᄃᆡ 師傅가 人을 有用의 實學을 不敎ᄒ고 故紙를 徒鑽ᄒ야 陳言을 簸弄(파 롱)ᄒᄂ 者ᄂ 亡國의 罪魁(죄괴)라 ᄒ니, 旨哉라 言乎여.

敎育者의 種類를 論ᄒ건ᄃᆡ 裘葛(구갈)이 寒暑를 禦ᄒ며 飮食이 飢渴

---

101) 복록특이: 볼테르. 본명은 François-Marie Arouet(1694.11.21~1778.5.30). 프랑스의 작 가·사상가. (태서신사언역 참고.)

를 止흠과 갓치 許多 現象이 外界上으로 從來ᄒ야 感化를 授與ᄒᄂ 者 ㅣ皆是 <u>自然敎育이라</u>. 然ᄒ나, 敎育의 人이라 謂키 不可ᄒ고 特別히 人 間의 一個 敎育者가 智識과 品行이 兒童에 超越ᄒ야 目的을 立ᄒ고 手 段을 設ᄒ야 有意的 感化로 獨立 自治의 人格을 成케 ᄒᄂ 者ㅣ乃是 敎育의 人이라. 就中 第一 敎育 責任을 擔着ᄒ 者ᄂ 父母니, 其中 <u>最大 責任을 專擔ᄒ 者ᄂ 母氏</u>라. 母氏에 情理ᄂ 兒子를 對ᄒ야 至近至密ᄒ 야 兒子를 養育ᄒ 時에 溫和慈愛흠이니 只切ᄒ고 厭苦疾惡흠이 少無ᄒ 야 日夜同處에 負抱顧撫(부포고무)흠으로 兒氏의 性質이 母氏를 從ᄒ 야 變化ᄒᄂ니 母氏된 者ㅣ何慮를 不愼ᄒ리오. 平時에 衣服 飮食과 居 處 動作과 言語 交際의 如何 狀態를 詳細 觀察ᄒ야 善良ᄒ 慣習을 誘掖 馴致(유액순치)흠이 可흘진뎌. <u>敎育者의 資格을 論흘</u>진딕 敎師ᄂ 被敎 育者의 首腦라. 其神身이 健全ᄒ며 心意가 誠實ᄒ야 其職分을 盡ᄒ야 兒童의 發達노써 中心의 欣榮으로 知흘지라. 夫敎師ᄂ 適當ᄒ 敎育과 必要ᄒ 職責을 能當흘 者ㅣ라. 敎導의 善否가 個人 身分에 關係만 有흘 ᄲᅮᆫ 不是라. 其利害의 影響이 國家의 波及흘 故로 被敎育者의 精神이 될 지니 若 其資格에 不合ᄒ 者ᄂ 被敎育者로 ᄒ야금 無情神의 動物을 做 成ᄒ리니 豈可愼懼치 아니리요.

資格의 第一은 身體가 强健ᄒ며 聲音이 通暢(통창)ᄒ며 言辭가 明白 ᄒ며 持身이 正大ᄒ며 普通 學術에 練熟ᄒ며 視聽力이 强大ᄒ며 一般 學徒를 公視 平均ᄒ며 敎授案의 緊要를 能知ᄒᄂ 者오, 其次ᄂ 忍耐力 과 判斷念이 有ᄒ야 敎育에 熱心ᄒᄂ 者오, 其次ᄂ 時務를 觀察ᄒ며 新 報와 雜誌를 熱覽ᄒ야 世界의 時事를 能知ᄒ며 他學校에 對ᄒ야 競爭心 이 有흘 者ㅣ라. 古人이 有言호딕 經師ᄂ 易得이어니와 人師ᄂ 難得이 라 ᄒ니 以上 諸資格이 有흘 者ᄂ 人師라 可謂흘진뎌. (未完)

214

▲ 제5호: 주입주의 / 개발주의(분해교수법, 총합교수법) / 5단 교수법(예비, 수여, 연합, 결합, 응용)

教授의 形式을 論홀진딕 一曰 注入義니 各 主種 事物노써 兒童의 腦中에 灌注ᄒ야 承矢弗諼(승시불훤)케 홈이오, 一曰 開發主義니 各種 事物 其自然發達의 心意를 開發ᄒ야 觸類旁通케 홈이니 注入主義는 苦學鍛鍊을 專重ᄒ고 開發主義는 興味 淋漓(임리)를 專重ᄒ니 開發主義는 實노 近世 敎育의 舊敎育과 特異ᄒ 點인뎌.

開發主義는 二法이 有ᄒ니 一은 旣有의 觀念界를 分解ᄒ고 敎育의 目的을 依ᄒ야 其繁을 刪(산)ᄒ고 其簡에 就홈이니 此는 各學中에 所謂 分解의 敎授法이오, 一은 新觀念界에 擴加ᄒ야 其類를 充ᄒ고 其盡에 至ᄒ야 博通宏達(박통굉달)케 홈이니 此는 名學中에 所謂 總合 敎授法이라. 凡此 二法은 學科를 硏究ᄒ는 者의 必需니 敎育에 施ᄒ면 足히 人의 心性을 開張홀진뎌.

敎授의 階級을 論홀진딕 五段이 有ᄒ니 一曰 豫備니 受敎者의 散漫ᄒ 知識으로 ᄒ야곰 敎授의 中心點에 集注홈이오, 一曰 授與니 新材料로써 授ᄒ야 其集注ᄒ 觀念界를 恢張(회장)홈이오, 一曰 聯合이니 新舊 觀念의 比較 對照홈이오, 一曰 結合이니 新舊 觀念을 合倂ᄒ야 觀念界를 混一홈이오, 一曰 應用이니 新舊 觀念을 聯合ᄒ야 自由 應用을 得케 홈이니 凡此 五段 敎授法으로 受敎育者의 觀念을 啓發ᄒ면 其思想이 風發潮湧(풍발조용)홈을 遂得홀진뎌.

敎授主義 及 階級의 方法은 一曰 問答法이니 授敎育者의 觀念界로 察ᄒ야 不明ᄒ 者는 明케 ᄒ고, 明而未達ᄒ 者는 通케 ᄒ야 新材料를 灌入홀지라. 希臘 大賢 梭格拉底[102]가 有言호딕 余는 智識을 授ᄒ는 者ㅣ 아니오 乃 知識을 生ᄒ는 産婆라 ᄒ니, 此를 觀ᄒ면 其眞意를 可知홀

지오, 一曰 談話法이니 事實를 講明ᄒ야 受教育者로 ᄒ야곰 豁然開郞(활연개랑)케 ᄒ되 若修辭 論辯의 學에 精치 아니ᄒ 者면 平庸一派에 流入ᄒ야 人을 感動키 難ᄒ진뎌.

教科의 種類를 論ᄒ진듸 教授의 原理와 形式을 表ᄒ야 人心을 開發ᄒᄂ 機具라. 東西洋의 舊教科ᄂ 姑舍ᄒ고 今日에 教科로 承認ᄒᄂ 者ᄂ 倫理와 語學과 作文과 地理와 歷史와 數學과 物理學과 化學과 動物學과 植物學과 習字와 圖畵와 体操와 手工과 音樂의 諸科니 其價値를 論ᄒ건듸 團体 自治의 一公民되ᄂ 品性이 國家에 關係가 重大ᄒ도다. (未完)

▲ 제6호: 교과의 종류와 취지를 상세히 설명함

第一 倫理ᄂ 人된 道를 教ᄒᄂ 바니 教科 中 最重要ᄒ 者라. 身体가 强壯ᄒ고 學業이 無ᄒ면 牛馬의 使役을 行홈에 無過ᄒ지며, 學業이 熟達ᄒ고 德性이 無ᄒ면 巧惡을 助長ᄒᄂ 要件이 될 故로 倫理ᄂ 教育의 極道라 稱ᄒ지라.

第二 語學은 知識을 交換ᄒᄂ 媒介오, 品性을 陶冶ᄒᄂ 資料니 倫理의 均이 各科의 基礎가 될지라.

第三 作文은 自己의 思想을 表ᄒ며 他人의 意志를 解ᄒ야 操守를 培養ᄒ야 他日 出世의 餘地를 作홈이니 語學의 受動者로 能動者를 成케 홈이 當히 語學과 表裏相應ᄒ지라.

第四 地理와 歷史ᄂ 吾人의 經驗을 擴張ᄒᄂ 要科ㅣ니 地理ᄂ 空間에

---

102) 사격납저(梭格拉底): 소크라테스.

關호 觀念을 廣케 홈이오, 歷史는 時代에 關호 知識을 增케 홈이라.

第五 數學은 萬物의 容積과 分量을 測定호딕 絲毫도 謬誤가 無케 호는 學이니 人의 推理力과 思考力을 練達홀 쑨 不是라. 生活上에 日用과 理化學의 方程式을 證示홈에 必要가 될지라.

第六 物理와 化學은 萬物 要素의 組織과 及 其變化를 硏究호야 數學의 方程式으로 自然現象의 眞面을 得호는 者니 亦推理力과 思考力을 練達홈인 故로 歷史 地理와 同等 位置에 立홀지라.

第七 動物學과 植物學은 理化學의 自然現象에 比較호면 尤著혼 者ㅣ니 推理力을 不硬(불경)호고 審美 及 同情의 興味를 啓發호ᄂ니 若 物理化學을 混合호면 礦物學을 成홀지라.

第八 習字와 圖畵는 手畵의 知覺을 練習호야 筋肉의 自由로 實用을 供호야 審美의 興味를 得호는 者라.

第九 体操 手工은 全身을 運動호고 筋肉을 强壯케 호는 者니 其中 手工의 價値는 審美의 興味를 發揮호며 數學의 思想과 知覺上 觀察를 練習홈이라.

第十 音樂은 萬物節奏의 聲을 從호야 其耳를 練習호고, 心身을 調和호고 精神을 發揚호고 德行을 培植호ᄂ니 其中의 國民歌와 自然 流行의 詩歌는 足히 國民 自然의 感情을 養成호며 倫理의 不及을 補益홈이니 感化 中 美育이 될진뎌. (未完)

*이하 〈소년한반도〉의 발행이 중단되었음.

◎ 敎子弟新學, 梁在謇, 〈소년 한반도〉, 1906.

청년 자제 교육을 위한 일종의 상식임
▲ 제1호―청년 자제에게 가르칠 신지식
▲ 제2호―청년 자제에게 학문이 중요함
▲ 제3호―월식 등
▲ 제4호―지구/ 지구의 원체/ 유성/ 칠요일
▲ 제5호―晝夜: 時間: 年月: 歲首: 紀元:
▲ 제6호―三時代: 天氣豫報: 第二章 新地發見 〈自由母〉(續)

▲ 제1호

卯兮卯兮여. 靑年之卯여. 朝復朝兮로 學而習之호딕 如鳥數飛ᄒ야 咫
進寸長ᄒ고 日就月將이면 不亦悅乎아.

▲ 제2호

若乃, 靑年之艸兮여. 身心을 修筋ᄒ야 誠其意, 正其心으로 發ᄒ야 物
을 格ᄒ며 知를 致홈에 馴ᄒ야 修其身, 濟其家ᄒ고 治平之道에 至도록
其基本을 卯兮之時로 自ᄒ야 胚胎홈이라. 第此學問이 道德으로 더부러
相須ᄒ고 並行홀진뎌. 大槪 學問이른 者ㅣ 二途ㅣ 有ᄒ니 乃, 無本之學
과 有本之學이니라. 無本之學이른 者는 當卯兮之靑年ᄒ야 使練習其五
官之靈巧ᄒ야 成爲――

▲ 제3호

日月: 古人이 以一月로 爲神ᄒ더니 希臘의 碩學 地利斯[103]ㅣ 出ᄒ야 日

218

月로 爲神ᄒ던 說을 大排斥ᄒ고 且, 太陽이 星體됨을 發明ᄒ니 乃, 水蒸氣로 變ᄒ 烈火이니 是 自生明體오, 月은 乃 地球로 더부러 距離가 最近ᄒ 遊星의 一이니 是 地球의 軌道에 斡旋(알선)ᄒᄂ 暗體로 日光을 受ᄒ야 光輝ᄒ니 曰 借生明體라.

伊太 天文學者 家利勒阿[104]가 潛心 攻究ᄒ야 望遠鏡을 發明ᄒ야 此鏡으로서 太陽 中에 黑點이 有ᄒᆷ을 發見ᄒ고--

日月蝕:

〈自由母〉—이 자료는 양재건의 글인지 판단되지 않음 / 제3호부터 제6호까지 연재되었음

▲ 제4호

地球: 本志에 地理學과 地文學이 俱有ᄒ야 專門科學을 足成ᄒᆷ이나 此에 地球說을 贅ᄒᆷ은 但 地球說에 係ᄒ야 源始를 指ᄒᆷ이라.

地球의 成立이 幾千萬年前에 在ᄒᆷ을 其說이 一定치 못ᄒ나 天文學者의 說을 據ᄒ건ᄃᆡ 其始ᄂ 地球와 더부러 太陽과 及, 太陽系에 屬ᄒ 諸遊星으로 共히 一 巨大ᄒ 星雲으로 됨이니(卽 雲狀의 物體라) 其後로 諸遊星이 太陽을 離ᄒ야 獨立ᄒᆷ이라. 其 劇熱ᄒᆷ이 太陽으로 더부러 同ᄒ다ᄒ니 今에 地球도 內部의 劇熱이 非常ᄒ야 時時로 爆發ᄒᆷ이 實로 其一 證이더라.

---

103) 지리사(地利斯): 그리스 철학자 탈레스. 만물의 근원을 물로 규정하였으나 우주관에 대해서는 알려진 바가 없으므로, 여기에 소개한 학설이 탈레스의 것인지는 확인하기 어려움.
104) 가리륵아(家利勒阿): 이탈리아의 갈릴레이. 최초 망원경 발명자는 네덜란드의 리페르세이로 알려져 있으며, 갈릴레이는 천체망원경을 발명함.

地球의 圓體: 地球의 圓體는 始知키는 漢土의 禮記 中庸篇에 今夫地는 一撮(일촬)土之多라 홈에서 之의 圓球形이 已著홈이나 其圓體를 指證 發見ᄒ기는 希臘의 地利斯[105]로 自ᄒ야 始홈이라.

遊星: 太陽系에 屬ᄒ 遊星에 其 最大ᄒ 者ㅣ 八星이 共有ᄒ니 卽 水星, 金星, 地球, 火星, 木星, 土星, 天王星, 海王星이 是라. 其外에 許多ᄒ 小遊星이 有ᄒ야 其數가 三百餘이 約有ᄒ나 上古의 人은 知ᄒ 者ㅣ 다만 水星, 金星, 地球, 火星, 木星, 土星의 六星숩니오, 其餘는 近世에 至ᄒ야 비로소 發見홈이라. 又 木星에 四個 月이 運行ᄒ고 土星에 環狀과 如ᄒ 物이 有ᄒ며 八個 月이 運行홈과 金星이 時時로 半月形을 現홈을 此等 發見이 皆 家利勒斯가 望遠鏡을 發明ᄒ 稍後에 存ᄒ니라.

七曜日:

〈自由母〉

〈논설〉論破壞主義, 梁在謇, 제4호 (입력하지 않았음.)

▲ 제5호

晝夜:

時間:

年月:

---

105) 지리사(地利斯): 그리스의 유독소스(B.C.408~B.C.355)를 지칭한 것으로 판단됨. 유독소스는 천구는 일정한 속도로 지구를 중심으로 회전한다고 생각하였음.

歲首:

紀元:

自由母(續)

▲ 제6호

三時代:

天氣豫報:

第二章 新地發見

〈自由母〉(續)

◎ **教育의 目的, 禹敬命 (譯), 〈태극학보〉 제10호, 1907.5.**

[해설] 이 논설은 우경명이 역술한 것으로,〈대한매일신보〉융희원년
(1907) 10월 3일자에도 실려 있다.

　如何흔 目的을 爲ᄒ야 人을 敎育흠인지 卽 人을 敎育ᄒ야 到達코져
ᄒᄂ 目的은 何에 在흔고. 此 問題에 對ᄒ여ᄂ 古來 學者의 所言이 不一
ᄒᄂ 然이ᄂ 此를 一言으로 論홀진딕 大抵 敎育의 目的은 幼弱흔 人을

善導ᄒ야 獨立自裁ᄒᄂ 域에 達케 ᄒ야써 將來 社會上에 立ᄒ야 能히 人된 職分을 完全케 홈에 在ᄒ다 謂ᄒ리로다.

此에 人의 職分이라 ᄒᄂ 言에 對ᄒ야ᄂ 人人의 思量ᄒᄂ 바 亦 各異ᄒ니 或은 人의 職分은 人의 道德的 生活을 完成홈에 在ᄒ다 ᄒ며 或은 人으로 ᄒ여금 天賦의 性質을 完成케 홈에 在ᄒ다 ᄒ며 或은 人生의 道德的 品性을 確立홈에 在ᄒ다 謂ᄒ야 其 所論이 各異ᄒᄂ 畢竟 同一ᄒ 意義를 有ᄒ고 ᄯ흔 十分 解釋을 盡치 못ᄒ엿도다.

大抵 人은 生長 後 許多ᄒ 境遇에 處ᄒ야 活動홀 運命을 有ᄒ 者이니 다못 自己 一個人의 生活만 能케 홀 ᄲᆞᆫ 아니라 凡ㅣ 人된 職分이라 ᄒᄂ 것슨 其 種種ᄒ 境遇에 處ᄒ야 ——이 此에 對ᄒ 義務를 完全히 遂行홈으로 由ᄒ야 비로셔 完盡홈을 得홀 것이라. 其 關係가 쟈못 複雜ᄒᄂ 大略 區別ᄒ면 次와 如ᄒ니

一. 自己에 對ᄒ 關係
一. 家族에 對ᄒ 關係
一. 國家에 對ᄒ 關係
一. 社會에 對ᄒ 關係
一. 自然에 對ᄒ 關係

卽 人은 何人을 不論ᄒ고 成長ᄒ 後에ᄂ 同是 以上 列擧ᄒ 關係間에 立ᄒ야 活動홀 運命을 有ᄒ 者니 所謂 人類의 普通 職分이라 하는 거슨 此等 活動 全範圍에 對ᄒ 義務를 圓滿케 홈에 在ᄒ다 謂홀지라. 自己에 對ᄒ 關係ᄂ 人은 自己의 生命을 保存ᄒ고 自己의 智識을 增進ᄒ며 自己의 道德을 完成ᄒᄂ 義務가 有ᄒ고 家族에 對ᄒ 關係ᄂ 人은 家族間에셔 生長ᄒ야 家族에 一員으로 生涯를 送ᄒᄂ 者이믜 家族의 幸福을 增進ᄒ며 繁昌을 經營ᄒᄂ 義務가 有ᄒ고 國家에 對ᄒ 關係ᄂ 人은 國家의 一員으로 生活ᄒ야 國家의 保護가 有ᄒ 後에 其生을 安ᄒ며 其業에 服홈을 得ᄒ니 人間의 幸福은 實로 完全ᄒ 國家的 生活로 因ᄒ야

其 最高度에 達홈을 得ᄒ깃고 人類의 進步 發達도 또흔 此로 由ᄒ야 完全홈을 得홀 것이니 故로 國家的 生活을 營ᄒᄂ 거슨 人類 一般의 目的에 適合흔 者라 謂홀지라. 然則 人은 國家의 有用흔 一分子로 其 國家의 隆盛 發達에 盡力홀 義務가 有ᄒ며 또 社會에 對흔 關係ᄂ 人은 一般 人類社會間에 生存ᄒ야 此에 相離치 못홀 關係가 有ᄒ고 社會의 文化로 因ᄒ야 其 心身 諸力의 完全흔 發達을 遂ᄒᄂ 者이민 人은 또 社會에 對흔 義務로 社會의 文明 開化를 增進ᄒ며 其 不完全흔 點을 改良ᄒ야써 後繼者로 ᄒ여금 其 文化의 恩惠를 浴케 홀 義務가 有ᄒ고 自然에 對흔 關係ᄂ 凡 社會의 進步 發達은 專혀 自然을 利用ᄒᄂ 如何 에 關係홈인 則 人은 自然의 理法에 從ᄒ야 厚生의 資를 供ᄒ며 또 自然 을 愛護ᄒᄂ 道를 取치 아니치 못홀 거시라. 卽 人生의 職分은 以上의 境遇에 處ᄒ야 各各 其 義務를 完盡ᄒᄂ 者ㅣ니 如此흔 人은 다못 一個 人으로 價値가 有홀 쑨만 아니라 社會에 立ᄒ면 極히 有用흔 人됨을 得ᄒ깃고 此로 由ᄒ야 人間의 理想과 社會 進步의 目的이 平行 發展홈 을 得ᄒ리로다.

　人의 職分이 此와 如ᄒ면 敎育의 目的은 言을 不待ᄒ고 自明홀 거시 니 卽 __敎育의 目的은 人으로 ᄒ여금 將來 成長흔 後에 獨立 自裁으로 以上 種種의 關係間에 立ᄒ야 適當히 身을 處ᄒ며 其 義務를 完盡케 ᄒ 기 爲ᄒᄂ 準備를 與ᄒᄂ 데 在ᄒ다__ 謂홀지라.

　此 目的을 達ᄒ기 爲ᄒ야 敎育上에 左記의 方法을 講치 아니치 못홀 지니

　一. 敎育을 受ᄒᄂ 人으로 ᄒ여금 成長흔 後 以上 各樣의 義務를 完全 케 ᄒ기 爲ᄒ야 幼時로부터 其 身軆의 健全 强壯흔 發達을 遂케 ᄒᄂ 事이니 卽 體育이 是也요

　一. 敎育을 受ᄒᄂ 人으로 ᄒ여금 將來 道德的 生活을 完全케 ᄒ기 爲ᄒ야 道德上 行爲에 律從케 ᄒᄂ 事이니 卽 德育이 是也요

　一. 敎育을 受ᄒᄂ 人으로 ᄒ여금 將來 處世上에 必要흔 智識과 技能 을 學得케 홈이니 則 智育이 是也라.

5.10. 교육학 일반

◎ 교육학원리, 유근[106], 〈대한자강회월보〉 제6호, 1906.12.

▲ 제6호(광무3년 12월: 1906.12.)

▲ 제7호: 柳瑾(1907) 敎育學原理 대한자강회월보 제7호(광무 1년 1월: 1907.1.)

▲ 제8호: 柳瑾(1907) 敎育學原理, 대한자강회월보 제8호(광무11년 2월: 1907.2.)

▲ 제9호: 柳瑾(1907) 敎育學原理, 대한자강회월보 제9호(광무11년 3월: 1907.3.)

▲ 제10호: 柳瑾(1907) 敎育學原理, 대한자강회월보 제10호(광무11년 3월: 1907.4.)

---

106) 유근 관련 기사: 〈미일신보〉 1898.7.30. 론셜(류근 관련 기사): 세계 각국에 무론 무슴 신문이든지 신문 쥬의는 다 일반이라. 어두운 나라 빅셩은 아모됴록 ᄀᆞ르쳐 붉게 ᄒᆞ고 붉은 나라 빅셩은 더욱 씌닷게 ᄒᆞ야 죠졍 시비와 민간 션악과 슈령 쟝부와 각국 형편을 낫낫치 긔록ᄒᆞ되 다만 공평ᄒᆞᆫ 것 ᄒᆞ나만 쥬의ᄒᆞ고 일호라도 친소와 의징이 업는지라. 그러ᄒᆞᆫ 고로 신문샤 문밧게 투셔통을 달고 셰샹 사름의 의론을 밧아 그 즁에 낙명셔나 죵업는 말은 다 바리고 셩명이 잇고 망발이 되지 아니ᄒᆞ면 다 드러 잡보 즁에 긔지ᄒᆞᆫ 것은 신문샤의 시비ᄒᆞᆫ 곳이 잇셔 그 시비 당ᄒᆞᆫ 사름이 빅디에 업는 일 ᄀᆞᆺᄒᆞ면 신문샤에 와셔 발명ᄒᆞ야 졍오를 내고 그 후에 ᄯᅩ 그 사름의 말을 드르면 ᄯᅩ 드러 긔지ᄒᆞ고 그 투셔ᄒᆞᆫ 사름의 셩명은 경션히 발셜ᄒᆞ지 아니ᄒᆞᄂᆞᆫ 것은 신문샤 젼례어늘 일젼에 과쳔 군슈 길영슈 씨가 황셩신문에 ᄌᆞ긔 치젹을 론난ᄒᆞ얏는듸 빅디에 업는 일을 긔지ᄒᆞ얏다 ᄒᆞ야 한셩 직판소에 졍소ᄒᆞ야 황셩신문샤 쥬필 류근 씨와 직판을 쳥ᄒᆞ얏는듸 과쳔 빅셩 슈빅명을 불너다가 직판소 압헤 등듸를 식혓는지라 (…즁략…) 길영슈 씨가 류근 씨를 듸ᄒᆞ야 그 투셔ᄒᆞᆫ 사름의 셩명을 듸여달나고 ᄒᆞ니 류근 씨 듸답이 그러케 힝위ᄒᆞᄂᆞᆫ 원인 그 빅셩의 셩명을 알게드면 그 빅셩은 필경 죽을 디경을 당홀 터인즉 못 ᄀᆞ르치겟다고 ᄒᆞᆫ듸 길씨의 말이 내가 그리홀 리가 만무ᄒᆞ고 그 빅셩을 업고라도 올나오겟스니 그 셩명만 ᄀᆞ르쳐 달나 ᄒᆞᄂᆞᆫ지라 류근 씨 말이 그리ᄒᆞ면 이후 힝위를 보면 알터이라 ᄒᆞ고 그 투셔ᄒᆞᆫ 사름의 셩명을 ᄀᆞ르쳐 주엇다 ᄒᆞ니 츄후로 길씨가 그 빅셩을 업고 다닐는지 모로거니와 우리는 황셩신문 쥬필 류근 씨의게 말ᄒᆞ노니 니럿케 투셔ᄒᆞᆫ 사름의 셩명을 경션히 발셜ᄒᆞ고 보면 죵금 이후로 투셔통이 뷔기가 쉽고 투셔ᄒᆞ랴는 사름들이 각 신문샤를 다 일반으로 알가 져어하노라.

▲ 제11호: 柳瑾(1907) 教育學原理, 대한자강회월보 제11호(광무11년 3월: 1907.5.)

▲ 제12호: 柳瑾(1907) 教育學原理, 대한자강회월보 제12호(광무11년 3월: 1907.6.)

▲ 제13호: 柳瑾(1907) 教育學原理, 대한자강회월보 제13호(광무11년 7월: 1907.7.)

유근의 교육학 원리는 〈대한자강회보〉 제6호부터 13호까지 연재되었다. 총론은 6호에 연재되었으나 7호와 8호에는 본론(2) 교육각론의 제2 교화편을 실어 순서가 바뀌었으므로, 8호 끝에 역술한 내용의 목차를 제시하였다. 역술 목차는 다음과 같다.

教育學原理 目次

序論
　教育學이 科學中의 位置
本論(一) 教育槪論
　一. 教育의 定義
　二. 教育의 目的과 及 其 內容
　三. 人의 所以 教育을 當受
　四. 教育의 效力
　五. 教育方法의 分類
本論(二) 教育各論
　第一. 育化篇 -------------- 9, 10호
　人身과 他 動物의 比較
　生理作用의 通例
　遊戲와 及 體操의 效益
　學校衛生

◎ 教育學原理, 柳瑾, 〈대한자강회월보〉 제6호,
(광무 3년 12월: 1906.12.)

總論

○ 教育學이란 者는 何科學인고, 盖今東西에 教育의 事를 硏究ㅎ야 其
系統을 繹ㅎ야 組織흔 者니 其性質이 雜駁흔 故로 曰 自然科學(自然의
狀態를 硏究ㅎ는 者를 自然科學이라 謂ㅎ니 倫理學, 心理學 等이 是라.)
을 可히 原理의 下에 括흠만 不如흘지라.

德儒 洛失苛來智[107]가 教育學의 性質을 述ㅎ야 曰教育學은 一, 混合
科學이 되야 其 性質이 醫學에 類ㅎ다 ㅎ니 其 混合科學이라 謂흔 者는
卽 教育學이 倫理學과 心理學을 必須ㅎ야 補助흠을 指흠이오 其 醫學과
類ㅎ다 謂흔 者는 卽 教育이 醫學으로 더부러 健全과 不健全흠을 均別
ㅎ야써 人心 健全의 法을 講흠이라. 但 教育學으로써 混合科學을 삼은
者는 特히 其 湊集의 意쑨 아이오 亦 各種科學의 結果를 借ㅎ야 其 目的
과 方法을 明흠이니라.

教育의 目的과 方法을 明코져 흘진딕 必四種의 科學으로써 補助흘지
니 卽 倫理學 社會學(二者는 其 目的을 示흠이라) 心理學 生理學(二者는
其 方法을 示흠이라)이 是라. 古來로 教育學을 組織ㅎ는 者ㅣ 但 黑排梯
을 從ㅎ야 倫理學으로 目的을 삼으며 心理學으로써 方法을 삼고 社會
學과 生理學을 借助치 아니ㅎ는 故로 尙 殘缺不全ㅎ야 美善의 域에 不
造ㅎ니라.

教育學이 此四種의 科學을 得ㅎ야 其目的과 方法을 明히 흔 後에 健全

---

107) 낙실가래지(洛失苛來智): 독일의 철학자·교육학자인 페스탈로치(John Heinrich Pestalozzi,
1746~1827)로 추정됨. 사회개혁과 사회구제사업의 일환으로 학교 사업을 하였으며, 종
교적·도덕적 인간성을 중심으로 인간의 조화로운 발달을 중시하였음. '어느 은거자의
저녁'(1789), '린할트와 게르루루드'(1781~1787), '아동의 가정교육'(1782), '입법과 영아
살해죄'(1783), '기초 도야의 이념에 관한 견해와 경험'(1807) 등의 저술이 있음.

혼 敎育의 原則을 可定홀지니 此는 卽 洛失苟來智의 謂혼 바 醫學에 類ᄒ야 一種 規範科學을 成혼다 홈이니 特히 事實을 說明홀 쑨 不是오 其 標準을 探求ᄒ야쎠 其餘를 例홈이라. 故로 敎育學의 原理가 有二ᄒ니

　(一) 敎育의 目的 及 其 所以 成立ᄒᄂᆫ 原理오

　(二) 其 目的 實行의 方法 及 其 形式의 原理라

約言혼 則

　敎育學이란 者ᄂᆫ 敎育의 目的과 其 方法을 硏究ᄒᄂᆫ 科學이니 必 倫理學과 心理學과 社會學과 生理學을 次ᄒᄂ니 補助上으로 言혼 則 可히 混合科學이라 謂홀지오 性質上으로 言혼 則 規範科學이라 謂홀지니라 (未完)

◎ 교육학원리, 柳瑾, 〈대한자강회월보〉 제7호,
　(광무 1년 1월: 1907.1.)

第二 敎化篇

○前篇은 身體 養育의 方法을 述ᄒ고 此ᄂᆫ 智識 開發의 方法을 述ᄒ니 此 方法이 敎育上 最重要의 地位를 占ᄒ야 名을 敎化 或 智育이라 云혼 지라. 萬若 殘闕不全ᄒ면 事物의 理를 旣히 判斷키 不能ᄒ며 感情을 高尙키 不能ᄒ며 志氣를 堅固키 不能ᄒ리니 敎育 目的에 謂혼 바 團體 自治의 品性은 쟝찻 何로 由ᄒ야 得ᄒ리오, 然ᄒ나 此 方法의 詳細홈을 知코져 홀진딕 思想 一般의 性質과 其 發達의 通例를 先攷치 아니홈이 不可ᄒ니라.

　一. 思想 一般의 性質

　人의 知識은 決코 智情義 三者에 能히 分明홀 빅 아니라 同是 知識이

228

로되 事物 辨明을 智라 謂ᄒᆞ고 感觸 境遇를 情이라 謂ᄒᆞ고 希望 一切를 意라 謂ᄒᆞᄂᆞ니 無他라 其 所向ᄒᆞᄂᆞᆫ 者ㅣ 異홈이라. 伯論他諾[108]이 嘗 分析ᄒᆞ야 曰 (甲) 其 知識이 對象에 現ᄒᆞᆫ 者를 表象이라 名ᄒᆞ고 (乙) 對象에 現ᄒᆞ야 決定홈과 及 反對ᄒᆞᄂᆞᆫ 者를 信念이라 名ᄒᆞ고 (丙) 對象에 現ᄒᆞ야 冀望 或 嫌惡의 意를 懷ᄒᆞᄂᆞᆫ 者를 興味라 名혼다 홈이 庶히 其 得當홀지나 然ᄒᆞ나 科學의 實際를 講코져 홀진딕 其 種類를 區別홈에 在ᄒᆞ나 今에 一端을 左에 特擧ᄒᆞ야 閱ᄒᆞᄂᆞᆫ 者로 ᄒᆞ야곰 隅反케 ᄒᆞ노라.

智의 性質은 眞을 明홀 ᄲᅮᆫ이니 謂ᄒᆞᆫ 바 眞을 明ᄒᆞᄂᆞᆫ 者ᄂᆞᆫ 何오. 一은 五官으로 從ᄒᆞ야 事物을 感動ᄒᆞᄂᆞᆫ 者니 曰 感覺이며 又曰 直覺이오 二ᄂᆞᆫ 心이 事物의 感動홈을 受ᄒᆞᄂᆞᆫ 者니 曰 知覺이오 三은 知覺으로 由ᄒᆞ야 普通의 性質을 推繹ᄒᆞᄂᆞᆫ 者니 曰 槪念이오 四ᄂᆞᆫ 其 槪念으로써 一名 數를 構成ᄒᆞᄂᆞᆫ 者니 曰 判定이오 五ᄂᆞᆫ 判定의 關係로부터 一新論을 別 演ᄒᆞᄂᆞᆫ 者니 曰 推論이라 ᄒᆞᄂᆞ니 此 五種의 作用은 皆 人의 心意로 ᄒᆞ야 곰 眞을 明케 ᄒᆞᄂᆞᆫ 所以라. 萬若 貫通 鍊達치 아니ᄒᆞ면 影響이 糢糊홀지 니 엇지 事事物物의 眞相을 可得ᄒᆞ리오.

夫 心의 所及에 天神은 其 尊嚴을 失ᄒᆞ고 美人은 其 媚態를 失ᄒᆞ고 刀鋸ᄂᆞᆫ 其 利銳를 失ᄒᆞᄂᆞ니 斯 固然ᄒᆞ나 勤히 其理를 知ᄒᆞ고 一一히 實驗을 徵치 아니ᄒᆞ면 但히 空想ᄲᅮᆫ이니 ᄯᅩ혼 何를 取ᄒᆞ리오. 故로 반다 시 方向을 指導ᄒᆞ야 實際에 悉歸ᄒᆞ야써 野蠻 幻想의 陋習을 脫케 홀지 니 此ᄂᆞᆫ 團體 自治의 品性이 無智키 不可ᄒᆞᆫ 所以라.

開智의 法을 知코져 홀진딕 맛당히 其 思想 發達의 次序와 及 其 條件 을 先攷홀지니라.

二. 思想 發達의 通例

---

108) 백론타락(伯論他諾): 미상.

思想은 簡單으로붓허 複雜에 趨ᄒᄂᆫ 者라. 古來로 發明ᄒᆫ 者가 二大 學說이 有ᄒ니 一은 利發業志[109)와 康德黑智爾[110) 等의 唱ᄒᆫ 바 德國派오 一은 黑排梯[111) 等의 唱ᄒᆫ 바 英國派라.

德國派ᄂᆫ 謂ᄒ되 人의 心意가 先天 總合 活動 統一의 諸性質이 有ᄒ니 必히 平日 經驗을 待ᄒ야 發達ᄒᄂᆫ 者라 ᄒ고 英國派ᄂᆫ 謂ᄒ되 人의 心意가 分析 受動 判斷의 諸 階級을 積ᄒ야 發達을 漸致ᄒᄂᆫ 者라 ᄒ니 盖 德國派ᄂᆫ 形而上ᄒᄂᆫ 學에 近ᄒ고 英國派ᄂᆫ 自然科學에 近ᄒ니라.

此 二大學說이 根據가 各有ᄒ니 德國派ᄂᆫ 實노 知識의 原理되고 英國派ᄂᆫ 僅히 觀念의 聯合으로써 證明ᄒᆷ이니 故로 彌勒全姆斯[112)가 力言ᄒ되 人은 感覺ᄒᆷ에 不過ᄒᆯ ᄯᅳᆷ이라 ᄒ니 彌勒頓[113)이 駁擊ᄒ야 曰 人이 果然 感覺에 不過ᄒ면 ᄒ야곰 感覺이 有케 ᄒᄂᆫ 者ᄂᆫ 何라 謂ᄒ고. 黑排梯派가 觀念의 同化ᄅᆯ 推ᄒ야 興味의 說을 立ᄒ니 ᄯᅩᄒᆫ 駁擊을 難免ᄒᆯ지라. 盖英國派와 黑排梯派의 說이 原理에 疎ᄒ고 閱歷에 長ᄒᆫ 者라. 是以로 今에 心意發達을 論ᄒᆯ진ᄃᆝ 必히 德國派로써 形式을 삼고 英國派와 黑排梯派로써 內容을 삼은 後에 至當 不易의 通例가 出ᄒᆯ지니라.

觀念 同化의 根柢ᄂᆫ 德國派 所言者에 逃ᄒᆷ이 誠無ᄒ나 其同化의 次序ᄂᆫ 英國派의 觀念聯合法이 有三ᄒ니 (一曰)[114) 一致律이니 例ᄀᆞᆫᄃᆝ 我가 親을 思ᄒ야 人의 親에 及ᄒᆫ 者와 如ᄒᆷ이 是오 二曰 對比律이니 例ᄀᆞᆫᄃᆝ 黑白 善惡이 性質이 相反ᄒ야 人으로 ᄒ야곰 兩兩 比較의 念을 生케 ᄒᄂᆫ 者와 如ᄒᆷ이 是오 三曰 近似律이니 例ᄀᆞᆫᄃᆝ 拿破崙[115)을 追憶ᄒᄂᆫ

---

109) 리발업지(利發業志): 독일의 교육학자. 철학자.

110) 강덕흑지이(康德黑智爾): 독일의 교육학자. 철학자.

111) 흑배제(黑排梯, John Friedrich Herbart, 1776~1841): 헤르바르트. 독일 올덴불그에서 출생. 교육의 목적론과 방법론을 구체화한 교육철학자. '일반 교육학'(1806), '교육학 강요'(1835) 등을 저술함. '준비-제공-교제-개괄-응용'의 5단계 교수 과정설을 주창함.

112) 미륵전모사(彌勒全姆斯): 미상.

113) 미륵돈(彌勒頓): 밀턴.

114) 원문에는 없지만 '일왈'의 탈자로 보임.

者가 因 ᄒᆞ야 亞歷 山大該撤 秦皇 漢武116)에 旁及ᄒᆞᄂᆞᆫ117) 者와 如홈이 是라. 黑排梯派의 同化說에 至ᄒᆞ야 비록 分類홈은 아니나 其 意ᄂᆞᆫ 英國派로 더부러 同ᄒᆞ니 其 舊觀念의 同化와 新觀念의 狀態를 述ᄒᆞ야 曰 今에 一羣의 觀念이 腦中에 入호ᄃᆡ 萬若 舊者의 力이 新者보다 强ᄒᆞ면 必히 互相 衝突ᄒᆞᆯ지오 衝突이 已極ᄒᆞ면 遂히 混ᄒᆞ야 俱化爲新ᄒᆞᄂᆞᆫ 故로 同化오 又曰 融會라 ᄒᆞᄂᆞ니 旣히 融會홈에 及ᄒᆞ면 興高味烈ᄒᆞ야 非常히 愉快홈이 此로 從ᄒᆞ야 種種의 興味랄 遞生ᄒᆞᆫ다 云云ᄒᆞ니라.

故로 敎授의 秘訣은 오즉 其 興味를 啓發홀 ᄯᆞ름이라. 玆에 其 興味를 將ᄒᆞ야 列表홈이 如左ᄒᆞ니

考驗의 興味 ┤ 事物과 及 其 關係를 硏究ᄒᆞᄂᆞᆫ 者 ┤ 實驗의 興味
　　　　　　　　　　　　　　　　　　　　　　　推理의 興味
　　　　　事物의 善惡美醜를 判斷ᄒᆞᄂᆞᆫ 者…… 審美의 興味

交際의 興味 ┤ 人에 對ᄒᆞᆫ 者 ┤ 個人에 對ᄒᆞᆫ 者……… 同情의 興味
　　　　　　　　　　　　　社會에 對ᄒᆞᆫ 者……… 社會의 興味
　　　　　神에 對ᄒᆞᆫ 者………………………… 宗敎의 興味

英國派의 觀念 聯合 三律 과 黑排梯派의 六種 興味ᄂᆞᆫ 其 心理學上에 在ᄒᆞ야 비록 至今ᄭᅡ지 疑問이 되나 然ᄒᆞ나 人의 思想이 簡單을 由ᄒᆞ야 複雜에 漸趨ᄒᆞᆫ즉 銕案(철안)이 山과 如ᄒᆞ야 可易치 못홀지라. 今에 蘇格蘭118) 某 大學敎授 老湖里119)가 區分혼 一人 思想의 發達ᄒᆞᄂᆞᆫ 時代를 下에 特擧ᄒᆞ야써 證明ᄒᆞ노라.

---

115) 나파륜(拿破崙) 나폴레옹.

116) 아력 산대해철 진황 한무(亞歷 山大該撤 秦皇 漢武): 아시아 역사의 산대해철(?) 진시황, 한무제.

117) 방급(旁及): 곁에 미침.

118) 소격란(蘇格蘭): 소르본.

119) 노호리(老湖里): 미상.

第一 嬰兒期 感覺 直覺의 時代

(一歲)

第二 幼兒期 知覺 及 槪念의 時代

(二歲로 自ᄒ야 八歲에 至) 約히 幼稚園에 在ᄒ 時

第三 成童期 槪念 及 判定의 時代

(九歲로 自ᄒ야 十五歲에 至) 約히 小學校에 在ᄒ 時

第四 靑年期 推論의 時代

(十六歲로 自ᄒ야 十八歲에 至) 約히 中學校 或 高等學校에 在
ᄒ 時

第五 成人期 新理想 發達의 時代

(十九歲로 自ᄒ야 二十四歲에 至) 約히 大學校에 在ᄒ 時

思想 發達의 通例를 從ᄒ야 敎授 原理를 抽出홈이 如左ᄒ니

一. 敎授를 맛당히 觀念聯合의 法을 從ᄒ지오

二. 敎授를 맛당히 竭力ᄒ야 其 興味를 啓發홀지오

三. 敎授를 맛당히 心意發達의 次序를 從홀지니라.

今에 다시 以上 諸原理를 詳說ᄒ노니

一. 敎授를 맛당히 觀念聯合의 法을 從ᄒᄂ 所以ᄂ 觀念의 發達이 此
法을 卽 依ᄒᄂ 故라. 此法의 一致, 對比, 近似 三律을 分홈은 前節에
己見ᄒ얏거니와 玆에 其 敎授 原則을 述홈이 如左ᄒ니

(一) 自然 附 麗者ᄂ 敎授홀 時에 須히 相連케 ᄒ야 歧分홈이 不可홀
지오 (二) 一物 觀念의 形이 近似律로 由ᄒ야 轉ᄒ야 直覺 敎授되ᄂ 者
ᄂ 須히 近似律을 利用홀지오 (三) 普通 觀念의 形이 一致律노 由ᄒ야
轉ᄒ야 槪念 敎授되ᄂ 者ᄂ 須히 一致律을 利用홀지오 (四) 直覺 敎授와

概念 教授를 不論 고 凡 兒童의 腦筋에 即 야 須히 對照 比較 者는 必히 對比律을 利用 지오 (五) 教授의 法은 敎科 編制와 時刻 酌定을 勿論 고 다 觀念聯合法을 須從 지니라.

二. 敎授를 맛당히 竭力 야 其 興味를 啓發 는 所以는 盖 觀念의 發達이 必히 興味를 依 야 漸次로 深厚 故라. 興味가 凡 六種이니 敎授 原則이 此 六種의 興味를 從 야 定 者라.

(一) 敎授時에 須히 愉快 야 困苦를 不覺케 지오 (二) 凡 興味가 無 事物은 敎授 時에 須히 避 지오 (三) 興味로 야곰 一偏에 局 케 홈이 不可 지오 (四) 敎授時에 須히 退而自省 야써 餘興을 勃發케 지오 (五) 興味로 더부러 共發 는 觀念은 敎授 時에 須히 系統을 組織 야써 證明 지니라.

三. 敎授를 맛당히 心意 發達의 次序를 不從 는 所以는 盖 心意 發達 의 次序를 不從 고 顚倒히 敎授 면 其 結果는 兒童의 知識으로 야 곰 活潑케 홈이 아니오 反히 枯死케 는 故라. 其 次序는 凡 感覺 知覺 概念 推論 理想의 五期를 介하니 敎授 原則은 此를 準 야 定 者라.

(一) 先에 名物을 示 고 後에 言語로써 敎 지오 (二) 旣知홈을 由 야써 未知홈에 及 지오 (三) 一物이 未明 면 他物로써 更홈이 不可 지오 (四) 宜히 具體者 實을 抽象者虛의 前과 簡單者를 複雜者의 前에 寘 지오 (五) 感覺을 敎授 時에 須히 非常히 敏捷 야 其 知覺을 動 케 지오 (六) 知覺을 敎授 時에 須히 全體의 關係를 專論 지오 (七) 精確 槪念을 得코져 진딕 第一은 須히 彼此에 比較 特異의 點으로 明示 지오 (八) 第二는 須히 特別노부터 普通에 及 며 具體로부터 抽 象에 及 지오 (九) 推論홈을 須히 歸納 演繹 兩法(按컨딕 二法이 皆 名學의 法이니 一則 歸 야 納 고 一則 演 야 繹홈이라)으로부터 入

門케 홀지오 (十) 歸納 演繹 兩法을 從ᄒ야 因果律에 照ᄒ야 自由로 思 考ᄒ야 己의 新理想을 發揮케 홀지니라.

以上은 諸 原理은 驟히 觀ᄒ면 唯曰 繁雜이라 홀지나 其 要旨를 撮ᄒ 며 其 綱領을 挈(설)ᄒ면 一心意의 同化홀 ᄯᆞ름이니 世에 冬烘(동홍) 學究ᄂᆞ 此理를 不知ᄒ고 死토록 難澁 斷爛의 經典 文字만 讀ᄒ야 兀兀 窮年에 牢히 可破치 못ᄒ니 其弊가 無數ᄒ 木偶 人材를 養成홈에 遂至 혼지라. 法國 文豪 福祿特爾120)가 嘗痛斥ᄒ야 曰 師傅가 人을 有用의 實學으로써 不敎ᄒ고 徒히 故紙를 鑽ᄒ야 陳言을 欺弄ᄒᄂᆞ 者ᄂᆞ 亡國 의 罪魁라 ᄒ니 旨홉다. 言이여.

四. 敎授의 形式

古來로 敎授의 法이 千差万別ᄒ야 悉數를 終키 難ᄒ나 權ᄒ야 分컨 디 一則 曰 注入主義니 곳 各種 事物노써 兒童의 腦中에 灌輸ᄒ야 永矢 ᄒ야 入케 ᄒᄂᆞ 者오 一則 曰 開發主義니 곳 各種 事物노써 其 自然 發達의 心意를 開發ᄒ야 觸類旁通케 ᄒᄂᆞ 者라. 注入主義ᄂᆞ 苦히 學ᄒ 야 鍛鍊홈을 專重히 하고 開發主義ᄂᆞ 興味가 淋漓(임리)홈을 專重홈이 니 表面으로부터 觀ᄒ면 二者가 相輔하야 行홈과 如히 偏廢키 不可하 나 然하나 心理學上에 徵혼 則 開發主義ᄂᆞ 有益코 無損홀지오 注入主義 ᄂᆞ 有益코 亦 有損홀지니 開發主義ᄂᆞ 實노 近世敎育이 中世 上世 敎育 으로 더부러 特異혼 點이니라.

開發의 法이 有二ᄒ니 一則 旣有에 觀念界를 分解홈이니 敎育의 目的 을 依ᄒ야 其繁을 刪ᄒ고 其簡에 就홈은 名學 中 謂혼 바 分解 敎授法과 猶홈이오 一 則 新觀念을 舊觀念界에 擴加홈이니 其類를 充ᄒ고 其盡을

---

120) 복록특이(福祿特爾): 프랑스의 문호.

至ᄒᆞ야 博通宏達케 흠은 名學 中에 謂흔 바 總合의 敎授法과 猶흠이라. 此 二法은 科學으로 硏究ᄒᆞᄂᆞᆫ 者의 必需ᄅᆞᆯ 비 되니 敎育에 施ᄒᆞ면 足히 ᄡᅥ 人에 心性을 開發케 흠이 綽綽(작작)흘지니라.

若 夫 敎授法의 階級[121]이 通常에 三段을 分ᄒᆞ니 曰 豫備니 곳 敎授 者의 散慢흔 知識으로 ᄒᆞ여곰 敎授의 中心點에 集注케 ᄒᆞᄂᆞᆫ 者오 曰 授與니 곳 新材料로써 授ᄒᆞ야 其 集註의 觀念界를 恢張ᄒᆞᄂᆞᆫ 者오 曰 應用이니 곳 其 新舊 觀念을 聯合ᄒᆞ야 自由應用을 得케 ᄒᆞᄂᆞᆫ 者라. 黑排梯[122]派가 猶히 心에 不滿타 ᄒᆞ야 四段에 分ᄒᆞ고 近時 來因[123]이 又 五段에 分ᄒᆞ니 玆에 其 變遷흠을 將ᄒᆞ야 列表흠이 如左ᄒᆞ노라.

敎授의 階級 {
  一 特弗立特 及 活特梯[124]: 一. 觀察 二. 思考 三. 應用
  二 黑排梯 及 徐爾拉[125]: 一. 明瞭 二. 聯合 三. 系統 四. 方法(應用)
  三 來因: 一. 豫備 二. 授與 三. 聯合 四. 結果 五. 應用
}

來因 氏ㅣ 敎授의 階級을 分ᄒᆞ야 五段으로 爲ᄒᆞ니 故로 名曰 五段敎授法이라. 其 所謂 豫備라ᄂᆞᆫ 者ᄂᆞᆫ 通常 豫備의 意로 더부러 同ᄒᆞ고 所謂 授與라ᄂᆞᆫ 者ᄂᆞᆫ 亦 通常 授與의 意로 더부러 同ᄒᆞ고 所謂 聯合이라ᄂᆞᆫ 者ᄂᆞᆫ 卽 新舊 觀念을 合倂ᄒᆞ야써 觀念界를 混一흠이오 所謂 應用이라ᄂᆞᆫ

---

121) 유옥겸(1908)에서는 교수 단계설로 헐버트 4단계설(전심의 명료, 연합, 치사의 계통, 방법), 칠너의 5단계설(구체적 관념의 분해, 통합, 개념적 관념은 연합, 계통, 응용적 연습 방법), 라인의 5단계설(직관의 예비, 제시, 개념의 연결, 통괄, 응용의 단계), 빌만의 3단계설(수납, 사고, 응용)을 소개함.

122) 흑배제(黑排梯, J. F. Herbart): 헤르바르트. '명료, 연합, 계통, 방법'의 4단계 교수설을 주장함.

123) 래인(來因, W. Rein): 라인. '예비, 제시, 비교, 총괄, 응용'의 5단계 교수설을 주장함.

124) 특불립특 급 활특제(特弗立特 及 活特梯): 미상.

125) 서이납(徐爾拉): 미상.

者는 亦 通常 應用의 意로 더부러 異호 바 無호니라. 五段敎授法은 敎授 호는 時에 雖 區劃키 不可호나 然호나 心에 其 意를 知호야 敎科를 運用 호야 뻐 受敎育者의 觀念을 啓發호면 同化 次序를 不背호야 其 思想이 風發潮湧호야 限量키 不可흠을 逐得홀지니라.

敎授의 主義와 其 階級은 前에 旣略述호얏거니와 然호나 其 主義를 實行호는 所以와 其 階級의 方法은 尙 未及훈지라. 今에 其要를 枚擧호 야 論호노니

(第一) 則 問答法이 是니 此中에 비록 疑問을 發호야뻐 難흠과 互히 問答호는 別이 有호나 要컨듸 皆 受敎育者의 觀念界를 察호야 其 不明 호 者면 則 開케 호고 明코 未達호 者면 則 通케 호야뻐 新材料를 灌入 홀지라. 昔 希臘 大賢 梭格拉底[126]가 此法을 創始호 故로 又名을 梭格拉 底法이라 호니 彼嘗曰 余는 知識을 授호는 者ㅣ 아니오 乃 知識을 生케 호는 産婆라 호니 此를 觀컨듸 其 眞意를 可知홀지라. 此法을 敎授홀 時에 開發主義 中의 分解法 敎授 階級 中 豫備와 應用으로뻐 最宜를 삼음이오

(第二) 則 談話法이 是니 此中에 비록 細目의 可分흠이 有호나 要컨 듸 其 事實을 講明호야 受敎育者로 호여곰 豁然(활연)히 開朗케 흠은 一이라. 但 此法이 修辭 論辯의 學에 精호 者 아니면 往往히 平庸 一派 에 流入호야써 人을 動케 호기 難호 故로 敎授홀 時에 開發主義 中의 總合法과 敎授 階級 中의 聯合과 結合으로써 最宜를 삼느니라.

玆에 敎授의 方法을 將호야 列表흠이 如左호니

---

126) 사격납저(梭格拉底, Sorrates, B.C.469~B.C.399): 소크라테스.

教授의 方法 $\begin{cases} 問答法 \cdots 分解法 \cdots 豫備\ 應用 \\ \\ 談話法 \cdots 總合法 \cdots 授與\ 聯合\ 結合 \end{cases}$

然ᄒ나 此 二法을 有時로 交相 爲用홈이 可ᄒ니 談話法으로써 豫備 應用을 삼고 問答法으로써 授與 聯合 結合을 삼으되 一定의 程式을 株守키 不能ᄒᄂ니 是ᄂ 敎育ᄒᄂ 者가 神而明之ᄒ야 因時制宜홈에 在ᄒ니라.

五. 敎科의 種類

敎科라ᄂ 者ᄂ 敎授原理와 其形式을 表ᄒ야써 人心을 開發의 具라. 今에 其種類를 析ᄒ야 縷述ᄒ노라.

昔希臘의 敎科ᄂ 體操와 音樂을 專重ᄒ고 栢拉圖의 定(共和國)ᄒ 敎科ᄂ 始로 數學 幾何學 天文學 物理學(卽格致學)으로써 加ᄒ고 阿里士士德은 一大學校를 立ᄒ야 更히 哲學 美術로써 加ᄒ고 中世에 凡七科를 分ᄒ니 曰拉文法이오 曰倫理學(卽名學)이오 曰修辭學이오 曰數學이오 曰幾何學이오 曰天文學이오 曰音樂이라 ᄒ고 近世에 至ᄒ야 倍根이 出ᄒ홈이 自然科學이 發然히 繁興ᄒ니 倫理 語學 作文 地理 歷史 數學 物理學 化學 動物學 植物學 習字 圖畵 體操 手工 音樂 諸科가 有ᄒ니 此ᄂ 歐州 敎科變遷의 大槪라.

退ᄒ야 東洋의 敎科를 觀컨뒤 支那學制의 最히 完備ᄒ 者ᄂ 唐代만 莫如ᄒ니 其時에 國學은 國子 大學 四門 律學 書學 算學 六門을 立ᄒ고 此後에 詩賦策論製藝 等이 皆 人材를 破壞ᄒᄂ 具니 足히 써 敎科라 言치 못ᄒᆯ지오 日本 王朝時代를 當ᄒ야 明經道 紀傳道 明法道 算道 四道가 有ᄒ고 德川幕府의 頃에ᄂ 各 藩學校에셔 和學 漢學 算道 筆道 天文地理 歷史 兵學 諸科를 槪課ᄒ더니 明治維新 後에 至ᄒ야 歐美 敎

育의 法을 盡採ᄒ니 敎科가 由是로 完備ᄒ다 云ᄒ니라.

故로 今日에 맛당히 敎科라 承認ᄒᆯ 者ᄂᆫ 倫理 語學 作文 地理 歷史 數學 物理學 化學 動物學 植物學 習字 圖畵 體操 手工 音樂 諸科니라.

但 此等 敎科로써 普通敎育을 삼ᄂᆫ 者ᄂᆫ 必 高等專門의 知識이 有ᄒᆷ이 아니라 惟 團體 自治의 品性을 養ᄒ야 ᄒ여곰 一 公民이 되야뻐 個人의 義務를 盡ᄒᆯ 쭌이니 固히 其 國家에 關係ㅣ 如是히 重且大ᄒᆫ지라. 玆에 各學科의 價値를 復將ᄒ야 條論ᄒ노니

第一 倫理

倫理란 者ᄂᆫ 爲人의 道를 敎ᄒᄂᆫ 바니 敎科 中 最 重要ᄒᆫ 者라. 昔者에 歐美 諸國이 皆 宗敎로 더부러 混視ᄒ야 宗敎를 敎授ᄒᆷ이 卽 倫理를 敎授ᄒᆷ이라 ᄒ더니 近時에 文明이 日進ᄒᆷ이 其謬를 始知ᄒ야 宗敎ᄂᆫ 可히 自由 信仰ᄒ고 倫理ᄂᆫ 强之使從ᄒᄂᆫ 法律을 遂定ᄒ니 其 實行 方法은 訓化篇(卽 德育篇) 中에 見ᄒᆷ으로 玆에 復贅치 아니ᄒ노라.

第二 語學

語學이란 者ᄂᆫ 本國語와 外國語를 不論ᄒ고 其要가 知識을 交換ᄒᄂᆫ 媒介오 品性을 陶冶ᄒᄂᆫ 資料라. 其 敎科 中에 在ᄒ야 殆히 倫理로 더부러 均히 各科의 基礎가 되ᄂᆫ니 注意ᄒᆷ이 最宜ᄒ니라.

第三 作文

作文은 卽 己의 思想을 表ᄒ고 或 人의 意志를 解ᄒ야뻐 操守를 培養ᄒ야 他日에 出世 餘地를 삼나니 盖 語學의 受動ᄒᄂᆫ 밧 者ㅣ 發ᄒ야 能動ᄒᄂᆫ 者ㅣ 됨으로써 此科를 敎授ᄒᆷ이 맛당히 語學으로 더부러 表裏相應ᄒᆯ지니라.

238

第四 地理歷史

地理와 歷史ᄂᆞᆫ 卽 吾人 經驗을 擴張ᄒᆞᄂᆞᆫ 要科니 地理로써 其 空間에 關ᄒᆞᆫ 觀念을 廣케 ᄒᆞ며 歷史로써 其 時間의 關ᄒᆞᆫ 知識을 增케 ᄒᆞᆷ이라. 黑排梯派[127]ᄂᆞᆫ 歷史를 尤 重히 ᄒᆞ야 社會交際의 興味가 僅히 此에 在ᄒᆞ다 ᄒᆞ니 實 則 二科 l 關係가 互有ᄒᆞ야 編廢ᄒᆞᆷ이 不可ᄒᆞ니라

第五 數學

數學이란 者ᄂᆞᆫ 萬物의 容積과 分量을 測定ᄒᆞ야 絲毫의 誤謬가 無ᄒᆞᆫ 學이라. 特히 人의 推理力과 思考力을 練ᄒᆞᆯ 쑨 아니라 且 生活上에 一日도 少키 不可ᄒᆞᆫ 밧 者오 且 此에 止ᄒᆞᆯ 쑨 아니라 物理化學을 證明ᄒᆞ야써 其 方程式을 示코져 ᄒᆞᆯ 者ᄂᆞᆫ 惟 數學을 是賴ᄒᆞᆯ지니라.

第六 物理化學

物理와 化學이란 者ᄂᆞᆫ 萬物 要素의 組織과 變化를 硏究ᄒᆞ야 數學 方程式을 借ᄒᆞ야서 自然現象의 眞相을 得ᄒᆞᆷ이라. 可히 써 思考力과 推理力을 練ᄒᆞ야 其 實用의 結果ᄂᆞᆫ 今日에 如火 如荼ᄒᆞᆫ 文明 世界를 卽 成ᄒᆞᆷ인 故로 敎科 中에 在ᄒᆞ야ᄂᆞᆫ 歷史 地理로 더부러 同等 位寘에 立ᄒᆞ나니라.

第七 動物學 植物學

動物學과 植物學은 物理化學의 自然現象에 較ᄒᆞ야 尤히 顯著ᄒᆞ니 兒童의 視之恒覺ᄒᆞᆷ이 人으로 더부러 無異ᄒᆞᆫ 故로 推理力을 練ᄒᆞᆫ 外에 쏘 可히 審美와 同情의 興味를 啓發ᄒᆞᆯ지며 萬若 物理化學을 混合ᄒᆞ면 更히

---

127) 흑배제파(黑排梯派): 헤르바르트 학파.

鑛物學을 成ᄒ리니 誠히 教育上에 有用홀 教科니라.

第八 習字 圖畵

習字와 圖畵ᄂ 手眼의 知覺을 練習ᄒ야 筋肉으로 ᄒ야곰 自由로써 實用을 供ᄒ야 審美의 興味를 得케 홀 바 者니 其 學校 教科 中에 在ᄒ야ᄂ 비록 附屬科가 되나 其 教育에 價值ᄂ 固히 甚卑치 아니ᄒ니 感化篇(即 情育篇) 美育 一節에 見ᄒ니라.

第九 體操 手工

體操와 手工은 皆 全身을 運動ᄒ야 筋肉을 强壯케 ᄒᄂ 밧 者라. 其中에 手工의 價值ᄂ 審美의 興味를 發揮홈과 數學의 思想을 練習홈과 及知覺上으로 自ᄒ야 觀ᄒ면 即 可恍然홀지오 體操에 至ᄒ야ᄂ 育化篇에 己見ᄒ니라.

第十 音樂

音樂이란 者ᄂ 心身調和의 理의 本ᄒ고 萬物節奏의 聲을 從ᄒ야 써 其耳를 練習ᄒᄂ 바라. 昔에 希臘이 此科를 嚴重히 ᄒ고 栢拉圖[128]가 嘗曰 音樂이라ᄂ 者ᄂ 精神을 發揚ᄒ며 德行을 培植ᄒ야 可히 少치 못홀 빌라 ᄒ니 音樂 中에 關係 最有ᄒ 者ᄂ 國民歌와 及 自然 流行의 詩歌만 莫如ᄒ니 實로 足히 써 國民自然의 感情을 養成ᄒ야 倫理의 不及홀 바를 補홀 者라. 其 價值ᄂ 亦 感化篇 中 美育 一節에 見ᄒ니라.

以上에 擧ᄒ 바 教科가 頗히 繁雜ᄒ나 其 大體의 性質을 論ᄒ건ᄃᆡ

---

128) 백납도(栢拉圖): 미상.

可히 二種에 分홀지니 一曰 人文者니 卽 人間活動에 關혼 者오 一曰 自然者니 卽 自然現象에 關혼 者 是라. 黑排梯派가 人文者로 交際의 興味를 養ᄒ고 理科(卽 物理化學의 類라)로서 經驗의 興味를 養혼다 ᄒ고 因ᄒ야 人文者ᄂ 又 可曰 倫理者오 理科者ᄂ 又可曰 實用者라. 玆에 來因[129] 氏의 敎科 分類表를 錄示홈이 如左ᄒ니

教授의 教科 {
　甲 間 之
　人 史　第一 教授 意志 { 一 經典 及 教會之歷史 / 二 普通歷史 / 三 文學 }
　生 學 { 第二 教授 技術 { 一 圖畵 / 二 唱歌 }
　活 科　第三 教授 語學 { 一 國語 / 二 外國語 }
}

◎ **敎育學原理, 柳瑾, 〈대한자강회월보〉 제8호,**
　(광무11년 2월: 1907.2.)

教化篇

六. 敎科의 統一

前節에 述혼 바 敎科의 種類-頗히 複雜홈으로 以ᄒ야 兒童의 才智德性을 造就홈에 統一치 아니ᄒ면 不可ᄒ지라. 來因 氏 敎科 分類表에 史와 理科 二者를 區別홈이나 但 其 性質에 就ᄒ야 言홈이 統一타 謂치 못ᄒ지라. 今에 來因 氏 敎育學 原理 中으로 目ᄒ야 其 要旨를 摘ᄒ노니

---

129) 래인(來因): 라인.

第一 敎科를 開化史의 階級에 統一ᄒ니[130] 曰ᄒ되

時時로 敎育을 受ᄒ 者의 精神을 激刺ᄒ야써 其 學中에 在ᄒ 興味를 助長ᄒ야 ᄒ여곰 退學ᄒ 後에도 餘興이 尙有케 홀 者 敎科의 價值라. 其 興味의 敎科를 起케 홀진되 當히 心理學에 要求ᄒ 바를 從홀지니 旣有의 舊觀念을 依ᄒ야 未來의 新觀念을 漸生케 ᄒ되 卽 世界의 開化史로써 次第히 敎授ᄒ야 其 心界 發達의 階級을 引誘홀지니라.

此ᄂ 黑排梯에셔 敎科를 開化史에 統一ᄒ다ᄂ 說이라. 玆에 其 敎授 次序를 將ᄒ야 列表홈이 如左ᄒ니

第一年 仙話[131]
第二年 洛皮沙哥羅叔[132]
第三年 家族 及 政治時代의 史談
第四年 封建武士의 事蹟
第五年 意司臘耳 諸王의 傳記[133]
第六年 耶蘇의 傳
第七年 敎徒의 事蹟
第八年 宗敎改革과 及 近世의 事蹟

第二 敎科를 倫理 中心點에 統一ᄒ다ᄂ 說에 曰ᄒ되

少年의 人格을 養成코져 홀진되 各種 觀念界를 混合ᄒ되 講ᄒ야 通

---

130) 개화사적 단계설: 헤르바르트의 종합 교육 이론으로, 아동의 발달은 인류의 발달 단계를 반복하는 것이라는 입장에서 인류가 태초부터 금일까지 경과해 온 과정을 거친다는 설.

131) 선화(仙話): 신화로 해석됨.

132) 낙피사가라숙(洛皮沙哥羅叔): 미상.

133) 의사랍이(意司臘耳) 제왕(諸王)의 전기(傳記): 이슬람 제국의 제왕 전기일 듯.

치 아니홈이 不可ᄒ니 否ᄒ면 則 分離 雜亂ᄒ야 動홈에 輒(첩)히 隔膜
ᄒ야 品性이 旣 統攝(통섭)흔 빅 無홈이 而 人格이 亦 此를 從ᄒ야 不及
홀지니라. 司他衰[134] 曰호딕 敎授홈이 音樂合奏를 可喩홀지니 其 前導
ᄒᄂ 者ᄂ 必 先히 發音흔 後에 他音을 起호딕 與히 相應ᄒ야 溫稚鏗訇
히 更唱迭和ᄒ야[135] 鳳儀獸舞에 至樂을 遂成케 ᄒᄂ니 敎授홈도 亦 然
흔지라. 始에 宗敎 倫理 歷史 文學의 材料로써 其 意旨를 訓練ᄒ고 更히
圖畵 唱歌의 各種 技藝로 調和ᄒ야써 其 經驗 及 交際를 擴張케 하나니
若是ᄒ면 則 敎育의 功을 可見홀지니라.

玆에 特 其 系統圖를 錄홈이 如左하니

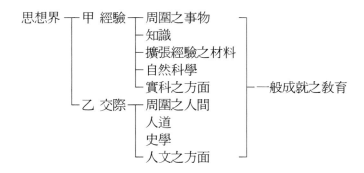

黑排梯派에셔 開化史의 階級을 縱從하고 倫理의 中心點을 橫從하야
써 敎科를 統一홈은 其 敎授原理에 特識이 有홀지나 雖然이ᄂ 事實에
證하면 則 個人의 發達이 世界文化의 發達노 與하야 往往히 相謀호딕
適相反치 아니흔 者ᄂ 盖 心理 自由홈에 在흔지라. 其 敎科를 倫理의
中心點에 統一하면 則 全 相反對派ㅣ 有ᄒᄂ니 斯賓塞[136]ㅣ 代表者니라.

---

134) 사타쇠(司他衰): 미상.
135) 온치갱굉(溫稚鏗訇)히 경창질화(更唱迭和)ᄒ야: 온화하고 작은 것이 큰소리를 일으켜
    다시 갈마들어 조화를 이루어.

斯賓塞의 著훈 敎育論略에 謂호되 敎科의 價値눈 最高훈 者ㅣ 理科에 莫加하니 盖 凡人의 終生活動이 五者에 不外호지라. 一은 一己의 活動을 保守홈이 되고 二눈 謀生의 活動홈이 되고 三은 一家를 整理하야 子孫 繁榮홈의 活動이 되고 四눈 社會 政治홈의 活動이 되고 五눈 恰情의 活動이 되느니 此 五者ㅣ 完全하여야 乃 能 一身을 支持하야 國家의 重任을 當홈에 不驚하느니 是等 知識, 才能, 道德을 培養홈은 皆 理科의 所致라. 旁求137)를 不待홀지니 故로 理科ㅣ 殆 敎科 統一의 中心點이라138). 此 卽 斯賓塞ㅣ 黑排梯로 與하야 相反의 明證이라.

其他에 敎科 統一의 特別 意見이 有훈 者눈 今에 北美 合衆國 雪揩葛 大學校139) 哲學摠敎 笛活140)이 是니 去歲 發行훈 敎育 雜誌 中에 有言 曰호되

凡 社會의 生活을 訓鍊하야 發達되눈 者눈 敎科 統一의 根底오, 하여곰 盡力 成功되눈 者눈 敎科 統一의 內容이니 若 社會의 生活을 離호야 讀書, 習字, 地理, 歷史, 等科를 專硏호면 則 適足히 써 其 性質을 敗壞호며 其 道德을 劉喪141)홀지니 故 敎科統一의 中心點은 科學

---

136) 사빈색(斯賓塞, Herbart Spencer, 1820~1903): 스펜서. 1861년 〈지적, 도덕적, 육체적 교육〉이라는 책을 출판. 고전 연구를 목적으로 하는 대신, 교육은 완전한 생애를 위한 준비를 목적으로 해야 한다고 주장하고, 생의 활동 범위를 '자아를 보수(保守)할 수 있는 활동', '생활 필수품의 확보 활동', '자녀를 양육할 수 있는 활동', '사회적 정치적으로 관련된 일을 정확하게 판단하고 이에 가담할 수 있는 활동', '여가를 유용할 수 있는 활동'으로 나누었음.

137) 방구(旁求): 두루 구함.

138) 이과(理科)ㅣ 태(殆) 교과 통일(敎科 統一)의 중심점(中心點)이라.: 스펜서는 교육이 생애의 준비를 위한 것이라고 하여, 과학 공부가 자아를 보존하고 건강을 보호 유지하는 데 가장 필요한 과목이라고 하였음. 따라서 교육과정에서 과학이 가장 상위에 있어야 하고, 인문과학 공부는 한가한 시간을 유용하게 쓰게 하는 방법으로 가장 아래에 있어야 한다고 주장함.

139) 설개갈 대학교(雪揩葛大學校, Chicago 대학): 시카고 대학.

140) 적활(笛活): 앤더슨, 혹은 듀이(?)

141) 유상(劉喪): 죽여 사라지게 함.

도 아니며 文學도 아니며 歷史도 아니며 地理도 아니오 獨立 自營ㅎ
야 能히 社會의 生活을 爲ㅎ 짜름에 在ㅎ니라

科學이라는 者는 皆 自然의 理라. 其 人身에 關係ㅣ 甚히 密切치
아니흔 故로 以ㅎ야 敎科 統一의 中心點됨이 分裂의 巨禍를 招홀가
恐ㅎ며 文學이 亦 敎科統一의 中心點됨을 不得흠은 誠히 文學은 社會
의 經驗을 發表흠에 不過ㅎ야 決코 結果ㅣ 無ㅎ니 卽 或 有ㅎ는 其
根據ㅣ 亦 怐悅無憑홀지며 歷史ㅣ 亦 其 中心點됨을 不得홀지라. 盖
歷史 範圍는 社會의 變遷 進退를 記述흠이니 雖 敎育의 價値는 有ㅎ
는 社會를 依賴ㅎ야 獨立키 不能ㅎ며 地理도 亦 然ㅎ니라.

其言이 隱然히 黑排梯 專重倫理와 斯賓塞 專重理科의 隘흠을 指摘ㅎ
야써 社會의 生活 統一흠을 完全케 흠이니 其實은 卽 倫理, 理科, 二者
를 合ㅎ야 成흠이라. 前節 定義에 謂흔 敎育의 目的이 團體 自治의 品性
을 養흠에 在라 흠이 亦 倫理로써 體를 爲ㅎ고 理科로써 用을 爲흔 者
라. 故 敎科統一의 中心點은 此에 在ㅎ고 彼에 不在ㅎ니라.

自七號所揭至此 爲第二敎化篇 盖 此篇之上有 第一育化篇 此係 本論之
二 敎育各論 中 又 其上有本論之一 敎育槪論 而文藁先後錯倒 故今先整
其目次列于左俾讀者備攷云

教育學原理 目次

◎ 敎育學原理, 柳瑾, 〈대한자강회월보〉 제9호,
(광무11년 3월: 1907.3.)

本論(二) 敎育各論

第一 育化篇(卽 體育篇)

○ 體幹을 發育홈이 敎育 方法의 一이니 可히 忽치 못홀 者 ㅣ라. '毛貪
因'[142]이 曰 吾等이 敎育 精神은 能言치 못하ᄂ 오히려 體幹을 發育홈
은 得言하노니 體幹을 敎育지 아니하면 一 具體的(有形의 體ᄂ 具하ᄂ
改良 進步ᄂ 不能흔 者를 具體的이라 謂홈)의 人이라 하니 彼 黑排梯派
가 當히 此를 排斥하야 '克龍'[143]의 言을 引ᄒ야 曰

世의 體幹의 敎育을 常言ᄒᄂ 者 ㅣ 뻐 ᄒ되 心身이 相依흔 故로
體幹의 發達이 敎育上 重大흔 事가 된다 ᄒᄂ니 是ᄂ 敎育을 濫用ᄒ
ᄂ 者라. 엇지 心身의 相依ᄒᄂ 理가 不然홈이 有홈을 知ᄒ리오. 今에

---

142) 모탐인(毛貪人): 미상.

143) 극룡(克龍): 미상.

斷定홈이 如左ᄒ니

(甲) 精神敎育에 用力ᄒ야 其功을 成코져 홀진딩 健康 强固의 體幹이
有홈을 必須홀지오.

(乙) 敎育者가 敎育을 受혼 者의 心性作用이 다 肉體의 影響에 由홈을
不知키 不可홀지오.

(丙) 敎育者가 人心과 外界의 聯絡이 肉體 五官의 媒介됨이 아니면
相通홈을 忘홈이 不可ᄒ니라.

是以로 吾等이 敎育學을 論홀 時에 비록 體幹 調攝의 事를 不言홈은
아니ᄂ 決코 體育과 智育으로 ᄒ야곰 同等 地位에 立지 아니케 홀지니
盖 體幹을 發育홈은 醫生의 責任이라 敎育의 目的은 其 精神을 培養홈
에 在ᄒ니라.

'克龍'의 說이 如此ᄒ니 비록 體育을 排斥혼다 謂ᄒᄂ 旣히 體幹 健康
홈이 成功의 要素(要素라 홈은 化學 中 原素와 猶홈)됨을 知ᄒ고 又 心
性이 肉體 五官으로 더부러 直接의 關係ㅣ 有홈을 知ᄒ얏ᄉ즉 엇지 眞
코 不問하리오. 滿足히 體幹 發育홈이 敎育者의 반다시 硏究홀 바 됨을
見홀지라. 盖 醫生의 責任은 疾病을 療治[144]홈에 在하니 過去事 或 現
在事가 되고 敎育은 不然하야 生理學의 定理로뼈 體幹을 訓練하며 精神
을 培養하야 將來의 計를 爲ᄒ니 또혼 永久의 計가 될지니라.

今에 生理學의 非常이 進步홈이 所謂 '生理的 心理學'이라ᄂ 者가 有
ᄒ니 心身의 關係를 發明홈이 恰히 一物의 兩方面과 如ᄒ야 彼를 擊혼즉
此가 響ᄒ고 此를 擊혼즉 彼가 響ᄒ야 其間에 上下 先後의 別이 殆無ᄒ
다 ᄒ니 由是觀之컨딩 體育 一端이 愈히 敎育의 要件됨을 知홀지니라.
然혼즉 體幹을 果然 如何히 發育홈을 得홀고. 曰 必人身 與 他動物의
比較와 生理作用의 通例를 先知혼 然後에 可히 體育을 詳述홀지니라.

___

144) 요치(療治): 치료(治療).

一. 人身과 他動物의 比較

人身과 他動物의 比較는 其 最異흔 者ㅣ 三有ᄒ니 第一은 人身이 數年 育養을 須흘지오 第二는 人身의 構造가 尤히 細緻하야 最高等의 有機體가 됨이오 第三은 人身의 發達과 智識의 發達이 同時에 共進흔 者ㅣ 是라.

第一은 人身이 數年 育養을 須흠은 呱呱墜地(고고추지)흠으로부터 三四歲時에 至하야 飮食 起居를 父母에게 不離하니 他動物의 生而自生活(多不過半年)하는 者와 不同흔지라. 故로 家庭敎育은 決코 可少치 못흘 거시오 學校에 入흔 後에는 비록 成童에 係하ᄂ 오히려 体幹이 發達치 못흘지니 体育을 仍히 注意흠이라.

第二는 人身의 構造가 尤히 細緻ᄒ니 其中 最要흔 部가 万一 破壞ᄒ면 生命을 隕(운)흘지오 特히 此뿐 아니라 또 一部에 病이 有ᄒ면 全体가 輭弱(연약)ᄒᄂ니 下等動物에 至ᄒ야는 不然ᄒ야 筋骨이 已斷호ᄃᆡ 오히려 能히 蠕飛蠢動[145]ᄒ야 生活을 自營ᄒ고 且稍히 高等者라도 또 흔 人의 痛痒(통양)을 便覺ᄒ야 全体가 震驚ᄒᄂ 者와 不如하니 是以로 人身의 健康 與否는 다 体育으로 樞杻(추뉴)를 삼을지니 体育이 엇지 急지 아니하리오.

第三은 人身의 構造는 旣히 他動物에 較ᄒ야 細緻흠이 된지라. 其中에 最히 細緻흔 者는 腦만 莫如하니 腦의 發達은 恒常 知識의 發達로 더부러 同時 幷進ᄒᄂ니 是亦 人身이 他動物노 不同흠이 有흔 者라. 他動物의 腦는 旣히 精密흠만 不如ᄒ며 且 人의 進化흠만 不如하야 其 体幹의 發育이 智識으로 더부러 關係가 毫無하되 人은 是에 異하야 体育이 愈善흔즉 腦力이 愈大ᄒ야 恰히 草木의 本 與花와 如ᄒ니 萬若 其 本을 未培하야 風霜雨露의 飄零을 任케 ᄒ면 비록 奇芳天葩(기방천파)의 美質이

---

145) 현비준동(蠕飛蠢動): 기고 날고 꿈틀거리고 움직임.

有흘지라도 破顔一笑의 艶態가 遂無흠은 또 必至의 勢니라.

　人身과 他動物의 比較가 此 三異가 有ᄒ니 此는 育化를 一日도 忽키 不可흔 所以언마는 特히 其 生理의 作用이 果然 若何흠을 不知ᄒ는쏘다.

◎ 教育學原理, 柳瑾, 〈대한자강회월보〉 제10호,
　(광무11년 3월: 1907.4.)

育化篇

二. 生理作用의 通例

○ 人의 生理作用은 可히 三系統에 分ᄒ니 一曰 長養系統이라. 新陳代謝가 自然 流行ᄒ야 身体를 長養ᄒ는 者니 呼吸消化, 血液循環, 排泄이 是오 二曰 運動 及 知覺 系統이라. 卽 後世에 傳種ᄒ는 組織이니 色慾이 是라. 此는 生理作用의 通例니 今에 教育上에 맛당히 注意흘 事項 及 方法을 特擧흠이 如左ᄒ니

　(一) 遊戲, 體操, 手工으로써 長養系統과 運動系統을 活潑케 ᄒ야 强健 發達하야 精神을 振作케 흠을 務흠이오
　(二) 學校衛生으로써 知覺系統의 腦力을 發達호되 其 智德 進步에 有害흔 者를 곳 剗除(잔제)하야 淨盡흘지오
　(三) 教育的 病理學과 及 情慾的 教育學으로써 生殖系統의 一種 不穩흔 感情을 抑制호되 其 宿病이 有흔 者를 療治흘지니라.

三. 遊戲, 體操, 手工의 價値

　人이 體幹이 時時로 運動치 아니면 充分케 發育흠을 不能흘지니 運

動의 法은 비록 遊戲로 首하ᄂ 然하ᄂ 遊戲ᄂ 僅히 兒童에게 可施하야 教育을 樂케 홈이니 萬若 身體 組織의 理法을 照하야뻐 心性 訓鍊의 目的을 達코져 하면 體操는 尚히 己홀지니라.

遊戲에 本旨ᄂ 初에 오작 其 自然의 運動을 任홈이니 生理上으로 觀하면 內部 生理의 勢力이 可히 外部에 膨脹하고 心理上으로 觀하면 兒童 嗜好의 趨向(추향)이 可히 外部에 流露홀지라. 故로 游戲의 教育에 맛당히 留意홀 바 者ᄂ 第一은 冒險 不懷케 홈이오 第二ᄂ 其 全體에 運動을 誘홈이오 第三은 干涉 或 沮撓키 不可케 홈이오 第四은 其 個性 (卽 個人의 性)과 嗜好의 趨向을 察하야 善한즉 助長하고 惡한즉 指導 改路케 홈이라. 體操ᄂ 卽 游戲의 意로 一定의 程式을 삼음은 其 體幹을 健壯케 하며 秩序를 重히 하며 命令을 從하야 其 堅忍 嚴肅의 性質을 培養케 하ᄂ 所以라. 體操의 目的이 如此하니 其 難易홈을 必피 年齡으로 더부러 比例됨을 쏘흔 可知홀지니라.

若 夫 手工는 其 目的이 游戲만 不如하니 體操ᄂ 體幹를 發達홈에 在하야 手眼을 鍛鍊하며 數學 思想을 啓迪(계적)하야뻐 實用 餘地를 슴음이라. 故로 쏘흔 体育의 一部가 되ᄂ니 반다시 學校課程 中에 編入홀지니라.

游戲, 體操, 手工 外에 陸克[146]의 主張흔 冷水浴은 嚴寒을 能耐케 홈이오 盧騷[147]의 主張흔 自由主義ᄂ 兒童으로 하여곰 其 性情을 放任하

---

146) 륙극(陸克, John Locke, 1632~1704): 로크. 영국의 경험론 철학자이자 실학주의 교육학자. 〈인간오성론〉, 〈오성작용에 관하여〉, 〈자연철학 요의〉 등이 있으며, 교육에 관한 수필 논문인 '교육론고'가 있다. 로크의 교육 목적은 '교양인'을 양성하는 데 있으며 이를 위해 '미덕', '자혜', '예법', '학습'이 필요하다고 하였다. 로크의 교육론은 '체육론', '덕육론', '지육론', '심의론'으로 이루어져 있다. 체육론은 "건전한 정신은 건전한 신체에서 생긴다."라는 그의 명구가 있듯이, 단련주의에 입각한 체육론이라고 할 수 있다. 그는 위생생활의 필요를 역설하고, 이를 위해 '교외 운동', '수면의 시간을 풍부히 가질 것', '영양 있는 음식물을 섭취할 것', '주류를 금하며 의류는 체온에 적합한 것을 착용할 것', '심신을 단련할 것' 등을 주장하였다.

147) 로소(盧騷, Jean Jaeque Rousseau, 1712~1778): 루소. 〈에밀〉, 〈민약론〉 등으로 유명한 18세기 스위스의 교육학자. 그의 교육 사상은 "자연으로 돌아가라."라는 명언에 잘 나타나 있으며, 교육 관련 서사물인 〈에밀〉이 유명하다. 〈에밀〉은 고아 에밀의 일대기를 전제

야써 天眞을 葆(보)케 홈이오 쏘 英國 小學校에셔 天晴課餘에 往往이 生徒를 率하고 山林原野에 出ᄒ야 奔走馳驅(분주치구)ᄒ야 其 心身으로 하여곰 天歐米千八地의 晴光을 直接케 홈과 如홈은 비록 學校 中 體育의 正法은 아니나 臨機應變ᄒ야 行ᄒ면 쏘흔 宏效가 有ᄒ리니 엇지 特히 小補홀 뿐이리오.

四. 學校衛生

學校衛生은 游戲 體操 手工의 體幹을 强壯케 ᄒ난 者로 其旨가 稍異하니 盖 專히 學校의 布寘가 得宜홈으로 其 健康을 保ᄒ난 者난 校地의 選擇과 校舍 講堂의 構造와 採光法과 搜氣法과 几椅 書箱 黑板의 適當 與否와 及 學校 醫局의 設寘홈과 如홈이 是라.

校地난 四圍 閒雜ᄒ야 雜沓喧賣[148]의 象이 無ᄒ며 地質 乾燥ᄒ고 泉水 純潔ᄒ고 空氣 淸淨흔 者를 擇홀지오 校舍 講堂은 其 方向과 形狀과 幅員 等이 皆 生徒의 健康을 保케 須建홀지오 採光法은 光線 射入의 原理를 依ᄒ야 近視眼의 患이 無케 홀지오, 採氣法은 常히 炭酸을 外에 放出하고 新空氣를 收入케 홀지오 几椅난 必 生徒의 年齡 身体에 恰合케 홀지오 書籍은 紙質이 良하고 字形이 大흔 者로써 爲最홀지오 黑板은 黑漆노 塗ᄒ야 其字가 白而大하야 生徒로 ᄒ야금 一覽에 瞭然케 홀지오 學校 醫局은 時時로 生徒의 氣體를 檢査ᄒ야써 學校의 病이 近視眼과 龜背脊 等을 豫防홀지니라.

此外난 學校 周圍에 樹木을 栽植ᄒ야써 其 淸潔ᄒ물 保케 ᄒ고 美麗의 花園을 設ᄒ야 一은써 學校를 飾ᄒ며 一은써 生徒의 玩花興을 起케 ᄒ고 쏘 完全의 游戲場을 設ᄒ야써 生徒 運動을 誘ᄒ고 或 兒童의 身心

로 한 교육서로 '유아기', '아동기', '초기 성장기', '후기 성장기'로 구성되어 있다. 특히 유아기 아동의 신체 발달을 건전히 하도록 유도할 것을 주장하면서, '아동의 신체 단련'과 '약을 주지 말 것'을 주장하였다.

148) 잡답훤재(雜沓喧賣): '훤재잡답'으로도 쓰임. 잡스러운 것과 시끄러운 곳.

發育ᄒᆞᆯ 程度를 視ᄒᆞ야 科目을 增減홈이 亦 學校 衛生의 事니라.

百八十年來로 學校 衛生學이 非常히 發達ᄒᆞ니 其 創始ᄒᆞᆫ 者난 自奇司開[149]라. 特히 兒童 一身의 幸福ᄲᅮᆫ 아니라 ᄯᅩᄒᆞᆫ 國運 消長에 有關ᄒᆞᆫ 者니 可히 加意치 아니ᄒᆞ리오.

近日 法蘭西[150] 政府에서 其 女子의 身體 萎弱홈을 頗憂ᄒᆞ야 全國 女學校를 大獎勵ᄒᆞ듸 冷水浴을 用케 ᄒᆞ니(按 法蘭西 女學校에 多有寄宿舍라) 冷水浴이 誠히 有效ᄒᆞᆯ진듸 學校 衛生學 中에 一門類를 又 增ᄒᆞᆯ지니라.

五. 敎育的 病理學

體育의 目的은 體幹이 健强 優美ᄒᆞ야 品性을 養홈에 在ᄒᆞ니 萬若 異狀이 有ᄒᆞ야 或 心緒가 不佳ᄒᆞ거던 其 病理를 速診ᄒᆞ야 設法療治ᄒᆞ야 常人의 資格을 全케 홈이 宜ᄒᆞ니

從來로 罪過를 屢犯코 不悛ᄒᆞ난 者난 往往히 鞭撻禁錮ᄒᆞ야 嚴刑으로써 矯正코져 ᄒᆞ더니 近時에 病理學이 漸次 進步ᄒᆞ야 其身에 一病이 有홈을 始知ᄒᆞ니 其 鞭撻禁錮를 加ᄒᆞ되 其 成效가 不著홈으로난 其 病源을 治ᄒᆞ야 健全ᄒᆞᆫ 故態를 得復홈만 孰若ᄒᆞ리오 謂ᄒᆞᆫ 바 敎育的 病理學이라난 此라.

意大利[151] 法醫學家 某의 著한 〈天才論〉에 曰 天才라난 者난 何오. 發狂의 病이라 ᄒᆞ며 ᄯᅩ 曰 生理學家에서 新發明ᄒᆞ되 厭世ᄒᆞ난 者난 胃病이 多有ᄒᆞ고 自殺ᄒᆞᄂᆞᆫ 者난 腦病이 多有ᄒᆞ고 其他 大罪 大過를 犯하ᄂᆞᆫ 者난 其 體幹을 檢홈이 ᄯᅩᄒᆞᆫ 一種 奇妙의 病이 多有ᄒᆞᆫ지라.

大凡 生理學에 病狀이 皆 人心으로 더부러 極大의 影響이 有ᄒᆞ니 此

---

149) 자기사개(自奇司開): 미상.

150) 법란서(法蘭西): 불란서. 프랑스.

151) 의대리(意大利): 이탈리아.

난 敎育的 病理學의 起호 所以니라. 故로 生徒의 身體에 萬若 異狀이 有호며 或 心緒가 不佳호야 性急易怒호며 畏縮驚懼호며 猝發奇癖 等은 必히 速治호야 常態에 復케 홀지니 此 亦 體育의 一法이라.

六. 情慾的 敎育學

情慾的 敎育學과 敎育的 病理學은 皆 身體에 起호ᄂ 一種 不穩의 感情을 抑制호고 指導호야 敎育의 效果를 全호ᄂ 所以니라.

人의 情慾이 비록 身體에 盡起홈이 아니나 靑年時代에ᄂ 必히 旺盛호나니 此時 萬若 指導치 아니면 終生토록 可救치 못홈을 得호야 國家에 胎誤홀 者가 比比皆然홀지라. 故로 男子가 中學校에 在호 時(十三四로 自호야 十七八歲에 至호 時)와 女子가 高等女學校에 在홀 時(上同)에 必히 情慾的 敎育學으로써 指導홀지라.

情慾的 敎育學의 性質은 佛敎와 異호니 佛敎 所謂호ᄂ비 淸淨寂寞호야 涅槃의 境에 入코져 호ᄂ 者ㅣ 其 方向을 正호며 種族을 繁殖호야 豊富快樂의 淨土 天國을 組織홀 ᄯ름이니 竭力 抑制홈이 斷코 不可하니라.

是以로 智力上에 맛당히 抑制홀 바ᄂ 冒昧 從事호야 永不可救의 病原을 釀成호야 終身을 苦海에 陷케 홈이 無홀지오 感情上에 맛당히 抑制홀 바 者ᄂ 自卑호 位寘로써 其 高尙 優美의 愛情을 起홈이 無케 홀지오 意念上에 맛당히 抑制홀 바 者ᄂ 任意 忘想으로 轉호야 淫癖을 轉爲홈이 無케 호야써 適宜 專一홈을 期홀지니라.

此外에 ᄯ 注意홀 者ᄂ 諺에 云호ᄃ[152] 小人이 閑居홈이 不善을 혼다 호니 暇時에 맛당히 校外에 漫游호야 社會 交際의 樂을 得케 호고 ᄯ 其 血液을 活潑케 홈이 亦 調和의 一妙法이니라.

以上에 述호 바 育化의 原理와 方法을 更히 綜호야 論컨딘 卽 第一節

---

152) 언(諺)에 운(云)호되: 속담에 이르기를.

은 人身과 他動物의 比較를 述ᄒ야 人身의 尤히 育化홈을 見홈이오 第二節은 生理作用의 通例를 述ᄒ야 生理教育上에 맛당히 注意홀 事項을 明홈이오 第三節은 遊戲 體操 手工의 價值를 述ᄒ야 育化 手段을 홈이오 第四節은 學校衛生에 關係가 重大홈을 述홈이요, 第五節은 教育的 病理學의 必히 可小치 못홈을 述홈이요, 第六節은 情慾的 教育學의 性質이 最히 青年時代에 有益홈을 述ᄒ 者ㅣ 是라.

第三 感化編(卽 情育篇)

一. 情育의 性質

前篇 教化의 主義ᄂ 智識開發홈을 써 宗을 爲ᄒ지라. 其 結果ㅣ 可히 써 理를 見홈이 精確ᄒ고 事를 判홈이 明敏ᄒ나니 誠 教育의 要件인져. 然ᄒ나 慧眼이 僅有ᄒ되 熱心이 無ᄒ면 則 特히 空談無裨쑨 아니오 抑且 進步에 有礙ᄒ리니 此ㅣ 感化의 所以可少치 못홀지라. 感化ᄂ 教化로 與ᄒ야 相反ᄒ니 一은 則 物의 眞을 探홈이오 一은 則 物의 美를 得홈이니 玩花홈에 譬컨되 其 科學家에 在ᄒ야 必 其 種類ㅣ 何科에 屬홈을 研究홈을 花ㅣ 幾瓣(기판)이 有ᄒ야 胚珠ㅣ 何處에 位實홈인고 ᄒᄂ니 詩人 則 不然ᄒ야 詠歌ㅣ 偏反일식 天地妙趣로써 我로 ᄒ여곰 移情케 홀 ᄯ름이니 感化ᄂ 亦 教育의 一大 事業이니라.

試ᄒ야 實際에 徵ᄒ면 則 理에 不動ᄒ고 情에 動ᄒᄂ 者ㅣ 坐坐히 有ᄒ지라. 諺에 云호되 其 情을 負홈을 與홀지론 理를 勝홈만 不如타 ᄒ니 人은 誠히 情의 物에 動홈이 有홀진져. 自古로 大教育家 皆 情으로써 情을 化ᄒ야 師弟 敬愛의 情이 充케 ᄒᄂ니 此ㅣ 教育의 效를 成홈이나 然ᄒ나 世에 教育學을 研究ᄒᄂ 者ㅣ 大抵 智育 德育 體育를 論호되 情育은 不及홈이 抑 獨何이뇨. 歷史ㅣ 盖 無因홈이 아니로다. 其初에 教育을 分ᄒ야 智育 德育 體育 三者를 爲ᄒ 者ᄂ 希臘 大賢 阿里多士

德153)이라. 其 心理學에 謂호딕 情者ᄂ 行爲와 思想의 調不調홈을 依ᄒ야 發生ᄒᄂ 者라. 因ᄒ야 情育이 關如ᄒ더니 及 盧騷154) 出ᄒ야 乃 大昌호딕 情이 凡人生活의 一大 原動力이 되다 ᄒ고 康德155)이 更起ᄒ야 昌明ᄒ니 其 前後 變遷의 理을 推ᄒ야 恰히 知識으로 與ᄒ야 進化홈에 必先ᄒ고 主ᄂ 倫理를 觀홈에 一轍로 同出ᄒ나니 蓋 感情은 決코 思想 行爲에 附屬홈이 아니오 偶히 一觸ᄒ면 遂히 意馬心猿을 可히 遏抑(알억)치 못홀지라156). 敎育ᄒᄂ 者ㅣ 엇지 意를 加치 못홈을 得ᄒ리오. 然ᄒ나 人文派와 及 科學派의 敎育家 黑排梯ㅣ 甚히 情育을 注意치 아니ᄒ고 實利派의 敎育家 斯賓塞에 至ᄒ야 其 敎育論에 智德體 三育을 專言ᄒ고 一言도 情育에 及홈이 無ᄒ니 亦奇치 아니ᄒ뇨. 今에 試ᄒ야 感情을 放任ᄒ야 敎育지 아니ᄒ면 則 喜怒哀樂이 正理에 不依ᄒ리니 其 志行이 엇지 薄弱ᄒ야 邪僻에 流치 아니ᄒ리오. 若 敎育이면 則 氣質이 高尙ᄒ고 韻致ㅣ 豊富ᄒ 人을 造就커 不難할지니 何則고. 人品의 純雜홈이 皆 習慣의 動機에 生ᄒ고 其 動機ᄂ 實 感情에 生ᄒᄂ니 故로 人品을 改良코져 홀진딕 必 感情을 修養홈을 自ᄒ야 始홀지니라.

感情 修養홈을 巧求홀 方法에 至ᄒ야ᄂ 當 先히 一般 性質라 及 其 種類의 槪略을 知홀지니라. 感情이라 云ᄒ 者ᄂ 言語로뻐 形容키 難ᄒ니 其 性質을 知코져 홀진딕 必須히 實際에 自徵ᄒ야 强히뻐 名홀지니 卽 吾人이 時時 感覺의 不快와 如홈이 是라.

所謂 快不快란 者ᄂ 如何히 生함이뇨. 亞里斯多德이 曰호딕 所妨이

---

153) 아리다사덕(阿里多士德, Aristoteles): 아리스토텔레스. 고대 그리스의 철학자(B.C.384~B.C.322). 소요학파의 창시자이며, 고대에 있어서 최대의 학문적 체계를 세웠고, 중세의 스콜라 철학을 비롯하여 후세의 학문에 큰 영향을 주었다. 저서에 〈형이상학〉, 〈오르가논〉, 〈자연학〉, 〈시학〉, 〈정치학〉 따위가 있다. (표준국어대사전)

154) 로소(盧騷): 루소. 앞에서도 나옴.

155) 강덕(康德): 칸트.

156) 의마심원(意馬心猿)을 가(可)히 알억(遏抑)치 못홀지라: 의마심원(意馬心猿)은 불교 용어로, 생각은 말처럼 달리고 마음은 원숭이처럼 설렌다는 뜻으로, 사람의 마음이 세속의 번뇌와 욕정 때문에 항상 어지러움을 이르는 말(표준국어대사전 등재어임). 생각은 말처럼 달리고 마음은 원숭이처럼 설레는 어지러움을 가히 억제하지 못할 것이다.

無며 所强이 又無ㅎ야 自由 活動ㅎ면157) 則 快樂이 生ㅎ고 反是ㅎ면 不快樂의 感情이 生ㅎ다 ㅎ고 近世學者ㅣ 謂호디 快樂은 活動 平均홈에 生홀시 而 心身 安慰의 時라 ㅎ더니 當代 斯賓塞에 至ㅎ야 進化論으로 써 斷ㅎ야 曰호디 生理活動ㅎ야 ㅎ여금 增加케 홀 者는 快樂이 되고 ㅎ여금 退步케 홀 者는 不快樂이 되다 ㅎ니 以上 諸說을 參照하야 解호 則 可謂호디 快樂은 心身 調和ㅎ야 活動 進步의 時에 生ㅎ고 不快樂은 反是의 時에 生하다 홀지니라. 但 此 感情의 性質은 快不快를 專指ㅎ야 言홈이오 感情은 決코 快不快의 能히 括盡無餘홀 비 아니라. 今에 更爲 分類하노니

一曰호디 感覺의 感情이니 凡 筋肉 接觸과 及 運動의 感情과 臭味 視聽의 感情이 皆 屬홈이오 二曰호디 想念의 感情이니 凡 嫌惡, 悲哀, 怒恨, 戀愛, 喜悅, 激刺, 要求, 希望, 恐怖의 感情이 皆屬홈이오 三曰ㅎ디 利己와 及 同情이니 凡 一己로써 中心의 感情을 爲ㅎ야 無私의 同情과 及 倫理, 宗敎, 智力, 審美의 感情이 皆屬홈이라. 是 個 感情은 皆 人人 固有ㅎ 바 者니 其 價值ㅣ 亦 甚히 低昂홈이 無하느 然하느 敎育上으로 自ㅎ야 論ㅎ면 則 當히 其 久 暫 多寡를 比較홈이 可히 同日에 語치 못홀지니라.

感覺의 感情은 卽 筋力과 及 五官의 感情이니 皆 肉體를 隨ㅎ야 自然 히 發生ㅎ는 者라. 若 修養호디 限制ㅎ야써 適宜홈에 至치 못ㅎ면 則 酗酒漁色(후주어색)158)하야 直 禽獸로 與等하리니 人에 何有리오.

想念의 感情은 卽 思想 調和와 進步 與否에 ㅎ는 感情이니 不調和ㅎ 時에는 嫌惡, 喜悅, 怨憎이 生홀지며 反是ㅎ면 卽 戀愛, 喜悅, 同情이 生홀지오 調和ㅎ고 進步홈이 有ㅎ면 則 要求, 希望이 生홀지며 反是ㅎ 면 則 恐怖, 退縮이 生홀지오 此外에 又 種種히 互相 衝突의 激情이 有 홀지니라. 德國 有名ㅎ 心理學家 奶洛司氣159)의 分類홈이 如左ㅎ니

---

157) 자유 활동(自由 活動)ㅎ면: 스스로 말미암아 활동하면. 자신이 하고 싶어서 활동하면.
158) 후주어색(酗酒漁色): 술주정하고 색을 탐함. 사전 등재어는 아님.

適宜의 驚訝(경아)	過度의 驚訝
不意의 快活	狼狽의 乏興
喜悅	苦痛
放逸	悲歎 及 憂愁
歡心	沈鬱
勇敢	膽怯
忿怒	羞恥
憤怨	畏怖
責望	悽愴
感動	寒心
狂喜	悔恨
退縮	

此 皆 想念의 感情이니 亦 敎育上 當히 硏究홀 바 者라. 彼 嫌忌를 被ᄒ야 社會의 交通을 絶ᄒ고 同情을 徇(주창할 순)ᄒ야 一身의 自立을 忘ᄒᄂ 者ᄂ 均히 不得當홈이니 可히 陶淑ᄒ야 其 心性으로 ᄒ여곰 和平ᄒ고 始終에 欣然ᄒ야 外로 事物 掣肘(체주)홈을 不爲ᄒ며 內로 情慾 奴隷를 不爲케 아니홈이 不可ᄒ니라.

一己로써 中心의 感情을 爲홈은 雖曰 惡根性이ᄂ 然이ᄂ 苟히 人人이 自利만 圖하면 則 亦 相爭 相消ᄒ야 害ㅣ 不然홈이 無홀지니 己를 保컨듸 私-公을 不勝ᄒ고 相殘 相殺ᄒ야 盡홈에 同歸홀지니 敎育ᄒᄂ 者ㅣ 此點을 不注意함이 不可하니라.

然ᄒ즉 人이 亦 決코 僅히 一己로써 中心을 爲ᄒ야 而可히 自利치 아니ᄒᄂ 者면 無私의 同情이 是에 生ᄒᄂ니 此ㅣ 無私의 同情이라. 進化論家ㅣ 비록 利己에 感情으로 自ᄒ야 生ᄒᄂ 者라 ᄒᄂ 而倍因[160]과

---

159) 내락사기(奶洛司氣): 미상.
160) 이배인(而倍因): 다윈으로 추정됨.

雪特活克161)은 皆 竭力 反對ᄒᆞ야 其 理를 證明ᄒᆞ야스니 盖 人은 必 與人 共和ᄒᆞ야 社會를 維持ᄒᆞᆫ 後에 公心을 激發ᄒᆞᄂᆞᆫ 者니 試ᄒᆞ야 倫理, 宗敎, 智力, 審美의 諸感情을 觀ᄒᆞᆯ지어다.

倫理의 感情이 何에 自ᄒᆞ야 生ᄒᆞᄂᆞ뇨. 凡人이 己ㅣ 社會의 一員됨을 旣知ᄒᆞ면 則 鈞是行爲라. 其一身의 便利를 僅圖ᄒᆞᆷ만 與ᄒᆞᆷ으로 多數의 幸福을 造ᄒᆞᆷ만 不如ᄒᆞᄂᆞ니 是에 是에 義務의 感情이 生ᄒᆞ고 義務 不盡ᄒᆞ면 是에 悔悟와 感情이 生ᄒᆞᄂᆞᆫ 故로 敎育ᄒᆞᆷ에 義務의 念을 務養ᄒᆞ야 其 良心을 培ᄒᆞᆯ지며 有過어든 其 悔悟의 機를 務啓ᄒᆞ야 ᄒᆞ여곰 速自湔洗162)ᄒᆞᆯ지니라.

宗敎의 感情은 倫理의 感情으로 與ᄒᆞ야 相關이 密切ᄒᆞᆫ지라. 人이 常히 絶大勢力을 依屬ᄒᆞᆯ 心이 有ᄒᆞᄂᆞ니 其 依屬ᄒᆞᆯ 時ᄂᆞᆫ 歎美崇拜의 念이 生ᄒᆞᆯ지라. 但 此 感情이 往往 迷信ᄒᆞᆷ에 陷ᄒᆞ야 自振키 不克ᄒᆞ야 其 流弊ㅣ 實히 淺尠치 아니ᄒᆞ니163) 敎育ᄒᆞᄂᆞᆫ 者ㅣ 宜히 防微杜漸164)ᄒᆞ야 其 迷信의 惡習을 斷케 ᄒᆞᆯ지니라. 近年에 歐洲 各國에셔 宗敎ㅣ 敎育으로 與ᄒᆞ야 分離ᄒᆞᄃᆞᆫ 說을 大唱ᄒᆞᆫ지라. 如 今에 法蘭西에셔 已 全히 宗敎를 普通敎育의 範圍 外에 放逐ᄒᆞ야 凡 宗敎로 ᄒᆞ여곰 個人이 自由 信仰케 一任ᄒᆞ니라.

智力의 感情은 知識으로ᄡᅥ 知識 求ᄒᆞᆯ 時에 生ᄒᆞᄂᆞ니 歌白昵165)의 地動說을 倡ᄒᆞᆷ과 牛頓(卽 奈端)166)의 引力(一名 吸力)을 發明ᄒᆞᆷ과 如ᄒᆞᆷ이

---

161) 설특활극(雪特活克): 손다이크로 추정됨.

162) 속자전세(速自湔洗): 속히 스스로 씻다.

163) 천선(淺尠)치 아니ᄒᆞ니: 얕고 적지 아니하니.

164) 방미두점(防微杜漸): 방미-두점(防微杜漸) 「명사」 어떤 일이 커지기 전에 미리 막음. ≒ 방미02(防微). (표)

165) 가백닐(歌白昵, Copernicus, Nicolaus): 코페르니쿠스. 폴란드의 천문학자(1473~1543). 육안으로 천체를 관측하여 지동설을 제창하였다. 저서에 〈천체의 회전에 관하여〉가 있다. (표)

166) 우돈 즉 내단(牛頓 卽 奈端, Newton, Sir Isaac): 뉴턴. 영국의 물리학자·천문학자·수학자(1642~1727). 광학 연구로 반사 망원경을 만들고, 뉴턴 원무늬를 발견하였으며, 빛의 입자설을 주장하였다. 만유인력의 원리를 확립하였으며, 저서에 〈자연 철학의 수학적 원

是 其 例라. 此 感情이 物의 眞을 得혼즉 愉快 非常호고 不得혼 즉 懊悔 甚劇[167]호노니 故로 敎育호는 者ㅣ 必須히 明示 指導호야써 修養케 홀 지니라.

審美의 感情은 一種 高尙의 感情이 되야 內에 嚴正 滑稽 二方面을 分호되 智力의 感情으로 與호야 智識으로써 智識 求홀 時에 同生홈이 라. 人이 此 感情을 有호야 始에 修養 有餘의 人이 될지니 此 雖 實利派 敎育家 斯賓塞의 獨히 主張혼 비노 要컨되 人으로 호여곰 審美의 樂境 을 得케 홀지라. 亦 敎育上 乘의 事니 不可치 못홀지니라.

以上에 述혼 바 種種의 感情이 皆 敎育의 當히 호여곰 發達케 홀 바 者니 其 如何히 호여곰 發達의 敎科와 及 其 方法을 次節의 說明호니라.

二. 情育의 敎科

敎科의 情育에 適혼 者노 敎化篇 中 敎科의 種類 一條에 旣言호얏거 이와 卽 習字, 圖畵, 手工은 最히 審美를 發호는 興味에 適호며 歷史노 最히 同情을 養호는 興味에 適호고 自然科學 中 動植物學이 亦 足히 써 審美 同情의 興味를 誘啓홈이 是라. 而 情의 種類노 前節에 述혼 바 와 如홈이 頗히 複雜홈을 覺홀지니 今에 情育을 分호야 感覺의 感情이 敎育과 思想의 感情의 敎育과 利己 及 同情의 感情의 敎育과 倫理의 感情의 敎育과 宗敎의 感情의 敎育과 智力의 感情의 敎育과 審美의 感 情의 敎育을 爲호야 而 各 其 敎科를 定호니라.

感覺의 感情의 敎育은 宜히 호여금 身體로 運動의 愉快를 覺하고 目 으로 美色의 愉快를 見홈에 各호고 雅樂의 愉快를 聽홈에 各케 하나니 故로 其 敎科ㅣ 하여금 身體로 運動의 愉快를 覺케 홈이라난 者난 體操 에 莫善하고 하여금 目으로 美色의 愉快를 見홈에 覺케 홈이라난 者

리〉가 있다. (표)

167) 오회심극(懊悔甚劇): 한탄과 후회가 극심함. (등재어 아님)

圖畵 手工과 及 天然物을 硏究홈에 莫善하고 ᄒᆞ여곰 耳로 雅樂을 聽홈에 覺케 홈이라ᄂᆞᆫ 者ᄂᆞᆫ 音樂 唱歌와 及 語學 中의 修辭 演說에 莫善ᄒᆞᆯ지오.

想念의 感情의 敎育은 務히 하여곰 想念이 明確 銳敏하야ᄡᅥ 感情의 橫決홈을 制홀지니 其 敎科 l 倫理에 莫善ᄒᆞᆯ지오.

利己에 感情의 敎育은 務히 ᄒᆞ여곰 自奉에 甚히 高厚케 아니ᄒᆞ며 審히 卑薄히 아니ᄒᆞ야 常 社會上에 相當의 名譽를 保케 ᄒᆞᆯ지니 其 敎科 l 亦 倫理에 莫善ᄒᆞᆯ지오.

同情에 感情의 敎育은 務히 ᄒᆞ여곰 利己에 感情으로 與ᄒᆞ야 相反호딕 社會에 孤立지 아니하고 而 社會에 密接ᄒᆞᄂᆞ니 其 敎科 l 歷史에 莫善ᄒᆞᆯ지라. 歷史上에 粉身碎骨ᄒᆞ야ᄡᅥ 世를 爲ᄒᆞ고 國을 爲흔 人物 傳記 l 最足히 ᄡᅥ 此 感情을 發揚홀지니 倫理 l 次될지오.

倫理의 感情의 敎育은 其 敎科 l 倫理에 莫善흠은 特言흠은 自無홀지오.

宗敎의 感情의 敎育은 其 歐美에 在흠에 大抵 基督 耶蘇를 信仰홈이니 則 基督耶蘇의 聖經 敎育 詩歌로ᄡᅥ 敎科를 爲ᄒᆞᄂᆞ니 亦理勢의 使然홈이오, 若 東洋(韓國 日本 淸國 運羅[168] 等 國를 指홈이라)에 在ᄒᆞ야ᄂᆞ 則 倫理 歷史와 及 自然界의 硏究홈에 莫善ᄒᆞᆯ지라. 夫 倫理 歷史로ᄡᅥ 宗敎의 感情을 養흠은 人人의 所知라. 贅言홈을 不待홀지니 自然界의 硏究홈에 至홈에 而亦 可히 敎科 l 되야 稍奇흠을 似覺홈이어니와 實은 則 自然界의 宏大微妙ᄒᆞ야 四時 l 自行ᄒᆞ며 百物이 自生ᄒᆞ야 造化의 機 l 循環 闔闢홈에 冥冥漠漠ᄒᆞ야[169] 其因을 莫知ᄒᆞᄂᆞ니 苟 一念이 此에 及ᄒᆞ면 則 宗敎의 感情이 勃興홀지라. 著名흔 敎育家 林特挪[170] l 曰호딕 自然界를 精巧홀 者ᄂᆞ 其 宗敎의 感情이 必 高 且 切홀지니 盖

---

168) *라(*羅): 정확히 어느 나라인지 알 수 없으나 심의성 역술의 '역사 급 지리 개설'(〈대한 자강회보〉 제11호)에서는 사이암이라고 하였음. 사이암이 팜인지 사이판인지 또는 다른 나라를 의미하는지는 좀 더 살펴야 함.

169) 명명막막(冥冥漠漠): 명막-하다. 까마득하게 멀고 넓다. (표)

170) 림특나(林特挪): 미상.

自然界의 風雲蕃變ㅎ야171) 離奇閃爍홈172)이 斷코 尋常人의 能히 臆測홀 비 아니나 然하나 深思熟察ㅎ면 則 皆 一定흔 秩序ㅣ 丹井不紊(단정불문)홈이 有ㅎ니 是ㅣ 宇宙 主宰 아니면 曷克至此173)ㅎ리오. 故로 古來 最大의 理學家(卽 格致家)는 卽 最深흔 宗敎의 人이라. 傳에 云ㅎ되 牛頓이 每神의 名을 聞ㅎ고 嘗脫帽 致敬 아니치 못ㅎ다 ㅎ니 其 明徵이 아니리오. 智力의 感情의 敎育은 凡 智力開發의 敎科ㅣ 皆 足히써 此 感情을 養홈이니 謂흔 바 眞理를 爲ㅎ되 眞理를 愛ㅎ야 眞理를 求ㅎ는 者ㅣ 是오 審美의 感情의 敎育은 其 敎科ㅣ 音樂 唱歌 手工 圖畫 習字 作文과 及 自然物의 研究홈에 莫善호되 其中 習字 作文을 曩時에는 皆 甚히 注意치 아니ㅎ얏스니 然ㅎ나 以ㅎ야 審美의 感情을 養홈에는 亦 適當의 敎科ㅣ니라.

以上에 言흔 바를 總括한 則

運動 愉快의 感情을 養홀 者	圖畫와 及 自然界의 研究
耳의 審美의 感情을 養홀 者	音樂, 唱歌, 讀法
一般 想念의 感情을 養홀 者	倫理
利己의 感情을 養홀 者	同上
同情의 感情을 養홀 者	歷史 倫理
宗敎의 感情을 養홀 者	倫理 歷史와 及 自然界의 研究
智力의 感情을 養홀 者	智力의 敎科
審美의 感情을 養홀 者	音樂, 作文, 手工, 習字, 圖畫

와 及 自然界의 研究ㅣ 是라. 但 此 敎科를 果如 何히 利用ㅎ야써 種種의 感情을 培養홀지요, 其 方法을 尙詳悉치 못홀지니 玆 特히 次節에

---

171) 풍운번변(風雲蕃變): 비바람이 매우 심하게 변화함.
172) 이기섬삭(離奇閃爍): 잠시의 번쩍하는 섬광. '섬삭(閃爍)'은 '번쩍하고 빛나는 모양'(표).
173) 갈극지차(曷克至此): 어찌 지극히 이에 이르리오. '갈(曷)'은 '어찌'.

條論하노라.

◎ 敎育學原理, 柳瑾, 〈대한자강회월보〉 제11호, (광무11년 3월: 1907.5.)

三. 情育의 方法

情育의 方法은 其 體操를 利用ㅎ야 運動 愉快의 感情을 養할 者니 蓋 古代의 希臘에셔 濫觴ㅎ니라. 希臘에셔 男女를 不論ㅎ고 皆 公供 体操場에 出ㅎ야 体操를 習練ㅎ얏더니 迄今에 摩挲猶像174)이 猶 其 体格의 强建優美홈을 想見홈이 至ㅎ야 低回不實라 云ㅎ나 体操는 紀律이 最重ㅎ야 特히 써 体育을 資할 쑨 아니오 亦 可히 運動 愉快의 感情을 養ㅎ야 情育에 大有功홀 者니 웃지 竭力 獎勵치 아니홈을 得ㅎ리오.

圖畵와 及 自然界에 硏究로써 審美 感情을 養食할식 到底히 美術 目的에 適흔 圖畵로써 模範을 作ㅎ되 其 圖畵의 技術을 出케 ㅎ고 此 模範을 依ㅎ야 精練홀지오 同時에 又 自然界의 秩序를 觀察ㅎ야 其 美흔 者를 取ㅎ고 學ㅎ야 繪할식 其 題目은 卽 草木 花卉로 自ㅎ뒤 進ㅎ야 魚鳥山水의 類에 及홀지니 此外에 學校의 講舍 精微ㅎ야 風景雅麗흠과 如흠이 亦 所以 其 審美 感情을 養ㅎ는 一 方法이오.

音樂 唱歌 讀法으로써 耳에 審美 感情을 養할지니 其中 音樂 唱歌 二科는 人人의 所知라. 贅言을 無待할지나 讀法에 至ㅎ야는 我國에만 오작 高聲 朗讀할 따름이라. 西國에 在ㅎ야는 則 論理의 讀法과 審美의 讀法이 有ㅎ니 論理의 讀法은 務ㅎ야 文章의 意義가 瞭然히 掌을 指홈과 如히 其 句法 語法을 朗讀케 ㅎ고 審美의 讀法은 務ㅎ야 悲哀의 文章은 則 悲哀의 音節노써 出케 ㅎ며 雄壯의 文章은 則 雄壯의 音節노써

---

174) 마사유상(摩挲猶像): 미상.

出케 ᄒ야써 讀者를 感動케 ᄒᄂ 者ㅣ 卽 是라. 彼 夫 卑鄙猥褻[175]의 言을 聞ᄒ고 欣然히 喜ᄒᄂ 者ᄂ 皆 耳의 審美感 不足ᄒ 故이오.

情이 倫理로써 想念의 感情을 養할시 務ᄒ야 想念이 明瞭ᄒ야 放逸을 無任홀지니 卽 嫌忌 怨憎과 如ᄒ이ᄂ 則 社會의 關係로써 告ᄒ야 默히 轉移케 ᄒ야써 公德에 傾向케 ᄒ며 悲哀에ᄂ 則 勤導ᄒ야 傷沮에 不至케 ᄒ며 希望에ᄂ 則 助長ᄒ며 退縮에ᄂ 鞭策할지오. 其他 種種의 激情은 皆 富히 隋時 指導할지라. 總히 是等 感情은 生徒가 學校 中에 在홈이 往往 流露ᄒ야 自覺지 못ᄒᄂ 者니 可히 其 善者ᄂ 奬勵ᄒ고 其 惡者ᄂ 禁止ᄒ야써 純粹의 感情을 培케 아니치 못홀지오.

倫理로써 利己에 感情을 養할시 無ᄒ야 其 私意를 制ᄒ야 社會를 顧全ᄒᄃᆡ 惟利是圖홈을 不肯할지나 然ᄒ나 壓抑이 過度ᄒ면 卽 自尊 自重 自主 自立의 心을 失ᄒ고 而 卑汚 齷齪홈이 不至할비 無할지니 敎育ᄒᄂ 者ㅣ 其 意를 加홈이 可할지오.

同情의 感情을 養할 者ᄂ 倫理 歷史만 莫如ᄒ니 其中 歷史 一科ᄂ 克龍[176] 氏의 言홈이 最詳ᄒ지라. 同氏가써 ᄒᄃᆡ 特히 歷史ᄂ 同情을 養할 쑨 아니라 卽 傳記 精神의 詩를 寫홈이 亦 足以養 同情이니 盖 詩人이 歷史上에 傳記를 從ᄒ야 其 材料를 取ᄒ고 或 一己의 想像을 由ᄒ야 而 人物을 構成홈이 文韻으로써 出ᄒ며 且 其 事實을 略敍ᄒ야써 流風에 目前 活現케 할지니 如是코 敎育을 受ᄒᄂ 者의 猶 怦然히[177] 動ᄒ고 油然히 生치 아닐 者ㅣ 未之有也니라. 然則 此 氏의 言이 若 此 不已홈이 可히 同情을 養할진져. 然ᄒ나 又 兒童의 實地 交際間에 其 萌芽를 助長ᄒᄃᆡ 務히 我ㅣ 世로 ᄒ야금 團結 不解의 感情이 有케 혼 而後에 可홀지오.

倫理로 倫理의 感情을 養할시 義務의 念이 高홈을 事實케 見할지니

---

175) 비비외설(卑鄙猥褻): 더럽고 비천하고 외설스러운.

176) 극룡(克龍): 육화편에도 나온 사람이나 불명.

177) 평연(怦然)히: 조급히.

教育ᄒᆞᄂᆞᆫ 者ㅣ 當히 古今東西에 德行을 博採ᄒᆞ야 身體力行ᄒᆞ야써 模範이 될지라. 其 義務已盡ᄒᆞᆷ이 卽 道德 完全ᄒᆞ면 則 非常快慰ᄒᆞ며 義務不盡ᄒᆞ면 則 深自悔恨할지오 若 道德에 背ᄒᆞ면 慚愧不安ᄒᆞ야 必奮起痛改할지라. 夫 如是ᄒᆞ면 普通에 謂ᄒᆞᆫ 바 天良이라ᄂᆞᆫ 者를 時時로 心營目擊ᄒᆞᄂᆞᆫ 事事物物 中에 發現ᄒᆞ야 而或 泪沒할 者ㅣ 無할지나 然ᄒᆞ나 倫理의 感情에 止就ᄒᆞ야 言ᄒᆞᆷ이니 若 倫理의 性格을 養코져 ᄒᆞᆷ은 則 德育의 大事業이라 訓化篇에 詳見ᄒᆞᆷ이오.

宗敎의 感情을 養할 者ᄂᆞᆫ 倫理 歷史와 及 自然界의 硏究만 莫如ᄒᆞ야 倫理로써 宗敎의 感情을 養할지니 老烏里[178) 曰ᄒᆞ되 凡人 固有의 德性이 實노 思想의 本体가 되나니 苟 其 關係를 講ᄒᆞ야 通ᄒᆞ고써 神明에 直接ᄒᆞ면 則 宗敎의 感情이 油油히 生ᄒᆞᆫ다 ᄒᆞ니 其意가 倫理로써 宗敎過度에 程이 됨이 在ᄒᆞᆫ지라. 孔子ㅣ 亦 畏天知命으로 倫理에 至ᄒᆞᆷ이 된다 ᄒᆞ시니 其言이 論語 中에 散見ᄒᆞᆷ이라. 玆에 贅及지 아니ᄒᆞ나 歷史로 宗敎의 感情을 養ᄒᆞᆷ은 所謂 皇古時代에 最適宜ᄒᆞ고 其他 歷史 中에 偉人 或 高僧이 皆 宗敎 信仰의 言行이 有ᄒᆞ니 是等 傳記ㅣ 亦足히 感情을 養ᄒᆞ야 有餘할지오. 自然界의 硏究로써 此 感情을 養홀 者ᄂᆞᆫ 務히 自然界의 秩序에 恍然(황연)ᄒᆞ야 冥冥의 中에 主宰ㅣ 自有ᄒᆞᆷ을 知케 홀지라. 西諺[179)에 云ᄒᆞ되 智開ᄒᆞ면 愛神이라 ᄒᆞ니 卽 此를 指ᄒᆞᆷ이라. 但 敎科의 種類 一條에 云ᄒᆞ되 歐洲 各國이 曩時에 倫理와 宗敎를 混視ᄒᆞ야 區別이 毫無ᄒᆞ더니 近時에 其謬를 治知ᄒᆞ고 逐 宗敎를 人의 自由 信仰ᄒᆞᆷ을 聽ᄒᆞ되 倫理ᄂᆞᆫ 卽 强히 ᄒᆞ야곰 從ᄒᆞᆷ에 法律을 定ᄒᆞ야시니 然ᄒᆞᆫ즉 當今이 世에 而猶 宗敎의 感情을 養코져 ᄒᆞᆷ이 웃지 蛇足이 아니리오. 雖然ᄒᆞ나 人은 宗敎의 一念이 必有ᄒᆞ니 卽 當히 開發 指導ᄒᆞ야써 其 德을 培할지오 決코 度外에 寘ᄒᆞᆷ이 不可ᄒᆞ니 特히 敎育ᄒᆞᄂᆞᆫ 者ㅣ 必須 其 迷信의 弊를 預防할지니라.

---

178) 노오리(老烏里): 미상.
179) 서언(西諺): 서양의 속담. (표)

此外에 自然界를 研究ᄒ야써 宗敎의 感情을 起케 흠이 一 原理가 猶有ᄒ니 敎授法上에 當히 注意할 바 者는 卽 物理 化學의 現狀과 天地自然의 秩序와 動物 植物의 生理가 是라. 譬컨딕 博物學을 敎授흠이 若僅히 解剖ᄒ면 卽 一 枯死의 軀殼(구각)이니 웃지 其 宗敎의 感情을 觸動180)ᄒ리오. 其 生理를 必示ᄒ딕 ᄒ야곰 萬物의 皆 活動 精神이 有ᄒ야 其中에 分配 運行흠을 知케 흔 而後에 可ᄒ니 此ㅣ 所以 大異흔 智職의 格物이니라.

智力의 感情은 凡 智育의 敎科를 皆 可히 養할지라. 然則 敎授에 巧ᄒ야 自然의 秩序로써 明示치 아니면 則 生徒가 怠荒흠을 必致ᄒ야 踴躍181)흠을 無由ᄒ리니 然흔즉 果當如何히 敎授흔 以後에 可히 ᄒ야곰 趣味 濃淡ᄒ야 從事흠에 樂흘지뇨. 曰호딕 第一은 最活動의 事物을 取ᄒ야 敎師된 者ㅣ 最活動의 思想으로써 講明케 할지오 第二는 生徒 一身의 活動力으로써 各種 問題를 解釋키 不能의 問題가 有커든 須稍稍182) 扶助ᄒ야 作答흠이 易ᄒ야써 愉快의 感情이 生케 할지오 第四는 生徒의 嗜好흠을 投ᄒ야 想像흠을 深加케 할지오 第五는 生徒를 獎勵ᄒ야 知識를 自求케 흘지니 但히 世에 得雋흠에 坐位進退와 褒賞 等物노써 獎勵흠은 上策이 아니니라.

---

180) 촉동(觸動): 어떤 자극을 받아서 움직임. 또는 어떤 자극을 주어서 움직이게 함. (표)

181) 용약(踴躍): 용약(踊躍). 좋아서 뜀.

182) 회초초(湏稍稍): '초초(稍稍)'는 '점점'(표). '회(湏)'는 '수(須)'의 오자로 보임. 모름지기 점점.

◎ 敎育學原理, 柳瑾, 〈대한자강회월보〉 제12호,
　(광무11년 3월: 1907.6.)

情育의 方法(承前)

　審美의 感情을 養흠은 一名 美育이니 世의 敎育을 論하ᄂ 者ㅣ 雖
並히 眞善美 三者를 稱하나 要컨틱 美로써 尤重할지니 蓋 人이 審美의
感情이 無하면 則 必 閒雅高尙의 丰姿183)ㅣ 乏하리니 一可憐可鄙의 動
物이 아니오. 何이뇨. 此 感情을 養하ᄂ 敎科ㅣ 音樂[唱歌 屬] 作文, 手
工, 習字, 圖畵와 及 自然界의 硏究만 莫如하니 音樂은 特히써 耳의 審
美 感情을 養할 쑨 아니라 且 各種의 審美 感情이 亦由 是發現할지며
作文은 一己의 言論으로써 自由表著하야 人人이 皆 修辭코져 하ᄂ 故로
亦 足히써 其 審美感情을 養할지며 手工은 雖 實用의 事에 屬하나 하여
곰 製作을 精巧하야 美術에 協케 하나니 是 足히써 審美感情을 養할지
며 習字ᄂ 雖 小技에 係하나 然하나 大小 巧拙의 位實를 結構한 間에
美術이 自有하니 每古人의 手筆을 見하면 千載의 下에 猶 其 風采를
思想하야 低回흠을 久히 하ᄂ니 是ㅣ 亦足히 써 審美 感情을 養할지며
圖畵ᄂ 葛提184)의 謂흔 바 生徒 美麗 貴重의 感覺흠을 擴充하고 且 物
의 形體 彩色으로써 新觀念을 啓發하야 造化의 美를 知케 호틱 敬하며
愛하야 樂케 할 者오. 否하면 則 手目을 練達하며 善惡을 判決하야써
發明 推巧의 心이 生케 할 者라 흠과 如흠이니 是亦 審美 感情을 養할지
며 若 夫 自然界를 硏究할진틱 則 宗敎의 感情을 養흠을 除흔 外에 又
可히 其 審美 感情을 養할지니 此ㅣ 所以 詩歌 文章과 或 悲憤 沈痛과
或 激昻 慷慨와 或 汪洋閎肆185)흔 其 韻致ᄂ 不同하나 而 其 材料ᄂ

---

183) 봉자(丰姿): 예쁜 모습.
184) 갈제(葛提): 미상.
185) 왕양굉사(汪洋閎肆): 넓고 마음대로 하는.

太牛이나 天地에 美를 取할진져.

此外 學校의 位置와 如하야는 喧賁雜踏186)의 境을 遠離하야 閒雅優美의 之에 寘호디 學校의 屋舍는 專히 財富에 斷斷치 아니하고 湏187)美術의 精神이 有케 할식 校內에는 塵埃를 掃除하며 標本을 陳設하고 校外에는 花園을 建築호디 佳卉 等을 廣植하야 生徒로 하야곰 身이 形勝의 奧區에 處하야 天然의 妙境을 遊覽케 할지니 亦 美育의 一 方法이라. 要컨디 美育이라는 者는 所以 高尙 活潑의 人物을 養하야 可히 世俗의 塵累를 超하야 써 淸潔 圓滿의 新天地에 引入케 홈이라.

第四 訓化篇(德育篇)

敎育의 三大 事業이 有하니 卽 育化, 敎化, 感化가 是라. 上項에도 槪言하얏거니와 今에 其 最後 一大 事業을 述하건디 訓化, 育化란 者는 身體를 所以 强健케 홈이오 敎化란 者는 感情을 所以 培養케 홈이로디 訓化란 者는 此 身體와 此 智慧와 此 感情이 有흔 人으로 하야곰 一定흔 主義 及 品性이 有케 하는 비니 假使 人人으로 此 身體와 此 身體와 此 智慧와 此 感情이 皆 可僅有하나 一定흔 主義와 品性이 無하면 卽 完人됨을 不得할지니 故로 訓化란 者는 敎育의 極境이라. 普通 所謂 訓練 或 德育이 是라.

黑排梯派가 謂하되 敎導라 하니 心理學上에 意志의 敎育으로 自하면 卽 可謂 意育이라 할지니라. 意育은 訓練의 事業이라. 更히 管理 訓練 二者를 分하니 管理는 訓化의 外部로써 爲主하며 訓練은 訓化의 內部로써 爲主하고 又 管理는 僅 現在에 關하며 訓練은 且 將來에 關하느니 約言하면 則 管理란 者는 學校에 秩序를 整理홈이로 訓練이란 者는 其 意志를 陶冶홈이라. 管理의 法은 餘論中(敎育學과 敎育術)에 詳하니 玆

---

186) 훤재잡답(喧賁雜踏): 시끄럽고 잡된 곳.
187) 회(湏): 수(須)의 오자로 보임.

에 訓練을 專述하노라.

訓化는 旣 敎育 意志의 事가 됨이니 則 必 心理學으로 自하야 此 意志의 性質을 先檢흔 然後에 敎育法을 可及할지니라.

一. 意志의 性質

意志란 者는 心中에 在흔 特別 一種의 活動이라. 智力의 (知)와 感情의 (感)으로 與하야 皆 不同하고 其 初動의 形은 曰 衝動이오 自然히 其 目的을 達할 時는 本性이니 動物의 活動은 終토록 此 範圍에 不出홀지라도 吾儕도 嬰兒時代에 亦 若 是나 然하나 稍長에 及흔 즉 知識이 漸開하야 是에 種種 要求의 念이 有하니 所謂 願欲이라는 者 卽 意志 第二의 形式이라.

願欲이 已稍 明白의 目的이 有홈이 衝動에 異하야 其 目的에 得達치 못흔 則 氣ㅣ 僅히 爲하야 一沮할지오 若 其 目的에 達흔 則 快樂이 生하야 好惡行止의 動機가 亦 從 此出홀지라. 好惡行止의 動機가 相爭 相競하리니 是에 一定의 主義를 選擇호디 堅持하야 習慣이 旣久홈에 品性이 遂爲라. 故로 品性의 善惡은 其 主義가 標準됨에 視할지니 主義가 善하면 則 其 品性이 亦 善하느니 謂호디 有德의 人이오, 主義가 惡하면 卽 品性이 亦 惡하느니 謂호디 無德의 人이라. 阿里士德이 曰호디 有德의 人은 則 德行이 成就하야 快樂을 常覺하는 人이라 하니 信히 誣치 아님인져.

然則 吾人 行爲의 善惡이 決코 責任이 非無흔 者니 大哲學家 李特[188]의 著흔 바 心理學初步에 嘗列論하야 曰호디 (一) 意志 作用은 卽 已의 思想이 發現하야 活動하는 바라. 其 作用 明明은 余가 自爲할 者오 (二) 意志作用을 皆 余의 有할 力으로 自信할지니 此 所以 道德의 或 恥辱이 有홀가 贊美홈이라. 余 能히 道德에 盡力하면 則 贊美를 受할지오 反是

---

188) 리특(李特): 미상.

하면 則 恥辱이 有할지니 此 亦 天然的 知識의 一部分이오 (三) 意志
作用은 又 余가 可히 自由 記憶과 自由 思想과 自由 苦樂과 自由 愛惡의
念이 有흠이니 (四) 是 三者ㅣ 有하면 責任의 感情이 遂生하야써 하되
余의 意志作用은 其 責任이 專히 在 余한지라. 天下의 人이 皆 此 責任
을 無負하는 者라야 自立의 心이 是에 不可搖할 者니라.

由是觀之컨딘 世의 境遇에 困흔 바 되야 偏僻에 流흔 者를 雖曰호딘
境遇의 罪라 하나 然하나 自己의 一新 境遇를 旣造케 不能하고 又 補救
振作키 不能하니 自立 自責의 心을 已失한지라 웃지 其 責任을 逃키를
得흐리오.

意志의 形式은 上에 旣言하엿거니와 今 其 內容을 更論컨딘 人의 意
志는 互相 抗爭흠이 二 原理가 有하니 理와 義가 是라. 支那에서 謂흔
道心 人心과 康德[189]의 爲흔 道心 性理는 常 普通의 公道에 傾向하나니
客은 性質을 觀흠이 人心 情慾이 常 利己의 私欲에 傾向흠이라 흠이
有흐고 主는 性質을 觀흠이 是로써 古의 道心 性理를 呼하야 曰호딘
(良心의 聲)이니 其 義로써 標準을 爲흠을 言흠과 人心 情欲을 呼하야
曰 (煩惱의 犬)이니 其 利로써 標準을 爲하야 言흠이 有하니 二者가 兩
途劃然하야 一히 人의 選擇을 自爲흠을 聽할지니 謂흔 바 君子 小人이
란 者를 則 此에 判할지니라.

然흔 則 人의 意志가 皆 謀利의 私欲을 制흠이 亦 敎育 中에 應할
바 者라. 此 卽 訓化의 事니 訓化의 通例난 心理學으로써 基礎를 作할지
라. 次章에 詳言하깃노라.

---

189) 강덕(康德, Kant, Immanuel): 칸트. 독일의 철학자(1724~1804). 경험주의와 합리주의를
통합하는 입장에서 인식의 성립 조건과 한계를 확정하고, 형이상학적 현실을 비판하여
비판 철학을 확립하였다. 저서에 〈순수 이성 비판〉, 〈실천 이성 비판〉, 〈판단력 비판〉,
〈영구 평화론〉 따위가 있다. (표)

二. 意志 訓練의 通例(承前)

上節에 論述흔 바 意志 作用의 善惡이 皆 責任이 有ᄒ니 則 其 方向을 導ᄒ야 ᄒ여곰 良心의 聲을 從ᄒ고 而煩惱의 犬을 舍케 홀 者라. 固 訓化의 事니 其 法이 約 三端이 有흔지라. 試ᄒ야 條擧ᄒ니

第一 生徒ㅣ 私欲無壓[190)]ᄒ야 其 奴隷를 爲흔 者ㅣ 有커든 敎育홀 者ㅣ 須 道德의 威嚴을 代表ᄒ야 命令 等으로서 禁止홀지니 敎化上에 謂흔 바 道義를 馴致홈이 意志라.

道義를 馴致홈이 意志는 其 手段이 命令 巡視 賞罰만 莫如ᄒ니 命令이라는 者는 所以 道義의 威嚴을 代表ᄒ야써 其 不義에 陷홈의 弊를 拒홀 者라. 故로 (一)은 道義에 不合케 홈이 不可ᄒ고 (二)는 生徒 疑心을 動케 홈이 不可ᄒ고 (三)은 明顯精確지 아니홈이 不可ᄒ고 (四)는 前後 一律로 아니홈이 不可홀지라. 巡視라는 者는 所以 過失을 豫防ᄒ며 且 粗野放逸의 私欲을 制ᄒ야 生徒로 ᄒ여곰 時時로 風采를 瞻仰ᄒ야 畏愛홀 비 有케 아니홈이 不可ᄒ니 但 巡視 過度ᄒ면 則 生徒ㅣ 厭홈이 生ᄒ야 秘密히 爲惡홈을 難免ᄒ리며 若 生徒로 ᄒ여곰 互相 告發케 ᄒ면 則 時機疑懼ᄒ야 又 忠厚를 傷ᄒ리니 故 巡視홈에 當히 純任 自然홀지오, 賞罰이라는 者는 所以 善惡을 懲勵ᄒ야 遺德의 人을 造就케 홀지니 故로 濫行ᄒ야 作僞홈과 及 奴隷의 劣根性을 致生홈이 不可ᄒ니라.

第二 各種 道德의 目的을 取ᄒ야 ——히 指導호ᄃᆡ 敎育을 受홀 者로 ᄒ여곰 自能히 善을 從ᄒ고 惡을 棄케 홀지라. 敎化上에 謂흔 바 實踐의

---

190) 사욕무염(私欲無壓): 사욕에 물리지 않아.

原則으로셔 與호 者니 卽 其人欲의 私를 去호고 天理의 公을 存케 홀지니라.

實踐의 原則으로셔 與홈은 其 手段이 示例와 敎訓만 莫如호니 示例 는 實活動의 敎訓이라. 偏斯他洛氣[191]ㅣ 曰호되 「余의 一身은 兒童의 世界」라 호고 席拉(Sellep)[192]이 曰호되 「敎育호는 者ㅣ 兒童의 所望을 自失홈이 不可라」 호니 蓋 兒童이 摹倣[193]을 最善홈은 而 敎師ㅣ 兒童 의 標準됨이라. 苟 犧牲 一己라도 正義 維持홈으로써 호면 則 訓化를 奏效치 아니홈이 未有홀 者니 此ㅣ 示例의 特長이라. 然호나 敎訓이 亦 足히 써 其 不足홈을 補호야 호여곰 俊偉高潔[194]의 道德 知識을 得호야 써 俊偉高潔의 道德行爲 前導를 爲홀지니라.

第三 生徒의 習慣 品性으로 호여곰 皆 能히 道心 人心의 別이 無홈을 自治호되 心의 所欲을 從호야 則 矩를 不踰[195]호야써 渾然一體에 理想 圓滿의 境을 達케 홈이니 謂혼 바 道德上의 自由ㅣ 是라.

道德上의 自由는 特히 訓化의 目的을 爲홀 쑨 아니오 抑 亦 敎育의 目的이니 故로 道德上의 自由를 旣得호면 則 敎育의 目的을 不達홈이 亦無홀지라. 其 手段은 示例 巡視 賞罰 敎訓 命令을 用홈이 不可호니 此等 手段은 皆 意志로 호여곰 道德의 規律을 服從호고 或 道德의 知識 을 授與홈에 不過홀 짜름이라. 更히 一步를 進호면 則 爲善홈에 必勇호 야 習慣이 品性을 成호야 事事에 皆 能히 自治호며 道德에 吻合(문합)혼 而後에 可호니 是以로 道德上의 自由를 得코져 홀지면 雖曰 湏히 獎勵 强迫홈이 無홀지나 然호나 聖賢 君子 偉人 豪傑의 傳記 事蹟과 及 遺著

---

191) 편사타락기(偏斯他洛氣): 미상.

192) 석납(席拉: Sellep): 미상.

193) 모방(摹倣): 본뜸.

194) 준위고결(俊偉高潔): 뛰어나고 높고 깨끗함.

195) 구(矩)를 불유(不踰): 범위를 벗어나지 않음. 논어에 나오는 종심소욕불유구(從心所欲不踰矩)의 뜻.

흔 經典으로써 標準을 爲치 아니면 則 恐컨딕 時時로 狂暴를 發ᄒ야 制키 不能홀지라. 其 源委는 後節에 詳見ᄒ니 意志 訓練의 次序라.

三. 體罰의 利害

上節에 意志 訓練의 通例를 謂호딕 賞이라는 者는 所以 道德의 行爲를 獎勵ᄒ야 其 結果ㅣ 敎育에 最 有益흔 者나 然ᄒ나 賞을 濫히 ᄒ면 則 生徒ㅣ 將矯揉흠을 揣摩[196]ᄒ고 仁義를 貌行ᄒ야 適히써 其 作爲의 機를 開홀지오. 若 夫 罰이라는 者는 所以 過失을 懲戒ᄒ야 其 萌芽를 絶흠이니 亦 訓化의 一法이라 可少치 못홀지오. 而 其中에 罰體의 成效ㅣ 尤捷ᄒ나니 古來로 敎育ᄒ는 者ㅣ 皆 樂用ᄒ니라.

敎育史를 觀컨딕 則 世界 各國이 罰體의 手段을 不用흔 者ㅣ 無흔지라. 古代 斯巴達[197]에셔 最히 嚴酷ᄒ고 印度, 支那, 日本의 敎師도 亦必 榎楚[198]를 持ᄒ야써 從事ᄒ더니 近世에 發達主義의 說이 興흠에 至ᄒ야 始로 敎授흠익 當히 心意ㅣ 自然開發의 次序를 從ᄒ야 威力을 無待ᄒ니 遂 稍稍히 廢흔지라. 今앤 則 文明國에셔 德意志를 除흔 外에는 悉히 罰體로써 爲치 아니ᄒ나니 此 亦 近世 敎育의 一大 特色이니라. (未完)

---

196) 췌마(揣摩): 촌탁(忖度). 남의 마음을 미루어 헤아림. (표)

197) 사파달(斯巴達, Sparta): 스파르타. 고대 그리스의 도리아 인이 펠로폰네소스 반도 중부의 라코니아 지방에 세운 도시 국가. 귀족 정치를 실행하여 본토인을 노예화하고 자국민에게 군국주의식 의식 교육을 베풀었다. 기원전 5세기에 펠로폰네소스 전쟁에서 아테네를 격파하고 그리스의 패권을 잡았으나 점차로 쇠퇴하여 기원전 146년에 로마에 망하였다. (표)

198) 가초(榎楚): 매. 회초리.

5.11. 교육현상

◎ 敎育界 諸公의게 獻ㅎ노라, 碧人에 驩(환),
〈대한학회월보〉 제4호, 1908.5. (계몽 담론, 언어 권력)

*형이상 = 정신적 교육: 애국 충군 자주 자유 정의 인도 교육
*형이하 = 질소적 교육: 공상정법 기타 백문과학의 교육
*소학 교육에는 외국어 교육이 불가하나 불가불 언어 교육 필요함 강조
*언어 교육 상황 논의 = 중국어, 일본어, 영어 = 영어 교육 권함
*일본의 부강이 영어 교육에 있다고 주장함 = 일본의 영어공용어론(모리 아니
노리의 주장을 반영함)
*영어 장려 반박 예측 = 영어 장려가 배일과 관련되기 때문, 학문은 언어가 아니
라 지식을 습득하는 것이므로 일어만으로 충분 등의 주장이 있을 것이라고
추정 – 반론

九層 樓臺와 千尺 艅艎(여황, 큰 배)은 天然 存在ㅎ 物이 아니라 實노
工業者의 伎倆으로 從出ㅎ 者이니 以此觀之컨디 溯萬古 貫世界에 掀天
動地ㅎ고 配乾匹坤ㅎ던 聖哲 偉傑도 決코 天然 作成된 人이 아니라. 賢
母良師와 仁君義友의 針灸(침구) 薰陶로 提導馴誨(제도순회)ㅎ야 大器
를 乃成흠은 歷史上 如何흔 種族을 莫論ㅎ고 章章然 日月星慧를 觀흠과
如ㅎ니 大矣哉 至矣哉라. 今日 我韓 敎育界 諸公이여. 第二의 韓國 卽
將來의 韓國은 其昇也 沈也가 엇지 諸公의 責任이 아니리오. 其責任의
重大흠은 崑山의 還小ㅎ고 洋海가 反淺이라. 諸公의 事業이 擧ㅎ매 愁
慘萎靡흔 此民族이라도 雪中와 梅吐와 如ㅎ야 榮華ㅎㄴ 時代를 造ㅎ려
니와 諸公의 事業이 若 不擧ㅎ면 哀我民族은 已死흔 人名과 如ㅎ야 永
世也 長曲薤歌而已리니 諸公의 責任이 엇지 尤重大ㅎ다 아니ㅎ리오.

然이나 敎育의 棕核ㄴ 其綱이 二種에 不過ㅎ나니, 其一른 曰 形而上

精神的 教育이니 卽 愛國充軍 自主自由의 正義 人道를 發揮홈이오, 其
二는 曰 形而下 質素的 教育이니 工商政法 及 其他 百門 科學이 是也라.
此 二種 教育에 一를 闕ᄒ고는 國이 國을 作티 못ᄒ나니 何也오 ᄒ면
國家는 卽 人民의 集合體라. 人民의 教育이 不具ᄒ고야 엇지 國이라 謂
ᄒ리오. 噫라. 今日 韓國은 此 二者가 具乎아, 不具乎아. 物質的 教育이
非不爲急이로딕 余는 今日 韓國은 精神的 教育時代라 ᄒ노라. 非但 吾
人이라. 諸公이 豈 不知哉리오.

　近日에 尋常小學科에 日語를 編入ᄒ다고 諸公의 抗議가 東提西出ᄒ
고 八域 人士도 少知治體者는 다 輿論에 雲從ᄒ니 是는 諸公이 精神的
教育을 主張ᄒ는 實證이로다. 習慣을 從ᄒ야 成性ᄒ는 幼稚 童蒙의 腦
髓에 祖國思想을 不染ᄒ고 他를 授홈이 大不可ᄒ 故也라. 至哉 善哉라.
諸公의 教育策이여. 可히 本末을 洞知ᄒ고 源流를 深察ᄒ다 ᄒ지며 可
히 써 尤重尤大ᄒ 責任을 盡瘁(진췌)코져 ᄒ다 ᄒ려니와 吁홉다. 回顧
政界에 擧是 外人의 機關이라. 傀儡를 弄幻에 眞像이 眩亂ᄒ고 甚至於
教育界ᄭ지라도 執鞭 指揮者ㅣ 爲誰오. 彼 敏活先見ᄒ는 外人이 엇지
將來 韓國의 念慮를 不知ᄒ리오. 期於日語를 普及ᄒ기로 爲政略ᄒ는도
다. 然즉 諸公의 思維ᄒ는 方針과 事實上으로 畢竟 衝突를 難免ᄒ리니
孰勝孰負는 智者를 不待ᄒ고도 可히 料量홀지라. 嗚呼라. 諸公은 能行
其積極的 手段乎아. 終陷於消極的 行動乎아. 正義 人道를 能發揮之乎아
昔日 韓國의 漢文時代를 推想ᄒ니 孩提有識에 千字文늘 先授ᄒ야 有虞
陶唐周發殷湯과 晉楚更霸九州禹績等字로 習之書之ᄒ며 笞之賞之ᄒ야
腦顚에 刻ᄒ며 心官에 鏤ᄒ야 朝朝多이 支那를 崇拜ᄒ고 祖國思想은
謾然 罔知ᄒ더니 今日은 中華가 已去ᄒ고 日本이 又來ᄒ야 伊呂波의
音讀이 將欲繼行이라. 强隣의 交際도 非此면 不可融解오 强隣의 文明도
非此면 不可 輸入이니 余 不曰不 今日의 急務라 ᄒ나 其於小學科에는
不爲乎아. 然이나 大阿의 柄이 己歸라. 諸公의 消極的 教育은 黃昏 初夜
에 日光이 漸薄ᄒ고 黑暗이 漸積ᄒ야 一效一果는 霧中에 朦朧ᄒ고 狡風

獰雨(교풍영우)가 半島 山河의 祖國魂늘 洗滌而盡ᄒ리니 可不懼哉아.

　茲有一案ᄒ야 諸公의게 獻ᄒ노기 其案이 維何오. 英語 二字而已니 今日 東洋은 卽 英語時代라. 隣邦 日本의 四十年 文明 進步는 其原因이 或曰 海陸軍 制의 精强ᄒ되 在ᄒ다 ᄒ며 或曰 政法 憲制의 實施ᄒ되 在ᄒ다 ᄒ니 此說을 余 非不首肯이나 余는 曰 在敎育이라 ᄒ며 敎育之要는 在英語라 ᄒ노라. 日本의 帝國大學은 英語로 諸科를 敎授ᄒ고 其他 高等學校 及 百科 專門學校에도 英語로 其必要ᄒ 學科을 敎授ᄒ니 然즉 日本의 學校는 總稱曰 英語學校라 ᄒ야도 大誤錯은 아니며 其他 官吏 社會와 實業 社會라도 英語를 不知ᄒ면 上等人物에 齒列를 不得ᄒ난도다. 以故로 某學士 等 極端論說에 甚至於 日本國文 卽 假名을 廢棄ᄒ고 羅馬字로 日本 國文을 삼자ᄒ는 事도 有ᄒ니 韓國도 此 先進國 日本을 模倣ᄒ야 英語를 學科에 編入ᄒ되 小學 中學을 勿論ᄒ고 專心 敎育ᄒᆯ지라.

　我國 言語의 發音이 英語를 學ᄒ기 東洋에셔는 第一이라. 固有ᄒ 言才를 發揮之ᄒ야 英語 程度가 東洋에 優等이 되는 日에는 皇天上帝 我의케 自由를 與ᄒ리라 確信ᄒ노니 何也오. 男兒生於二十世紀ᄒ야 世界 大舞臺上에 手腕을 一拭ᄒ야 萬國의 獨立 認許를 買得ᄒ는 時에 엇지 英語를 不知ᄒ고 能히 個人의 交際와 國家間 交際를 和諧融通ᄒ리오. 是故로 今日의 急務는 英語니 維其諸公은 日語 編入ᄒ는 其明日에 英語를 必敎授ᄒᆯ 거시라. 我 先進國 日本도 英語로 以ᄒ야 一等國 班列에 入ᄒ얏거든 況 我韓乎아. 余 初渡日本之日에 誇於日人曰 我는 日語를 善用ᄒ다 ᄒ니 別無優視러니 又給之曰 我는 英語를 善用ᄒ다 ᄒ니 日人이 驚而仰視ᄒ더라. 以此推之컨되 完全ᄒ 日本人을 作코져 ᄒ야도 英譯을 不知ᄒ면 不可ᄒ거든 況 我劣弱萎靡ᄒ 民族乎아. 疑哉라. 東隣이여. 如此 其强이어날 英語를 如此 其用力흠은 抑何意오. 解之曰 日本은 非文明輸出時代라. 卽 文明 輸入時代니 輸入時代에 處ᄒ야 엇지 歐米語를

一時달 小緩ᄒ리오. 宜乎其 岌岌然晝夜를 不捨ᄒᆷ이로다. 吘라. 回憶昔
日컨듸 漢文의 源은 支那오, 韓國은 漢文의 文明에 直接ᄒ고 古之日本
은 間接ᄒ야 我居其先이러니 至于今日ᄒ야ᄂ 西洋文明을 日本이 直接
ᄒ고 我ᄂ 間接도 不居ᄒ니 證古參今에 地位가 倒置ᄒ니 豈不寒心哉아.
然이ᄂ 余의 此獻議에 對ᄒ야 反對가 必有ᄒ리니 一曰 英語를 獎勵코져
ᄒ면 排日의 疑를 易受라 ᄒ지며, 一曰 學問은 語學이 아니라 知識을
得ᄒᄂ디 在ᄒ니 便利ᄒ 日語를 專攻ᄒ야도 足ᄒ다 ᄒ지며, 一曰 英語
를 崇拜ᄒ고 祖國魂을 忘却ᄒᆷ이 不可라 ᄒ지라. 然이ᄂ 此等 反對ᄂ 淪
沉ᄒᄂ 韓國의 最末手段을 不覺ᄒᆷ이니 不足辯解이기로 兹에 投筆ᄒ고
辯護 責任을 諸公에게 讓與ᄒ노니 諸公은 其熟思之ᄒ야 言外之意를 貫
徹ᄒ소셔.

5.12. 군사교육

◎ 武事敎育의 最急說,
　　尹致咸, 〈친목회 회보〉 제5호, 1897.9.26.

武事敎育은 馬를 馳ᄒ며 釰을 試ᄒᆷ인가. 否라. 勇壯剛毅의 思想을 養
成ᄒᆷ이로다. 武事敎育은 隊伍를 整齊ᄒ며 戰略을 演習ᄒᆷ인가. 否라. 精
神 義烈의 性質을 發育ᄒᆷ이로다. 然則 馳馬試釰(치마시인)ᄒ며 能征慣
戰은 一種의 技術이라. 特別 敎育에 可要요 剛毅의 思想을 養成ᄒ며 義
烈의 性質을 敎育ᄒᆷ은 一國의 元氣라, 國民敎育에 普及ᄒᆯ 바ㅣ로다.
敎育의 二道 有ᄒ니 卽 文與武라. ----

◎ 希臘에 尙武的 敎育,
　　金湖主人,〈동인학보〉 제1호, 1907.11. (교육학, 교육철학)

◎ 兵士敎育의 槪要,
　　呂炳鉉,〈대한협회회보〉 제12호, 1909.3. (교육, 상무교육)

現世 養兵之法이 創自歐洲ㅎ야 陸軍精鍊은 首推俄德ㅎ고 水師嫻熟은
群讓英法이나 至於兵學之大要ㅎ야는 各國이 略同ㅎ니 亦 一時尙武風
氣之所使也라. 蓋 選兵之初에 先使醫師로 診察身體ㅎ야 視其强弱然後
隨其志願ㅎ야 乃入陸軍或水師之學校ㅎ나니 陸軍所習之科程은 大率有
十五ㅎ니 一曰 體操及馳馬之法이오 二曰 算術代數幾何學幷測量製圖術
이오 三曰 古今戰史及兵志等이오 四曰 各國言語及文字오 五曰 砲臺營
壘攻守之法이오 六曰 輿地要險及各國情形之學이오 七曰 陣圖陣法이오
八曰 軍紀軍律이오 九曰 槍砲器械運用之法이오 十曰 敎士以禮ㅎ야 使
知自重之法이오 十一曰 調護士卒居處飮食之法이오 十二曰 馬步各隊擇
地之法이오 十三曰 軍隊偵探之法이오 十四曰 行軍醫藥之法이오 十五曰
籌辦行軍衣糧輜重之法이며 水師所學之科程도 大略與陸軍으로 相同而
就中差異者는 游水乘船之法과 準星及表尺飛彈之法과 暗礁觸避及水深
測量之法과 魚形水雷使用之法也라. 以上 各種 科程을 分爲內外場之二
課ㅎ니 內場者는 兵法, 地勢, 測繪, 軍, 械, 營壘等 學이 是也오. 外場者
는 馬步砲工等 操練法이 是也니 敎將才則 內外場이 幷重ㅎ고 敎編裨則
重外場而略內場ㅎ고 敎兵卒則專重外場ㅎ나니 此蓋兵學之大要也오. 若
分陸戰各隊之用而言之컨듸 馬隊者는 短銃長劍으로 騎馬在前이라가 望
見敵兵則注力於衝鋒突陣ㅎ니 其 用이 在於馬ㅎ고 步兵者는 步行在後
라가 遇敵則注力於遠射近刺ㅎ나니 其所用之器는 英之林明敦銃과 德之
毛瑟銃及霍斯蓋斯銃과 羌之黎意銃과 日本之村田銃等이 最爲著名者인
듸 其中力大而極遠者는 林明敦이 是也오. 射近而便捷者는 毛瑟, 黎意

村田 等이 是也라. 然則 步兵之用은 在於銃槍ᄒ고 砲隊者ᄂ 裝載在後라
가 遇敵則注力於遠擊ᄒ나니 其所用之器ᄂ 英之美克信砲와 美之麥貴始
姆砲와 德之克虜伯砲等인ᄃᆡ 其 式이 有三種ᄒ니 一曰 長管砲오 二曰
中管砲오 三曰 短管砲라 用以直火曲火之法ᄒ니 擊敵人軍隊則宜用直火
長管之砲ᄒ고 擊敵人營壘則宜用曲火短管之砲오. 惟 中管砲ᄂ 能曲能直
ᄒ고 其所用彈子도 亦 有三種ᄒ니 一曰 開花彈이오 二曰 子母彈이오
三曰 群子彈이니 於堅固之處則用緩引火之開花彈ᄒ고 於遮蔽之處則用
落地分散之子母彈ᄒ고　於敵兵衆集之處則用空中落射之群子彈ᄒ나니
蓋新式戰爭에 全軍勝敗가 多在於砲兵之精不精이니 其 用이 在於砲彈이
리라. (未完)

5.13. 문명개화

◎ 開化原委, 〈조양보〉 제2호, 1906.6.(추정)

> *조양보는 매월 10일과 25일 발행된다고 했으나 판권이 없어서 정확한 월일을
> 추정하기 어려움
> *개화의 개념, 개화의 등급(개화, 반개화, 미개화), 개화한 나라, 개화의 태도
> ＝＝계몽적인 태도(반개한 자를 권, 미개한 자를 회/가르침)
> *실상과 허명의 구별
> *신구의 조화 태도

　◇ 夫開化者ᄂ 國家社會에 千事萬物의 至善極美ᄒ 境域에 達흠을 稱
흠이라. 然故로 開化의 境域은 限界키 不能ᄒ 者라. 人民 才力의 分數로
其 等級과 高低ㅣ 有ᄒ나 然ᄒ나 人民의 習尙과 邦國의 規模를 隨ᄒ야
其差異흠도 亦生ᄒ나니 此ᄂ 開化ᄒᄂ 軌程의 不一ᄒ 緣由어니와 大綱
領은 人의 爲不爲에 在흘 ᄯ름이니라.

◇五輪의 行實을 純篤히 ᄒ야 入則忠孝의 道理와 出則敬信ᄒᄂ 禮貌를 知ᄒ 즉 此ᄂ 實行의 開化오, **學術을 窮究ᄒ야 萬物의 理數를 格ᄒ 즉 此ᄂ 學術의 開化**오, 國家의 政治를 正大히 ᄒ야 百姓의 冤抑ᄒ 事ㅣ 無ᄒ 者ᄂ 法律의 開化오, 器械의 制度를 便利케 ᄒ야 人의 用을 利케 ᄒᄂ 者ᄂ 器械의 開化오, 物品의 製造를 精緊케 ᄒ야 人의 生을 厚케 ᄒᄂ 者ᄂ 物品의 開化니 此屢條의 開化를 合ᄒ 然後에 開化具備ᄒ 者라 始謂ᄒ지라.

◇天下古今에 何國을 顧巧ᄒ든지 開化의 極點에 至ᄒᄂ 者ᄂ 無ᄒᄂ 其大綱 階級을 區別ᄒ진딕 三等이 有ᄒ니 一曰 開化ᄒ 者오, 二曰 半開ᄒ 者오, 三曰 未開ᄒ 者라.

◇開化ᄒ 者ᄂ 千事萬物을 窮究ᄒ야 日新ᄒ고 又日新ᄒ기를 期約ᄒᄂ니 如此ᄒᆷ으로 其 進取ᄒᄂ 氣像이 雄壯ᄒ야 些少ᄒ 怠惰함이 無ᄒ고 人을 待ᄒᄂ 道에 至ᄒ여ᄂ 言語를 恭遜히 ᄒ며 形止를 端正히 ᄒ야 能ᄒ 者를 是倣ᄒ며 不能ᄒ 者를 是矜ᄒ고 敢히 侮慢ᄒᄂ 氣色을 示ᄒ지 못ᄒ며 敢히 鄙悖(비패)ᄒ 容貌를 設ᄒ지 못ᄒ야 地位의 貴賤과 形勢의 强弱으로 人品의 區別을 不行ᄒ고 國人이 其心을 合一ᄒ야 屢條의 開化를 同加努力ᄒ 者라.

◇半開ᄒ 者ᄂ 事物의 窮究도 不能ᄒ며 經營도 不有ᄒ고 苟且ᄒ 計圖와 姑息ᄒᄂ 意思로 小成ᄒ 域의 安ᄒ고 長久ᄒ 策이 無ᄒ되 猶且自足ᄒᄂ 心性이 有ᄒ야 人을 接待ᄒ기ᄂ 能ᄒ 者를 許與ᄒᆷ이 少ᄒ도, 不能ᄒ 者를 陵侮ᄒ야 倨傲(거방)ᄒ 氣色을 帶ᄒ고 妄自尊大(망자존대)ᄒ야 貴賤의 地閥과 强弱의 形勢로 人品의 區別을 已甚이 行ᄒᄂ 故로 國人이 各其 一身의 榮華와 慾心을 經綸ᄒ고 屢條의 開化에 心을 不以專力ᄒᄂ 者라.

◇ 未開ᄒ 者ᄂ 即 野蠻의 種類라. 千事萬物의 規模와 制度가 無有ᄒᆯ ᄲᅳᆫ더러 當初에 經營도 不爲ᄒ고 能ᄒᆫ 者 如何ᄒᆫ지, 不能ᄒᆫ 者 如何ᄒᆫ지 分別도 不能하야 居處와 飮食에도 一定ᄒᆫ 規度가 不存ᄒ며 ᄯᅩᄒ 人을 待ᄒ기에 ᄌᆞ至하야ᄂ 紀綱과 禮制가 無ᄒ 故로 天下에 最是可矜ᄒᆯ 者라.

◇ 若是히 階級을 分論ᄒ나 勉勵ᄒ기를 不已ᄒ면 半開者와 未開者라도 開化ᄒᆫ 者의 地位에 至ᄒᄂ니 諺에 云호디 始作이 半이라. 勉勵ᄒ면 不成ᄒᆯ 者ㅣ 何有리오. 大槪 半開ᄒᆫ 國에도 開化ᄒᆫ 者ㅣ 有ᄒ며 未開ᄒᆫ 國에도 開化ᄒᆫ 者가 有ᄒ니 然ᄒ 故로 開化ᄒᆫ 國에도 半開者와 未開者가 有ᄒ지라. 國人이 一齊히 開化ᄒ기ᄂ 極難ᄒ 事니 人生의 道理를 修ᄒ며 事物의 理致를 不究ᄒ면 비록 開化ᄒᆫ 國에 在하야도 未開ᄒᆫ 者니 如此히 言ᄒ기ᄂ 各其 一人의 身을 擧論ᄒᆷ이어니와 一國의 景況을 議論ᄒᆯ진디 其人民의 開化ᄒᆫ 者ㅣ 多ᄒ면 開化國이라 稱ᄒ고, 半開ᄒᆫ 者ㅣ 多ᄒ면 半開國이라 ᄒ고, 未開ᄒᆫ 者ㅣ 多ᄒ면 未開國이라 名ᄒᄂ니 <u>半開ᄒᆫ 者를 勸하야 是를 行ᄒ게 ᄒᆷ과, 未開者를 誨하야 是를 覺ᄒ게 ᄒᆷ은 開化ᄒᆫ 者의 責任과 職分</u>이라.

◇ 窃想컨디 行實의 開化ᄂ 天下萬國을 通하야 同一ᄒ 規模가 千萬年을 閱歷하야 不刊ᄒᆯ 者어니와 政治 以下의 諸開化ᄂ 時代를 隨하야 變遷ᄒ기도 ᄒ며 地方을 從하야 殊異ᄒ기도 ᄒ리니 然ᄒ 故로 古에 適合ᄒ던 者ㅣ 今에ᄂ 適合치 못ᄒ 者ㅣ 有ᄒ며 彼에 善良ᄒ던 者ㅣ 此에ᄂ 善良치 못ᄒ 者도 有ᄒ 즉 古今의 形勢를 斟酌ᄒ며 彼此의 性情을 衡度하야 其長을 取ᄒ고 其端을 舍ᄒᆷ이 開化者의 大道也니라.

◇ 開化ᄒᄂ 事를 主張하야 務行ᄒᄂ 者ᄂ 開化의 主人이오 開化ᄒᄂ 者를 欽羨(흠선)하야 學ᄒ기에 喜ᄒ고 取ᄒ기를 樂ᄒᄂ 者ᄂ 開化의 賓客이 되고, 開化ᄒᄂ 者를 恐懼ᄒ고 疾惡(질오)호디 不得已하야 從ᄒᄂ 者ᄂ 開化의 奴隷니, 主人의 地位를 居ᄒ기에 不得ᄒᆯ진디 賓客의 座를

取흥지언졍 奴隷의 列에 立흠도 不可흐니, 賓의 名이 有흐면 則 主人의 禮遇나 有흐고, 又 進取흐는 性氣가 奮發흐기에 至흔 則 主人의 一座를 占居흐야 客의 名位를 脱棄흐고 或 且 舊時 主人으로 賓을 作흐기도 期必흐려니와, 萬若 奴隷되는 時는 恒常 他人의 指揮를 隨흐야 羞恥되는 事端이 不少흘 샏더러, 些少라도 失手흐는 境이 有흐면 其土地와 人民도 保全흐기 不能흐야 開化흐는 者의 附庸이 되기 容易흐니 可히 謹愼흘 者ㅣ 此에 莫過흔지라.

◇ 大概 人의 氣癖으로 議흐면 開化흐는 者의 賓座에 處흠도 羞愧의 極흔 빈나 然흐나 時勢와 處地는 人力으로 如何흐기 不能흔 者니 設令 超羣흔 智慧와 非凡흔 勇斷이 有흐야도 超脱흐기 不能흐고 但 順行흘 샏름이라. 故로 外國의 新開化를 初見흐는 者ㅣ 其始에난 嫌懼(혐구)흐고 疾惡흐야 不取흐기 不可흔 者가 有흔 則, 已흐기 不得흐야 取用흐는 形樣이 開化의 奴隷를 不免흐다가, 及其 見聞이 廣博흐고 知覺이 高明흔 時를 當흐면, 始乃開化賓客이 되나니 此를 因흐야 勉行不已흐면 主人의 堂戶에 入居흐기도 得成흘지라.

◇ 今 天下各國에 開化흐는 始初를 詳攷흐건디 智慧로 以흔 者는 規模가 穩全흐고 弊端이 不存흘 샏 아니라 恒常 主人의 形勢를 保有흐고, 勇斷으로 以흔 者는 完全흔 規模가 少흐고 弊端이 生흔 故로 差失흐는 事가 多흐나 久後에 至흐야는 主人의 席이나 賓客의 位를 占흔 者가 多흐며, 威力으로 以흔 者는 百姓의 智識이 缺乏흠을 因흐야 全히 臆地로 行흐는 事가 多흔 故로 其 規模의 如何흠은 姑舍흐고 弊端은 猶且勇斷흔 者에 止흐야 略少흐나 其政府의 危殆흠인즉, 國中에 大敵이 有흠과 恒同흐야 最難흔 者로되 萬若 政府되난 者가 不如此흐면 百姓이 開化의 奴隷되야 他人의 指揮를 受흐기 不免흘지라. 然흔 故로 政府가 不得已흐야 保國흐는 計를 用흠이로되 一心으로 人民을 愛護흐야 進取흐는 氣像이 雄壯흠으로 此도 亦賓容의 地位를 不失흐고, 歲月의 長久흠

282

을 閱歷ᄒᆞ야 人民의 知識이 博高ᄒᆞ기에 至ᄒᆞᆫ 則, 主人의 名號도 圖謀ᄒᆞᄂᆞᆫ 者가 有ᄒᆞ거니와 萬若 政府와 人民이 一同ᄒᆞ게 無識ᄒᆞ야 智慧로 以ᄒᆞᆷ도 無ᄒᆞ고, 勇斷으로 以ᄒᆞᆷ도 無ᄒᆞ고, 威力으로 以ᄒᆞ야 更張ᄒᆞᄂᆞᆫ 規模를 不行ᄒᆞ면 振起ᄒᆞᄂᆞᆫ 氣力이 不足ᄒᆞ야 愛好ᄒᆞ되 不效ᄒᆞ어 欽羨호되 不學ᄒᆞ고, 恐懼호되 不悟ᄒᆞ면, 他人의 奴隷되야 開化ᄒᆞᄂᆞᆫ 指揮를 服從ᄒᆞᆯ ᄯᆞ름이니, 國人이 心을 同ᄒᆞ야 戒愼ᄒᆞᆯ 者ㅣ 此에 在ᄒᆞᆷ이라.

◇ 此 開化者ᄂᆞᆫ 實狀과 虛名의 分別이 有ᄒᆞ니 **實狀開化**라 ᄒᆞᄂᆞᆫ 者ᄂᆞᆫ 事物의 理致와 根本을 窮究ᄒᆞ며 考諒ᄒᆞ야 其國의 處地와 時勢에 合當케 ᄒᆞᄂᆞᆫ 者며 **虛名開化**라 ᄒᆞᄂᆞᆫ **者**ᄂᆞᆫ 事物上에 知識이 不足호되 他人의 景況을 見ᄒᆞ고 欽羨ᄒᆞ야 然ᄒᆞᆫᄃᆞᆫ지 恐懼ᄒᆞ야 然ᄒᆞᆫᄃᆞᆫ지 前後를 推算ᄒᆞᄂᆞᆫ 智慧가 無ᄒᆞ고 施行ᄒᆞ기로 主張ᄒᆞ야 財를 費ᄒᆞ기 不少호되 實用은 其 分數를 抵ᄒᆞ기 難ᄒᆞᆷ이니 外國을 始通ᄒᆞᄂᆞᆫ 者가 一次ᄂᆞᆫ 虛名의 開化를 經歷ᄒᆞ나 歲月이 久遠ᄒᆞᆷ으로 無限ᄒᆞᆫ 練歷이 有ᄒᆞᆫ 後에 至ᄒᆞᆫ 則, 實狀 開化에 始赴ᄒᆞᆷ이라. 然ᄒᆞᆫ 故로 他人에 長技를 取ᄒᆞᄂᆞᆫ 者ㅣ 決斷코 外國의 器械를 購買ᄒᆞ거나 工匠을 雇用ᄒᆞ지 勿ᄒᆞ고, 必先 自己國 人民으로 其才를 學ᄒᆞ야 其人으로써 其事를 行ᄒᆞᆷ이 可ᄒᆞ니, 盖人의 才操ᄂᆞᆫ 窮盡ᄒᆞᆷ이 無ᄒᆞ거니와 財物은 有限ᄒᆞᆫ 者라, 萬若 自己 國人이 其才操를 修ᄒᆞᆯ진ᄃᆡ 當場에 利ᄒᆞᆯ ᄲᅮᆫ 아니라, 國中에 傳播ᄒᆞ야 其效驗이 後世에 遺ᄒᆞ기에 至ᄒᆞ려니와 外國의 器械를 購買ᄒᆞ면 其器械가 傷ᄒᆞᄂᆞᆫ 時ᄂᆞᆫ 其器械가 更無ᄒᆞᆯ지오, 工匠을 雇用ᄒᆞ면 其工匠이 去하ᄂᆞᆫ 時에ᄂᆞᆫ 其工匠이 更無ᄒᆞᆯ라. 如何ᄒᆞᆫ 器械와 如何ᄒᆞᆫ 工匠으로 其事를 更行ᄒᆞ리오. 其勢가 其器械를 更購ᄒᆞ고 其工匠을 更雇ᄒᆞ나니 眞實로 如是ᄒᆞᆯ진ᄃᆡ 我의 虛費ᄒᆞᄂᆞᆫ 者 財物이라, 若 玆의 虛費ᄒᆞᄂᆞᆫ 財物이 何處를 從ᄒᆞ야 來ᄒᆞ리오. 畢竟은 百姓의게 其害가 歸ᄒᆞᆯ ᄯᆞ름.

◇ 嗚呼라. 開化ᄒᆞᄂᆞᆫ 事가 他人의 長技를 取ᄒᆞᆯ ᄲᅮᆫ 아니라 自己의 善美ᄒᆞᆫ 者를 保守ᄒᆞ기에도 在ᄒᆞ니 大槪 他人의 長技를 取ᄒᆞᄂᆞᆫ 意向도 自己

의 善美흔 者를 補ᄒ기 爲흠인 故로 他人의 才操를 取ᄒ야도 實狀 잇게 用ᄒᄂ 時ᄂ 則 自己의 才操라. 時勢를 量ᄒ며 處地을 審ᄒ야 輕重과 利害를 判흔 然後에 前後를 分辨ᄒ야 次序로 施行ᄒ미 可ᄒ거늘 <u>過흔 者ᄂ</u> 毫末의 分別도 無ᄒ고, 外國의 盡善ᄒ다 ᄒ야 自己의 國에난 如何 흔 事物이든지 不美ᄒ다 ᄒ며, 已甚ᄒ기에 至ᄒ야ᄂ 外國의 景況을 稱 道ᄒ야 自己의 國을 慢侮ᄒᄂ 弊俗도 有ᄒ니 此를 <u>開化黨</u>이라 謂ᄒ나, 此 豈 <u>開化黨</u>이리오. 其實은 開化의 罪人이며, <u>不及흔 者ᄂ</u> 頑固흔 性稟 으로 事物의 分界가 無ᄒ고 外人이면 夷狄이라 ᄒ고, 外國物이면 無用件 이라 ᄒ고, 外國文字ᄂ 天主學이라 ᄒ야, 敢히 就近치 못ᄒ며, 自己의 身이 天下의 第一인 듯 自處ᄒ고, 甚ᄒ기에 至ᄒ야ᄂ 避居(피거)ᄒᄂ 者도 有ᄒ니 此를 <u>守舊黨이라 謂</u>ᄒ나 此 豈 守舊黨이리오, 其實은 開化 의 讎敵이니 聖人의 言이 有호ᄃᆡ 過흠과 不及흠이 同ᄒ다 然ᄒ나 開化 ᄒᄂ 道에 至ᄒ야난 過흔 者의 弊害가 不及흔 者에셔 甚ᄒ니 其故ᄂ 無他라. 過흔 者ᄂ 其國을 危케 흠이 速ᄒ고, 不及흔 者ᄂ 其國을 危케 흠이 遲흠이라. 然흔 故로 必然히 得中흔 者 有ᄒ야 過흔 者를 調制ᄒ며 不及흔 者를 勤勉ᄒ야 他의 長技를 取ᄒ고 自己의 美事를 守ᄒ야 處地 와 時勢를 應흔 然後에 民國을 保全ᄒ야 開化의 大功을 奏ᄒ리니, 若其 口中에 外國 卷煙을 含ᄒ고 胸前에 外國 時標를 佩(패)ᄒ며 其身이 반둥 이나 交椅(교의)에 踞坐(거좌)ᄒ야 外國 風俗을 閑話ᄒ와 其言語를 略 解ᄒᄂ 者가 豈曰 開化人이리오. 此ᄂ 開化의 罪人도 아니오, 開化의 讎敵도 아니라, 開化의 虛風에 吹ᄒ야 心中에 主見업시 一箇 開化의 病 身이라.

◇ 世級이 降흘슈록 人의 開化ᄒᄂ 道ᄂ 前進ᄒᄂ니 言者가 或曰호ᄃᆡ 後人이 前人을 不及ᄒ다 然ᄒ나 此ᄂ 未達흔 談論이라. 人事가 無窮흔 故로 時代를 隨ᄒ야 變幻흠이 有ᄒ거늘 後人이 應變ᄒᄂ 道理를 不行 ᄒ고 舊規模를 株守ᄒ야 事爲上에 施ᄒ다가 不合ᄒᄂ 者가 有ᄒ면 輒 曰 今人이 何敢 古人과 同ᄒ리오 ᄒ나 此言이 豈然ᄒ리오. 萬若 人의

氣質과 局量이 代마다 減衰홀진듸 柢今을 從ᄒ야 幾千年을 經ᄒ면 應當 人의 事爲가 絶홀지오, 又幾千年을 再過ᄒ면 人의 道理가 無ᄒ리니 此ᄂ 理의 不然흠이 的實흔지라. 人의 知試[199]은 閱歷이 多홀ᄉ록 神奇흔 者와 深妙흔 者가 疊出ᄒᄂ니 今에 此을 證ᄒ건듸 古人은 陸地 往來에 代步ᄒᄂ 物이 馬이 아니면 車라, 千里 長路를 旬望의 旅行으로 艱辛이 得達ᄒ던니, 今人은 火輪車의 迅速흠으로 半日의 工을 不費ᄒ고, 水路 에ᄂ 一片 木船으로 萬頃蒼波에 出沒ᄒ야 風濤(풍도)의 險惡흔 時ᄂ 危殆홈도 極臻(극진)ᄒ던니, 今人은 火輪船의 堅固흠으로 萬里의 風浪을 平地에셔 便이 往來ᄒ고, 古人은 百里間에 一封書 消息을 傳ᄒ기에 往來間 二三日을 虛費ᄒ던니, 今人은 電機線의 神妙흠으로 萬千里의 殊域 이라도 瞬息間에 往復ᄒ야 咫尺에 對話홈과 無異ᄒ고, 古人은 多種物品 의 製造ᄒᄂ 法이 人力을 費홀 ᄯ름이라. 其 辛苦흔 景狀이 可矜ᄒ던니, 今人은 火輪器械의 便利흠으로 一日의 製作ᄒᄂ 者가 幾萬人의 工夫을 對敵흔 則 此等事ᄂ 吾輩의 見聞흔 듸로 古人의 不能흔 비며, 近世에 至ᄒ야 其功效를 始顯흔 者라.

◇抑此 新奇ᄒ고 深妙흔 理致ᄂ 舊世界에 不存ᄒ고 今日에 始有흔 者 아니요, 天地間에 其 自然흔 根本은 古今의 差異가 無ᄒ되 古人은 窮格ᄒ기 不盡ᄒ고 今人은 窮格ᄒ기 攄到(터도)흔 者니 此를 由ᄒ야 觀 ᄒ면 今人의 才識이 古人에 比ᄒ야 超加흔 듯ᄒ나 然ᄒ나 實狀은 古人 의 初刱흔 者를 潤色홀 ᄉ름이라. 火輪船이 雖曰 奇異ᄒ나 古人의 造車 흔 規模를 不由ᄒ면 不成홀지오, 此外에도 如何흔 事物이던지 皆然ᄒ야 古人의 成法을 離脫ᄒ고, 今人의 新規를 刱出(창출)ᄒ기ᄂ 不能ᄒ니 支 那에도 公輸子[200]의 飛鳶과 偃師[201]의 製人과 張衡의 地動機와 諸葛의

---

199) 지시(知試): 知識의 오식으로 보임.

200) 공수자(公輸子): 중국 노나라 때의 기술자. 맹자 이루장 상편에 "孟子曰 離婁之明과 公輸 子之巧로도 不以規矩면 不能成方員이요 師曠之聰으로도 不能正五音이오 堯舜之道로도 不 以仁政이면 不能平治國니라. 今有仁心仁聞而民不被其澤하야 不可法於後世者ᄂ 不行先王

木牛流馬와 祖恆의 輪船과 宇文愷의 行城과 元順帝의 自鳴鐘과 張蹇의 西域을 言홈과, 甘英의 大秦을 通홈과 郭守敬의 大統曆을 劍홈이 有호고, 我方에도 高麗磁器는 天下에 有名호 者며, 李忠武의 龜船은 鐵甲兵船이라 天下에 最先 創出호 者며 鐵鑄字도 天下에 最先刱行호 者라. 然則 東亞人도 萬若 窮究호고 窮究호야 便利호 道理를 經營호엿드면 千萬事物이 今日에 至호야 天下萬國에 名譽가 支那와 我邦에 歸호엿슬지어늘 後輩가 前人의 舊規를 潤色지 아니홈에 何오.

5.14. 보통교육론

◎ 我國 敎育界의 現象을 觀호고 普通敎育의 急務를 論홈,
　張膺震, 〈태극학보〉 제1호, 1906.8.

[해설] 이 논설은 〈태극학보〉에 실린 것을 〈대한매일신보〉(1906.9.27. ~28)에서 다시 연재하였음. 이 시기 재일 유학생의 입장에서 당시의 교육가와 학생들의 실태를 비판하고, 교육의 목적을 전제로 보통교육의 필요성을 주장한 논설임./ 입력 자료는 대한매일신보 연재일을 기준

之道也일새니라. 故로 曰 徒善이 不足以爲政이오 徒法이 不能以自行이라 詩云不愆不忘은 率由舊章이라 하니 遵先王之法而過者 未之有也니라."라는 내용이 나온다. (번역: 맹자께서 말씀하셨다. "이루의 맑은 눈과 공수자의 교묘한 기술로도 규구를 쓰지 않으면 모난 것과 둥근 것을 만들지 못하고, 사광의 총명한 귀로도 육률을 쓰지 않으면 오음을 바로 다루지 못하고, 요순의 도로도 인정(仁政)을 하지 않으면 천하를 화평하게 다스리지 못하느니라. 지금 인자한 마음과 인자하다는 평판이 있으면서도 백성들이 그 해택을 입지 못하고 후세에 본받을 만한 것이 못되는 것은 선왕의 도를 행하지 않기 때문이다. 그러므로 한낱 선하기만 한 것으로는 정치를 하지 못하고 한낱 법도만으로는 그것이 저절로 행해지지는 않는다. 詩經에 지나치지도 않고 잊지도 않는 것은 옛 법전을 따르기 때문이다"라고 하였으니, 선왕의 법도를 준행하고서 잘못된 사람은 아직 있지 않았느니라.)
201) 언사(偃師): 중국 주나라 때의 목각사(木刻師).

으로 하였음

▲ 9월 27일=〈태극학보〉제1호 소재

在日本 東京 留學生 張膺震 氏가 太極學報 第一號에 韓國 新舊학界의 弊端과 普通敎育의 急務를 論홈이 懇切 適當ㅎ야 韓國人士의 着眼 注意 홀 빅인 故로 玆에 謄載ㅎ노니 本誌를 閱讀ㅎ시는 이는 逐號 詳覽홀지 니 其 文이 如左ㅎ니라

一家의 興敗는 其子孫의 良否에 係ㅎ고 一國의 盛衰는 其 國民의 健 否에 由ㅎ나니 是故로 一家의 計를 立코즈 ㅎ면 其 子孫을 薰陶善良케 홈만 不如ㅎ고 一國의 基礎를 定코져 ㅎ면 其 國民의 精神을 건全히 振興 發揮홈만 莫若ㅎ도다. 然則 其 薰陶 發揮의 道가 何에 在홈은 吾人 의 노노흔 說을 不待ㅎ고

人人이 萬口一唱으로 無疑明答홀 者니 卽 敎育이 是라. 宇宙에 大法 則을 觀察ㅎ면 上으로 太陽系에 大와 下으로 有機微物에 至ㅎ도록 宇宙 間 萬物은 活動 變化ㅎ야 暫時라도 進化의 程路를 不息ㅎ나니 吾人 人 類의 生活도 쏘흔 此 一大法則을 免치 못ㅎ리로다.

然니나

一地方 活動의 速力은 一國에 比ㅎ면 晩後의 嘆을 難免ㅎ고 一國의 活動의 速度는 世界에 比ㅎ면 쏘흔 晩後의 傾向이 不無ㅎ니 一地方의 敎育은 不得不 其 國情에 相應흔 標準을 取치 아니치 못홀 것이오 一國 의 敎育은 世界 大勢에 鑑ㅎ야 其 標準을 定치 아니치 못홀지라

今日 環球 列國의 國民敎育의 大方針을 觀ㅎ면 各各 此로써 專力 主務 치 안는 者ㅣ 無ㅎ야 我의 短을 捨ㅎ고 人의 長을 取홈에 不恥ㅎ며 人의 短을 見ㅎ면 我의 長을 益益 發揮홈에 不怠ㅎ니 此는 農工商 政治 法律 軍事 等 一切에 進步가 各其 國情에 特殊홈을 隨ㅎ야 多少의 差異는 有ㅎ나 大略 平衡의 狀態로 駸駸乎長足의 進步를 發展ㅎ는 所以로다.

我國 今日 敎育界에 情形을 回顧ᄒ면 可히 世界 大勢에 投合ᄒ다 謂ᄒᆯ가. 設使 世界 大勢에 投合ᄒᄂ 域에ᄂ 達치 못ᄒ다 ᄒᆯ지라도 一步進一步ᄒ야 漸次 進就向上ᄒᄂ 段階에 在ᄒ다 謂ᄒᄂ지 人으로 ᄒ여금 流涕長嘆ᄒᆯ 者ㅣ 再에 不止ᄒ도다.

元來 士林으로 言ᄒ면 一國에 柱石이라 古今을 通ᄒ고 天下 大勢의 移動을 達觀ᄒ며 事理를 精通ᄒ야 進ᄒ면 足히 써 國家의 休戚을 論ᄒ며 國民의 福利를 經綸ᄒ고 退ᄒ면 足히 衆民의 指導가 되야 國民으로 ᄒ야금 敎導開發ᄒ야 文明에 進케 홈으로써 己任을 作ᄒᆯ 것이어날 嗟乎라 우리 士林의 無能이여 詞章摘句의 術과 陳腐曲學의 說 阿世欺人ᄒᄂ 類가 아니면 一是 古人의 遺糟에 心醉盲從ᄒ야 其 高尙ᄒ 精神의 本體와 人生의 天職은 頓忘不解ᄒ고 惟一形式에 拘泥ᄒ야 一切 新理를 排擊ᄒ고 舊習을 膠守ᄒ며 豆*ᄒ 眼孔으로 世界를 觀察ᄒ야 自尊妄大의 謬想을 徒增ᄒ고 心中에ᄂ 一國의 士林으로써 自負ᄒ며 世人이 ᄯᅩᄒ 彼를 士林으로써 認許ᄒ니 心中에 엇지 自愧홈이 無ᄒ리오.

借回ᄒ노니 聖賢은 何人이며 君子ᄂ 何人고. 吾人도 ᄯᅩᄒ 古昔 聖賢의 偉訓偉蹟을 仰慕崇拜치 아니미 아니나 聖賢도 本是 人이오 君子도 同是 人이라 孟子曰 舜何人也며 余何人也오 ᄒ시니 全知全能ᄒ 造物이 아니어날 엇지 人事에 盡善完美ᄒ 境이 有ᄒ리오. 況且 人類의 文化ᄂ 時代에 經過ᄅ 從ᄒ야 向上 進化ᄒᄂ 것이라 上代의 美德이 반다시 今世에 美德됨을 不保ᄒ고 上古 博學의 知識이 今日 兒童에 不及ᄒᆯ 者 往往不無ᄒ며 ᄯᅩ 倫理道德으로 論ᄒᆯ지라도 時代의 趨勢와 人文의 發達의 程度에 從ᄒ야 變遷無止ᄒᆯ 것이어ᄂᆯ 況其習俗 形式이리요. 此를 千代一律로 繩墨自守ᄒ야 聖門에 自擬코져 ᄒ니 儒林의 固陋ᄒ 僻見이 此에 至ᄒ니 비록 全國에 充滿ᄒ면 何等 福利를 其國에 及ᄒ며 今日 激烈ᄒ 競爭社會에 何等 實力이 有ᄒ리오. 다못 實力이 無ᄒᆯ ᄲᅮᆫ 아니라 一國 衰頹의 原因을 作홈이 實로 不少ᄒ도다. ᄯᅩ 科擧法 廢止 以後에

所謂 新學問 闡發의 機關이라 稱홀 <u>幾個의 外國語學校가 創立되여스니</u> <u>語學으로 論ᄒ면 文明國의 言文을 習得ᄒ야 其國 文明의 精華와 學識의</u> <u>源泉을 硏究홈에 在ᄒ거놀 嗟乎라. 我國 語學의 無實이여.</u> 所謂 學徒가 一定의 目的이 無ᄒ고 다못 世上風潮에 湧動ᄒ야 十常八九는 朝入暮退에 半途廢學ᄒ고 或 數年을 繼做ᄒ야 僅僅 其 初階에 達ᄒ면 東謟西圖ᄒ야 竇路에 奔沒ᄒ며 或 外人의 通辯으로 碌碌自足ᄒ니 奚暇에 學理를 爲ᄒ야 蘊奧을 硏究ᄒ며 公益을 爲ᄒ야 一身을 挺ᄒᄂ 高尙ᄒ 精神을 養致홈에 達ᄒ리요. 不寧惟 是라. 或 不良無識의 徒가 其 通辯의 媒로써 往往 外人에게 依勢ᄒ야 自利만 是營ᄒ고 一國의 不利를 能行ᄒ며 同胞를 犧牲에 誘致홈에 至ᄒ여는 其 害毒이 莫甚ᄒ도다. <u>近來 靑年 等이</u> <u>斷髮輕裝으로 開化를 自榜ᄒ과 花柳春風에 黃金을 散盡ᄒ야 一生을 自</u> <u>誤ᄒ며 輕薄行動으로 自由를 頻稱ᄒ야 上下 人倫을 不解ᄒ며 不義不理</u> <u>를 敢行ᄒ고도 曰 自由라</u> ᄒ니 此는 某 雜誌의 所謂 近日 我國의 開化病痛이라. 擧國 靑年의 精神이 如此히 腐敗ᄒ고 思想이 如此히 鄙陋ᄒ야 滔滔 救出키 難홈에 至ᄒ 者는 其 發源을 推究ᄒ면 靑年의 罪가 아니요 實은 社會精神의 腐敗와 國民敎育의 不振에 起因홈이로다. 近來 暗黑界 中에셔 隱然히 一條 微光을 破出ᄒᄂ 者 有ᄒ니 小學 敎育의 萌發이 是라. 大抵 健全ᄒ 國民을 養成코져 ᄒ면 其 小學時代 敎育에 注目지 아니치 못홀지니 兒童의 純一ᄒ 腦中에 健全ᄒ 精神의 原動力과 完美ᄒ 習慣을 注入ᄒ야 異日 完成의 基礎를 確立치 아니면 不可ᄒ도다. 近日 四方의 有志 人士가 時勢에 鑑ᄒ고 國民의 不振홈을 憤慨ᄒ야 家貲를 盡傾ᄒ며 或 義金을 鳩聚[202]ᄒ야 學校를 創設홈이 連日 新紙에 記載홈을 見ᄒ니 如此 盛事를 唱道ᄒ시ᄂ 先進 諸士의 高義에 對ᄒ여는 感謝無至어니와 實로 國家를 爲ᄒ고 國民을 爲ᄒ야 讚賀不已홀 者로다. 然而 血誠은 衝天ᄒ나 實力이 不及ᄒ여 往往 龍頭蛇尾의 歎이 不無ᄒ고 或 敎師에 其人을 求得키 難홈으로 其 熱誠의 本意가 往往 有名無實의

---

202) 구취(鳩聚)ᄒ야: 모아.

地에 終홀 疑憂가 不無ㅎ니 此에 至ㅎ여는 其 責任을 國家가 負擔치 아니치 못ㅎ리로다. 此世 何世며 此時 何時뇨. 舊式의 敎育은 衰敗의 極頂에 達ㅎ고 新式의 敎育은 弱芽를 僅出홈에 止ㅎ니 此 危機를 當ㅎ야 一大 英斷으로 一大 非常혼 手術을 施設치 아니ㅎ면 國家 萬年의 計를 確立키 難ㅎ도다.

夫 <u>敎育의 遠大혼 目的은 個人의 品格과 國家의 人格을 高尙히 發達홈에 在ㅎ나</u> 其 直接의 目的은 <u>今日 生存競爭에 處ㅎ야 自活自存에 必要혼 方策을 講究</u>홈에 在ㅎ도다. 此 二十世紀는 다못 武力의 競爭時代가 아니라 智識의 競爭이오, 經濟의 競爭이오 勸力의 競爭이니 故로 國家 는 活動 生存으로써 目的을 定치 아니치 못홀 것이오, 國家의 要素되는 人民은 生存에 堪能홀 勇氣를 培養ㅎ며 不屈의 精神을 硏磨치 아니치 못홀지라. 今日 此世에 處ㅎ야 常識을 不修ㅎ고 社會에 立코져 홈은 武 藝를 不習ㅎ고 戰場에 出홈에 無異ㅎ니 此는 今日 文明 列國이 國民 普通敎育에 注力ㅎ는 所以로다. 此 普通敎育이 普及 完成홈으로써 國民 의 敎育이 畢ㅎ다 謂홈이 아니라 實로 普通敎育이 無ㅎ면 個人으로써 自己의 職分을 完守ㅎ야 文明社會에 容立키 難ㅎ고 國家에 對ㅎ야 國民 의 義務를 盡ㅎ기 不能ㅎ리니 普通敎育은 人民의 一大 義務요, 國家의 一大 任務라 稱ㅎ리로다. 今日 列國의 敎育制度를 略擧ㅎ면 小學으로붓 터 中學을 經由ㅎ야 高等, 專門, 大學에 至ㅎ니 <u>小學, 中學은 一般 國民 에게 必要혼 普通學科를 敎授</u>ㅎ야 常識을 培成ㅎ는 第一의 機關이라. 此를 畢ㅎ면 一個 完全혼 國民의 資格을 認許홈이오 一步를 更進코져 하는 者면 高等, 專門, 大學에 進入ㅎ야 高尙혼 學理를 獎勵 硏磨케 홈 이니 此는 卽 國家의 有爲人物을 造成ㅎ는 機關이라. 然則 小學, 中學은 世人이 往往 誤解홈과 갓치 高等, 專門學에 入ㅎ는 豫備門이 아니오 健 全혼 國民을 造出ㅎ는 一個 獨立의 機關이나 學者의 便利를 計ㅎ야 其 連絡을 附有홈에 不過ㅎ도다. 此로 由ㅎ야 觀ㅎ면 普通敎育은 學術 進 步의 關門이오 國民의 精神을 發揮ㅎ는 唯一의 良劑니 此는 吾人이 今 日 我國事情에 鑑ㅎ야 普通敎育의 急務를 唱論ㅎ는 비로다.

5.15. 사범교육

◎ 論師範養成, 沈宜性, 〈대한자강회월보〉 제13호, 1907.11.
(교육학)

*교육학과 사범교육
*교육학 연재 후 사범교육을 논하고자 하였으나 제13호까지 발행되었기 때문에 실제로 사범교육에 대해서는 논의하지 못했음.

今에 敎育의 道理와 敎授의 方法을 說ᄒᄂ 者ㅣ 頗多ᄒ나 至於實地上 效力ᄒ야ᄂ 一個人 口述과 一篇 文論說이 無ᄒ야 反히 敎育界의 缺點이 不無ᄒ기로 玆에 古今東西 敎育學者와 講道ᄒ 바를 參攷ᄒ야 必要ᄒ 點을 擧ᄒ야 敎育界의 參互에 供코져 ᄒ노니 蓋敎育學이란 것이 非能獨立爲學이라 必假 各種料目ᄒ야 合成ᄒ 者이나 今 不必多數 說明 故로 但 擇其 最要者言之ᄒ노라.

一. 敎育이 必要되ᄂ 理由: 集人成國ᄒ고 集國成世界ᄒ나니 欲立國於世界中ᄒ야 與各國으로 挈短爭長인ᄃ 果從何處着手오 欲國之昌인ᄃ 必從一個之人民ᄒ야 振興其勞動力이니 若人人이 有勞動力이면 卽人人이 有競爭力ᄒ리니 人民의 競爭力이 長一分ᄒ면 卽 國家의 競爭力이 亦長一分 故로 發達個人이 乃所以發達國家之全體也니라 勞動力이 有二方面ᄒ니

(一) 理想的, (二) 物質的

蓋理想者ᄂ 精神上의 勞動力을 發達케 ᄒᄂ 者이오 物質者ᄂ 生業上勞動力을 發達케 ᄒᄂ 者니 二者ㅣ 相須ᄒ야 非可分割獨立이라 互相爲用이라야 乃可完修니 凡生業이 昌則理想이 益精ᄒ고 理想이 精則生業이

日盛ᄒ나니라.

若權其輕重인ᄃᆡ 則理想爲尤要ᄒ니 觀從古歷史컨ᄃᆡ 郅治隆盛之時에 其人心이 必甚開通ᄒ얏시니 精神上의 豪傑이 多ᄒᆫ 後에야 事業上의 施設이 必大ᄒᆫ 故이나 是ᄂᆫ 理想이 生業에 根本되ᄂᆫ 所以니라.

但 物力이 豊盛ᄒ고도 人心이 腐敗ᄒ면 國家ᄂᆫ 必難存立이니 譬컨ᄃᆡ 富家子弟가 道德義理에ᄂᆫ 不明ᄒ고 放浪驕恣에만 有意ᄒ면 未有不一敗塗地者ᄒ리니 是ᄂᆫ 理想이 爲生業之庇者也라 歐美列國의 强盛時代를 攷閱컨ᄃᆡ 其競爭力이 似專在於物質上이나 其實은 不然ᄒ니 其精神理想의 競進에 乃有出人意表者也니라.

若欲精神之發達인ᄃᆡ 捨敎育之外에ᄂᆫ 更無他方 故로 驅美諸邦이 皆極力ᄒ야 興學으로ᄡᅥ 爲事ᄒ나니라.

故로 敎育人民이 乃國家所以存立之根本也라 敎育의 起原이 自有人類以上에 卽 有之ᄒ니 何以知之오 人無不愛其子弟 故로 則亦無不授以敎育者ᄒ니라.

然이나 個人의 愛其子弟ᄂᆫ 其施敎也ㅣ 狹故로 其發達力이 不大ᄒ니라.

敎育이 國家存立上에 關係가 有ᄒ 줄노 旣認ᄒ면 不可徒以父兄之愛로 委其事於各人也니라 國의 興替가 自古有之로되 或委之於氣運은 非也니 國勢가 將衰할 時可以敎育으로 挽回故로 敎育이 於國家盛衰에 關係가 最切ᄒ니라.

人이 何故로 必湏敎育고 蓋人之有心이 爲至靈物故로 心有力量이나 必湏有材料以后에 乃能補助ᄒ나니 比如植物이 己具萌芽之理나 苟不栽培

292

灌漑면 豈能生長이리오 人有良知良能의 力量이나 若不授以知識之材料
면 則亦不能知識也며 雖有判斷善惡之德性이나 又不與以觀感之善材면
必不能收其實行之利益ᄒ리라.

是에 對ᄒ야 區別할ᄇᆡ 二가 有ᄒ니 卽 賦稟과 經驗이 是라.

人有天與之賦稟ᄒ고 附以人事之經驗ᄒ니 二者ㅣ 對立이라야 方爲成人
이니 苟有美材라도 不與教育이면 人事ᄂ 缺矣니 天賦가 亦隨損矣리라.

古來俊傑이 或有不從教育出者ㅣ나 此皆世間一出之人이라 不可以例
常人看過여니와 教育은 特爲常人設故로 決不可少나 然及其本質之高下
ᄒ야ᄂ 自若而已也니 若有兩人於此ᄒ야 一智一愚而同時施教라도 及其
結果ᄒ야ᄂ 智者ㅣ 必優於愚ᄒ리니 是ᄂ 天賦의 程度가 與其受教育의
程度로 其相距가 不常等故也라 亦可知天賦의 美惡은 決非教育의 所能
參入者러라 雖然이나 人何以生於世間고 必有一目的ᄒ니라 既得爲人인
ᄃᆡ 具有本性ᄒ리니 必將擴充本性ᄒ야 乃至十分圓滿이라야 可成終身之
目的이오 亦不負出世一遭ᄒ리라.

本性	智 -----------	智
	感 -- 快, 不快 --	情
	動 -----------	志意

先視 本性이 爲何物이니 蓋本性은 有知識力有感覺力有動作力ᄒ니라.

古時學者ᄂ 研究心性者ㅣ 自陷於虛渺而已나 指實言之면 祇此三者而已
니 發達人民之本性者ㅣ 宜從此三者下手ᄒ나니 何者오.

一 使其知識으로 日增이오 二 使其感觸者로 皆得愉快오 三. 使其動作之

意로 競進케 홈이라.

然則 感與動의 分別이 何如오 感屬於情ᄒ니 如美色音聲이 有感而悅者也오 動屬於志意ᄒ니 如見賢思齊ᄒ야 擇善而作者ㅣ 志意의 先動者也니라.

智와 感과 動이 亦有先後否아 近來 學者가 或 說有感而后에 有智ᄒ고 有智而后에 有動이라 ᄒ며 或說有智而後에 有感ᄒ며 有感而後에 有動이라 ᄒ야 其說이 不一이나 要컨듸不必論其先后라 但 知有此三種本牲이면 足矣니라.

開化敎育의 功效가 卽 不外乎此三項而已니 一. 人民의 知識開拓 二. 富於美術思想 三. 有高尙進就之意志也니라.

古今所以 發達의 事業은 皆從此三項出來者니 古今已現의 成跡을 取ᄒ야 人民의 知的情的意的의 三項活動力이 觸發ᄒ야 已見者旣는 爲固有여니와 其 未見는 日有精進ᄒ면 則取益이 甚大故로 是在敎育也니라.

如謂人有此性이라 ᄒ야 若聽其自由면 卽 茫無津涯ᄒ야 終鮮成效故로 國家가 必設定章ᄒ야 以制限之ᄒ나니 人民이 不能出國家의 制限範圍而成立則亦不能外國家의 敎育ᄒ야 爲競進故로 人民의 競進이 終歸其利於國家ᄒ나니라 人民이 國家에 對ᄒ야 固有ᄒ 特性이 有ᄒ니 此固有ᄒ 特性을 因ᄒ야 光大케 ᄒ나니 幷世諸國의 往迹을 取ᄒ야 用爲我法이면 外으로 世界交通에 無碍ᄒ고 內으로 自國特質에 無傷ᄒ야 其 取效가 捷ᄒ고 成功이 大ᄒ리라.

國家者는 人民의 集合體로쎠 成立ᄒ 者이라 故로 人民의 特性이 卽 國家의 特牲이니 人民은 國家를 賴ᄒ야 生活ᄒ고 國家도 人民을 賴ᄒ야 存立홈으로 二者가 相需爲用ᄒ나니라.

取近 學者의 說에 國家는 卽 一有機體라ᄒ니 人身에 比ᄒ야도 亦然ᄒ니 蓋四肢百體가 有一滯機ᄒ면 卽 不活潑ᄒ고 若不整理면 去死不遠ᄒ리라 人民이 國家에 旣生ᄒ면 卽國家의 一機體라 故로 雖一人이 不靈이라도 卽 全體에 有損ᄒ리니 然이나 若不敎育開導면 身分이 國家에 對ᄒ야 如此ᄒ 關係가 有ᄒ 줄을 不知ᄒ고 但欲各保其身ᄒ며 自私自便ᄒ야 及其結果也ㅣ 國必不存ᄒ고 身亦不保ᄒ야 國家와 人民이 同受其害ᄒ리니 是故로 進化의 國은 必竭力興學ᄒ야 人民을 開導ᄒᄂ니 雖敎育의 科目이 繁多ᄒ나 其 本旨는 卽此에 不外ᄒ나니라.

各國의 情形이 不同ᄒ야 各具特性ᄒ니 如一人이 有一人의 特性이라 其中에 尤易辨者는 男女만 莫如ᄒ니 男湏爲發達其男子의 特性ᄒ고 女則發達其女子之特性이며 上等社會人及下等社會人이 亦然ᄒ야 各有特性故로 卽 各有設敎之方法ᄒ니 雖其方法이 不同이나 及其幷受敎ᄒ育야는 一也니라.

在昔에는 男女上下의 界가 極明케 ᄒ다ᄒ야 女子與下等 人民은 不能受敎커ᄒ니 此甚謬也로다 蓋男女上下가 同生於世ᄒ야 同得爲人이여늘 何故로 使彼로 獨爲蠢賤乎아

今世에 女子敎育은 當以美國으로 爲第一이오 英德이 次之ᄒ니 英德은 尙有男女之辨ᄒ야 不能比同이오 美則一致ᄒ나니라.

女子가 受學則所以訓其子女者ㅣ 特爲優美ᄒ니 故觀女敎에 可覘其國之盛衰니라.

英國의 强이 爲世界第一ᄒ야 環球領地에 統計無入暮之時者ㅣ 乃因其國民에 別有特性이니 女子의 智識이 非常開豁ᄒ야 小兒ㅣ 自幼로 敎以信義故로 英人이 與世界交通에 必無誑語者ᄒ고 予嘗開於德國游學者ᄒ니 德國女子는 議論이 開拓ᄒ고 智識이 宏遠ᄒ야 具有國家의 高尙志量故로 德之强이 亦以此也라 云ᄒ더라.

男女者는 國家의 兩大部分이니 發達男女의 特性이라야 則國家ㅣ 進於文明ㅎ고 國家가 昌隆이라야 則 世界가 皆文明也니라.

次號에는 <u>敎育의 實際 及 理論을 論述ㅎ기</u>기로 必要되는 理由는 此에 止ㅎ노라.

◎ 敎員 養成策, 文乃郁, 〈낙동친목회학보〉 제3호, 1907.12.
　(교육, 사범교육)

교육학 자료

◎ 我韓 今日은 卽 師範時代, 韓興敎, 〈대한학회월보〉 제3호,
　1908.4. (교육론, 사범교육)

교육학 자료

蓋 師範者는 以模範的 事業으로 爲師百世ㅎ야 開牖後進者之謂也니 換而言之 則 如指今日歐米文明國之先進輩也라.
今焉驟看我韓之現象컨딘 社會風潮가 日益震盪에 士有敎育家 法律家ㅎ야 學校焉會團焉稍稍創立ㅎ며 農有農事模範場ㅎ야 技師焉技手焉種種出張ㅎ며 工有活版所織組所ㅎ야 書籍焉紬布焉多數産出ㅎ며 商有各銀行會社ㅎ야 貨幣焉物品焉通其有無ㅎ니 所謂 四民之業이 庶幾具備나 然이느 其 內容之不完全不成樣을 明若觀火니 此時 此境이 豈 非志士之遺憾哉아. 以今之狀態로 試問于諸家 則 必曰 徒緣財政之不贍而然也리니 何其誤解之甚乎아.
昔 英人 왓터는 以鐵工場雇人으로 多年實驗之結果가 爲蒸汽發明家之師

範ㅎ고 同國人 뉴-톤은 以貧家出身으로 數十年 研究之餘蘊이 爲地球引力發明家之師範ㅎ고 米人 후른커린은 以活版所助手로 徹夜强勉之成績이 終爲電氣發明家之師範ㅎ며 其外 多數發明家流도 擧自貧寒困窮中出來者也니 推此觀之면 誰云財不贍而未能研究哉리오. 一言以決之딘 將來 我韓之興替ㄴ 直在乎今日諸事業家經綸之善否也니 何者오 種善因然後에 得善果ㄴ 理之自然 則 無士 無農 無工 無商히 皆以吾之事業으로 思爲百世師範之目的ㅎ야 父以是傳之子ㅎ고 子以是傳之孫 則 畢竟 爲大發明家ㄴ 不待豫言者而明矣니 嗚呼 我二千萬 弟兄이 幸 以是爲個個目的이면 爾後 我韓之文明은 可胎于今日也夫 ㄴ뎌.

◎ 師校緩急, 〈호남학보〉 제4호, 1908.9. (사범학교, 교사론)

　　*이 글도 이기가 쓴 것으로 보임 = 앞의 향교득실에 이어짐.

　師之道ㅣ 重矣라. 父生之ㅎ고 君食之ㅎ고 師敎之ㅎᄂ니 故로 人生於三에 事之如一ㅎ니 則師之不可不擇이 亦明矣라. 一自新學之起로 師法이 無人ㅎ야 甲午更張初에 雖設師範學校나 然學徒選取之際에 人皆驚疑ㅎ야 不肯就試라. 故로 所得이 頗多卑劣ㅎ고 所養이 又極冗散ㅎ야 其堪爲普通師者ㅣ 蓋無其人焉이라. 近日 湖南 諸郡에 學校ㅣ 稍稍振興ㅎ야 敎師請聘이 日至於會館之門ㅎ니 雖或隨求隨應이나 皆非吾素識이라. 其學力之淺深과 性行之淑慝을 有不可知오. 況非同省人이라. 離親去家에 其月銀酬謝를 有不可少니 以不可知之人으로 用不可少之費ㅣ 此本會之所以憂且慮者也라. 吾知諸公이 今日에 雖不就學이나 明日에 必就學也오 今年에 雖不建校나 明年에 必建校也니 則聘師之責이 將歸於本會라. 故로 今於本會館內에 欲設一師範學校ㅎ야 招集湖南人漢文己熟者 年齡二十五歲以上 四十歲以下 大郡三員과 小郡二員ㅎ야 敎習普通學ㅎ야 或以速成科로 六個月卒業ㅎ고 或以本科로 二三年卒業ㅎ야 用其地之師ㅎ

야 敎其地之子弟ㅣ 極爲便宜나 然但財力이 無可辦之道ᄒ야 尙此躊躇耳
라. 未知諸公이 果有良算否아 幸乞相示ᄒ노라.

◎ 小學 敎員의 天職, 호연자, 〈태극학보〉 제17호, 1908.1.

[해설] 호연자의 이름으로 게재한 소학교 교원의 임무에 관한 논설임.
당시 소학교 교원에 대한 일반인이나 교원의 태도를 비판하고, 소학교
교원의 임무가 무엇인지를 강조하고자 한 의도를 갖고 있음

　大凡 國家의 發達은 民心의 統一을 須要ᄒ니 統一은 主義를 豫想ᄒ고
主義ᄂ 國体와 民性의 合全을 期待홈으로 大要를 作ᄒᄂ 者라. 故로 古
來 偉人 英傑의 士가 비록 國民 感化力을 掌握ᄒ야 時代를 善造홈으로
써 國運의 發展을 謀遂ᄒᆫ 事가 有ᄒ다 홀지라도 此ᄂ 期必 成就의 完定
ᄒᆫ 性質이 아니오 또 優遇 天然히 生ᄒᆫ다 홀지라도 此ᄂ 百千年間에
一人 二人이나 期待홀 ᄲᅮᆫ이니 該 目的이 完全無缺을 成致치 못홀 거시
오 또 政治ᄂ 國家發展의 目的을 向營ᄒᄂ 바이민 그 請求의 寸法딕로
働作홀 力이 有ᄒ다 홀지라도 其 效果ᄂ 皮相 形式에 但止ᄒ야 根本的
을 拔出치 못ᄒ고 國憲 法律로 一次 號令之下에 國民을 一波美域으로
動홀 力이 有ᄒ다 홀지라도 此ᄂ 所謂 機械的 所爲이민 其 勢力이 一時
에 止ᄒ야 永美를 難期ᄒᄂ니 然則 何로써 國家 發達의 大目的을 遂홀
고. 余ᄂ 答ᄒ되 敎育이라 ᄒ노니 何者오. 非他라. 敎育은 國民的 意識
을 能히 根底브터 統一ᄒ야 그 國体 民性에 適應ᄒᄂ 國民精神을 陶冶
ᄒᄂ 大力을 管有ᄒᆫ 所이니 然則 此 敎育을 掌握ᄒᄂ 者ᄂ 誰오. 小學校
敎員이 아닌가. 嗚呼라. 國本培養의 正路를 當ᄒ야 第二 國民되ᄂ 幾多
의 兒女를 薰陶 養育ᄒᄂ 小學校 敎員의 幸福이여. 君 等은 榮譽의 天爵
을 享受ᄒ엿고 無形의 桂冠을 領有ᄒ엿도다. 假令 其 地位ᄂ 低下ᄒ며
名望은 淺薄ᄒ야 所得의 俸給으로써 一家의 生活을 維持키 難ᄒ다 홀

지라도 吾人은 君等을 崇尊仰慕홈에 誠衷을 傾渴흐리로다.

世人은 通常 小學校 敎員을 指目흐야 學校 先生이라는 尊號를 上흐면 셔도 一個 嘲笑的 格言 資料를 삼느니 噫라. 此는 다만 金錢上 問題로 打算흔 者가 아니냐. 誤哉過哉라. 小學校 敎員이 神聖흔 거시 아니냐. 만은 世人이 彼들을 冷笑흐고 侮辱흐야 待遇홈만은 何故뇨. 必也 彼等 의 腐敗흔 所以가 有홈이니 左에 그 大綱을 記述흐여 볼가. 怪常토다. 現今의 小學校 敎員들이여. 大概 輕佻浮薄흐야 商賣的 營利的으로 一己 를 愼謹홈에 正重흔 行動이 無흐고 子弟들을 敎導홈에 親愛를 不施흐 고 威喝을 縱行흐야 純良흔 幼年의 良心을 全數히 懦弱케 흐고 俸給의 多寡를 因흐야 進退出入에 軌範이 無定흐고 俗吏小人의 奴隷를 自甘흐 야 假善僞良의 現狀을 綻路(탄로)흐느니 果然 如此흐면 隱避치 못흘 卽 事오 否定치 못흘 過責이라. 엇지 長太息 流涕흘 者가 아니리오. 故로 余輩는 彼들의게 正當히 訓責흘 바를 要흐리라.

아직 東西를 未辨흐는 兒女와 事理를 未解흐는 少年 子弟를 敎授홈 이 天爵이니 學의 曠흐야 精흠도 要치 안코 識이 高흐야 才가 儁홈도 求치 아니흐되 幾許間이라도 道가 正흐고 德이 高홈은 願흐느 精을 窮 흐야 微에 入흐고 面에 粹흐고 背에 盎(앙)홈은 小學校 敎員의 願흐는 바도 아니오 將次 宇宙를 呑盡흐고 幽明을 窮排코져 흐는 橄欖 林先生 의 事蹟도 希望홈이 아니로되 다만 熱誠, 親愛, 眞摯, 自重은 小學敎員 의 至盻흐는 바로다.

莫大흔 國家를 建設흘 第二 國民을 養成홈은 小學敎員의 職分이니 宜當히 國民의 先覺者로써 自任흘 거시오 子弟를 率홈에는 口로써 흐 지 말고 道로써 흐라. 古人이 云흐되 我는 道로써 天下를 救援흐리니 王覇의 分道가 道와 手의 相異뿐이라. 術로써 人을 弄흐고 智로써 世를 馭(어)흐며 自己의 誠意를 根因치 아니흐고 一身의 實行을 爲本치 아니 홈은 다 道로써 홈이 아니오 手로써 홈이니 道라 홈은 心을 原흐고 理 를 從홈이라 흐엿슨즉 人物을 養成코져 흐는 小學敎員이여 此言을 深 亮흐라.

敎育의 目的은 人物을 養成홈에 在ᄒ고 富貴와 顯榮을 贏得(영득)ᄒ려 홈이 아니니 大抵 人은 神과 寶를 兼全키 不能ᄒ 者라. 萬一 富貴를 致코져 ᄒᄂ 者ᄂ 敎育의 事業을 罷棄ᄒ고 米商을 寧作ᄒ며 料理를 營業ᄒ라. 如此ᄒ 奴輩가 神聖ᄒ 小學敎員의 職務를 携帶ᄒ 거슨 敎育界의 汚辱이요 侮恥니 速去速去ᄒᆯ지어다.

小學敎員들이여. 君等의게 通告커져 ᄒ노니 俸給의 三四員이 不足ᄒ다고 進退를 無常ᄒ지 말고 或 四五圓이 增給된다고 欣喜ᄒ 것 갓치 말지어다. 募軍이 賃金 三錢을 增給ᄒ다고 嬉淚가 班班ᄒᄃᆺ 그 行動이 鄙陋치 아니ᄒᆫ가.

다시 告諭ᄒ노니 君等 中에 事理를 通解치 못ᄒᄂ 者ᄂ 社會가 道德上으로 一點 寬容을 君等에게 許與치 안ᄂ다고 不平을 鳴ᄒ고 愚痴를 傾ᄒ다 ᄒ니 何事로 覺悟치 못홈이 此에 至ᄒᄂ가. 果是與語를 不共ᄒ겟고 吾輩의 當士가 아니로다. 沈思ᄒ라. 今世ᄂ 堂堂ᄒ 一國의 所謂 宰相이라ᄂ 者가 酒色에 沈淪ᄒ야 道德上의 罪惡을 犯ᄒᆯ지라도 敢히 責罰치 못하ᄂ 社會가 아니냐. 如此ᄒ 罪惡 社會에셔라도 다만 德行을 猶求ᄒᄂ 곳은 君等ᄲᆫ이니 猶勝ᄒ다 君等의 德行이여. 더 幼稚ᄒ 社會가 道德上으로ᄂ 君等을 一國 總理大臣의 以上 位로 崇拜치 아니ᄒ겟ᄂ가.

俗惡ᄒ 社會의 好遇를 受享홈은 君等의 恥辱이오 社會의 窘迫은 君等의 祝福이며 虐待의 聲은 君等의 光榮이오 非難의 聲은 君等의 賞讚이니 吾輩ᄂ 츠라리 惡俗ᄒ 社會에셔 窘迫되ᄂ 거슬 公明ᄒ 天道로 歡迎코져 ᄒ노라.

昔에 압력ᄉ듸아 大王은 萬古戰略의 英傑이라. 智力이 歐, 亞, 非 三洲에 震動ᄒ엿ᄉ되 一人의 씌욱네스를 運動키 不能ᄒ엿ᄂ니 腕力 知力 金力이 如何히 多大ᄒ야 何等의 方法을 兼用ᄒᆯ지라도 畢竟 動치 아니ᄒᄂ 者ᄂ 吾人의 精神 意氣가 아닌가. 僞를 不飾ᄒ고 眞誠으로 此를 動ᄒᄂ 者ᄂ 小學敎員과 生徒間에 但存ᄒᆯ ᄲᆫ이니 彼等은 眞摯無邪로 先生의 言行 命令을 敬奉ᄒ야 何境에던지 至ᄒ려 ᄒ나니 嗚呼라. 君等은 人生에 最上 感化力을 領有ᄒ엿고 ᄯᅩ 此力은 一時 皮相이 아니라

眞實노 根柢에서브터 永遠히 影響되며 兒童의 純潔흔 腦裡에 深邃(심수)히 印象된 思想 感情이 彼等의 子孫 後昆의게 波及지 아니ᄒ겟나뇨. 都是 君等의 理想을 反映흠이니 人生의 快事가 此에 過ᄒᆯ 자가 外에 更有치 아니ᄒ리니 孟子가 至樂의 一種으로 計數흔 育英의 聖業이 生命을 始保ᄒ엿도다. 吾人도 비록 不肖ᄒᄂ 將次 小學敎員의 榮職을 固願ᄒ노니 機會를 좃차 君等과 갓치 育英事業에 熱誠을 盡供ᄒ야 此生을 終코져 ᄒ노라.

◎ 小學校 敎員의 注意, 勸學子, 〈태극학보〉 제18호, 융희 2년(1908) 2월 24일. (교사론)

[해설] 소학교 교원의 임무를 16개 조항으로 간추려 제시한 논설임

小學校 敎員의 良否ᄂ 普通敎育의 弛張에 關ᄒ고 普通敎育의 弛張은 國家의 隆替에 係ᄒᄂ니 其任이 重ᄒ고 大ᄒ다 謂ᄒᆯ지라. 今에 만일 小學敎員에 其人을 未得ᄒ야 普通敎育의 目的을 達ᄒ며 人으로 身을 修ᄒ고 業을 就케 아니ᄒ면 何를 由ᄒ야 國을 愛ᄒ고 君을 忠ᄒᄂ 志氣를 振起ᄒ고 風俗을 淳美케 ᄒ며 民生을 富厚케 ᄒ야써 國家의 安寧 福祉를 增進케 ᄒ랴. 故로 小學敎員된 者ᄂ 宜當히 此意를 深体ᄒ야 恪守實踐ᄒ기를 要ᄒ노니 小學 敎員으로 在職흔 諸君은 夙宵黽勉(숙소민면)ᄒ야 服膺勿忘ᄒ시오.

一. 人을 引導ᄒ야 善良케 흠은 智識을 廣博케 흠보다 더욱 緊要ᄒᆯ지니 故로 敎員된 者ㅣᄂ 道德敎育上에 全力을 用盡ᄒ야 生徒로 ᄒ여곰 國을 愛ᄒ고 …
一. 智心敎育의 目的은 專혀 人으로 ᄒ여곰 智識을 廣博히 ᄒ고 才能을 助長케 ᄒ야 其 本分을 必盡케 흠이 適富ᄒᆯ지라. 엇지 聲譽만 徒取

호고 奇功만 貪求호랴. 故로 敎員된 者ㅣ는 宜當히 此를 體認호야 生徒 智心上의 敎育을 從事호라.

一. 身体敎育은 다만 体操로만 依著홀 거시 아니니 맛당히 恒常 校舍를 淸潔케 호고 光線 溫度의 適宜와 大氣의 流通에 留意호며 또 生徒의 健康을 妨害홀 習癖에 汚染될 거슬 豫防호야 從事홀지어다.

一. 鄙吝(비린)의 心志와 陋劣의 思想을 懷有치 말 거슨 世人이 皆然이로딕 特別히 敎員된 者ㅣ는 自己의 心上에 最先히 謹愼호야 除去홀지어다. 大蓋 幼兒의 智健을 養成호며 身体를 發育호는 重任에 服膺호야 世上의 福祉를 增進케 홀 者는 根本 鄙吝陋劣호야 偸安貪利를 徒事호는 賤輩의 到底不能홀 者니라.

一. 學校 管理上에 不可不 有홀 快活의 氣象은 心神이 萎靡혼 者의 具有치 못홀 바며 또 生徒 敎授上에 不可不 有홀 許多의 勞力은 身体 殘弱혼 者의 能耐홀 바 아니니 故로 敎員된 者는 特別히 起居飮食 等의 常度를 嚴守호며 散策 給 運動 等 良規를 緊循호야 其心身의 健康을 保全홈으로써 其務를 必盡케 홀지어다.

一. 敎員된 者는--

5.16. 사회교육

◎ 社會敎育, 蔡奎丙, 〈태극학보〉 제1호, 광무 10년(1906) 8월 24일.

敎育이 有三호니 曰 家庭敎育 曰 學校敎育 曰 社會敎育이 是也ㅣ라. 夫 吾人이 家庭에셔 父母兄弟의 訓戒를 受호야 倫理上 思想을 啓發호며 學校에셔 敎師의 薰陶를 被호야 學問智識을 養成호며 社會에셔 先進者의 敎導를 依호야 健全혼 精神과 確固혼 意思를 發揚호야 비로소 完全無缺혼 人物이 되느니 此 三者는 輕重의 差別이 無호도다. 引例而言之

컨딘 學校에셔 舌爛口焦ᄒ도록 忠義를 講論ᄒᄂ 家庭에 在ᄒ 父兄이 不忠不義를 敎ᄒ며 學校에셔 禮義 廉恥를 說明ᄒᄂ 社會風習이 貪饕(탐도)를 是尙ᄒ면 國民敎育이 何等 目的을 達ᄒ리오.

故로 歐米 各國에셔ᄂ 社會敎育을 熱心 是圖ᄒᄂ데 其 敎育機關이 具備ᄒ고 其 敎育方法이 完全ᄒ니 或 新聞 雜誌 等으로써 科學的 智識과 政治上 得失과 社會上 公論을 國民에게 敎誨ᄒ며 或 每 日曜日에 諸先進家가 各處에 散在ᄒ 敎會 及 學校 內에 講演會를 開ᄒ야 倫理上 觀念과 公共的 精神과 國家的 思想과 文藝上 精華를 國民에게 演明ᄒ야 自國 同胞로 ᄒ여곰 其 個人的 品性을 善良케 ᄒ며 其 國民的 人格을 高尙케 ᄒ야 自國의 目的에 適合ᄒᄂ 人物을 養成ᄒᄂ니라. 現今 我邦의 情況을 回顧ᄒ건딘 二三 有志士가 新聞 雜誌를 發刊ᄒ야 社會敎育에 注意를 不怠ᄒᄂ 아직도 其 機關이 未備ᄒ고 其 範圍가 狹小ᄒ야 多數 國民을 指導ᄒ기 難홀 쯧ᄒ도다. 靜言思之ᄒ니 我邦갓치 敎育이 未洽ᄒ 國家에ᄂ 더욱 社會敎育의 必要가 有ᄒ 것은 非他라. 假令 學校를 擴張ᄒ야 敎育을 奬勵ᄒ더라도 三四十歲 以上人은 學校에 入ᄒ야 順序로 硏學ᄒ기 不能ᄒ니 爲先 社會敎育의 方策으로써 此를 一時 救急ᄒᄂ 것이 必要ᄒ다 ᄒ야 我邦 諸先進에게 請告ᄒ노니 政治家 軍人家 法律家 文學家 實業家를 勿論ᄒ고 餘力을 利用ᄒ야 或은 文詞로써 ᄒ며 或은 言論으로써 ᄒ야 無學ᄒ 同胞 兄弟를 啓發홀지어다.

5.17. 아동교육

◎ **兒童 敎育說, 硏究生, 〈태극학보〉 제22호, 1908.6.**
  (교육학, 아동교육)

大凡 人이 始生홀 時에 智慧 靈敏을 具有ᄒ 者라. 及 其 三四歲ᄒ야 言語를 粗解ᄒ면 所見의 物을 指ᄒ야 名詞와 名義를 父母의게 叩問ᄒᄂ

것은 天然的 求知心이 發生흔 然故라. 是時에 其 父母된 者ㅣ 隨問詳告
ᄒ야 物質과 物名을 解得ᄒ도록 重言復言ᄒ여야 天然的 求知心이 漸次
發展ᄒ야 來頭의 指問홀 良心이 流出홀 터이오 不然ᄒ야 或 其 事爲의
忽忙흠을 因ᄒ든지 問答의 支離흠을 因ᄒ야 孩童의 叩門ᄒᄂ 것을 揮
之喝之ᄒ면 柔芽갓치 發生ᄒ든 求知心이 忽然 蝸縮ᄒ야 更히 叩門홀
思想이 自消홀지라. (…중략…)

5.18. 애국론

◎ 教育에 對ᄒ야 國民의 愛國想像, 元應常, 〈친목회 회보〉 제5
호, 1897.9.26.

*교육의 개념 / 국가 / 신민의 권능과 의무 등을 역설한 글

觀夫 金剛이 秀美ᄒ야 衆巒(중만)에 特出ᄒ고 李花富榮ᄒ니 群芳이
無色이라. 同一 朝日을 包含ᄒ야 揮揮相掩映ᄒ니 我同胞兄弟 心曠神怡
ᄒ며 夢亦同趣ᄒ야 此外에 다시 何物이 有흠을 不知로다. 實노 金剛의
美觀과 李花의 佳景은 世界에 復치 못홀 海東의 特産物이라. 宜哉라.
世人으로 ᄒ야금 此美觀과 佳景을 敬愛ᄒ며 戀慕ᄒ야 不識不知中에 此
를 仰視ᄒ며 此에 服從ᄒ야 樂樂忘返케 흠이 可歟아. (…중략…)

教育은 教鍊의 意義와 教授의 意義를 倂用흔 名稱이니 教鍊은 何를
謂흠이뇨. (…중략…)

國民은 國의 民이라. 民이 有흔 後에 國이며 國이 有흔 後에 民이니
國家가 國의 成立 体裁를 確認ᄒ고 臣民이 民의 權能 義務를 慣識ᄒ면
自然이 獨立氣 活潑ᄒ며 愛國心 涵融ᄒ야 億兆 團躰 帝國이 世界에 特

立홀지라. 茲에 國家 成立 躰裁와 臣民 權能 義務를 附演ㅎ노니,

　國家는 人類 獨立 資格을 保有ㅎ고 永久 存續의 現象이 有호 無制限의 結合躰라. 此를 分析ㅎ면 (國家는 人類로 成立홈)＝＝＝

5.19. 여자교육

◎ 女子教育論, 文乃郁(문내욱), 〈낙동친목회학보〉 제1호, 1907.10. (여자교육론)

　夫ㅣ 人之異於禽獸者는 抑以何哉아. 曰 以其有言語라 ㅎ면, 是는 隴山鸚鵡(농산앵무)도 可以 謂人이며 曰 以其有情愛라 ㅎ면 是는 反哺鳥鳥도 可以謂人이며 曰 其有能力이라 ㅎ면 是는 冀北良蹄도 可以謂人이니 然則 何如라야 可以爲人고. 曰 夫人之爲人也ㅣ 以其有特點長所也夫ㄴ져.

대저 사람이 짐승과 다른 것은 무엇 때문인가? 언어가 있기 때문이라고 하면 이는 농산의 앵무도 사람이라 일컬어야 하며, 감정과 사랑이 있기 때문이라 하면 이는 반포조(까마귀)도 가히 사람이라 일컬어야 하며, 능력이 있기 때문이라 하면 이는 기북의 양제도 가히 사람이라 해야 하니, 어찌해야 사람이라 할 것인가. 대저 사람이 사람되는 것은 특징과 장점이 있기 때문이다.

　孔子曰---

5.20. 유학담론

◎ 半島夜話, 〈조양보〉 제1호, 제3호, 제4호

  *한국의 학문 상황: 구학과 신학, 지식 유통 사정(오여륜, 엄방, 이홍장)
  *광무 4년 6월 중국에서 이홍장과 만남, 5월 이홍장 서거, 오여륜 일본 교육
   시찰 시 다시 만남
  *1900년 오여륜 68세, 이사 37세
  *신학을 취한 서양도 국세에 차이가 있는 까닭은? = 교육가의 능력과 국민자제
   의 능력
  (국민 개개인이 공덕을 중시하고 원리를 양하는 사상을 기본으로 삼은 연후에
   비로소 신학이 활용함을 득함)
  *동양 연형부지책 = 동양평화론과 맥을 같이 하는 논리임

▲ 제1호

  *특이한 선비 = 태서 유학, 영불일어 능통, 태서 유학 후 귀국 시 중국 오여륜
   (우룬룬)과 엄방을 만나 한국이 흥할 바를 논쟁

一異士ㅣ 有ᄒ니 平安道人이라. 居常에 范仲淹傳(범중엄전)을 愛讀
ᄒ야 壁間에 先憂後樂 四字를 揭ᄒ야 座右의 銘을 삼더니 二十年 前에
飄然(표연)히 航海하야 去向을 不知라.

今春에 突如히 歸來ᄒ야 平壤府 郊外에 卜居ᄒ야 日夕으로 親히 牧丹
臺 風景에 詩酒를 徵逐ᄒ야 다시 世上에 關係치 아니ᄒ 者와 如ᄒ지라.
此人이 歐米에 漫遊ᄒᆫ 十年에 英佛의 語에 長ᄒ고 兼ᄒ야 日本語를 能
히 ᄒᄂ디라. 其泰西에 在ᄒᆷ익 朝野의 士를 結交ᄒ고 制度 文物과 國家
의 盛衰ᄒᆫ 바를 講究ᄒ야 自得ᄒᆫ 바 有ᄒ지라. 歸途에 淸國 北京 大儒

吳汝倫과 嚴方을 訪ᄒᆞ야 意氣 談論이 互相 投合ᄒᆞ야 韓國 可興ᄒᆞᆯ 道를 共論ᄒᆞᆯᄉᆡ 低語痛飮ᄒᆞ야 夜已三更에 愈談愈酣(유담유감)ᄒᆞ더라.

吳氏ᄂᆞᆫ 東洋 近代 偉人 曾國藩(중국변)之門弟니 李鴻章으로 더부러 同學ᄒᆞᆫ 者라. 學問이 極深ᄒᆞ고 識見이 超凡ᄒᆞ고 ᄯᅩ 凌世之氣를 有ᄒᆞ야 談論이 風發ᄒᆞ야 言言이 肺腑를 刺ᄒᆞ니 日本 學者 政治家도 吳氏와 深結ᄒᆞ야 日夕往來ᄒᆞ니 吳亦異士의 爲人을 深敬ᄒᆞ야 常히 門下다려 曰 小弱ᄒᆞᆫ 韓國에 如此ᄒᆞᆫ 人物이 出ᄒᆞᆷ을 不圖ᄒᆞ엿시니 後生이 可畏라 ᄒᆞ더라.

一日에 相携ᄒᆞ야 李鴻章을 訪見ᄒᆞ니 此時ᄂᆞᆫ 正히 團匪事件 後에 在ᄒᆞ야 李伯이 身을 挺(정: 빼서)ᄒᆞ야 國難을 當ᄒᆞ야 日夜로 善後의 策을 思ᄒᆞ야 憂憤病臥ᄒᆞᆫ지라. 異士의 爲人을 聞ᄒᆞ고 難捨之情이 有ᄒᆞ더니 今乃接見ᄒᆞᆷ이 設禮厚遇ᄒᆞᆷ이 宜ᄒᆞ거늘 李伯이 문득 床에 踞ᄒᆞ야 引見ᄒᆞ야 傲態自高ᄒᆞ니 ᄃᆡ기 그 力量을 驗코뎌 ᄒᆞᆷ이라. 李伯이 突然間 曰 這箇是歐米漫遊漢가 能히 何物을 帶ᄒᆞ야 來ᄒᆞ뇨 ᄒᆞ야 一喝에 人의 膽을 奪ᄒᆞᆫ지라 異士ㅣ 微笑ᄒᆞ고 不答ᄒᆞᄂᆞᆫᄃᆡ,

李伯이 曰 果然 一物이 無ᄒᆞ니 亦是 <u>平凡히 西語를 轉ᄒᆞᄂᆞᆫ 蓄音機</u>로다 ᄒᆞᆫᄃᆡ 異士 昂然 對曰 予是 韓國 布衣의 士로 十年 漫遊ᄒᆞᆷ은 이에 韓國을 爲ᄒᆞ야 多大ᄒᆞᆫ 經綸을 懷抱ᄒᆞᆷ이니 敢히 淸國을 向ᄒᆞ야 呈치 못ᄒᆞ노라. 李伯이 聞ᄒᆞ고 欣然 首肯ᄒᆞ야 그答을 深喜ᄒᆞ니라. 三人이 鼎坐ᄒᆞ야 國事에 談及ᄒᆞᆷ이 李伯이 諄諄히 東洋의 形勢를 說ᄒᆞᄃᆡ 特히 韓國의 前途를 就ᄒᆞ야 警戒ᄒᆞᆫ 바 有ᄒᆞᆫ지라.

李伯이 更히 異士를 囑하야 曰 露國 侵下之勢ㅣ 아즉 停止치 아니ᄒᆞ니 其於韓境에서 日露 相戰ᄒᆞᆷ이 十年에 不出ᄒᆞ리니 其孰勝孰負ᄂᆞᆫ 비록 可히 知치 못ᄒᆞ나 韓國 權勢ㅣ 一時에 勝者의 下에 屈ᄒᆞᆷ이 必然ᄒᆞ니, 此時를 當ᄒᆞ야 煩悶(번민)을 自作하야 張然히 勝者의 手中에 脫ᄒᆞᆷ을 謀ᄒᆞ나 可히 得치 못ᄒᆞ야 恰然히 疲虎ㅣ 檻中(함중)에 出코뎌 ᄒᆞᆷ과 如ᄒᆞ야 徒自取毁니 陰忍雌伏(음인자복)ᄒᆞ야 國內의 力을 養ᄒᆞᆫ 三十年에 可히 天下의 變을 窺ᄒᆞᆷ만 不如ᄒᆞ리라.

307

天이 만일 東洋을 不捨홀딘디 黃色 民族의 同盟을 成ㅎ야 世界 從此로 可見홀 者ㅣ 有ㅎ리니 吾國에 在흔 則 南淸 民族이 可히 天下의 唱이 되고 韓國에 在흔 則 北韓 人民이 可히 中興의 先이 될지니 君이 歸國 後에 오즉 八道 敎育으로 爲任하야 다시 政治에 關치 말고 晩成의 功을 立흠으로 上策을 삼으라 ㅎ디,

異士ㅣ 深히 知遇之言을 感ㅎ야 滯留ㅎᄂ 數月에 去ㅎ니 是實 光武 四年 六月이라. 李伯이 病이 漸漸 重ㅎ야 月을 越ㅎ야 逝하ᄂᄂ니 異士와 吳氏ㅣ 哀悼흠을 不惜ㅎ니라.

爾後에 吳氏 敎育視察의 命을 承ㅎ고 日本의 到흠이 異士ㅣ ᄯᅩ 東京에 在흔지라. 相携ㅎ야 精神을 勵ㅎ야 調査ㅎ고 ᄯᅩ 朝野 政治家와 外交家을 見ㅎ고 其意見을 徵據호디 特히 其 開國 以來로 改革 發達의 事情에 就ㅎ야 細大를 不漏ㅎ야 講究ㅎ기를 最勉흔지라.

此時에 吳氏의 年이 六十八이오 異士의 年이 三十七이라. 吳氏의 學德과 聲名이 一世에 冠ㅎ니 異士 진실로 吳氏의 右에 出치 못ㅎ나 그 識見과 判斷의 明흠이 至ㅎ야는 吳氏의 恒常 異士의게 推重ㅎ더라.

一日에 吳氏를 訪ㅎ야 當世 時務를 談論홀시 吳氏ㅣ 慷慨ㅎ야 曰 韓 淸이 二千餘年을 孔孟의 學을 奉ㅎ야 志想이 凝固ㅎ야 可히 融釋치 못 ㅎ리라. 中華는 더욱 自大ㅎ야 世界 進步의 形勢를 不曉ㅎ니 所謂 己만 知ㅎ고 彼를 不知흔 者라. ᄆᆞᆺ참니 今日의 恥辱을 見ㅎ니 是ᄂ 吾儕의 怠慢흔 罪오 可히 恨世咎人치 못홀지라. 僕이 今에 北京大學 總判이 되 니 歸來ㅎ야 크게 新學을 奪勵ㅎ야 十八省의 幾千萬 子弟로 ㅎ야금 換面脫體케 ㅎ야 世界의 得見흔 則 死ㅎ야도 餘榮이 有ㅎ리니 軍備와 外交는 아즉 闊ㅎ기 不遑이라. 先生은 以爲何如오.

異士曰 先生의 所說이 다 合理ㅎ니 韓國을 啓發홈도 ᄯᅩ흔 敎育에 不外ㅎ나 雖然이나 今에 試問ㅎ노니 先生의 所謂 新學이란 者ᄂ 何也오. 吳氏曰 工商農醫의 理化學과 政治와 經濟와 司法과 歷史와 數學을 다 新學에 取치 아니홀 者 無흔지라. 先生이 歐米 漫遊흔 十年에 문득 東洋 迂儒를 向ᄒᆞᆷ야 新學을 問흠은 何故오.

異士曰 更問ㅎ노니 先生의 意를 料ㅎ건딕 以爲호딕 泰西의써 國이 興ㅎ 밧 者는 新學을 取흠이 在ㅎ고 東洋의써 國이 衰頹흔 바는 新學을 取치 아니흠이 在흠이라 ㅎ니 果然흔가 否흔가.

吳氏曰 唯唯라.

異士曰 然則 新學을 取흔 國은 다 可히 써 興ㅎ고 新學을 取치 아니흔 國은 다 可히 써 興치 아니ㅎ랴. 吳氏曰 然ㅎ다. 西洋과 東洋의 盛衰不均흔 바를 視ㅎ건딕 一見 可判이니 何必多問이리오. 異士曰 西班牙와 和蘭과 墺太利와 伊太利와 佛蘭西의 諸國은 다 이므 新學을 用ㅎ고 英國과 獨國과 米國과 西路國도 쏘흔 新學을 用ㅎ야 前者와 後者ㅣ 新學의 程度을 用흠은 不異ㅎ되 後者ㅣ 獨히 世界에 覇國되고 前者ㅣ 却히 萎靡不振흠은 何也오. 或 後者는 新學을 講흠이 深ㅎ고 前者는 新學을 講흠이 淺ㅎ야 然歟아. 或 別로 取흘 바 有ㅎ냐.

吳氏曰 泰西 諸國의 所以 盛衰흠을 僕이 多少所見이 非無ㅎ되 是는 臆斷에 不過흔지라. 願컨딕 先生의 所見으로 告ㅎ노라.

異士曰 鄙見이 비록 足히 取치 못ㅎ겟시나 願컨딕 淸聽을 煩하노니 僕이 漫遊흔 지 十年에 歐米의 文明을 視흠이 獨國과 英國과 米國이 그 學校의 科目을 他에 比ㅎ면 程度가 低ㅎ되 其强盛흠은 一世에 冠ㅎ고 佛蘭西와 日本은 其學科ㅣ 精備ㅎ야 그 敎師ㅣ 學理를 說明흠이 極詳極密ㅎ야 往往히 歐米 學生의 未知흔 바를 知호딕 그 國力이 能히 英米에 及치 못흠은 何也오. 僕이 일즉 英倫에 在흘식 日本 博士 新渡戶稻造203) 氏를 得見ㅎ니

---

203) 니토베 이나조(일본어 新渡戶稻造 にとべいなぞう, 1862년 9월 1일~1933년 10월 15일)는 일본 메이지 시대와 다이쇼 시대에 걸쳐 활동했던 사상가이자 기독교인, 농업 경제학자, 작가, 교육가, 외교가, 정치가이다. 삿포로 농업대학교, 교토 제국대학교, 도쿄 제국대학교, 다쿠쇼쿠 대학교에서 교수로 재직하였고, 와세다 대학교, 버클리 대학교, 스탠포드 대학교, 컬럼비아 대학교, 미네소타 대학교, 해버포드 대학교, 브라운 대학교, 버지니아 대학교, 일리노이 대학교, 제네바 대학교, 브리티시컬럼비아 대학교 객원교수 및 명예교수를 지냈다. 그는 도쿄 제1고등학교 교장을 역임했고, 도쿄 여자대학교를 창립하기도

氏ㅣ日 英國 敎育制度을 取하야 日本의 敎育制度의 比하건딕 日本이 正五十年 以上의 進步 發達훌 實力을 見흠이 英國은 문득 五十年 以上의 進步ㅣ 有흔지라. 嗚呼라, 敎育의 效果는 制度의 詳疎와 學科의 多寡를 因치 아니ᄒᆞ고 敎育家의 能力과 國民 子弟의 能力에 因흠을 可以知ᄒᆞᆯ것다 ᄒᆞ야ᄂᆞᆯ 僕이 到今의 能히 此言을 忘치 못ᄒᆞ엿고,

僕이 私로 歐米 狀態을 視ᄒᆞ고 感銘 不禁흠은 그 公德을 重히 흔 精神이 甚厚흠에 在ᄒᆞ니 所謂 國人으로 더브러 交흠이 信에 至라 흔 者니 信義로 相接ᄒᆞ고 誠實로 相扶흔 情이 到底ᄒᆞ니 東洋 諸國에 能히 多見치 못흔지라.

<u>學生이 學校에 在ᄒᆞ야 學科와 知識이 日本과 佛蘭西에 不及흠이 遠</u>ᄒᆞ되 그 世에 出ᄒᆞ야 處事辦務흠이 及ᄒᆞ야는 才氣渙發ᄒᆞ고 經綸이 橫縱ᄒᆞ야 頓然히 老成의 知識을 具全흠은 何故오. 國家의 人才를 作成ᄒᆞᄂᆞᆫ 法이 獨히 新 學科目쑨 아니라 國民이 個個히 公德을 重히 ᄒᆞ고 元氣을 養흔 思想으로 基本을 삼으니 然後에 新學이 비로소 活用흠을 得ᄒᆞ야 國의 有益흘지라.

僕이 韓淸民情을 視ᄒᆞ니 利己 自私의 精神으로 基를 삼아 一切 萬事를 從此 打算ᄒᆞ니 故로 그 政治 法律의 新學을 그 利己의 用을 供흘 거스로 知ᄒᆞ고, 그 理化 醫術을 그 自私의 用을 供흘 거스로 知ᄒᆞ야 支離散漫ᄒᆞ야 收拾ᄒᆞ기 難ᄒᆞ니 譬컨딕 一室에 器具를 整置흠과 如ᄒᆞ야 器具를 箇箇히 各各 其所를 得ᄒᆞ야 布置ᄒᆞ여야 體采可觀ᄒᆞ련이와 若或 器具를 敷(부)흘 所에 小机를 寘(치)ᄒᆞ면 엇디 能히 一室 體采를 作ᄒᆞ리오.

國民의 公正의 精神이 如何흠을 不顧ᄒᆞ고 漫然히 新學만 布하면 其狀이 쏘흔 此의 不異흔디라. 僕으로써 東洋을 視ᄒᆞ건딕 日本은 忠君愛國

하였다. 그의 가장 유명한 저서로는 〈무사도〉가 있으며 일본 화폐 5000엔(円)권에는 한 때 그의 초상이 실려 있었다. 그는 당시에 일본에서 가장 권위있는 국제주의자였고, 오늘날까지도 그 명성을 유지하고 있다. 〈위키백과〉

의 想이 熾盛홈을 足見홀 者ㅣ 有호디 新渡戶 博士의 言을 因ㅎ야 見컨 딕 오히려 英國 敎育에 五十年 退步ㅣ 有ㅎ니 況 韓淸 二國이야 其 國民 的 精神이 足見홀 者ㅣ 殆無홀디라. 願컨딕 몬뎌 <u>公德을 敎홈으로써 急 務룰 合 크게 國民的 精神를 鼓舞作興ㅎ고 新學으로 並馳ㅎ면 興國의 計ㅣ 庶幾有成</u>ㅎ리니

英國의 大中小學의 實로 德育 體育으로 學究上에 最大 科目을 삼아 師弟ㅣ 다 勵志力行ㅎ야 만일 호 不德 不信의 言動이 有ㅎ면 時人이 悖德漢이라 指ㅎ야 다시 紳士의 班에 列티 못ㅎ니 人人이 相省ㅎ고 上 下ㅣ 戒飭(계칙)ㅎᄂ니 噫라, 强國 士民의 志行이 大抵 如斯ㅎ니 理化 算數의 末學에ᄂ 不在홀디라. 이른바 知所先後면 卽 近道라 홈이 是니, 先生은 如何탄ㅎ오.

吳氏ㅣ 長歎 一聲曰 敗軍의 將은 足히 軍事를 語티 못ㅎᄂ니 今에 敗國의 士를 因ㅎ야 此明敎을 得聽홈을 不圖혼지라. 淸國이 오히려 興 運의 機ㅣ 有ㅎ니 맛당이 勉强ㅎ야 先生의 意를 奉ㅎ리라.

吳氏ㅣ 終命ㅎ고 歸ㅎ니 異士ㅣ 獨留硏究ㅎᄂ가 日露戰爭이 起홈이 及ㅎ야 宗國의 慘狀을 不忍ㅎ야 米國에 再航ㅎ엿더니 和成호 後에 歸 ㅎ니라.

平壤에 僑居호 四五 儒生이 主人으로 談話홀식 主人이 各國의 形勢를 說ㅎ고 韓國의 現狀을 戒ㅎ야 諄諄히 不倦ㅎ거늘 客이 問曰 主人이 西 洋 諸國에 十年을 漫遊ㅎ엿시니 彼國의 敎育이 別로 新奇驚目홀 者ㅣ 有ㅎ가. 願컨딕 說ㅎ야 示ㅎ라.

主人이 答曰 泰西 强國에도 쏘호 孔孟 程朱의 道를 學ㅎ니라. 客이 驚問曰 泰西에 孔孟의 學이 有홈일 未聞이어늘 此言으로 엇디 人을 誣 ㅎᄂ뇨.

主人이 答曰 비록 孔孟의 書ㅣ 未有ㅎ나 孔孟의 道ᄂ 存ㅎ니 世上에 何人이 德義을 忘ㅎ고 能히 自立호 者ㅣ 有ㅎ며, 天下에 何國이 悖德不 義호 人民을 集ㅎ야 强盛호 者ㅣ 有ㅎ리오. <u>泰西 諸國을 熟視ㅎ건딕 其 民은 廉恥公直호 視ㅣ 有ㅎ고 其士은 克己復禮호 志ㅣ 有ㅎ야 然諾를</u>

重히 ᄒ고 責任을 好尙ᄒ야 士ㅣ 다 君子로 自處ᄒ니 如斯ᄒ면 비록 孔孟의 書를 不讀ᄒ나 可히 이로딕 能히 孔孟의 道을 守ᄒᄂᆫ 者라 ᄒ니라.

▲ 제3호

客이 問曰 泰西의 文明諸國도 孔孟의 道를 亦取ᄒ야 立國ᄒᄂᆫ 基를 삼ᄂᆫ다 흠은 教旨를 謹領ᄒ거니와 請컨딕 更히 其 實例를 示ᄒ소셔.

主人이 答曰 今에 其例를 欲擧ᄒ흔 則 大抵 彼國에 紳士라 稱ᄒᄂᆫ 者ㅣ 日常 行動과 心事가 다 此가 아님이 아닌지라. 盖 泰西文明의 源은 古代로붓터 希臘의 哲學으로셔 流出흠이니 希臘의 至賢 소수라데ᄂᆫ 시의 名을 泰西 士民이 至今까지 傳唱不措ᄒ야 千古의 師表로 尊仰ᄒ고 且 律社會의 全般 風氣가 皆 基督教를 信ᄒᄂᆫ 故로 個人 交際의 間과 商賈買賣흘 際라도 互히 信用과 德義로서 爲期흠으로 其 美風好俗이 到底히 東洋 諸國에셔ᄂᆫ 能히 見치 못ᄒᄂᆫ 바라. 余가 倫敦에 曾在흘 時에 日本 商人 某氏가 英國의 某 商店을 向ᄒ야 帽子 數千個의 製造흠을 托ᄒ고 時日을 限흠이 英商이 日夜로 督工ᄒ야 期日이 到흠이 果然 成흔지라. 於是 日商에게 告ᄒ니 其初ᄂᆫ 日商의 心中에 此短時日間으로 비록 英商의 勤勞와 忍에라도 必然 成工ᄒ기 不能흘 줄 思惟ᄒ고 以謂호딕 若 時日을 違ᄒ거던 違約으로 藉口ᄒ고 代價를 可히 減ᄒ리라 ᄒ얏다가 今에 先期ᄒ야 得成흠을 見ᄒ고 更히 第二策을 按出ᄒ야--

(…중략…)

歐洲 形勢가 未定의 先에 東洋의 連衡扶持흘 策을 講定ᄒ야 名樣 政策이 一莖에 出흔 則 藩離(번리)가 始堅ᄒ야 容易히 西方이 侵치 못ᄒ리니 昔에 나파륜 用兵 秘訣에 曰 敵이 其力을 團集ᄒ기 前에 吾兵 全力을 擧ᄒ야 敵의 一枝隊를 粉碎ᄒ고 進次 突破ᄒ면 是ᄂᆫ 以一當十ᄒᄂᆫ

理라. 兩軍의 全數가 비록 相均ᄒ더리도 兵力 運用의 妙가 能十倍라 云ᄒ얏스니 東洋의 形勢도 萬若 依然히 今日과 如히 三國이 各各 自狹自小ᄒ야 國力을 區區히 分離코져 ᄒ면 맛춤ᄂᆡ 나파륜젹의 泰西 外交家의 擊破ᄒᆞᆫ 바이 될가 是로써 憂ᄒ노니 東洋 運命이 何處에 止泊ᄒ깃ᄂᆞᆫ 與否ᄂᆞᆫ 엇지 人의게 問ᄒ리오. ᄯᅩᄒᆞᆫ 各各 스스로 決心ᄒ기에 在ᄒᆞᆯ 쑨이니 大丈夫의 志操가 應當 如此ᄒᆞᆯ진ᄃᆡ 於是에 座客이 此 一句話를 聽ᄒᆞᆨ 皆肅然히 整襟ᄒ더라.

◎ 我留學生의 義務, 姜漢朝, 〈낙동친목회학보〉 제3호,
　 1907.12. (유학생 담론)

　義務者ᄂᆞᆫ 義所當務之謂也니 法學上 所謂-

5.21. 의무교육론

◎ 義務敎育의 必要, 呂炳鉉, 〈대한협회회보〉 제2호, 1908.5.
　 (교육학, 의무교육론)

　嗚呼라 此 何時也오 則全球人族의 生存競爭ᄒᆞᄂᆞᆫ 二十世紀라. 此 競爭의 結果가 必歸於優者勝劣者敗ᄂᆞᆫ 勢之固然인ᄃᆡ 今日 我韓民族의 位置가 不幸히 劣者敗의 地에 處ᄒᆞᆷ은 其 故何也오. 人은 文明에 爭進ᄒᆞᄂᆞᆫᄃᆡ 我ᄂᆞᆫ 昏愚에 甘處ᄒᆞ며 人은 實質的 學問을 是務ᄒᆞᄂᆞᆫᄃᆡ 我ᄂᆞᆫ 虛文的 學問을 崇尙ᄒ얏스니 此 其大原因也라. 然則 勝者終勝ᄒᆞ며 敗者終敗乎아 曰 否라 豈有是理리오. 余嘗聞ᄒ오니 北美合衆國 大政治家 某氏ᄂᆞᆫ 民主黨 領袖라. 共和黨 領袖로 더부러 政治得失之場에서 互相爭衡ᄒ다가 畢竟 見敗退場ᄒᆞᄂᆞᆫ 日에 公衆에게 對ᄒᆞ야 大聲揚言ᄒᆞ되 今日에 吾雖見敗나

此 憤愧의 心이 能히 我로 ᄒᆞ야곰 氣力을 養成ᄒᆞ며 精銳를 淬礪ᄒᆞ야 不遠에 得勝ᄒᆞᆯ 機會가 必有ᄒᆞᆯ 줄로 深信ᄒᆞ노라 ᄒᆞ얏스니 此言과 ᄀᆞᆺ치 今日 劣敗ᄒᆞᆫ 我韓 民族도 養力蓄銳ᄒᆞ야 高獲勝捷ᄒᆞᆯ 日이 豈無ᄒᆞ리오. 然ᄒᆞ나 其得勝ᄒᆞᆯ 道를 講究치 아니ᄒᆞ면 前說이 空言에 歸ᄒᆞ고 毫末도 實效가 無ᄒᆞᆯ지라. 然則其道ㅣ 安在오. 다만 義務 教育 四字에 在ᄒᆞ니 此 言을 智者에게 問ᄒᆞ야도 必也同情을 表ᄒᆞᆯ 것이오. 愚者에게 質ᄒᆞ야 도 別노히 反論을 起치 못ᄒᆞᆯ 것이며 古今 東西에 推觀ᄒᆞ야도 確據가 有ᄒᆞᆫ지라 何者오. 西哲이 有言ᄒᆞᄃᆡ 將來 世界가 教育家 手中에 落在ᄒᆞ 리라 ᄒᆞ얏스니 此ᄂᆞᆫ 教育이 政治의 根本됨을 知ᄒᆞᆷ이오. 七十餘年 前에 英國에서 義務教育을 法令으로 頒布ᄒᆞᆷ에 人民이 該法令의 不便을 絶叫 ᄒᆞ다가 三年이 未過에 該法令의 適宜ᄒᆞᆷ을 悅服ᄒᆞ얏다 ᄒᆞ니 此ᄂᆞᆫ 愚民 도 教育의 必要ᄒᆞᆷ을 覺悟ᄒᆞᆷ이오. 昔日 普魯斯가 法蘭西에게 見敗ᄒᆞᆷ에 普相 須太仁이 國恥를 雪코져 ᄒᆞ야 第一着에 强制教育을 實行ᄒᆞ지 六十 年에 國民이 自上達下로 普通教育을 受치 아닌 者ㅣ 無ᄒᆞᆷ으로 普法之役 에 普兵人人이 國辱을 恥ᄒᆞᄂᆞᆫ 心이 畏死ᄒᆞᄂᆞᆫ 心을 勝ᄒᆞ야 能히 法國으 로 ᄒᆞ야곰 割地納償ᄒᆞ고 城下의 盟을 請케 ᄒᆞᆷ이오. 且 世界의 現狀으로 言ᄒᆞᆯ지라도 歐美列强中의 英美法德 等 國과 東洋 日本은 國民 教育의 程度가 第一位에 在ᄒᆞ다 可謂ᄒᆞᆯ지라. 然ᄒᆞᆷ으로 全國 人民의 十之七八九 ᄂᆞᆫ 小學校의 教育을 受ᄒᆞ야 冲年부터 鍊鍛ᄒᆞᆫ 忠愛의 思想이 腦髓의 沈 漬ᄒᆞ야 其國의 恥辱을 自己의 恥辱으로 認ᄒᆞᆯ 샏 不是라. 各其 國民된 職責을 盡ᄒᆞᆷ으로 此 等國은 文明과 富强이 ᄯᅩ 第一位를 占領ᄒᆞ얏고 東洋의 清國波斯暹羅越南印度 等 諸邦과 西歐의 西班牙土其耳葡葡牙等 數國은 國民의 教育이 不振ᄒᆞᆷ으로 今日에 至ᄒᆞ야 或 其 國威와 國光을 不揚ᄒᆞ며 或 强隣의 脅制와 呑噬를 未免ᄒᆞ며 或 其彊土ᄂᆞᆫ 他國의 管轄 을 已受ᄒᆞ고 人民은 他族의 奴隷를 甘作ᄒᆞ니 此 皆明確ᄒᆞᆫ 鑑轍이라 謂 ᄒᆞᆯ지라. 然則 今日 我韓 同胞中의 痛哭者와 流涕者와 灑血者와 槌胷者 와 憤者와 憂者와 知者와 愚者와 富者와 貧者와 貴者와 賤者를 勿論ᄒᆞ 고 往日의 絶望的 思想과 消極的 言論과 頑古ᄒᆞᆫ 性質과 過激ᄒᆞᆫ 行動과

墮落흔 志氣는 九霄之 外에 拋棄ᄒ고 自奮自勵ᄒ야 다만 敎育 二字에 從事ᄒ되 各各自己의 資格과 權限을 隨ᄒ야 或 敎育의 職務를 負擔ᄒ며 或 學校 或 社會의 敎育을 身受ᄒ며 或 其 子女와 兄弟을 敎育ᄒᄂ 事에 對ᄒ야 終始不懈然後에야 可謂 血誠愛國의 英雄이며 實心憂國의 志士 ㅣ오. 亦 可謂 盡職服務의 國民이라 然後에야 將來에 國權을 可復이며 獨立을 可期며 自由를 可得이리니 同胞ᄂ 勉之哉어다.

◎ 義務敎育, 姜曄, 〈호남학보〉 제7호, 1908.12. (의무교육)

義務敎育之法이 出於泰西ᄒ야 而徧及於五洲四大土ᄒ야 其能行之면 則 國富而强ᄒ고 不能行之면 則 國貧而弱ᄒ니 蓋義務敎育者ᄂ 卽 上下 五千年과 東西三萬里에 最高最大聖人之法也라. 其 法이 必於鄕邑間道 里相均處에 建置學校ᄒ야 人生八歲而入學ᄒ고 十二歲而卒業ᄒ야 其間 學費ᄂ 皆自公衆擔負ᄒ야 其有子女者ㅣ 則曰 此非吾子女라 以其爲國民 일ᄉᆡ 故로 不可不敎라 ᄒ고 其無子女者ㅣ 亦曰 此非吾子女나 以其爲國 民일ᄉᆡ 故로 不可不敎라 ᄒ야 不以子女有無로 而其志加損ᄒ니 是之謂 義務也라.

亦與貧賤家子女로 群聚幷居ᄒ야 均其勞逸ᄒ며 齊其進退ᄒ야 而父母 ㅣ 必以國民相待ᄒ며 子女ㅣ 必以國民自許라. 故로 人自幼少時로 國家 二字ㅣ 已淪於肌膚ᄒ고 浹於骨髓ᄒ야 生亦曰 國家오 死亦曰 國家라 ᄒ 야 固結而不解ᄒ니 此泰西人之所以雄視天下者也라.

今我韓이 僻在東洋一隅ᄒ야 凡於學術에 不過效顰支那而已ᄒ니 吾觀 支那ㅣ 在三代盛時에 學校之制ㅣ 宜其完備로ᄃᆡ 而獨無此義務ᄒ니 何以 知其然也오 以其有家塾故爾라. 旣云家塾이면 則 人各私其子女ᄒ야 不 以國民視之也라. 於是而百病이 皆起ᄒ야 有知家而不知國者焉ᄒ며 有知

我而不知人者焉ᄒᆞ야 家國人我之間에 遂成乖隙ᄒᆞ니 幾何其不入於敗亡
哉리오.

今宜自各面里로 取其前日私塾遺財ᄒᆞ야 合設學校於道里相均處ᄒᆞ야
如有不足이어든 富者ᄂᆞᆫ 義捐ᄒᆞ고 貧者ᄂᆞᆫ 排斂ᄒᆞ야 不論有子女無子女
ᄒᆞ고 而一以國民으로 爲重이면 則 其在義務에 恐不得辭也오. 且由是而
成就人才면 安知有英雄豪傑能復國權者ㅣ 不從此出耶아. 近與一客으로
語 及 國事ᄒᆞ니 則曰 什麼(方言轉爲셜마蓋自期不然之辭) 我韓이 爲他人
有乎아커늘 余ㅣ 亞問公果能否아. 曰 吾雖不能이나 必有能者라 ᄒᆞ니 嗚
呼라. 諺所謂什麼殺人者ㅣ 皆此類也로다. 公之不能은 是無學問故也어
늘 而又以此望於人이면 則 豈不大謬耶아. 不得不以公衆學費로 爲義務
敎育ᄒᆞ야 而成就人才然後에 公之所望을 乃可獲也니라.

5.22. 정치교육

◎ 韓國 將來에 對ᄒᆞ야, 梁大卿, 〈대한학회월보〉 제3호, 1908.4.
  (계몽 담론, 정치 교육)

  *정치적 교육의 필요성 주장 논설

政治的 敎育(Political Education)

過去를 考準ᄒᆞ야 現在에 觀着ᄒᆞ니 要究ᄒᆞᆯ 바 王ㅣ 將來로다. 此 將來ᄂᆞᆫ
何如ᄒᆞᆫ 將來를 謂흠이뇨 曰 韓國의 來頭가 將何如라ᄂᆞᆫ 將來를 稱흠이니
其 策이 紆紆ᄒᆞ야 運籌키 難ᄒᆞ도다.
噫라 我韓의 國勢岌業과 民情困瘁ᄒᆞᆫ 現況은 世人이 共知ᄒᆞᄂᆞᆫ 바라. 於
斯에 我韓의 將來를 吳越이 來助乎아 齊楚가 往救乎아 吳越齊楚ᄂᆞᆫ 皆

是如虎如豹라 可友홀 바 아니오 可信홀 바 못되도다. 於焉間回首ᄒ야 三千里 江山을 顧瞻ᄒ니 最敬 最愛 最信홀 바ㅣ 二千萬 民族이 在前 在後로다. 嗟 我二千萬 民族同胞여 試問컨듸 我韓의 將來 基礎를 誰能 定立ᄒ며 執能計爲리오 斷然코 他求홀 바 아니라 我二千萬 民族 中의 自爲事項이오 自擔義務이오 또ᄒ 不可遁의 責任이라 ᄒ노라. 然則 何如 라야 將來를 可成哉아 農工商實業은 家給人足의 大本이니 不可不爲者 오 宗敎的 科學은 安身立命의 標準이니 不可不爲者오 練武造兵은 自衛 防禦의 方策이니 弱肉强食ᄒᄂ 現局에 處ᄒ야 不可不務者오 技藝的 織 製와 美術的 彫刻은 娛目悅心ᄒᄂ 現世의 光彩이니 亦 不可不爲者라 如此論來 則 種種形形物物事事에 不可爲 則 不爲의 事項이 未遑枚擧토 록 多有ᄒᄂ 然이ᄂ 物有本末ᄒ고 事有先後ᄒ니 可先者를 先爲라야 其 後 順成이라. 故로 我韓 將來에 對ᄒ야 第一 最重要者ᄂ 政治的 敎育이 라 ᄒ노라. 何者오 ᄒ면 昔時 周之尙文에 多士彬彬ᄒ야 文學之風이 鳴 以時代ᄒ엿것마ᄂ 周의 衰亡에 致ᄒ 原因은 非他라 周代敎育이 虛尙文 學ᄒ고 政治的 敎育의 觀念이 乏耗ᄒ 所以오 古代 羅馬ᄂ 武法敎로 隆 盛ᄒ야 歐羅巴의 大部分을 占有ᄒ엿ᄂ가. 畢竟에 武法敎로 長久히 保全 치 못ᄒ야 羅馬도 衰亡時代를 當ᄒ엿스니 其 實源은 羅馬國民의 政治的 敎育思想이 腐敗ᄒ엿든 所以오 目下에 印度가 亞細亞 大陸南部에 位置 를 占處ᄒ고 二億萬 民族을 具有ᄒ엿스되 他國의 隷屬을 未脫홈은 宗敎 와 實業 等의 未發이 아니오 其 大原因은 政治的 敎育에 着意치 못ᄒ 所以로다. 由此觀之ᄒ면 何國家가 不然이며 何時代가 不然이리오. 所謂 政治的 敎育者ᄂ 一般 國民으로 ᄒ여금 其 精神을 薰陶홀 時에 非國家 則 無人民이오 非人民 則 無國家이니 人民者ᄂ 當愛國이오 國家者ᄂ 宜 保民ᄒ야 國家와 人民은 不可分體의 關係되ᄂ 思想을 其 腦髓上에 印象 沈着케 ᄒᄂ 敎育 方法을 言홈이로다. 今日 我韓의 敎育當局者!! 靑年 諸子를 撫養홈에 學藝를 勸奬홈은 勿論이어니와 또ᄒ 政治的 觀念 으로 提醒ᄒ야 我韓 同胞의 個人行動이 卽 我韓 帝國의 關脈이 되야 權利를 保障ᄒ며 義務를 能盡홈이 되게 되면 不遠ᄒ 將來에 鷄林江山의

自由鍾을 更聞홀 거시오 四千餘年 有史宗族을 可以保全홀지라. 此 政治的 教育이 實施홈으로 由ㅎ야 政治的 觀念이 全般 同族에 普及ㅎ야 各各히 自由頭腦フ 有ㅎ면 拘束者 有誰며 保護者 何有오 自能確保我江山ㅎ며 自能愛護我民族ㅎ고 我韓民族이 還出他未關之邦ㅎ야 撫育教養에 善以導之ㅎ야 擴布大權이리니 宜 懋哉라. 政治的 教育이여.

5.23. 세분야 미분류

◎ 教育論, 崔相敦, 〈친목회 회보〉 제3호, 1896.10.23.

方今 天下 各國이 文明 開化에 先後ㅎ야 以前 鄙塞흔 거슬 捨ㅎ고 奇妙흔 造化之物을 廣求ㅎ야 獨立 方針을 競爭ㅎ나 至於我邦ㅎ야는 所謂 通商이 二十有餘年이로되 다만 他國之物만 入ㅎ고 本國에는 少無造物ㅎ야 一物도 換用치 못ㅎ고 方今 財用이 不足ㅎ야 取用於他邦ㅎ니 嗚呼라. 此는 無他라. 有用之物은 多ㅎ고 人作之物은 少흔 바ㅣ라. 然則 費用은 盛ㅎ고 農工商業은 不盛ㅎ야 人民이 至於飢寒ㅎ고 國家가 不免 於困窮ㅎ니 此는 教育이 盛치 못흔 然故라. 第一 教育을 善就ㅎ야 農工商에 業을 速速 精修ㅎ야 商賣에 業이 廣通ㅎ고 他邦之物과 換用하야 輸入之物은 少ㅎ고 輸出之物은 多ㅎ며 教育이 繁盛흔 後에야 國家가 富强홈이 可ㅎ니라. 是故로 吾人이 離土棄親ㅎ고 至於外邦ㅎ야 勉勵於 學問이나 然이나 方今 我邦之形勢가 教育이 甚急ㅎ오니 諸君은 學問之中에 第一 教育 實業을 勉學홈이 可홈(1줄 판독 안 됨) 世界上에 教育 從事ㅎ는 거슨 學者가 最初의 自裁ㅎ야 正路를 踏홀 力이 無흔 者는 먼저 其 身軆生活를 規制ㅎ고 始終를 正路에 訓練ㅎ야 점점 發達흘 時를 當ㅎ야는 勉勵ㅎ야 學者의 道理에 心을 發ㅎ고 其思意를 確定ㅎ게 ㅎ고 此로써 自裁의 能力을 得ㅎ는 事를 勉홈이오 學校 教ㅎ는 所의 學科는 道德의 觀念으로써 一切 中心의 點ㅎ며 道德의 觀念은 學者 心

意의 全体를 支配ᄒ고 心意를 一切 活動ᄒ야 此 中心의 點흠이 本旨가 되고 또 敎育上 第一 肝要ᄒ 거슨 德育이라. 德育이라 ᄒ는 거슨 一點도 爭ᄒ는 心이 無ᄒ 것시라. 敎育의 必要는 其 敎師되는 者의 道理心術에 在ᄒ니 敎師가 日日 生徒를 接ᄒ야 其 言行을 不知不識間에 能히 生徒를 感化ᄒ고 何時라도 敎育을 施ᄒ야 好方法이 有ᄒ면 生徒를 直接ᄒ야 利害를 講論ᄒ느니 道德이 充分치 못ᄒ 時에난 薰陶를 受ᄒ는 되 後來 良結果를 望ᄒ는고로 是를 敎育이라 云흠. 敎育은 方今 第一 注目흠이 緊要흠이라.

◎ 敎育의 急務, 安昌善, 〈대조선독립협회 회보〉 제7호, 1897.2.28. (국한문)

敎育의 急務: 安昌善

*상업, 공학, 상무

大凡 人民은 國家 成立의 基礎요 國民 養成의 藥石이라. 故로 國을 文明의 域에 樹코져 홀진되 반드시 民을 敎育의 道에 納홀지니 世界에 謂흔 바ㅣ 强大國이라 稱ᄒ고 弱小國이라 稱흠은 特別히 英邁흔 人材의 多少를 比較흠이 아니라 卽 某國은 敎育이 進就ᄒ고 某國은 敎育이 未進흠을 區別흠이니 萬一 兵刃으로 威를 加ᄒ고 刑戮으로 法을 施ᄒ면 此는 國民의 畏服을 要흠이니 비록 平坦흔 廣路ㅣ라도 반드시 躑躅未進 (지축미진)홀 弊가 不無홀 거시오 萬一 敎育의 利器로 耳目을 開ᄒ고 文明의 方針으로 意匠을 導ᄒ면 此는 國民의 感化를 要흠이니 비록 烈酷흔 水火라도 반드시 競進不避홀 바ㅣ 有홀지라. 今에 近世의 史를 開ᄒ야 眼을 敎育界에 擧컨되 其要ㅣ 三이 有ᄒ니 一曰 商業이오, 二曰 工學이오, 三曰 武的이라.

故로 英은 大西洋에 一點 小島로셔 商權을 東洋에 收ᄒ야 開國ᄒᆫ지 不三百年에 蘇格蘭(스코틀랜드) 威勒士(잉글랜드) 愛爾蘭(아일랜드)의 三州를 合倂ᄒ고 領地를 阿弗利加 及 南洋 群島에 布列ᄒ야 雄略을 天下에 示ᄒ고 獨乙은---

◎ 敎育-敎育의 必要, 〈조양보〉 제1호.

夫 敎育은 國家之根本이라. 國家를 欲治ᄒ난 者ㅣ 其本을 不修홈이 不可ᄒ니 東西洋 古今을 勿論ᄒ고 政治를 譚ᄒ난 者ㅣ 必以敎育으로 爲先홈은 盖其國家의 根本的 必要ᄒᆫ 所以니 其敎育의 程度ᄂᆫ 由其時代의 變遷과 文化의 階級ᄒ야 古今이 殊異ᄒ나 其敎育의 必要ᄒᆫ 有國의 一般인져. (…중략…)

*교육의 필요를 강조한 논설

◎ 敎育-敎育의 必要, 〈조양보〉 제2호, 1906.6.

夫 天下의 父兄된 者ㅣ 誰人이 其子弟를 不愛ᄒ리오. 必其子弟로 ᄒ야금 一世의 英偉俊傑ᄒᆫ 人을 成ᄒ야 宏大ᄒᆫ 事業을 做키를 欲望홈은 人人의 同情이라. 以故로 其子弟의 將來 活動 原素되난 敎育은 他人의 强制를 不俟ᄒ고 各自 勉行홀지니, 國家가 此에 干涉ᄒ야 督勵 强迫홀 必要가 似無홀 것이로ᄃᆡ 今代의 敎育制度ᄂᆫ 皆其 國家의 重大 事業으로 經營ᄒ야 不盡홈이 無홈을 一私人의 事를 干涉ᄒ야 甚히 不可ᄒᆫ 듯ᄒ나 然ᄒ나 此ᄂᆫ 不思홈이 甚ᄒᆫ 者라. 盖其故가 極大홈인져.

<u>國家의 競爭은 今世의 大勢라.</u> 盖列國이 宇內에 分峙ᄒ야 洋은 東西

320

로 別ᄒᆞ고, 區ᄂᆞᆫ 彼此로 隔ᄒᆞ야 千萬里를 相距ᄒᆞ야도 事實上으로 論之ᄒᆞ면 卽 比隣과 同域과 無異ᄒᆞᆫ지라. 耽耽 環視ᄒᆞ난 間에서 角立ᄒᆞ야 各其 區域을 限ᄒᆞ고, 一方에 割據ᄒᆞᄆᆡ 其優를 互競ᄒᆞ며 其勝을 相爭ᄒᆞ니, 人道의 大義로ᄡᅥ 看ᄒᆞᆫ 則, 其 思想이 狹隘ᄒᆞ며 其器量이 齷齪(악착)ᄒᆞᆷ이 一個 蝸角(와각)의 紛爭과 蟻陣의 輸贏(수영)에 不過ᄒᆞᆫ 듯ᄒᆞ나, 世界를 統合ᄒᆞ야 一大 國家를 化成ᄒᆞᆷ은 幾千萬年 後世ᄂᆞᆫ 不知ᄒᆞ거니와 今日에 在ᄒᆞ야ᄂᆞᆫ 但 一片 夢想에나 然ᄒᆞᆯ ᄲᅮᆫ이라. 故로 現在의 計ᄂᆞᆫ 惟一國의 民이 一團을 成ᄒᆞ야ᄡᅥ 他에 對ᄒᆞ지 아니ᄒᆞᆫ 則, 其生存도 能保치 못ᄒᆞᄂᆞ니 彼猶太人이며 波蘭人을 看ᄒᆞᆯ지어다. 世界 到處에 亡國ᄒᆞᆫ 民으로ᄡᅥ 指目ᄒᆞ야 殘虐ᄒᆞᆫ 逐斥을 加ᄒᆞ며 暴戾ᄒᆞᆫ 壓伏을 蒙ᄒᆞ야도 何에도 號訴ᄒᆞᆯ 處이 無ᄒᆞ고, 遑遑然 悽悽然(황황연 처처연)히 一日도 安居ᄒᆞᆷ을 不得ᄒᆞ야 跟跟(양량)히 水草를 逐移ᄒᆞᄂᆞᆫ 蠻民的 境遇에 濱ᄒᆞ얏스니 何其悲慘ᄒᆞᆫ고. 夫如此ᄒᆞᆫ지라. 人類의 天職을 欲充ᄒᆞᆷ도 亦難ᄒᆞ도다. 此를 要ᄒᆞ건ᄃᆡ 今時代의 形勢에 在ᄒᆞ야ᄂᆞᆫ 國家ᄂᆞᆫ 人類의 安宅이며, 國民的의 團結은 人類의 必要ᄒᆞᆫ 事業이라. 一切의 平和 安寧을 곳 其中에 斯存ᄒᆞᆫ 然後에야 一切 人道를 扶植ᄒᆞᆷ이 有ᄒᆞᆯ지니,

然則 國家의 存在ᄒᆞᄂᆞᆫ 要件이 其外形으로ᄡᅥ 觀之ᄒᆞ면 內政 外交 及 軍備며 延ᄒᆞ야 殖産 興業에 至ᄒᆞ기ᄭᅡ지 各種의 施設을 俟ᄒᆞᆷ에 在ᄒᆞ야도 其第一 要素로 國家의 根柢됨이 可ᄒᆞᆫ 者ᄂᆞᆫ 各其 <u>國家의 性格과 國民의 特色을 維持 發揚ᄒᆞ야 其健全ᄒᆞᆫ 開展을 期ᄒᆞᆷ</u>에 在ᄒᆞ니, 如英人의 自負와 美人의 堅忍과 俄人의 頑强과 法人 及 德人의 雋拔(준발)과 日人의 剛敢이 何者던지 皆其特長을 發揮ᄒᆞ지 아니ᄒᆞᄂᆞᆫ 者가 無ᄒᆞᆫ지라. 盖 百般의 智能과 藝術은 必此 一段의 特色 性格을 圍繞ᄒᆞ야 存在ᄒᆞᆷ을 得ᄒᆞᄂᆞ니 若 夫 此一氣가 全體 國民을 貫徹ᄒᆞ야 流主ᄒᆞᆷ이 無ᄒᆞᆫ 則 個人으로ᄂᆞᆫ 尙 或 存在ᄒᆞᆷ을 得ᄒᆞ야도 國民으로ᄂᆞᆫ 旣已 澌滅(시멸)ᄒᆞᆷ이니 此ᄂᆞᆫ 卽 其國이 無ᄒᆞᆷ과 同ᄒᆞᆫ지라.

故로 國民의 教育은 此 特色과 性格을 陶冶ᄒ야 其助長 發達을 務홈으로써 實效를 擧혼 則 彬彬혼 文學의 士와 赳赳(규규)혼 武勇의 夫와 山海를 鑄煮(주자)ᄒᄂ 富源이며 燦然輝赫혼 制度 文物이 皆這裡에서 胚胎ᄒ야 異日의 發現을 期俟(기사)ᄒ지니 然홈으로 個個人人이 各其 意를 任ᄒ야 其 子弟를 教養홀진딘 人은 各其意의 偏혼 바와 又 其見의 異혼 바가 有혼 則, 一己의 好ᄒᄂ 바를 推ᄒ야 其子弟를 感化케 ᄒ며, 教養홈은 是 自然必然혼 事實에 可避치 못ᄒᄂ 者라. <u>其歸結은 勢必 支離散漫ᄒ야 統率ᄒᄂ 力을 全缺ᄒ고 國家의 必要혼 國民的 特色 性格이 蕩然히 掃地一空ᄒ리니 邦家의 生存에 危殆홈은 多言을 不俟ᄒ야 明白홀지라. 是故로 教育을 個人의 所爲에 委任ᄒ기 不能ᄒ야 國家의 力으로써 此間에 干涉홈을 要ᄒᄂ 所以니 今代의 先進 列國이 堂堂혼 教育 制度를 敷ᄒ야 勞力의 夥大와 費用의 洪巨롤 不吝ᄒ고 國家 事業으로써 經營ᄒᄂ 現象을 呈ᄒᄂ 所以로다.</u>

*국가가 교육 문제를 담당하는 이유

大概 教育의 制度가 國家에 在ᄒ야 旣如斯혼 則 此制度의 基本되ᄂ 教育主義도 亦是 此趣에 副ᄒ야 教育의 目的을 達ᄒᄂ 方法으로써 二種 의 方面에 分ᄒ야 其完成을 期ᄒᄂ니 卽 一面에ᄂ 國家의 要求에 應ᄒ 기 爲ᄒ야 各各 個人에게 鼓動ᄒ기를 一國의 特色 性格으로써 ᄒ야, 其 國民的 精神의 發達을 促ᄒ면서 他面으로ᄂ 個人에 存在ᄒᄂ 活動의 必要되ᄂ 智識의 開發을 致코져 擬홈이니 是ᄂ 則 今代 教育의 精神 骨子이라. 古代의 自治的 教育과ᄂ 斬然(참연)히 其面目을 異케 ᄒ야 規模의 壯大ᄒ을 致혼 所以라.

夫 教育이 旣此 二種의 手段을 具혼 則 其教育機關의 設備도 亦此와 相伴ᄒ야 其實行에 適合혼 組織을 不執홈을 不得ᄒ지라. 故로 <u>教育은 又 二者로 分ᄒ야 一曰 普通教育이며 一曰 專門教育</u>이니, 此 二者를 聯

絡ᄒ기는 中等敎育으로 以ᄒ는 故로 或은 普通을 稱ᄒ야 初等敎育이라 ᄒ며 專門을 稱ᄒ야 高等敎育이라 ᄒᄂ니 普通敎育은 往昔 普魯士國 厚禮斗益 大王[204]의 二世時에 强迫 就學令의 例를 一開ᄒ 以來로붓터 各國이 皆其範을 此에 取ᄒ야 凡父兄되는 者는 其子弟가 一定ᄒ 年齡에 達ᄒ는 間은 必皆就學케 ᄒ는 義務를 有ᄒ 者라 ᄒ야 是를 又云 義務敎育이라 別名ᄒᄂ니 盖 普通敎育은 各個人을 通ᄒ야 其職分을 盡ᄒ기에 必要되는 性格과 智識을 指授啓導ᄒ는 主旨에 從出흠인즉 職分은 大道라. 何人이던지 容易 蹈得(도득)ᄒ며 又必蹈ᄒ는 義務가 有ᄒ거니와 專門敎育은 此와 反ᄒ야 深邃(심수: 깊은)ᄒ 學理와 精妙ᄒ 技術을 敎授ᄒ는 者가 되는 故로 其 程途가 高遠ᄒ야 一切 人의 攀得(반득)ᄒ는 限에 不在ᄒ고 又其必攀흠을 不要ᄒ며 又彼普通敎育은 國民敎育이라 特稱ᄒ야 重大히 視ᄒ는 所以는 其本趣가 國民되는 性格 精神과 及 人格을 皷發 薰陶ᄒ는 點에 在흠일싀니라.

雖然이나 普通 及 專門의 二者가 全然 分離ᄒ야 各其 一方을 固守ᄒ는 者가 아니오, 兩相比倚ᄒ야 唯一 敎育의 目的을 達ᄒ는 手段에 不過흠이니 譬之컨딕 車의 輪과 同ᄒ야 兩輪이 具ᄒ 然後에야 其車가 始全흠이라. 故로 普通敎育이란 主旨는 國民敎育의 基礎가 되야 智育 啓發의 初階段을 成ᄒ고 專門敎育은 智識의 鍊磨를 務ᄒ는 中에 旣已 修養ᄒ 國民敎育의 成果를 更且完美케 흠을 期흠이니 要之컨딕 敎育이라 흠은 但智識의 啓發과 技術의 磨琢을 專主ᄒ야 謂흠이 아니오, 心神의 修鍊과 人物의 陶冶와 品性의 導善을 旨ᄒ는 者라. 此意를 領解ᄒ 則 普通 專門의 區別은 敎育 施行ᄒ는 秩序的 分派가 되야 其注歸ᄒ는 點이 唯一ᄒ 目的에 同在흠을 可知ᄒ지라.

我韓은 近日 學校의 設立흠이 非不紛然 日興이로딕 原來 專門敎育은 固

---

204) 후례두익 대왕: 프리드리히 대제. 프러시아 황제.

勿論ᄒ고 至於普通敎育ᄒ야도 鹵葬(노장)홈이 極甚ᄒ야 國家에 敎育의 機關이 一個도 設備홈이 無홈으로 學校의 制度 規程이 各其 殊異ᄒ며 敎科ᄒᄂ 書類도 各自로 隨意 敎訓홀 샌더러 敎師의 材料도 絶少함으로 依舊히 訓詁 先生으로 敎師의 任에 當케 ᄒ니, 是ᄂ 瞽者(고자)를 命ᄒ야 丹靑을 辨홈과 如ᄒ지라. 엇지 智識의 啓發과 精神의 振刷를 敢望ᄒ리오, 且 學員은로 言홀지라도 能히 國民的 精神으로써 義務의 敎育에 注意ᄒᄂ 者ᄂ 十人에 一도 鮮홀 듯ᄒ고, 或 外國語를 卒業ᄒ야 異日에 禮式院 官員이나 得參ᄒ던지, 外國人의 通譯을 做ᄒ야 每朔 料金으로 穀腹絲身의 計를 得홀 經營샏이오, 不然이면 法官 養成所에 卒業ᄒ야 法部나 高等裁判所에 官員을 得홀지오, 師範學校에 卒業ᄒ야 各學校敎官이나 敎員을 得홀지오, 武官學校에 卒業ᄒ야 軍隊의 尉官을 得홀지라 ᄒ야 <u>其一般 精神이 但官職에만 在ᄒ야</u> 專히 金錢의 滋味와 宕巾(탕건)의 主旨에 不出홀 샏이오, 毫髮도 國家의 思想이나 國民의 特色을 爲ᄒ야 學業에 從事ᄒᄂ 者ᄂ 少홈으로 敎育의 發達은 姑舍ᄒ고 漸히 退步ᄒᄂ 現象을 뭇ᄒ니 此ᄂ 人民의게 ᄯ혼 專責홀 것 아니라, 政府의 溺職(익직)혼 責이 甚大ᄒ다 홀지로다.

*이 시기 우리나라 교육 실태＝관직에만 뜻이 있음/ 국가사상 국민특색을 위한 학업이 부족함 비판

◎ 國家의 興替ᄂ 敎育 精神에 在홈, 朴琮植,〈공수학보〉제2호, 1907.4. (교육론, 논설)

◎ 教育改良의 急務, 尹定夏, 〈낙동친목회학보〉 제1호,
   1907.10. (교육론)

我韓 現代의 教育界를 試觀홀진딕 舊式의 教育은 解弛ᄒ지 年久ᄒ야 이믜 百弊가 俱生ᄒ고 新式의 教育은 實施ᄒ지 日淺ᄒ야 아즉 一效도 不著ᄒᄂ 現象에 在ᄒ엿도다. 噫라. 夫 我 東方은 開基 以來 四千有餘年에 文物制度ᄂ 總히 支那의 典例를 準據ᄒ야 事大로써 國是라 ᄒ고, 國民은 全然히 自主獨立ᄒᄂ 精神에 缺乏ᄒ야 久懶積弱(구라적약)ᄒ 餘毒은 더욱 國勢를 危殆홈에 陷케 ᄒ야 遂히 今日 衰退ᄒ 境을 致ᄒ엿스니 是曷故焉고.

此ᄂ 元來 政策失宜의 所由라 홀지나 또ᄂ 國家를 形成ᄒᄂ 國民의 教育制度가 不完全ᄒ 結果라 謂홀지라. 古來의 教育機關이란 거슨 地方 到處에 書房이 有ᄒ고, 鄕校가 有ᄒ며 中央에ᄂ 四學館이 有ᄒ더니 近來에 至ᄒ야ᄂ 겨우 一處뿐 留存홈에 不過ᄒ니 所謂 今日 漢城에 在ᄒ 바 成均館이 是也라. 成均館은 依然히 漢文 經書 等을 教授ᄒ난딕 儒生이 三十餘名에 不過ᄒ고, 鄕校ᄂ 各郡에 設置ᄒ야 附屬된 養士齋에셔 鄕中 多士의게 또ᄒ 漢文學 等을 教授ᄒ더니, 甲午更張 以後로 自然 衰退홈에 至ᄒ야 今日에ᄂ 校齋의 名만 存홀 뿐이오, 書房에 至ᄒ야ᄂ 京師로부터 府郡面村에 至ᄒ기까지 設立 아닌 處가 無ᄒ야 其數가 이믜 三萬 以上에 達ᄒ얏스나 校舍의 不備ᄂ 勿論ᄒ고 漢文 一科뿐으로써 十年 乃至 二十年을 教授ᄒ다 ᄒ나 百에 一의 成就가 難ᄒ니 此ᄂ 教育者의 教法에 甚昧홈에 由ᄒ야---